KB124584

크리스천 TSL

우리가 행복해지는 길

| 김재엽 저 |

"Thank you
Sorry
Love"

학지사

👪 머리말

크리스천들은 "주님 안에서 항상 기뻐하라"(빌 4:4; 살전 5:16)는 말씀을 새기며 매일 실천하려 노력합니다. 하지만 매일 기쁨 가운데 행복하게 사는 것은 참으로 어렵습니다. 오히려 경제적·사회적으로, 또는 인간적인 관계에서의 상처와 고통으로 어려움을 많이 겪게 되지요. 만일 누구나 기쁨으로만 살 수 있다면 성경에서 우리에게 기뻐하라고 강조하지 않았을 것입니다. 이처럼 삶을 살아가는 우리 모두에게 기쁘고 행복하게 살기는 쉽지 않은 일입니다.

지난 30여 년간 가족을 연구하고 상담하면서 많은 가정의 기쁨과 아픔을 보았습니다. 가족은 우리에게 있어 가장 소중한 존재임과 동시에 힘들게 할 수 있는 존재라는 것을 알 수 있었지요. 더욱이 크리스천 가정에서도 일반 가정과 크게 다르지 않게 폭력과 다툼이 많다는 것도 보았습니다. 우리가 주님을 믿고 사랑한다고 고백하면서도 정작 행동으로 실천하지 못하고 있는 것이죠.

가정폭력 가해자들은 자신의 폭력 행사를 정당화하려고 합니다. 그 이유 중 하나로 상대를 사랑하기 때문에 폭력을 가했다고 이야기하기도 합니다. 완전히 잘못된 이야기죠. 어떤 모습이든 폭력은 사랑이 될 수 없습니다. 이러한 가족 갈등이나 폭력을 경험하고 있는 사람들을 위해 1998년에 TSL치료 프로그램을 개발하였습니다. 감사와 미안함, 용서, 사랑을 통해 가족이 다시 건강하게 회복되는 것이죠. 사람의 변화는 감사를 느낄 때부터 바뀐다는 것을 확인하였고, 여러 번의 수정 과정을 통해 2009년에 TSL치료 이론을 정립하였습니다.

TSL치료 프로그램을 통해 참여자들은 감사로 세상을 바라보는 관점을 바꾸고, 자신의 잘못을 인정하며, 가지고 있는 것을 나누는 사랑 실천으로 자신의 행복뿐만 아니라 가족의 행복도 함께 가질 수 있었습니다. TSL치료 프로그램은 지금까지 많은 분야에 활용되고 있습니다. 직장, 가정주부, 치매부부, 암환자 가족, 군인 가족, 학

교 안팎의 청소년, 노인, 다문화 가정, 장애인 등 다양한 대상에 적용되어 그 효과성
이 검증되었으며, 다수의 논문과 방송 등을 통해 발표되었지요.

이 프로그램을 적용하며 주목하게 된 점은 프로그램에 참여했던 다수의 크리스
천이 다른 이들보다 더 빨리 변화한다는 것이었습니다. 초기에는 그 이유를 '감사를
잘 알기 때문에 그렇겠지' 하며 막연히 생각했습니다. TSL 이론을 정립할 때 말씀을
기반으로 쓰지 않았기 때문입니다. 하지만 성경을 전체적으로 읽을 계기가 있어 통
독한 다음에 새로운 것을 깨달았습니다. 그것은 2000년 전 주님께서 주신 말씀에
이미 TSL의 모든 내용이 포함되어 있었다는 사실입니다. TSL치료 프로그램을 진행
할수록 말씀의 위대함을 더욱 느끼게 됩니다. 주님의 말씀 중 일부인 TSL이 크리스
천과 크리스천 가정에게 분명 많은 도움이 될 것이라 생각했습니다. 그래서 이전의
사회과학적 해석의 TSL치료를 개정해 성경 중심의 '크리스천 TSL'을 만들게 되었습
니다.

크리스천 TSL은 감사함을 깨닫고, 미안함과 용서, 사랑으로 가는 TSL 자체의 원
리와 동일합니다. 하지만 기존 TSL의 경우 실천의 완성으로 겸손을 알게 되는 반면
에, 크리스천 TSL은 주님의 말씀을 깨닫게 되어 겸손으로 시작하고 실천을 행한다
는 중요한 차이를 가집니다. 또한 기존 TSL은 가족에 대한 나의 관점만을 바꾸는 것
이라면, 크리스천 TSL은 '하나님 사랑, 이웃사랑'(요 13:34)의 말씀에 따라 주님과 가
족에 대한 우리의 관점과 생각을 바꾸는 것입니다. 그래서 주님께도 TSL 그리고 가
족에게도 TSL을 해야 하는 것이지요.

크리스천 TSL을 하면 할수록 우리가 주님 앞에서 작은 존재이고 모자라고 죄인이
라는 것과 이를 용서하신 주님의 큰 사랑을 더욱 느끼게 될 것입니다. 우리는 주님
께 사랑을 받았으니 서로 사랑해야 합니다. 궁극적으로 사랑(L)하기 위해 감사(T),
미안함과 용서(S)를 실천하는 것이지요. 또한 자신의 생각과 관점의 변화를 통해 감
사, 미안함을 깨닫고 사랑을 실천하면서 행복해질 것입니다. 인간은 사랑하지 않으
면 행복해질 수 없습니다. TSL은 사랑 실천의 지극히 작은 부분이니 크리스천은 매
일 주님의 말씀을 읽고 기도하면서 TSL을 실천하는 것을 권합니다. 이를 통해 주님
의 사랑과 가족의 소중함을 깨닫고 여러분은 행복해질 겁니다.

이 책에 나오기까지 많은 분들의 도움이 있었습니다. 우선 TSL치료 프로그램에
참여한 참여자분들과 연구원분들께 감사함을 전합니다. 여러분의 참여와 노력을

통해 '크리스천 TSL'로 발전될 수 있었습니다. 그리고 이 책을 만드는 과정에서 수고하여 준 황성결, 장대연, 김은경에게 고마움을 느낍니다. 이들의 도움이 있었기에 이 책이 만들어질 수 있었습니다. 또 주님의 사랑을 알게 해 준 부모님과 아내, 진호와 진영에게 고마움을 전합니다.

크리스천 TSL은 한순간에 이루어지거나 단기간에 이해되고 완성되는 것이 아닙니다. 우리가 진심으로 깨닫고 실천해 나가야 하는 것입니다. 이 책을 쓴 저 역시 TSL을 하기가 쉽지 않습니다. 하지만 성령님의 도우심을 구하며 TSL을 실천하려고 노력할 뿐입니다. 주님의 사랑을 따라가는 것 또한 쉽지 않지만, 크리스천은 주님의 삶을 따라가려 노력하면서 행복해지는 것이죠. 우리 크리스천이 행복해질 수 있는 방법은 주님의 말씀을 따라 살 때만 가능합니다. 크리스천 TSL을 통해 우리가 주님 안에서 믿음, 소망, 사랑을 더 많이 이해하고 실천하여 진정한 행복을 찾으시길 바랍니다.

2023년 10월
연세대학교 연희관에서
김재엽

일러두기

1. 성경 구절은 대한성서공회에서 출판한 개역개정 4판을 따랐습니다.

2. 『TSL 가족치료와 가족복지』 2014년 판과 2023년 개정판의 인용 부분은 장별 각주를 달고 후주로 인용 쪽수를 밝혔습니다.

3. 이 책에 사용된 주요 용어들은 저자가 만들어 낸 용어 또는 기존의 단어를 재해석하거나 새로운 개념으로 설정한 용어들입니다. 또한 이 외에도 이 책에서 이해를 돕기 위해 사용한 그림들 역시 저자가 고안해 낸 것입니다. 이에 따라 이 책에 사용된 용어와 그림을 사용함에 있어 무단 복제를 자제하고, 출처를 분명히 밝혀 주시기를 부탁드립니다.

4. TSL®치료는 등록된 상표입니다. TSL치료는 영리 · 비영리 목적으로 무단 사용할 수 없습니다. TSL치료를 원하시는 분은 TSL 홈페이지 또는 애플리케이션을 통해 신청하여 주십시오.

🧑‍🤝‍🧑 차례

Part 2

Sorry • 167

Part 3

Love • 307

Part 1

Thank you

○ 고맙습니다 ○

Thank you * Sorry * Love

Chapter **1**

나와 가족(나는 누구인가)

❋ 가족의 창조

인간에게 주신 첫 번째 선물: 가정

하나님께서는 하나님의 형상대로 남자와 여자를 창조하시고, 생육하고 번성하여 땅에 충만하라고 말씀하시며 인간을 축복하셨습니다(창 1:27-28). 그리고 남자와 여자는 가정을 이루게 됩니다. 하나님께서 인간에게 주신 첫 번째 선물이자 복이 바로 가정이지요. 따라서 크리스천에게 있어 가족이란 하나님의 축복입니다. 이처럼 하나님께서는 교회보다 먼저 가정을 만드셨습니다. 결혼은 하나님께서 이루신 신성한 것으로 가정은 인간에게 있어서 최초의 사회조직이라 할 수 있지요.

창조 이래로 모든 인간은 홀로 살아갈 수 없고 다른 사람들과의 관계 속에 존재합니다. 특히, 여러분의 인생에서 가장 많은 시간을 함께 보내는 사람들이 가족일 것입니다. 가족은 자신의 뿌리이자 하나님이 주신 기업이지요. 창세기에서의 아담과 하와는 과거 이야기만이 아닌 우리에 관한 이야기로 우리가 오늘날의 아담과 하와일 수 있습니다. 하나님께서는 남자가 부모를 떠나 그 아내와 합하여 한 가정을 이루라고 우리에게 명하셨고(창 2:24), 남편(아내)을 얻는 자는 복을 얻고 여호와께 은총을 받는 자라고 말씀하시며(잠 18:22) 가정을 이룬 우리를 축복하셨지요. 따라서 이 말씀은 아담과 하와에게만 국한된 것이 아니라 우리 모두에게 적용할 수 있습니다. 사랑으로 맺어진 부모님 밑에서 우리는 태어나고 성장했습니다. 이것이 우리의 원가정이지요. 우리는 또 원가정에서 독립하여 새로운 가정을 만들어 가며 살아갑니다. 인간의 일생은 하나님의 은총 아래 가정에서 시작되는 것이지요. 따라서 가족은 행복의 원천이자 하나님께서 인간에게 주신 첫 번째 선물입니다.

가정은 행복만이 가득해야 할 것 같지만 때론 어려움에 직면하기도 합니다. 아담과 하와는 선악과를 먹은 후 회개와 반성 없이 서로에게 책임을 전가하고 다툴 뿐이었습니다. 아담은 하나님께서 주신 여자가 선악과를 먹게 했다고 했으며, 하와는 뱀이 자신을 유혹했다고 하였지요(창 3:12-13). 가인이 아우 아벨을 시기하는 모습(창 4:5-8)이나, 노아 시대 대홍수 전에 일어난 당시 사람들의 가족 해체나 신성함을 저버린 모습(창 6:2) 등을 보면 오늘날 우리 시대의 가족 모습과 크게 다르지 않습니다. 우리는 우리의 가정도 서로의 잘못을 비난하며 행복이 아닌 불행의 길로 가고 있지는 않은지 뒤돌아봐야 합니다.

이렇게 혼란함이 가득했던 세상을 하나님께서는 노아 시대에 대홍수로 심판하셨고, 이후 믿음의 조상으로 아브라함을 택하시며 그로 큰 민족을 이루리라 약속하셨습니다(창 12:2). 이는 하나님의 은혜이지요. 또 하나님께서는 아브라함에게 가장 큰 축복이라 할 수 있는 자녀 이삭을 사라를 통해 얻게 하시고, 이후 이삭의 아들인 야곱도 축복하십니다. 하나님께서는 인간적인 모자람을 가지고 있는 야곱을 선택하고 축복하시어 이스라엘로 번성하게 하시지요. 주님께서는 사람을 행위로 판단하고 선택하시는 것이 아니라 은혜로 선택하시고 축복하신다는 것을 알 수 있습니다. 야곱과 그의 가정에 대한 축복은 비단 야곱뿐만 아닌 오늘날 크리스천 가정 모두를 향한 말씀입니다. 하나님의 선택과 축복은 인간의 행위에 따른 결과가 아닌 은혜입니다.

하지만 축복을 받은 우리 크리스천 가정은 왜 항상 행복하지 않을까요? 실제 우리나라 크리스천 가정 10곳 중 3곳 이상에서 가정폭력이 발생하고 있습니다(국민일보, 2020. 9. 25.). 미국에서도 크리스천의 이혼율은 비크리스천과 차이를 보이지 않습니다(Barna Group, 2017. 2. 9.). 이처럼 크리스천 가정에서도 서로 비난하고 다투며 그리고 고통과 해체를 경험하고 있는 것이지요. 그 이유는 우리가 주님이 주신 말씀대로 살고 있지 않기 때문입니다. "각각 자기의 아내 사랑하기를 자신 같이 하고 아내도 자기 남편을 존경하라"(엡 5:33)라는 말씀처럼 남편과 아내는 서로 존경하고, "자녀들아 주 안에서 너희 부모에게 순종하라"(엡 6:1)라는 말씀과 같이 자녀들은 부모를 공경하며, 가족 간에 서로 사랑하고 있는지 돌아봐야 합니다. 크리스천이 행복해지는 길은 주님 안에서 주님의 말씀을 따라 서로 존경하고 공경하며 사는 것임에도 우리는 성경 말씀대로 살고 있지 않지요. 만약 남편들이 예수 그리스도께서 교회를 사랑하시고 자신을 다 주신 것처럼 아내를 사랑했다면(엡 5:25) 우리의 가정에는 행복이 넘쳤을 것입니다. 또한 성경 말씀과 같이 부모가 자녀를 대하고 자녀들도 부모를 공경하고 따랐다면 행복한 가정을 영위했을 것입니다. 하지만 많은 크리스천 가정 내에서도 어린 자녀는 낙심하고, 남편은 화가 나 있고, 아내는 우울하고, 자녀는 부모를 공경하지 않는 모습을 볼 수 있지요. 크리스천으로 살아간다는 것은 주님이 우리를 창조하신 이유와 같이 서로 화목하고 사랑해야 하는데, 그렇게 하지 않기 때문에 상당수의 크리스천 가정이 행복하지 않은 것입니다.

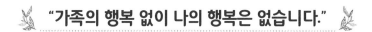

"가족의 행복 없이 나의 행복은 없습니다."

믿음 안에서 가족의 시작

가족 구성원은 가족 안에서 기본적인 욕구를 충족하고, 성장하고 발전할 수 있어야 합니다. 가족의 기능은 시대와 사회문화적 배경에 따라 다를 수 있지만, 가족이란 제도가 만들어진 이후 주요 기능은 비슷하게 유지되고 있지요. 가족의 기능은 '성적 욕구 충족과 재생산의 기능' '자녀 양육과 사회화 교육의 기능' '경제적 지원의 기능' 그리고 '정서적 지지의 기능' 등 네 가지로 정리할 수 있습니다(Murduck, 1949).[1]

'성적 욕구 충족과 재생산의 기능'은 인간의 본능적인 성적 욕구를 충족하고 종족 유지를 위해 자손을 재생산하는 기능입니다. '자녀 양육과 사회화 교육의 기능'을 통해 가족은 가족 구성원의 인격이나 지식 형성을 도와주고, 원만한 대인관계 지도 및 방향을 제시해 주는 기능을 수행하기도 하지요. '경제적 지원의 기능'은 가족 구성원이 소비할 수 있도록 물질적 자원을 제공하고, 자녀 양육에 드는 비용이나 노후를 보장하는 등 경제적 기능을 수행하지요. 마지막으로 '정서적 지지의 기능'을 통해 가족은 구성원이 정서적 에너지를 교류하고, 안정감을 느끼며, 기쁨을 같이 나누고, 서로 어렵거나 고통스러운 사건이 있을 때 완충 작용을 합니다.[2]

이러한 가족의 기능이 잘 작동하지 않을 때 가족 구성원은 많은 어려움을 겪습니다. 남편과 아내가 가족의 신성함을 소홀히 하고 외도를 하는 것은 가족에게 있어 큰 아픔입니다. 자녀를 교육하는 것에 부모가 관심이 없고 화와 욕설로 다그치기만 한다면 자녀의 사회화나 인성 발달이 지극히 어렵게 될 것입니다. 경제적으로도 자녀의 양육이나 생활에 유지되는 비용을 모으고 서로 나눠야 하는데 자원이 부족하다면 경제적 지원 기능이 깨지지요. 가족 구성원 중 누구라도 우울하고, 사회화의 어려움을 겪고, 외도 혹은 경제적 곤궁에 빠져 있다면 가족 구성원 모두 행복하지 못합니다. 가족은 우리의 일상과 삶을 공유하는 집단인데 가족이 행복하지 않다면 우리 자신도 행복할 수 없지요.

또한 "형제들아 우리가 빚진 자로되 육신에게 져서 육신대로 살 것이 아니니라 너희가 육신대로 살면 반드시 죽을 것이로되 영으로써 몸의 행실을 죽이면 살리니 무릇 하나님의 영으로 인도함을 받는 사람은 곧 하나님의 아들이라 너희는 다시 무서워하는 종의 영을 받지 아니하고 양자의 영을 받았으므로 우리가 아빠 아버지라고 부르짖느니라 성령이 친히 우리의 영과 더불어 우리가 하나님의 자녀인 것을 증언하시나니"(롬 8:12-16)의 말씀처럼 우리는 예수님을 통해서 하나님의 자녀가 되었습니다. 우리와 주님은 한 가족이지요. 크리스천 가정은 우리가 하나님의 자녀라는 관점에서 시작되어야 합니다. 크리스천 가정은 항상 주님께서 우리와 함께하신다는 것을 믿어야 합니다.

주님의 말씀을 깨닫고 가족의 기능을 실천하면 행복한 가정, 행복한 나 자신이 될 수 있습니다. 따라서 크리스천으로서 우리는 매일 성경을 읽고 말씀대로 살아야 합니다. 예수님께서는 나와 아버지가 하나이며(요 10:30), 아버지는 내 안에, 나는 아버지 안에 있다(요 10:38)고 말씀하셨습니다. 또 성경은 예수님은 만유의 상속자이시며 하나님 본체의 형상이시라(히 1:1-3)고 전하고 있습니다. 우리는 이 말씀을 믿고 말씀대로 사는 것이 필요합니다. 예수님은 "우리를 속량하시고 우리를 깨끗하게 하사 선한 일을 열심히 하는 자기 백성이 되게"(딛 2:14) 하셨습니다. 우리는 예수 그리스도께서 우리를 위해 대신 죽으셨음을 인정하고 예수님의 말씀에 따라 선한 일을 해야 합니다. 이것이 크리스천의 삶에서 가장 중요한 부분입니다. 예수님께서는 "내 말에 거하면 참으로 내 제자가 되고 진리를 알지니 진리가 너희를 자유롭게 하리라"(요 8:31-32)라고 말씀하셨습니다. 또한 "너희가 나를 사랑하면 나의 계명을 지키리라"(요 14:15)라고 말씀하셨지요. 예수님이 하나님과 하나라는 것, 인간의 몸으로 오셔서 우리를 위해 대신 죽으셨다는 것, 예수님이 주신 말씀대로 살아가야 한다는 것을 믿는 사람이 크리스천이며, 이 믿음이 가정에서도 가장 우선이 되어야 합니다.

또한 크리스천 가족의 기능은 [그림 1-1]과 같이 하나님의 말씀 아래 작동해야 합니다. '성적 욕구 충족과 재생산의 기능'은 하나님께서 예비하신 짝과 새로운 가정을 이루는 것이며, 인간이 받은 가장 귀한 축복인 자녀와의 만남을 의미합니다. 그리고 믿음의 가정은 말씀 아래 가족 구성원을 예수님의 제자로 양육함으로써 '자녀 양육과 사회화 교육의 기능'을 수행해야 합니다. 세상에서는 맡겨진 자리에서 경제 활동을 하되, 빛과 소금의 모습으로 활동하여 얻은 소득으로 가정에 '경제적 지원의 기능'을 합니다. 마지막으로 주님께서 말씀하신 바대로 사랑 가운데 가족을 섬기고 기쁨을 나누며 슬픔을 위로하는 '정서적 지지의 기능'을 제공해야 합니다. 이처럼 말씀 안에서 가족의 기능이 원만하게 작동될 때 행복한 크리스천 가정이 될 수 있습니다.

예수님께서는 하나님을 사랑하고 타인(이웃)을 사랑하는 것이 가장 중요한 계명(마 22:37-40)이라고 말씀하셨습니다. 하나님을 사랑하고 동시에 이웃을 사랑할 때,

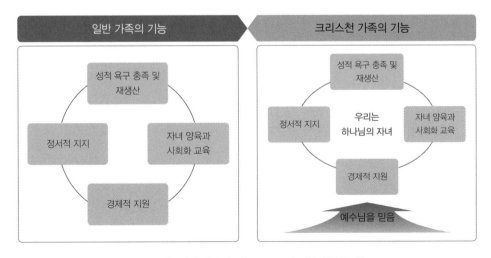

[그림 1-1] 일반 가족의 기능 VS. 크리스천 가족의 기능

이웃 중 처음 실천 대상이 되어야 하는 이가 바로 가족입니다. 가족이 우리의 이웃 중 가장 가까운 이웃이기 때문이지요. 가족을 사랑하는 것이 나 외에 타인 사랑 실천에서 가장 중요합니다. 그리고 반드시 가족 외에 다른 이웃으로 그 사랑을 넓혀 가야 하지요. 이는 주님의 말씀대로 사는 것이자 그 실천을 통해 나 자신이 행복해지는 길입니다. 그리고 우리 가정이 함께 행복해지는 길이기도 합니다.

‘크리스천 TSL’ 소개

이 절에서는 주님의 말씀을 실천하는 한 방법인 크리스천 TSL을 소개하도록 하겠습니다.

TSL치료란

TSL치료는 가정폭력 가해자와 피해자 상담을 진행하면서 임상을 통해 개발된 치료 방법입니다. 연세대학교 가족복지 김재엽 교수 연구팀은 아시아권 최초로 1997년에 심층적인 전국가정폭력실태조사와 원인분석을 했습니다. 이 연구가 기반이 되어 우리나라에 「가정폭력범죄의 처벌 등에 관한 특별법」이 제정되었습니다(조선일보, 1998. 3. 2.). 이 법에는 국내 관련법 최초로 가해자 강제 치료를 포함시켰습니다. 그리고 연세대학교 가족복지 연구팀은 가정폭력 가해자 및 피해자 치료프로그램을 개발하고 실시했습니다. TSL치료는 이 과정에서 가정폭력을 경험한 가족의 치료를 위해 개발된 것이지요. 초기에는 ‘미안합니다’ ‘사랑합니다’ ‘고맙습니다’를 인정하고 표현하도록 하는 ‘미사고’ 치료를 설계했습니다. 폭력 가정의 치료 중 가장 중요한 것은 가해자의 가해 인정과 반성이기 때문에 ‘미안합니다’를 치료 초기에 다루었습니다.[③]

하지만 미사고 치료를 실시한 결과 참가자들은 첫 단계인 ‘미안합니다’를 억지로는 실천할 수 있지만, 진심으로 실천하는 것을 불편해했습니다. 그 이유를 분석해보니, 많은 남편이 자신이 잘못한 행동에 대해 미안하기도 하지만, 자신도 아내나 가족에 대해 섭섭함과 억울함을 많이 가지고 있었기 때문입니다. 이런 이유로 진심으로 '미안합니다'를 실천할 수 없었고 치료는 잘 진행되지 않는 것처럼 보였습니다.

그러나 이들 중 소수의 사람이 변화하는 것을 발견하게 되었습니다. 연구팀이 그들의 특성을 분석해 보니, 현재 배우자에게 고마워하는 마음을 가진 사람들이 미안함을 먼저 인정하고 관계 회복을 위해 노력하는 모습을 보였습니다. 미안함을 표현하기 전에 먼저 자신이 가지고 있는 것에 대한 고마움을 인정할 때 변화가 시작된다는 것을 알게 되었지요. 이 점에 착안하여 '고미사'의 순서로 치료 방법을 바꾸었습니다. '고미사' 치료, 즉 '고맙습니다(Thank you)' '미안합니다(Sorry)' '사랑합니다(Love)'를 TSL치료로 정리하였습니다([그림 1-2] 참조).[④]

그리고 현재 TSL치료는 가정폭력뿐만 아니라 다양한 가족 문제에 적용되고 있습니다.

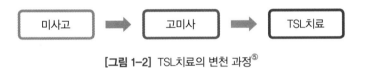

[그림 1-2] TSL치료의 변천 과정[⑤]

기존의 부부 상담에서 다루어지는 의사소통 기술, 스트레스 관리, 분노 조절, 문제 해결 방법, 성역할 이해 등의 가족치료 방법들도 중요하며, 이는 TSL과 함께 활용할 수 있습니다. 하지만 TSL은 먼저 자신의 삶을 돌아보고 자신과 자신을 둘러싼 환경에 대한 감사와 미안함, 사랑을 깨달으면서 세상에 대한 관점 변화가 일어납니다. 세상을 바라보는 관점이 변하면서 나 자신이 바뀌고 대인관계에서도 변화가 생기게 되는 것이지요. 즉, 가족관계나 인간관계의 근본적 치료는 '고맙습니다' '미안합니다' '사랑합니다'를 이해하고 적용하는 데 있습니다.[⑥]

부정적인 감정의 표현은 자제하는 것이 좋지만, 긍정적 표현은 말과 행동으로 자주 하는 것이 좋습니다. 긍정적 표현은 나 자신뿐 아니라 상대방에게도 힘이 되기 때문이지요. 우리가 인간관계에서 할 수 있는 가장 중요한 긍정적 표현은 '고맙습니다' '미안합니다' '사랑합니다'입니다. 여기서 표현이란 말과 행동을 포함하는 개념이지요. 그런데 우리는 가족 간에도 서로에게 이러한 긍정적 표현을 잘 하지 않습니다. 일상에서 가족과 다양한 대화를 주고받는 것 같지만, 가장 중요한 핵심 단어인 이 세 가지는 잘 표현하지 못하는 것이지요. 원만한 가족관계를 유지하도록 하는 것이 '고맙습니다(Thank you)' '미안합니다(Sorry)' '사랑합니다(Love)'(이하 T, S, L)를 언어적으로 표현하고 행동으로 실천하는 것입니다. 이것이 TSL치료입니다. 가장 중요하면서도 단순한 'T, S, L' 표현은 원만한 인간관계와 행복하고 평온한 삶을 유지하는 강력한 도구이자 관계를 개선하고 친밀감을 회복시켜 주는 치유의 힘을 가지고 있습니다. 자신과 타인과의 관계에 대한 깊은 성찰과 변화하고자 하는 의지와 노력에서 나오는 진정한 'T, S, L'을 실천하는 것은 쉬운 일이 아닙니다. 하지만 분명한 것은 진정한 'T, S, L' 표현은 관계 개선에 도움이 된다는 것입니다. TSL치료는 삶을 바라보는 마음이나 관점의 변화를 통해서 가족의 소중함을 인식하고, 감사와 미안함과 용서 그리고 사랑을 말과 행동으로 표현합니다. 이를 통해 사람들이 스스로 변화하여 가족의 소중함을 깨닫고, TSL이 자신의 삶과 대인관계의 근간이 되도록 하는 것이지요. 궁극적으로 가족관계를 개선할 뿐 아니라 행복한 삶을 살게 됩니다.[7]

한편, 저자는 TSL치료 프로그램 완성 후 성경 말씀에 이미 TSL의 개념이 있음을 깨닫고 2016부터 크리스천에게 맞는 TSL치료 프로그램을 개발하여 크리스천을 대상으로 지속해서 개입하고 있습니다. 이 책에서는 지금까지 진행한 크리스천 TSL의 사례를 소개해 드릴 것입니다.

크리스천 TSL의 개념

크리스천 TSL은 기존의 TSL의 개념과 함께 주님이 우리의 가정 안에 계시며, 믿음·소망·사랑이 더해지는 개념이라 할 수 있습니다. 주님의 말씀 안에서 TSL 핵심 단어인 '고맙습니다(Thank you)' '미안합니다(Sorry)' '사랑합니다(Love)'를 발견하고 이를 실생활에 표현하고 실천하는 프로그램입니다. 크리스천 TSL에서는 하나님의 아들로 이 땅에 오신 예수님을 인정하고, 그의 대속하심으로 나의 죄가 사해졌음을 믿고, 영원한 생명을 바라보며 주님의 말씀인 하나님 사랑과 서로 사랑함을 말과 행동으로 실천하는 것이 중요합니다. 더욱이 주님께서는 범사에 감사하라, 회개하고 사과하고 용서하라, 사랑하라고 말씀하고 계십니다. 그러므로 TSL의 실천은 주님의 말씀을 행하는 방법이라 할 수 있지요. 따라서 크리스천 TSL은 [그림 1-3]과 같이 기존의 사람 간에만 하는 TSL과는 달리 주님과의 TSL과 사람 간의 TSL을 함께 하는 것입니다.

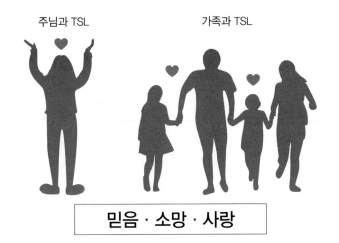

[그림 1-3] 크리스천 TSL

이처럼 TSL의 '고맙습니다' '미안합니다' '사랑합니다'는 성경 말씀 속에서도 계속 강조되고 반복해서 접하는 단어이지만, 크리스천임에도 불구하고 가족에게 표현하는 것을 어색해 하는 분들이 많습니다. 여러분은 어떠신가요? 크리스천 TSL 실천은 여러분과 가족이 더 행복한 삶을 살아가도록 도울 뿐 아니라 동시에 주님께 더 가까이 가는 길로 인도할 것입니다.

크리스천 TSL의 진행 방법

크리스천 TSL 행복론

크리스천 TSL은 TSL을 실천하기 전에 우리의 믿음을 먼저 점검하는 것이 중요합니다. 우선 우리 자신이 죄인인 것과 예수님이 우리의 구세주이심을 믿고 고백하고 있는지 돌아봐야 합니다. 이것이 기존 TSL과 크리스천 TSL 시작의 차이입니다.

우리 인간은 행복해지기를 원합니다. 보통 돈, 명예, 건강, 자녀의 성공 등을 가진 사람을 행복하다고들 합니다. 그러나 눈에 보이는 물질적인 것만이 행복의 척도가 될 수 없습니다. 물질적인 것만이 행복한 것이라면 1960년대보다 2020년대에 사는 현재가 훨씬 더 행복해야 하겠지요. 하지만 현실은 그렇지 않아 보입니다. 부자나 사회적 지위가 높은 사람, 청년 그리고 자녀를 얻은 사람들도 매일 걱정과 고통, 우울 속에 살아가고 있습니다. 그것은 바로 인간이 물질적인 것만이 아닌 정신적으로

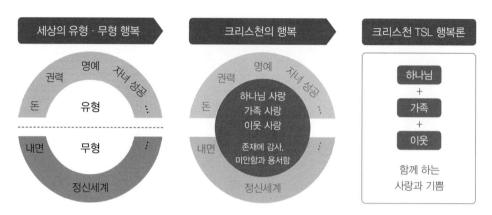

[그림 1-4] 크리스천 TSL의 행복론

만족한 삶을 살아야 하기 때문이지요. 아리스토텔레스는 "행복은 삶과 인간 존재의 목적이며 이유"라고 했고, 스피노자는 "인간의 행복은 내면의 진정한 자각에서 온다"라고 했으며, 달라이라마는 "행복은 인간의 내면으로부터 온다"라고 했습니다. 이처럼 인간은 삶의 가치에 의미를 부여할 때 행복을 느낀다고 주장하지요.[8]

　그렇다면 우리 크리스천은 어떻게 행복해질 수 있을까요? 오직 주님 안에서 서로 사랑할 때 행복합니다. 행복한 삶을 구현해 가는 방법은 믿음을 가지고 천국의 소망을 가지며, 삶 속에 존재하는 것에 감사하며, 미안해하고, 용서하고, 사랑하며, 기쁨을 누리는 것이지요. 이를 주님과 함께 그리고 가족과 이웃과 함께 할 때 우리는 행복해질 수 있습니다. 이것이 [그림 1-4]에서 설명하는 '크리스천 TSL 행복론'입니다.

크리스천 TSL의 기본자세: 겸손

　크리스천은 주님 안에 있을 때 진정한 행복을 찾을 수 있습니다. 주님을 믿는 우리에게 성경은 항상 기뻐하라(살전 5:16), 범사에 감사하라(살전 5:18)고 말하고 있습니다. 그러나 매일 기뻐하고 감사하며 살지 못하는 이유는 입으로는 주님을 믿는다고 하면서 실제로는 주님을 따라 살지 않기 때문이지요. 무엇보다 주님을 따라 살지 않는 주된 이유는 바로 겸손하지 않기 때문입니다. 우리가 겸손을 배울 수 있는 분은 바로 예수 그리스도입니다. "보라 네 왕이 네게 임하시나니 그는 공의로우시며 구원을 베푸시며 겸손하여서 나귀를 타시나니 나귀의 작은 것 곧 나귀 새끼니라"(슥

9:9) 겸손은 예수 그리스도의 삶 자체이지요. 크리스천의 겸손은 윤리학에서 이야기하는 예절, 타인 존중과는 다른 차원입니다. 위선이 아닌 예수님을 본받아 겸손해져야 하지요.

예수님은 하나님과 동등함에도 불구하고 자신을 낮추고 종의 모습으로 오셔서 우리 죄를 위해 십자가에 못 박히셨습니다(빌 2:6-8). 우리가 겸손해져야 하는 이유는 바로 우리의 죄를 대신해서 죽으신 예수님 때문입니다. 주님을 안다는 것은 예수님이 우리를 위해 죽으셨고 예수님 안에서 자유를 얻었기 때문에 우리가 예수님의 삶을 따라 사는 것을 의미합니다. 다툼, 허영으로 하지 말고 오직 겸손한 마음으로 자기보다 남을 낮게 여기며 다른 사람의 일을 돌보라는 말씀처럼(빌 2:3), 그리스도의 말씀은 단지 고상한 지식이 아닌 실천을 수반한 말씀입니다. 예수님의 삶, 예수님의 십자가와 부활을 생각할 때 우리는 "우리의 죄를 사하여 주시옵고"(마 6:12)라고 스스로 죄인임을 고백하게 됩니다. 즉, 크리스천에게 겸손이라는 것은 우리의 모자람과 죄를 인정하는 것입니다. 우리의 부족함을 인정한다면 우리는 겸손해질 수밖에 없고 그런 우리를 사랑하신 주님께 감사할 수밖에 없습니다. 크리스천의 겸손은 가진 것이 많아 속으론 당당하나 겉으론 모자란 척하면서 사람을 대하거나 일을 하는 차원의 겸손이 아닙니다. 예수님이 우리 죄에 책임을 지셨기 때문에 너무나 감사해서 주님 앞에 모자람을 고백하고 주님을 따라 사는 겸손의 모습을 말하는 것입니다.

바울이 예수 그리스도 안에서 부름의 상을 받기 위해 달려간다고 고백했듯이(빌 3:14) 우리도 주님 안에서 부름의 상을 받기 위해 달려가야 합니다. 주님의 말씀을 다 이룬 자는 없습니다. 우리는 주님의 도(道)를 획득하는 것이 아니라 달려가는 것(빌 3:12)일 뿐입니다. 겸손 또한 획득하는 것이 아니라 예수님의 겸손을 좇을 뿐입니다. 겸손이 있다면 삶 자체에 감사하게 됩니다. 따라서 겸손은 크리스천 TSL의 전제조건입니다. 즉, 크리스천 TSL의 기본자세가 겸손입니다. 겸손할 때 감사로 나아가게 됩니다.

크리스천의 겸손한 자세는 [그림 1-5]처럼 부족한 나를 주님이 먼저 사랑하셔서 감사함과 미안함을 갖는 것입니다. 주님의 사랑으로 겸손한 자세를 갖게 되지요. 겸손한 자세가 세상을 달리 바라보는 관점을 갖게 합니다. '내가 먼저 변화해야겠구나.' '이 사람들이 내게 굉장히 소중한 사람들이구나.'라는 것을 깨닫게 됩니다. 비판

[그림 1-5] 크리스천 TSL의 기본자세

하고, 비난하고, 정죄하는 것이 아닌 사랑으로 세상을 바라보게 됩니다. 바뀐 관점으로 생활하니 자연히 크리스천 TSL을 말과 행동, 삶으로 실천하게 되지요. 이를 통해 주님을 기쁘시게 할 뿐 아니라 나도 행복해집니다.

크리스천 TSL의 진행 과정

크리스천 TSL의 처음은 '죄 인정'과 '겸손'입니다. 기존 TSL치료에서는 겸손이 치료의 완성으로 마지막 장이었던 것과 큰 차이가 있습니다. 예수님을 영접함으로써 나의 죄 때문에 예수님이 십자가에 못 박히심을 인정하고 주님께 감사하고, 나의 모자람을 깨닫고 나의 죄를 회개하고, 주님의 사랑을 깨닫고 주님이 기뻐하실 일을 행하는 것이 크리스천 TSL의 기본구조입니다.

T(Thank you)는 구원하신 주님께 감사하며, 주님께서 주신 선물인 가족의 존재에 대해 그 소중함을 인정하고 고마움을 표현하는 것입니다.

S(Sorry)를 통해 나를 구원하신 주님께 회개하며 죄 사함의 기쁨을 얻습니다. 이 기쁨으로 여러분이 상처를 준 가족에게 진심으로 사과하고, 여러분에게 상처를 준 가족을 진심으로 용서함으로써 원만하고 진정한 관계를 형성할 수 있습니다.

L(Love)은 주님이 보여 주신 사랑의 깊이를 깨닫고 주님을 사랑하는 것입니다. 그리고 T와 S를 통해 깨달은 사랑의 마음을 가족에게 표현하고, 시간과 물질을 공유하면서 TSL의 정신을 유지하는 단계입니다.

T와 S 과정이 말과 행동으로 표현하는 것에 중점이 있다면, L은 나누는 것에 초점이 있습니다. T와 S의 표현이 성립되면 그다음 단계로 넘어가는 것이 사랑의 완성이지요. L은 시간과 물질과 에너지의 공유입니다. 사랑의 본질은 경제적·사회적·신체적·정신적 에너지를 모두 나누는 것에 중점을 두고 있기 때문이지요.

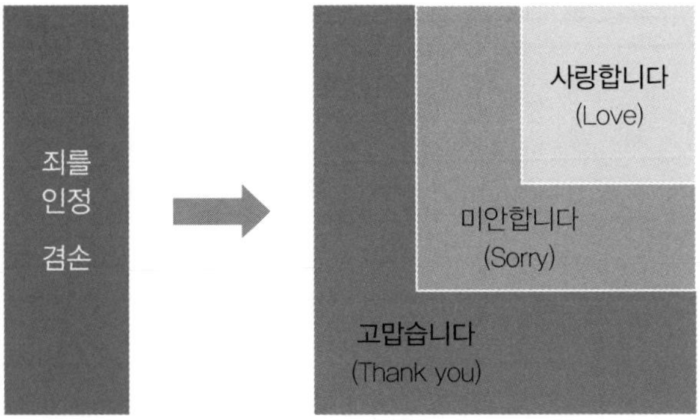

[그림 1-6] 크리스천 TSL의 진행 과정

중요한 것은 TSL의 각 단계는 별개로 이루어지거나, 한 단계가 끝나면 이전 것은 잊고 다른 단계를 시작하는 것이 아니라는 점입니다. TSL은 항상 같이 이루어져야 하며, 먼저 T를 시작하고, S를 실천하여, L을 표현하게 하는 것입니다.[9] [그림 1-6]과 같이 크리스천 TSL의 진행 과정이 이루어지는 것이지요.

크리스천 TSL 철학

긍정적이고 행복감을 느끼는 건강한 삶을 살기 위해서는 어떻게 해야 할까요? 많은 사람은 내가 잘 살아가는 방법에만 관심을 두지요. 자신이 강해지는 방법들을 많이 연구합니다. 하지만 TSL은 내가 잘 살기 위해 타인의 소중함을 강조합니다. [그림 1-7]과 같이 삶(Life)이라는 기차가 달리기 위해서는 '나'(I)라는 레일과 '타인'(Others)이라는 레일이 함께 있어야 합니다. 즉, '건강한 삶'이 존재하기 위해서는 '나'뿐 아니라 '타인'이 절대적으로 필요하다는 것이지요. 타인이 없으면 나도 존재할 수 없습니다. TSL은 생활 속에서 '타인'과의 교류를 전제로 변화가 일어나는 치료입니다. 즉, TSL의 철학(perspective)은 공존(Co-existence)과 공영(Co-prosperity)이라고 할 수 있습니다. TSL은 자기중심적 변화가 아닌 타인과 소통하며 서로를 도와 함께 건강해지는 것을 추구합니다.[10]

이와 함께 크리스천 TSL은 우리의 죄를 인정하고 주님을 믿으며, 그 믿음의 반석 위에 삶의 철길을 놓는 여정입니다. 믿음 안에서 하나님 사랑과 서로 사랑을 실현하

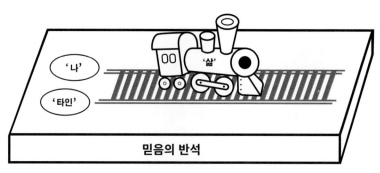

민음의 반석 위에 철길을 놓는다.

[그림 1-7] 크리스천 TSL 철학

며 살아가는 것이 크리스천의 삶인 것이지요.

✳ 크리스천 TSL은 믿음의 반석 위에 집을 짓는 것과 같다

　크리스천 TSL의 기본 개념은 [그림 1-8]의 집으로 설명할 수 있습니다. 집은 벽과 창문, 지붕으로 구성되어 있지요. 집에서의 벽, 즉 뼈대와 골격은 T입니다. 집을 지탱하는 가장 중요한 구조가 벽인 것처럼, T는 관계에서 가장 중요한 기초가 됩니다. 벽이 무너지면 집이 서 있을 수 없는 것처럼, 고맙다는 표현이 없다면 지속적인 인간관계는 성립되기 어렵습니다. 집에서의 문은 S입니다. 문은 사람이 드나들거나 공기를 정화하는 역할을 하지요. 미안하다는 표현과 용서는 삶에서 좋지 않은 것을 버리고, 사람과 사람의 관계를 소통시켜 주는 문과 같은 역할을 합니다. 집에서의 지붕은 L입니다. 지붕은 집의 형태를 완성하고, 집 전체를 덮어 줌으로써 포근함과 따뜻함, 안락함을 줍니다. 인간관계를 완성하고 따뜻함을 주는 것이 바로 사랑한다는 표현인 것과 같지요. TSL은 이처럼 T로 시작해서 L에서 완성됩니다. 건강한 관계는 고맙다로 뼈대를 세우며 시작되고, 사랑한다는 말과 실천으로 완성되지요. 벽, 문, 지붕이 있어야 집이 존재할 수 있는 것처럼, T, S, L 이 세 가지가 모두 있어야 인간관계를 잘 맺어 나갈 수 있습니다.[11]

　하지만 집을 세우기 위해 무엇보다 중요한 것은 견고한 땅 위에 집을 짓는 것입니다. 성경에서 예수님은 곧 반석(고전 10:4)이라고 설명합니다. 우리는 반석되시는 예

[그림 1-8] 크리스천 TSL치료의 기본 개념: 집짓기

수님을 믿음으로써 반석 위에 T, S, L로 집을 지을 수 있습니다. 믿음의 반석 위에 집을 짓고 주님의 말씀을 따라 사는 것이 크리스천 TSL에서 말하는 집짓기입니다(눅 6:48-49). 즉, 크리스천 TSL은 예수님의 말씀대로 서로 사랑하며 사는 집을 의미합니다.

그리고 집을 하루아침에 지을 수 없는 것처럼, 크리스천 TSL도 시간이 요구됩니다. 크리스천 TSL은 치료는 이 책을 단번에 읽고 진행하는 것이 아닙니다. 예를 들어, 이 책을 하루에 다 읽고 TSL을 한 번에 실시해 보자고 생각한다면 좋은 반응이 있을 수도 있지만, 그 효과가 금방 사라질 것입니다. 현재 우리의 관계는 하루아침에 생긴 것이 아니므로 변화도 시간이 필요합니다. 그러므로 반드시 순서에 따라 실천해야 합니다. 그 과정에서 여러분은 변화를 서서히 그러나 제대로 느낄 수 있을 것입니다.[12]

※ 크리스천 TSL에서 5Re의 개념

TSL을 계속 유지할 수 있는 소프트웨어는 바로 '5Re'입니다. TSL치료는 5Re를 실천함으로써 완성되는 것이지요. 다음과 같이 5Re는 TSL 실천의 5세션으로서, 회상하기(Recall), 인정하기(Recognize), 실현하기(Realize: Action), 강화하기

(Reinforcement), 재충전하기(Refreshment/Return)입니다.[1] 크리스천 TSL은 "항상 기뻐하라 쉬지 말고 기도하라 범사에 감사하라"(살전 5:16-18)라는 주님의 말씀처럼, 끝까지 소망을 가지고 5Re를 실천해야 합니다. TSL의 5Re와 함께 크리스천은 하나님의 은혜를 생각하고, 겸손을 깨달으며, 실천하는 것이 중요합니다.

> • 회상하기(Recall): 사건을 회상하고 고마움과 미안함을 떠올리기
> • 인정하기(Recognize): 그것을 인지하고 인정하기
> • 실현하기(Realize: Action): 인정한 것을 말하고 행동에 옮기기(언어 표현 강조)
> • 강화하기(Reinforcement): 그러한 말과 행동을 반복해 나가기(행동 표현 강조)
> • 재충전하기(Refreshment/Return): 자신의 새로운 행동에 만족하고, 재충전하여 다시 해야겠다고 생각하면서 회상하기(Recall) 세션으로 돌아가겠다는 의지를 갖기(Return)

단어의 앞에 Re를 붙이는 이유는 [그림 1-9]처럼 끊임없이 순차적으로 반복하라는 의미입니다. 회상하고, 인정하고, 실현하고, 강화하고, 다시 시작하는 것을 끊임

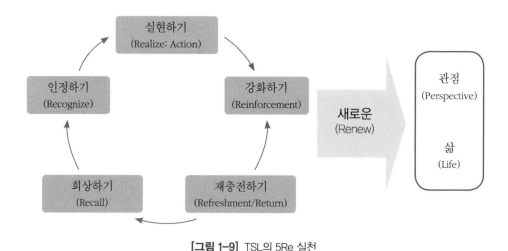

[그림 1-9] TSL의 5Re 실천

---

1) 인라이트(Enright, 1991; 2001)와 워싱턴(Worthington, 1998)의 용서모형을 참고하여 새롭게 정리한 것입니다. 두 모형과 TSL의 가장 큰 차이는 TSL의 5Re는 동시성, 반복성, 구조적 연결성이라는 것입니다(김재엽, 2023: 31). 또한 TSL치료는 T(감사)와 S(미안함) 없이는 F(용서)가 어렵다는 것입니다.

없이 반복하려는 의지를 갖자는 것이지요. 이러한 과정을 통해 새로운(Renew) 관점과 삶을 갖게 됩니다.[13]

새로운 관점은 상대방이 바뀌는 것이 아니라 자기 자신이 주님의 말씀 안에서 새로운 감사, 미안함과 용서, 사랑(TSL)을 계속 생각하고 말하고 행동함으로써 기쁨의 삶을 누리게 됩니다.

❋ TSL 프로그램의 효과성

TSL 프로그램은 우울과 같은 사회과학적인 지표뿐만 아니라 BMS(Bio-Medical-Social)를 이용해 효과성을 측정합니다. BMS는 인간을 이해하고 도와주는 데 의학, 생물학, 화학, 사회복지학을 융합하여 연구하자는 관점으로 연세대학교 가족복지 김재엽 교수 연구팀(이하 연구팀)에서 명명하였습니다.[14]

사람을 이해하거나 사람들에게 개입할 때는 하나의 학문 분야에서의 접근이 아니라 다양한 분야에서의 접근이 필요한 것이지요. 연구팀은 개인이 자신의 관점을 바꾸고, 가족관계가 변화할 때 BMS를 통해 어떤 정신적·의학적·사회적 변화가 일어나는지 살펴보고, 그것을 과학적으로 검증하고 있습니다. 혹은 어떤 생물학적 특성이 개인의 관점이나 가족관계에 영향을 미치는지 파악하여 이를 변화시킬 수 있도록 도울 수 있는지를 연구하고 있습니다. 이를 위해 연구팀은 지난 10년 이상 (2009~2021) 은퇴 노인, 중년 여성, 탈북 여성, 부모 간 폭력 목격 청소년, 남성·여성 직장인, 일반 청소년, 자활사업 참여자, 비행 청소년, 군 장병, 탈북가정 부모, 군인 자녀, 발달장애인 자녀를 둔 부모 등 위기 상황에 있는 개인과 가족에 대한 TSL 프로그램을 진행하고 그 효과성을 BMS 차원에서 측정하였습니다. TSL 프로그램을 개입하였을 때, 참여자들의 스트레스가 감소하고 면역력이 강화되었고, 그 결과 암, 고혈압, 당뇨, 파킨슨병 등 만성질환의 발생 확률이 낮아졌을 뿐만 아니라 노화가 지연되는 등의 효과가 나타났습니다(연합뉴스, 2010. 9. 9.). 이렇듯 TSL 프로그램이 정신건강과 가족관계의 개선뿐만 아니라, 신체 건강의 증진에도 도움이 된 것이지요.[15]

KBS 〈생로병사의 비밀〉 '617회 행복의 비밀, 감사'(2017년 4월 5일 방영) 편에서

TSL치료가 다루어졌습니다. 연구팀이 가족과의 관계에 어려움을 겪고 있는 5명의 지원자를 대상으로 주 2회씩 5주간 TSL 프로그램을 진행한 결과 [그림 1-10]과 같이 가족 간 긍정적 의사소통(즉, TSL)이 향상되었고 우울감과 스트레스가 줄어들었습니다. 그뿐만 아니라 배려의 호르몬인 옥시토신과 인내심의 호르몬인 가바(GABA)가 증가하였습니다.[16] 이와 같은 결과를 통해 TSL 실천이 단지 가족관계를 개선하는 것에서만 효과를 보이는 것이 아니라, 나의 신체를 건강하게 하고 궁극적으로 나를 행복하게 하는 길임이 증명되었습니다. 이러한 가족과 자신의 변화는 믿음 안에서 TSL을 실천할 때 더 큰 효과를 거둘 수 있을 것입니다.

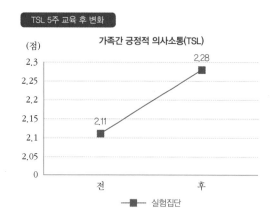

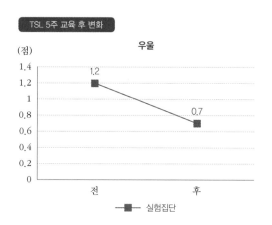

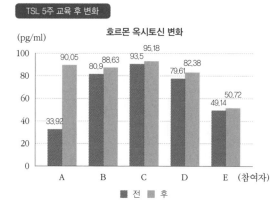

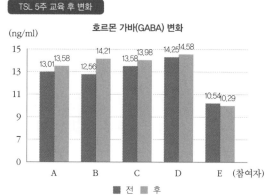

[그림 1-10] TSL 프로그램 참여 후 변화

크리스천 TSL의 경우 가족과 자신의 변화와 더불어 하나님과의 관계에서도 더 친밀해졌음을 알 수 있었습니다. 다음의 사례는 크리스천 TSL 프로그램 참여자의 소감문입니다.

〈사례 1-1〉의 참여자는 어머니와 아내 간의 고부갈등으로 힘들어하던 때 프로그램에 참여하게 되었고, 프로그램을 통해 주님과의 관계 회복뿐 아니라 어머니 및 아내와의 관계도 개선되었다고 이야기합니다. 주목해야 할 것은 고부갈등이라는 사건이 사라진 것이 아님에도 참여자의 관점이 변화하였다는 것입니다. 크리스천 TSL은 문제를 단번에 해결하기보다는 갈등과 스트레스를 스스로 줄여 나갈 힘을 기르는 연습을 하는 과정입니다. 고난 없는 인생은 없습니다. 하지만 고난이 찾아와

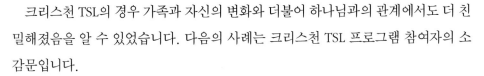

사례 1-1 남, 37세, 공무원

신혼 초 어머니와 아내 사이에 갈등이 심해 문제를 해결하고 싶지만 무언가 할수록 상황은 더 나빠지고, 시간이 지날수록 어떡해야 할지 막막하던 차에 크리스천 TSL 프로그램에 참여하게 되었다.

나름대로 교회에서 리더 역할도 많이 하고 성격이 적극적이라 가족들에게 감정표현도 잘하고 잘 지내 왔다고 생각했는데, 막상 TSL을 실천하려니 지금까지 지내 왔던 모습이 나 중심적인 한 방향 소통이었다는 것을 돌아보게 되었다. 주님과의 관계에서도 입으로만 주님을 믿는다고 하며 살아왔다는 것을 깨닫게 되었다.

12주 동안 TSL 실천을 하면서 매일 말씀을 읽으며 주님 앞에서 울기도 많이 울었고, 나의 연약함을 직면하는 시간이기도 했다. 주님과 관계가 회복될수록 가족의 존재가 너무 소중하게 다가왔고, 더 많은 시간을 함께 보내고 더 많은 사랑을 표현하게 되었다. 놀랍게도 굳었던 아내의 마음이 움직였고, 어머니와의 어려움이 나와의 갈등으로까지 번지지 않게 되었다. 어머니께서도 내게 아쉽고 서운한 말씀을 하시는 건 여전하시지만 내가 그 이야기에 흔들리지 않고 마음의 여유를 갖고 이야기를 들어드리고 노력하겠다며 웃으며 대응할 수 있게 되었다. 현재 내 주위 상황이 TSL 프로그램 참여 전과 크게 달라진 거는 없는 것 같다. 하지만 내가 어머니와 아내를 바라보는 눈이 바뀌었고, 그들을 대하는 태도가 변했고, 스트레스가 줄고 즐거운 마음이 커진 것이 너무나 신기하다. 그 기쁨의 원천이 하나님과의 관계에서 비롯되었다는 생각이 크다. 앞으로도 이 상태를 유지할 수 있도록 꾸준히 실천해야겠다.

도 넘어지지 않고 주님께 의지하며 기쁨으로 감당하는 사람들이 있지요. 크리스천
TSL은 넘어졌을 때 다시 일어날 힘을 훈련하는 과정이기도 합니다.

Practice **1**[2)]

T 회상하기: Who am I?

자, 지금부터 조용한 장소에서 편안한 자세로 앉아 1분간 눈을 감고, 깊게 심호흡을 하며 자신에 대해 생각해 봅시다. "나는 누구인가?"라는 물음을 떠올려 보며 자신의 생각을 글로 적어 보세요.

과제 1. 나는 누구인가?

---

2) 실천(Practice) 장들은 『TSL 가족치료와 가족복지』(김재엽, 2014; 2023)의 과제와 설명을 사용하였으며, 크리스천 TSL 과제와 설명 그리고 사례를 추가하여 재구성하였다.

이 질문을 받고 가장 먼저 떠오른 생각은 무엇이었습니까? 가장 먼저 떠오른 그 생각이 여러분에게 있어 가장 중요한 내용입니다.

아마도 대부분 '크리스천' '하나님의 자녀' '누구의 남편(아내)' '누구의 자녀' '누구의 부모' 등 관계 속에서의 자신을 떠올렸을 것입니다. 실제로 참여자들은 "나는 누구인가?"라는 질문에 대해 '그리스도인' '나는 하나님의 딸' '나는 한 남자의 아내' '나는 두 아이의 엄마' '○○ 회사원' '우리 부모님의 자녀' 등이라고 답합니다. 이렇게 대부분 '나'는 홀로일 수 없고, 관계 속에서 존재합니다.

여러분은 '나'라는 개념이 상대적인 개념이라고 생각하나요, 아니면 절대적인 개념이라고 생각하나요? '나'는 상대적인 개념입니다. 내가 존재하기 때문에 다른 사람들도 존재하는 것이고, 상대방이 있으므로 '내'가 있는 것입니다. 내가 어떤 모습이 되고 싶거나, 어떤 것을 바란다면 그것은 내가 관계 맺고 있는 누군가가 있기 때문입니다. 결국 "나는 누구인가?"라는 질문은 관계성 속의 '나'를 발견하는 과정입니다. 나와 관계있는 사람들을 떠올려보면서 '나'를 찾아가는 것이지요.[①]

사례 1-2   남, 20대 중반, 대학원생

−그리스도인

−부모님의 아들이자 장남

−가족의 사랑을 많이 받고 자란 사람

−대학원생

"나는 누구인가"라는 질문에 20대 남학생은 〈사례 1-2〉와 같이 대답하였습니다. 이 사례에서 보이듯 "나는 누구인가?"라는 질문에 우리는 관계 속에서의 나를 먼저 떠올리게 됩니다. 가장 먼저는 하나님과 나의 관계를 떠올리게 되고, 그다음 가족관계 안에서 나를 발견하게 됩니다. '나'를 설명할 때, 주님과 가족은 나와 분리될 수 없지요. 나를 형성하는 데 중요한 역할을 했을 뿐 아니라 지금도 영향을 가장 많이 주고받는 존재이지요. 나의 존재 그 자체를 돌아보게 하는 분이 주님이시며, 나의 있는 모습 그대로를 받아들여 주는 분 또한 주님이신 거지요. 이런 관계를 삶에서 느끼게 해 주는 존재가 가족입니다. 주님께서 가족을 통해 주님의 사랑을 경험하게 하셨기 때문이지요. 우리 크리스천은 이렇게 '나'를 형성하는 데 깊은 연관이 있는 주님과 가족을 끊어 내고 살아갈 수 없습니다.

나 자신과 주님과의 관계가 중요하다고 고개가 끄덕여진다면, 한 번 더 생각해 볼까요? 여러분은 주님의 자녀라고 확신 있게 이야기할 수 있나요? 하나님이 나를 지으셨고, 나를 돌보시며, 인도하시는 분이라는 확신이 있나요? 이 책을 읽고 있는 분이라면 대부분 이 질문에 분명하고 확신 있게 "나는 주님의 자녀입니다."라고 이야기할 것입니다. 크리스천 TSL의 출발은 이 고백에서 시작됩니다. 나와 주님과 관계가 있고, 내가 주님의 자녀임을 고백할 수 있을 때 우리는 크리스천 TSL을 실천할 수 있습니다.

그렇다면 한 발 더 나아가 여러분은 자신이 죄인인 것을 인정하십니까?

과제 2. 자신이 죄인인 것을 인정하십니까?

□ 네, 나는 죄인입니다.   □ 아직 잘 모르겠습니다.

여러분은 주님의 자녀라는 것에는 어렵지 않게 '네'라고 대답했을지도 모릅니다. 하지만 '죄인'이라는 단어 앞에서는 멈칫했을 수 있지요. '죄인'이라는 말 앞에 멈칫한 것은 큰 범죄를 저지르지 않았고, 착하게 살려고 노력했고, 이 정도면 잘 살고 있다고 생각하기 때문일지도 모릅니다. 하지만 앞서 이야기를 나누었던 것처럼 우리는 주님 앞에서 죽을 수밖에 없는 죄인이었지요. 그 이유는 우리가 주님께서 주신 말씀대로 매일 살지 못하기 때문입니다. 그런 우리를 위해 예수님께서는 십자가에서 죽으시고 부활하셨고, 우리는 예수님을 통해 죄인이 아닌 의인이 될 수 있었습니다(롬 5:15-19). 만일 우리에게 죄가 없다고 하면 우리는 자신을 속이는 것이 되며 진리가 우리 속에 있지 않은 것이라(요일 1:8-10)는 말씀처럼 우리는 주님 앞에 섰을 때 누구나 죄인일 수밖에 없습니다. 죽어야 하는 존재를 주님께서 은혜로 살려 주신 것이지요. 내가 남보다 조금 더 낫다고 여기는 것은 죄인들 사이에서의 작은 몸부림에 불과합니다. 여러분이 죄인이라는 것을 인정할 때 주님 앞에서 그리고 사람들 앞에서 더 겸손해질 수 있습니다. "나는 아무것도 아닙니다."라고 고백할 수 있을 때, 가난한 마음일 때, 우리는 감사할 수 있고, 사과할 수 있고, 용서할 수 있으며, 진정으로 사랑을 실천할 수 있게 됩니다. 이제 다시 한번 생각해 봅시다. 여러분은 죄인이라는 것을 인정하십니까?

지금까지 주님과의 관계 속에서 "나는 누구인가?"를 살펴보았습니다. 그렇다면 여러분은 주님과의 관계 외에 '나는 누구인가' 떠올렸을 때 가족 안에서 '나'를 떠올렸습니다. 이제는 여러분의 가족이 누구인지 함께 생각해 봅시다.

여러분의 가족은 누구입니까? 여러분의 가족에 대해 떠오르는 대로 적어 보세요. 예를 들어, 우리 가족 구성원은 어떤 성격이며, 서로 관계를 잘 맺고 있는지, 물질적으로나 시간적인 공유가 잘 이루어지는지, 부부간 성적인 관계가 원만한지 등 여러분의 가족에 대해 생각나는 것들을 짧게 적어 보세요.

과제 3. 나의 가족은 누구인가?

아마도 여러분은 "나의 가족은 누구인가?"라는 질문에 대한 대답을 생각하는 짧은 순간에도 여러분의 가족에게 있어 잘 되는 부분과 잘 안 되는 부분이 있다는 것을 발견했을 것입니다. 실제로 참가자들은 "나의 가족은 누구인가?"에 대한 질문에 다음과 같이 답변했습니다.

사례 1-3 여, 20대 후반, 대학원생

나의 가족은 내가 존경하고 가장 사랑하고 언제나 함께 많은 시간을 보내고 싶은 사람들이며, 내 기도의 출발점이다. 가족들이 흩어져서 지내고 있어서 함께 보내는 시간은 많지 않지만, 카톡과 전화로 서로에게 관심을 가지려고 노력하는 사람들이라서 항상 곁에 있는 느낌을 받는다.

사례 1-4 남, 30대, 회사원

아버지께서는 많은 말씀을 하시는 분은 아니지만, 늘 든든한 그늘이 되어 주시는 분이시다. 어머니께서는 나를 위해 쉬지 않고 기도해 주시고, 삶을 지탱할 수 있게 잡아 주는 존재이시다. 동생은 무소식이 희소식인 듯 지내는 것 같지만 그래도 상의할 일이 생기면 믿고 의논할 수 있는 유일한 존재이다. 한편으로는 소원한 가족 사이인가 싶다가도 돌아보면 나의 가장 큰 지지자들이 가족이라고 생각하게 된다.

사례 1-5 여, 40대, 주부

남편은 늘 일에 쫓기며 사는 듯하다. 첫째 아들은 개구쟁이지만 그래도 내게는 든든한 아들이고, 둘째 딸은 여려서 걱정도 많이 되지만 삶의 기쁨이 되는 존재이다. 두 아이를 바라볼 때면 하나님이 주신 선물임을 느끼게 된다. 가족을 위해 기도할 때면 눈물부터 난다. 나에게 맡겨진 이 아이들을 잘 키울 수 있을까? 나는 잘하고 있나 고민이 된다.

〈사례 1-3〉에서는 가족과 자주 보지 못하는 사이지만 서로에게 관심을 가지려고 노력하는 가족이라고 소개하고 있습니다. 〈사례 1-4〉의 경우 가족과 활발하게 의사소통을 하는 가족은 아니지만 그래도 돌아보면 가족이 있어서 든든하다고 표현합니다. 마지막 〈사례 1-5〉에서는 가족을 생각하면 잘 지내고 싶은데 불안과 걱정이 앞서는 마음이 느껴집니다. 이처럼 우리는 가족에 대해 생각할 때 '우리 가족은 잘 지내고 있어.'라고 막연하게 생각했지만, 막상 적어 보니 가족 안에 정서적 교류가 적었다는 점이 드러나기도 합니다. 우리 가족의 가족 기능 중 모자란 부분이 있다는 것을 알게 되지요.

우리는 일반적으로 가족에 대해 생각할 때 원만하지 않은 부분에 대해 언급하려고 하지 않습니다. 그러면서 가족과 잘 지내고 있는데 이유도 없이 외롭거나 슬프다는 느낌을 종종 받게 되지요. 이렇게 가족에 대해 진지하게 돌아보았을 때 여러분의 가족이 잘 기능하고 있는지, 잘 교감하고 있는지, 서로에게 관심이 있는지, 여러분에게 고마움과 사랑을 느끼고 있는지에 대해 명확하게 답변하기 어려울 것입니다. 여러분이 느끼는 이유 없는 외로움과 슬픔 역시 가족관계로부터 올 수 있다는 것이지요.[②]

우리는 가족 때문에 힘을 얻고 기쁘기도 하지만, 가족 때문에 외롭고 슬프며, 고통을 경험하기도 합니다. 하지만 앞서 제시한 사례에서 발견할 수 있는 것처럼 나를 위해 가장 간절히 기도해 주는 사람도 가족이고, 또 내가 누군가를 위해 기도한다면 가장 열심히 기도할 사람도 가족입니다. 가족은 이처럼 우리 깊은 곳에 자리 잡은 가장 소중한 존재임을 확인하게 됩니다.

이렇게 가족이 다른 누구보다 소중할 수 있는 것은 가족은 주님이 주신 선물이기 때문이지요. 여러분은 자신의 가족이 주님의 선물임을 느끼나요? 분명 서로에게 부족한 가족일 수 있습니다. 이는 우리가 앞서 고백한 것처럼 우리 모두 모자라고 죄인이기 때문이지요. 하지만 그런데도 주님께서는 부족한 우리이지만 가정을 꾸리게 해 주시고 또 자녀를 허락하셔서 가족이 될 수 있게 해 주셨습니다. 주님께서 허락하지 않으셨다면 여러분은 가정을 형성하지 못했을 겁니다. 가족은 우연히 어쩌다 만들어진 게 아닌 주님의 계획 속에서 주님의 인도하심에 따라 형성된 것입니다. 주님이 주신 선물이기에 우리는 깊은 곳에서부터 가족을 그리워하고, 가족과의 관계를 개선하고 싶은 열망을 갖게 되는 것이지요.

이제 크리스천 TSL 여정을 통해 가족관계에서의 어두운 면을 감사와 기쁨으로 채워 나가는 훈련을 시작해 보고자 합니다. 모든 가정에는 기쁨과 감사함 뿐 아니라 아픔과 슬픔이 공존합니다. 크리스천 가정도 예외가 아니지요. 하지만 우리가 하나님의 자녀이면서 모두가 죄인임을 인정할 때, 나와 분리될 수 없는, 내가 버릴 수 없는 존재가 가족임을 인식하게 됩니다. 이러한 가족이 곧 주님께서 나에게 주신 선물임을 고백할 때 우리는 이미 행복의 길에 첫발을 내디딘 것이지요. 이제 12회 동안 행복을 찾아 함께 여행을 떠나겠습니다.

오늘의 과제

기본과제. 주님께서 여러분에게 이번 주 주신 성경 말씀과 이를 통해 깨달은 점은 무엇입니까?

과제 1. 나는 누구인가?

과제 2. 자신이 죄인인 것을 인정하십니까?

　　　　□ 네, 나는 죄인입니다.　　　　□ 아직 잘 모르겠습니다.

과제 3. 나의 가족은 누구인가?

　매주(회) 기본과제는 성경 말씀 읽기와 소감 적기입니다.

　여러분의 인생에서 가장 소중하고 가까이 있는 사람이 가족이라는 것을 느끼고 있나요? 그리고 여러분 주님의 자녀이며 죄인이라는 것도 인정하십니까? 가족 구성원을 제외하고 행복을 말하는 것은 어려울 것입니다. 가족은 여러분의 행복과 직결되는 사람들이지요. 그렇다면 가족과 함께 행복해지기 위해서는 반드시 우리 개인이 변화해야 합니다. 가족의 중요성을 깨닫고, 변화의 필요성을 깨달아야 하지요. TSL 실천이 이 변화를 가져오게 할 것입니다. 크리스천 TSL 실천에서 중요한 한 가지는 성경 말씀 읽기입니다. TSL은 주님의 말씀을 실천하는 것이지요. 주님의 말씀을 읽고 이해하는 것이 실천에 많은 도움이 됩니다. 그래서 TSL practice의 첫 번째 기본과제는 성경 말씀을 읽고 주님께서 주신 말씀이 무엇인지 적어 보는 것입니다. 말씀을 통해 주님을 깊이 알아갈수록 우리의 변화는 더욱 힘을 갖게 될 것입니다. 먼저 성경을 펼쳐 말씀을 읽고 난 후에 과제들을 실천해 봅시다.

　주님의 자녀로서 나와 가족에 대한 이러한 변화의 필요성을 스스로 느끼는 것이 practice 1의 목표입니다.

Chapter 2

우리 삶과 예수

예수님이 필요한 이유

삶의 위기와 고통

우리나라는 세계가 놀랄 만큼 짧은 시간에 많은 발전을 이룩했습니다. 2021년 국제통화기금(IMF)이 발표한 국민총생산(GDP) 순위에서 우리나라는 197개국 중 10위를 기록해, 10대 경제 대국으로 인정받고 있습니다(IMF, 2021). 세계 수출 순위는 일곱 번째로 높지요(한국무역협회, 2022). 그뿐만 아니라 보건 시스템의 발전으로 우리나라 국민의 기대수명은 평균 83.3세까지 높아졌고(OECD, 2021), 매년 천만 명 이상이 해외여행에 다닐 만큼(문화체육관광부, 2019) 생활이 윤택해졌습니다. 2021년 7월, 국제연합무역개발협의회(UNCTAD)가 우리나라의 지위를 개발도상국에서 선진국으로 변경한 것은 우리가 얼마나 발전하였는지 보여 주는 의미 있는 선언입니다.

우리나라에 복음이 들어오고 주님께서는 많은 은혜를 주셨습니다. [그림 2-1]과 같이, 일제강점기와 한국전쟁을 겪으며 많은 기독교인이 국가의 독립과 안녕을 위해 주님을 찾고 기도했습니다. 최빈국에 머물러 있을 때도 주님 안에서 소망을 찾았

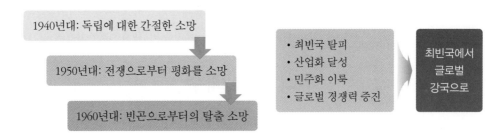

[그림 2-1] 한국 사회가 받은 소망과 은혜

고, 주님께서는 우리 선조들의 모습을 보며 우리나라를 축복하셨지요.

　우리나라는 세계 최빈국에서 경제 강국이 된 유일한 나라입니다. 하지만 생활이 윤택해졌음에도 우리의 삶은 힘들고 지치며 다양한 사회문제가 가중되고 있는 것이 현실입니다. 개인과 사회의 불안과 고통이 얼마나 심각한지 나타내는 지표가 바로 자살률입니다. 자살은 가장 큰 비극이지요. [그림 2-2]와 같이, 우리나라의 자살률은 2019년 기준으로 인구 10만 명 당 26.9명으로 OECD 국가 중 부동의 1위라는 불명예를 내려놓지 못하고 있습니다(OECD, 2021). 이는 OECD 평균 자살률인 11.3명의 두 배가 넘는 수치이며, 가장 낮게 나타난 튀르키예(2.6명)에 비해 무려 10배에 해당하는 수준입니다. 더욱이 이 사회를 이끌어 갈 청소년과 청년 세대(10~39세)의 사망 원인 1위가 자살이라는 점은 우리나라의 장래를 어둡게 하는 그늘입니다(통계청,

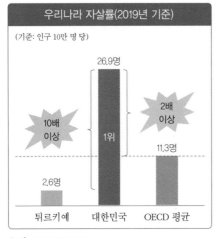

출처: OECD(2021).

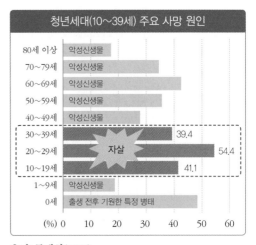

출처: 통계청(2020).

[그림 2-2] 개인과 사회의 불안 지표: 자살률

2020). 한 나라의 자살률은 한 개인의 슬픔과 아픔, 사회의 보호망 실패 등 총체적 난국을 설명하는 지표입니다. 이러한 사회지표의 위기는 가정과 사회의 와해를 보여 주는 단면이지요.

　우리나라 가정폭력률 또한 다른 국가와 비교해 높은 수준입니다(김재엽, 2007). 2018년 기준으로 지난 1년간 남성 배우자로부터 당한 여성 폭력 피해율은 서유럽 국가들에서 4%, 북미에서 6%, 일본과 같은 아시아−태평양 국가에서 5% 정도로 나타났으나(Sardinha, et al., 2022), 2019년 발표된 국내에서의 지난 1년간 여성의 가정폭력 피해률은 10.9%로 나타났습니다(여성가족부, 2019). 이혼율은 인구 1,000명당 2.2건으로 이 수치는 OECD 회원국 중 10위로 높은 수치입니다(통계청, 2022. 10. 05). 이에 더해 미혼을 택한 사람들의 증가와 세계 최고 수준의 저출산으로 인해 우리 사회는 큰 위기를 맞고 있습니다. [그림 2−3]과 같이, 가정의 와해로 인해 행복한 삶은 점점 멀어지고 우리의 안전판은 무너지고 있습니다. 경제적으로 윤택해졌을지는 모르지만, 우리를 보호해 줄 가정이라는 안전판이 사라지면서 더욱 힘든 삶을 살게 되는 것이지요. 위기를 나타내는 사회지표는 가정의 와해를 뜻하고 이는 개인의 고통의 정도를 설명합니다. 가정을 모두 대체할 그 어떠한 사회제도는 존재하지 않지요. 그만큼 각 개인의 삶과 직결된 가정의 중요성을 재인식하여야 합니다.

[그림 2−3] 무너지는 가정이라는 안전판

우리의 탐심과 교만

왜 많은 사람이 괴로워하며 살고 있을까요? 그것은 바로 자기 자신만의 유익을 구하는 삶을 살기 때문입니다. 사람들 대부분은 돈과 권력 그리고 명예 같은 외형적인 것을 너무나 사랑합니다. 돈과 명예, 권력을 추구하는 것 자체를 죄로 보기 어렵지만, 그것만을 사랑하는 것이 문제이며, 이는 마치 우상숭배와 같습니다. [그림 2-4]와 같이, 사람들은 약해서 우상숭배를 하는 것이 아니라 자신의 유익을 위해 우상을 만듭니다. 돈과 권력 등 그 자체가 우상이 되기도 하지요. 주님께서 "땅에 있는 지체를 죽이라"(골 3:5), "우상 숭배하는 일을 피하라"(고전 10:14)고 말씀하시지만 우리는 삶 속에서 여러 가지 우상을 만들며 살아가지요. 주님을 믿는다고 이야기하면서도 자신의 마음이 가는 대로 우상을 만들어 경배하고 진정으로는 주님을 따르지 않습니다. 돈과 권력과 같은 세상 것을 사모하는 탐심이 마음속에 자리 잡고 있지요. 우리 대부분이 이렇게 살고 있습니다. 여기서 자유로운 사람은 거의 없을 정도입니다. 이에 주님께서는 지나친 탐심은 우상숭배이며(골 3:5), 우상숭배의 결과는 전멸(신 4:25-26)이라고 말씀하십니다. 또한 자신의 유익만을 생각하며 구하지 말고 많은 사람의 유익을 구하라고(고전 10:33) 하셨지요. 우리는 주님을 믿음으로써 탐심에 사로잡히지 않은 새사람이 되어야 합니다(골 3:10). 그것이 곧 우리가 받은 은혜입니다.

하지만 세상에서 가장 중요한 것이 '나 자신만'이라고 생각하는 것에서부터 교만이 싹틉니다. 탐심은 내 삶 속에서 다른 사람과 함께 기뻐하지 않고 오직 나를 중심으로 자신의 유익만을 얻는 것이지요. 삶 속에 자신만 있어서 탐심이 생길 수밖에 없고, 그 결과는 교만입니다. 교만해진다는 것은 기쁠 때나 어려울 때나 언제나 주

[**그림 2-4**] 인간의 탐심과 우상숭배의 결과

님 믿고 의지하며 살지 않고 자신이 세상의 중심이 되어 사는 것이지요. 교만한 사람들은 무언가를 이뤄 냈을 때 모든 것을 자기 힘으로 해냈다고 생각합니다. 또 한편으로는 자신이 바라는 대로 되지 않거나 우울해지면 더 이상 주님이 필요 없다고 합니다.

[그림 2-5]과 같이, 탐심은 세상 것에 대한 욕심이며, 교만은 주님을 온전히 믿고 의지하지 않고 나만 중요하다고 생각하는 것으로 둘이 합쳐질 때 세상의 거치는 자가 됩니다. 교만한 사람은 자기의 욕심을 달성하기 위해서 '거치는 자(offence)'가 될 수밖에 없습니다. 거치는 자는 교만하여 다른 사람을 실족시켜서라도 자신이 원하는 것을 가지려고 하지요. 거치는 자는 자기의 유익이 삶의 중심이기 때문에 목표를 이루지 못했을 때는 화가 나고, 이뤘을 땐 더 교만해지는 것이지요. 교만한 사람의 끝은 매우 우울해지는 경우가 많습니다.

그러나 주님은 우리에게 거치는 자가 되지 말라고 말씀하고 계십니다(고전 10:32). 더욱이 모든 사람을 기쁘게 하고 자신의 유익보다는 많은 사람에게 유익을 구하고 모든 사람으로 하여금 구원에 이르게 하라고 말씀하십니다(고전 10:33).

욕심으로 살면 주님 보시기에 세상과 구별되지 않고 쓸모없는 인간이 되어 가게 되지요. 모든 악의 근원은 욕심입니다. 주님께서는 "욕심이 잉태한 즉 죄를 낳고 죄가 장성한 즉 사망을 낳느니라"(약 1:15)라고 말씀하십니다. 세상 것만 바라는 삶의 끝은 사망입니다. 또한 교만하면 주님을 잃어버리지요(신 8:14).

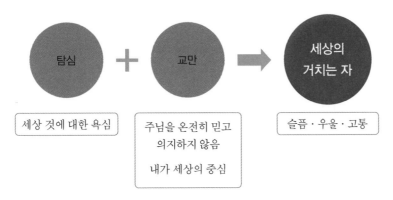

[그림 2-5] 탐심과 교만 그리고 거치는 자

※ 우리 삶의 메시아

우리는 탐심으로 인해 삶이 피폐해지고 있습니다. [그림 2-6]과 같이, 구약에서의 인간은 사랑과 정의의 하나님으로부터 많은 축복을 받았지만, 탐심으로 인해 교만해지고 죄를 짓고 결국 바벨론에 끌려가 포로 생활을 하게 됩니다. 오늘날 우리도 이처럼 외롭고 힘들어하고 있지요. 우리에게는 우리의 삶을 변화시켜 줄 메시아가 필요한 상황입니다. 그렇다면 우리 삶을 이끌어 줄 메시아는 누구일까요?

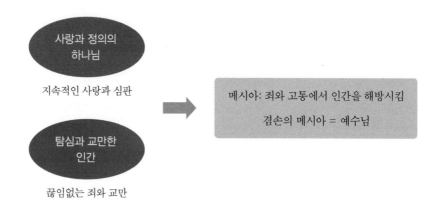

[그림 2-6] 메시야: 죄와 고통에서 해방시킴

하나님께서 "보라 여호와의 크고 두려운 날이 이르기 전에 내가 선지자 엘리야를 너희에게 보내리니"(말 4:5)라고 이스라엘 백성이 포로 생활을 하는 중에 말씀하셨습니다. 이 말씀은 자신의 백성을 괴롭힌 것에 대한 심판과 이스라엘을 구원할 메시아를 보내 주실 것에 대한 약속의 말씀이지요. 하나님께서는 말씀하신 바와 같이 세례 요한을 보내시고, 메시아 예수님을 이 땅 가운데 보내셨습니다. 우리는 예수님이 하나님께서 약속하신 우리의 메시아임을 인정하고 고백해야 하지요.

또한 우리 인간은 예수님 안에서 선한 일을 하도록 지음을 받았습니다(엡 2:10). 우리가 주님의 은혜이자 선물이라는 것을 뜻하지요. 하지만 우리는 고통의 세상에서 탐심과 교만 때문에 괴로움 가운데 살고 있습니다. 이러한 괴로움에서 꺼내 주실 이가 예수님입니다.

예수님을 믿는다는 것은 이 땅에서만의 행복을 바라는 것이 아니라 건강한 영생을 얻게 되는 길이기도 합니다(요 3:36). 하나님께서는 세상의 구원을 예수님께 맡겼습니다(요 3:35). 믿음의 샘물을 마신 것처럼(요 4:14) 독생자의 희생으로 영생을 얻게 된 것이지요. 예수님을 믿는 이유는 예수님이 진리요 생명이시기 때문입니다(요 14:6). 우리는 예수님 없이는 하나님께 갈 수 없고, 세상에서 교만과 탐심으로 살아갈 수밖에 없습니다. 그래서 우울하고 슬프고 다른 이들과 다툴 수밖에 없지요. 교만과 탐심으로 인해 우울하고 고통스러운 우리를 구원해 주시는 분이 바로 예수님입니다. 그런 주님을 우리는 기억해야 합니다. 주님께서는 우리가 탐심과 교만에서 벗어나 주님의 자녀로 살길 원하십니다. 크리스천으로 산다는 것은 예수님의 삶을 따라 사는 것입니다.

❊ 믿음 · 소망 · 사랑

예수님을 믿음

예수님을 믿는다는 것은 건강하고 은혜롭게 살며, 예수님을 따라서 선을 행하는 것입니다. 또한 예수님을 믿는다는 것은 하나님을 믿는 것이며, 이는 예수님께서 하나님의 아들이심을 믿는 것입니다. 이 믿음은 곧 하나님의 일을 실천하는 것이기도 합니다(요 6:29). 이 믿음으로 생명의 떡이신 예수님을 통해 우리는 구원받게 됩니다. 우리뿐 아니라 우리의 집까지 구원받게 되지요(행 16:31). 그래서 예수님을 믿는 것이 크리스천의 삶의 시작이 됩니다.

"보라 그의 마음은 교만하며 그 속에서 정직하지 못하나 의인은 믿음으로 말미암아 살리라"(합 2:4, 롬 1:17)라는 말씀은 교만한 자는 주님을 믿고 의지하지 않으며 의로운 사람은 예수님을 믿는 믿음 안에 거하는 사람을 의미합니다. "나는 양을 위하여 목숨을 버리노라"(요 10:15)라고 하신 바와 같이 예수님의 속량으로 의롭다함을 얻게 된 것(롬 3:24)입니다. 우리가 의로워지는 것은 교만과 탐심을 버리고 예수를 믿는 믿음으로 의로워지는 것이지요. [그림 2-7]과 같이, 예수님께서는 친히 우리를 위해 죽으시며(사 53:10), 십자가라는 한 번의 제사로 우리의 죄를 사하셨습니다

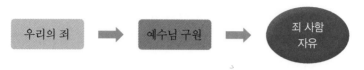

[그림 2-7] 예수 그리스도를 믿음

(히 7:27). 만약 예수님께서 계시지 않았다면 우리는 우리의 죄로 인해 매일 또는 매주 성전에서 제사를 지내며 제물을 바쳐야 했을 겁니다. 아마 그렇다 하더라도 우리의 죄를 깨끗이 용서받지 못했을 것입니다. 예수님으로 인해 우리는 비로소 자유로워졌습니다.

그러므로 우리는 예수님을 본받아 겸손하게 선한 일을 할 수 있도록 서로 격려하고 사랑과 선행을 계속해야 합니다. 우리의 나 됨 때문에 선택된 것이 아닌, 아브라함과 그 가정이 택함을 받은 바와 같이(창 15:6; 롬 4:9) 그리고 예수님이 사울을 변화시킨 바와 같이(행 9:15, 22), 주님께 택함을 받은 크리스천임을 깨달아야 합니다. 예수님을 구원자로 고백하는 우리의 믿음이 곧 크리스천 TSL의 시작입니다.

주님께서는 "믿음은 바라는 것들의 실상이요 보이지 않는 것들의 증거니"(히 11:1)라고 우리에게 말씀하시지요. 우리는 이미 주님께 많은 은혜의 증거를 받았습니다. 하지만 우리는 연약한 믿음으로 그 증거들을 잊고 살아가지요. 우리는 행위를 통해서 율법에 이를 수 있다고 생각하며 열심을 냅니다. 하지만 예수님의 의는 율법에서 난 것이 아니라 하나님으로부터 난 것입니다(빌 3:9). 겉으로만 외식하는 사람은 율법에 이르지 못합니다. 율법의 마침이 되시는 분은 오직 예수님뿐이시지요(롬 10:4). [그림 2-8]과 같이, 예수님은 십자가로 우리를 살리시고 우리를 죄로부터 자유롭게 하셨으며, 사망에서 영생으로 옮겨 주셨습니다. 예수님이 주님이시며, 하나님께서 그를 다시 살리셨음을 믿음으로 고백하는 것이 구원에 이르는 길입니다. 이로써 우리는 하나님과 화해하고 거룩하고 흠 없고 책망할 것 없는 의로운 자로 세워지게 됩니다(골 1:22). 또 성령님께서는 우리의 연약함을 도우시기에(롬 8:26) 우리는 성령님을 통해 끊임없이 기도하며 예수님의 사랑을 깨닫고 의로우신 하나님을 기억할 수 있지요. 우리는 율법의 행위로 크리스천이 되는 것이 아닌 예수님을 믿음으로써 크리스천이 된다는 것을 명심해야 합니다(갈 2:16). 우리의 죄를 위해 죽으신 예수님을 생각할 때(요 3:16) 우리는 비로소 겸손해질 수 있습니다. 크리스천은

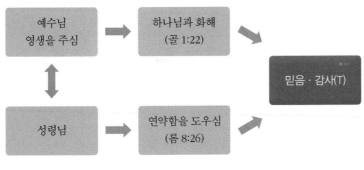

[그림 2-8] 믿음과 감사

겸손이 있어야 주님께 감사함으로 나아갈 수 있지요.

소망

예수님을 믿는다는 것은 예수님이 다시 오실 것을 기다리며 소망을 갖는 것입니다(계 22:20). 메시아가 다시 오실 것을 믿기에 소망을 가질 수 있습니다(롬 15:13). 예수님의 다시 오심을 믿으면 세상의 욕심에 집중하지 않고 예수님이 나를 사랑하시고 우리의 길을 인도하신다는 희망 가운데서 고난을 참고 기뻐할 수 있습니다. 어려움을 견뎌 낼 희망을 우리에게 주신 것이지요(롬 12:12). 소망을 가지고 산다는 것은 주님께서 나를 사랑하시고 지켜 주신다는 확신을 갖는 것입니다. 이러한 소망을 갖는다는 것은 영생을 마음에 품는 것이지요. 부활 생명을 믿으며 예수님이 다시 오시는 날, 천국에서 영생할 소망을 갖는 것입니다. 크리스천은 소망을 갖기 때문에 힘이 날 수 있습니다.

우리는 게으름을 버리고 부지런함을 가지고 주님의 말씀대로 살아가야 합니다(히 6:12). 믿음이 없는 이들의 눈에는 크리스천이 사는 방법이 미련해 보일 수 있지만, 십자가의 진리를 믿고 사는 것이 더욱 주님의 능력으로 사는 것입니다(고전 1:18). 이 세상만을 산다면 모든 사람 가운데 우리가 더욱 불쌍한 자입니다(고전 15:19). 차라리 우상숭배하고 탐심과 교만 안에서 사는 것이 더 나을 수 있습니다. 그러나 그 끝은 자기 파괴와 멸절입니다. [그림 2-9]와 같이, 크리스천에게는 회개와 미안함, 용서함이 있어야 합니다. 소망은 세상 것을 갈망하는 우리의 잘못을 일깨워 줍니다.

천국을 소망함 ➡ 탐심, 우상숭배 버림

회개 · 미안함 · 용서 깨달음
(S)

소망의 은혜 ➡ 주님의 일 참여 ➡ '사랑' 실천

[그림 2-9] 소망

우리의 시민권은 하늘에 있습니다(빌 3:20). 그래서 우리는 눈앞에 보이는 이 땅의 것만 생각하고 살지 말아야 합니다. 세상의 것만 바라보고 산다면 너무나 슬픈 일이지요. 이것이 우리가 예수님을 믿고 소망을 가져야 하는 이유입니다. 소망을 가지면 하나님이 각자의 소명을 알게 하십니다. 거룩한 소명에 참여하도록 부르셨음을 깨달을 때 우리는 주님의 말씀을 행할 수 있게 됩니다(딤후 1:9; 히 12:10). 따라서 소망을 갖는다는 것은 예수님을 믿고, 부르심을 깨달아 하나님의 거룩하신 일에 참여하게 되는 것입니다. 많은 사람의 유익을 구하는 예수님의 말씀에 참여하게 될 때 참 기쁨을 알게 됩니다. 자기만의 유익을 구하지 않고 예수님의 말씀을 행하는 방법은 사랑을 실천하는 것입니다(고전 13:3).

사랑

사랑 없는 구제는 무의미합니다. 모든 실천은 사랑에 바탕을 두어야 합니다. 주님을 믿고 소망을 가지면 사랑할 수 있지요. 크리스천의 사랑 실천은 하나님 사랑과 서로 사랑이 있지요([그림 2-10] 참조). 예수님께서는 사랑을 새로운 계명이라고 말씀하셨습니다(요 13:34). 예수님은 이웃을 내 몸과 같이 사랑하라는 성경 말씀을 몸소 실천하신 분입니다. 예수님을 따라 살아간다는 것은 사랑을 실천하는 것이지요. 그래서 크리스천은 모든 일을 사랑으로 해야 합니다(고전 16:14). 사랑은 믿음으로 행하는 것이지 보이는 것을 위해 행하는 것이 아닙니다(고후 5:7). 믿음 가운데 사랑으로 행하는 모든 일은 하나님을 기쁘시게 하는 것이며, 그것이 곧 말씀의 실천입니다(고후 5:9). 사랑 가운데에서도 가장 중요한 것은 만유의 상속자이신 예수님을 사랑하는 것이며(히 1:1-3), 크리스천에게 사랑을 위한 중요한 덕목은 바로 '겸손'입니

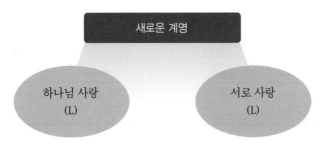

[그림 2-10] 새로운 계명: 사랑

다. 겸손한 마음으로 사랑을 해야하지요(빌 2:2-4). 겸손함으로 하나님을 사랑하고 이웃을 사랑하는 것이 크리스천이 행해야 하는 바입니다.

※ 어떻게 예수님을 따라 살아야 할까

크리스천 TSL의 시작인 믿음을 갖는 것과 더불어 우리는 겸손해야 합니다. 예수님께서는 겸손을 몸소 행하심으로, 완전한 겸손은 오직 예수님뿐임을 보여 주셨습니다. 예수님께서는 "나는 마음이 온유하고 겸손하니 나의 멍에를 메고 내게 배우라 그리하면 너희 마음이 쉼을 얻으리니"(마 11:29)라고 말씀하셨습니다. 우리는 이 예수님의 온유함과 겸손함을 배워야 합니다. 겸손이 없으면 예수님을 따라 살 수 없습니다. 예수님의 멍에를 매고 배우라고 하는 것은 예수님의 삶과 말씀을 따라 사는 것입니다. 예수님의 삶과 말씀에 진리가 있지요.

예수님은 곧 하나님이심에도 불구하고 우리를 위해 죽으셨습니다. 우리가 죄인이기 때문에 예수님께서 우리를 구원하시기 위해 죽으신 것이지요. 그래서 우리는 예수님 때문에 슬퍼하지 않고 항상 기뻐할 수 있는 것입니다(빌 4:4). [그림 2-11]과 같이, 우리는 그 사실을 인정함으로써 겸손하게 되고 의로워질 수 있습니다. 겸손은 세상 것에 대한 탐심으로만 살 수 없다는 것을 깨닫는 것입니다. 겸손을 통해 자신의 모자람을 깨닫고 하나님의 은혜와 사랑을 느낄 수 있지요. 예수님의 말씀을 실천하기 위한 출발이 겸손이기도 합니다. 예수님의 겸손을 따라 살고자 하는 크리스천은 사랑을 실천하며 살아가는 사람들입니다. 겸손한 사람은 믿음, 소망, 사랑이 있

[그림 2-11] 예수님을 따름

습니다. 겸손한 크리스천은 범사에 감사하고(T), 회개하고, 미안해하고, 용서하며 (S), 하나님을 사랑하고 서로 사랑해야(L) 합니다. 믿음, 소망, 사랑으로 예수님을 따르는 방법의 하나가 크리스천 TSL 실천입니다. 따라서 겸손은 사랑의 시작이며 모든 삶의 시작입니다.

❋ 자신의 모자람과 타인의 소중함을 깨닫는 것이 겸손

크리스천 TSL에서 말하는 겸손(謙遜, humility)이란 자신이 가진 부나 지식이 실제 있는 것보다 적은 것처럼 행동하는 것이 아니라 자신에게 '모자람'이 많다는 사실을 깨닫는 것입니다. 자신이 화냄, 불평, 실수, 죄 등 모자람을 많이 가지고 있음을 인식하는 것이지요. 또한 우리가 살아가는 데 있어 주님과 타인이 없으면 내가 존재하기 어렵다는 것을 인정하고 소중함을 인식하는 것입니다. 이러한 인식이 바탕이 될 때 TSL 실천을 통해 내부에 축적된 부정적 감정을 해소하고, 긍정적인 TSL을 실천할 수 있는 동기가 생기게 됩니다.[①]

사실 우리는 부와 지식 등을 많이 갖게 되면 은연중에 교만하기 쉽습니다. 부와 지식 등의 '사회적' 혹은 '경제적' 에너지를 더 갖는 데 집착하게 되면 이기심, 욕심, 또는 교만함 등으로 인해 타인과의 부조화가 생기게 되지요. 그 결과 부정적 감정이 많아지는 반면에 긍정적 에너지가 부족해지면서 상대방에게 '고맙습니다' '미안합니다' '사랑합니다'를 표현하는 것이 어려울 뿐만 아니라 다른 긍정의 에너지를 공유하는 것도 어렵게 됩니다. 진정한 TSL의 실천은 사람을 교만하지 않게 하고 겸손을 깨닫게 하지요.[②]

기존의 TSL은 감사와 미안함과 사랑함을 표현한 다음에 다른 사람의 소중함을 깨

[그림 2-12] 크리스천 TSL의 시작과 완성: 겸손

달을 때 겸손한 마음이 이루어집니다. 하지만 크리스천 TSL은 [그림 2-12]와 같이 주님 앞에서 내가 죄인임과 모자람을 인식하고 먼저 겸손을 깨달음으로써 가족도 나만큼 존중받아야 하는 소중한 존재로 인식할 때 비로소 가족의 존재에 감사하고, 가족의 관점에서 미안해하며, 사랑하는 느낌을 충분히 표현할 수 있게 됩니다. 요약하면, 기존 TSL은 실천 후에 겸손을 깨닫게 되고, 크리스천 TSL은 주님 안에서 믿음, 소망, 사랑에 따라 겸손의 자세로 TSL 실천을 시작할 수 있게 되지요. 따라서 지속적인 겸손을 통해 크리스천 TSL의 시작과 완성을 이룰 수 있게 되는 것입니다.

※ 믿음 · 소망 · 사랑 · 겸손과 크리스천 TSL 발달 과정

믿음, 소망, 사랑 그리고 겸손은 크리스천 TSL을 이해하고 발전하는 데 매우 중요한 핵심 기제입니다. [그림 2-13]에서 보여 주는 크리스천 TSL 발달 과정은 믿음, 소망, 사랑과 겸손이 반드시 이런 형태로 자란다기보다는 크리스천 TSL과 함께 성장하는 모습에 대한 이해를 돕기 위해 나무에 비유한 것입니다.

1단계는 씨앗입니다. 하나님이 나를 사랑하신다고 믿는 단계이지요. 이 믿음은 창조주 하나님에 대한 고백은 있으나, 아직 세상을 향한 하나님의 사랑까지는 깨닫지 못한 상태입니다. 나의 바람을 들어주시는 하나님으로만 믿는 것이지요. 2단계는 싹이 난 믿음 단계입니다. 이제 예수 그리스도를 나의 구주로 고백하며 믿음, 소망, 사랑을 갖게 됩니다. 하나님의 놀라운 구원의 역사에 감격하여 고개를 숙이고 주님을 찬양하게 되지요. 주님 앞에서 겸손해지며, 주님을 더 의지하게 됩니다. 하지만 아직 사람들 앞에서는 교만합니다. 3단계는 믿음의 줄기와 잎이 자라기 시작합니다. 드디어 더 감사를 깨닫고 실천하게 되지요. 주님의 존재에 감사하고, 나를

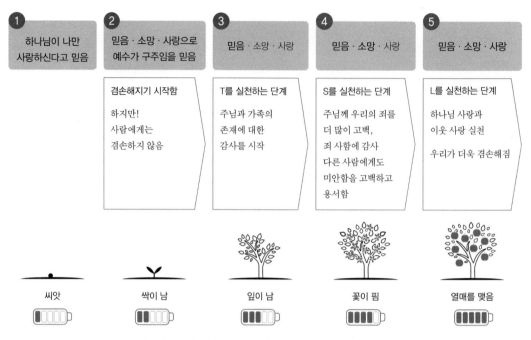

①	②	③	④	⑤
하나님이 나만 사랑하신다고 믿음	믿음 · 소망 · 사랑으로 예수가 구주임을 믿음	믿음 · 소망 · 사랑	믿음 · 소망 · 사랑	믿음 · 소망 · 사랑
	겸손해지기 시작함	T를 실천하는 단계	S를 실천하는 단계	L를 실천하는 단계
	하지만! 사람에게는 겸손하지 않음	주님과 가족의 존재에 대한 감사를 시작	주님께 우리의 죄를 더 많이 고백, 죄 사함에 감사 다른 사람에게도 미안함을 고백하고 용서함	하나님 사랑과 이웃 사랑 실천 우리가 더욱 겸손해짐
씨앗	싹이 남	잎이 남	꽃이 핌	열매를 맺음

[그림 2-13] 믿음 · 소망 · 사랑 · 겸손과 TSL 발달 과정

있게 한 가족을 소중하게 여기며 감사를 실천하게 됩니다. 4단계는 믿음에 더하여 소망의 꽃을 피우는 단계입니다. 감사의 잎이 풍성해져서 주님께 회개하고, 사람들에게 미안함과 용서함을 실천하게 되지요. 마지막 5단계는 사랑의 열매를 맺는 단계입니다. 이로써 믿음, 소망, 사랑을 다 품게 되지요. 이 사랑의 열매는 하나님을 향한 사랑과 이웃을 향한 사랑이 균형 있게 형성됩니다. 또 사랑의 실천을 통해 더 많은 사랑을 받고 다시 겸손해지며 나무의 뿌리가 깊어지고 거목으로 굳게 자리 잡게 되지요. 여러분은 어느 단계의 과정에서 성장하고 있는지 생각해 봅시다. 크리스천 TSL을 마무리하는 날에는 여러분 모두 사랑의 열매가 가득 맺혀 수확의 기쁨을 누리길 바랍니다.

❋ 주님 앞에서 겸손하십니까

크리스천 TSL은 자신이 죄인임을 인정하는 것과 자신의 모자람을 깨닫는 겸손으로

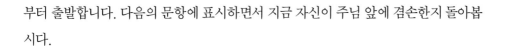

부터 출발합니다. 다음의 문항에 표시하면서 지금 자신이 주님 앞에 겸손한지 돌아봅시다.

표 2-1 크리스천 TSL의 겸손 점검표

문항	절대 그렇지 않다	그렇지 않다	보통이다	그렇다	매우 그렇다
참된 크리스천은 겸손하게 살아야 합니다.	☐	☐	☐	☐	☐
나는 죄가 많습니다.	☐	☐	☐	☐	☐
나는 모자란 것이 많습니다.	☐	☐	☐	☐	☐
예수님은 나의 구주이십니다.	☐	☐	☐	☐	☐
나는 예수님과 같이 겸손합니다.	☐	☐	☐	☐	☐

T 인정하기: 주님과 가족을 이해하기

우리는 앞서 우리의 삶이 왜 행복하지 않은가에 관해 이야기를 나누었습니다. 과거에 우리는 물질적으로 풍요로워지면 행복을 손에 쥘 수 있을 것으로 생각하며 살아왔습니다. 그 결과 경제 성장을 이룩하고 세계적 강국이 되어 물질적으로는 풍요로워졌지만, 우리의 정신은 그 어느 때보다 더 피폐해져 있습니다. 높은 자살률, 이혼율과 미혼율의 증가, 저출산, 가정폭력의 증가 등은 우리의 현재 삶이 행복하지 않음을 보여줄 뿐 아니라, 이 시대가 정신적·사회적으로 위기에 놓여 있음을 보여줍니다. 이와 같은 위기의 시대에는 구약의 포로 시대에 이스라엘 사람들이 메시아를 갈망하였던 것같이 우리의 문제를 해결해 줄 메시아가 필요합니다.

이미 2000년 전 예수 그리스도께서 이 땅에 오셔서 죄의 근원인 탐심과 교만으로 인해 죽을 수밖에 없는 인간을 구원해 주시고자 십자가에 못 박혀 죽으시고 부활하시어 구원의 길을 열어 주셨습니다. 하지만 우리는 여전히 예수님을 제대로 믿지 않고, 말씀을 따라 살지 않기에 지금까지 행복을 누리지 못하고 있었던 것이지요. 예

---

1) 실천(Practice) 장들은 기존 TSL(김재엽, 2014; 2023)의 과제와 설명을 사용하였으며 크리스천 TSL 과제와 설명 그리고 사례를 추가하여, 재구성하였음

수님을 믿는다는 것은 예수님이 하나님의 아들임을 믿는 것이요, 그가 우리를 위해 죽으시고 부활하셨음을 믿는 것입니다. 예수님을 믿기에 영생에 대한 소망을 갖고 주님의 말씀을 실천하게 됩니다. 소망을 품을 수 있기에 우리는 주님께서 말씀하신 하나님을 사랑하고 서로 사랑하라는 말씀을 실천할 수 있게 됩니다. 결국 믿음, 소망을 갖고 참사랑을 실천하는 사람은 겸손해지게 되지요.

예수님은 가장 겸손한 분이셨습니다. 빌립보서 2장의 말씀처럼, 예수님은 하나님과 동등함을 당연하게 생각하지 않고, 자기를 비워 종의 모습을 취하여 사람과 같이 되셨습니다. 사람으로 태어난 후에도 자기를 낮추고 죽기까지 하나님의 말씀에 순종하여 십자가에 달려 죽으셨지요. 하나님은 그런 예수님을 지극히 높이고 모든 이름 위에 뛰어난 이름을 주셨습니다. 모든 이들이 예수 그리스도를 주님이라 고백하여 하나님께 영광을 돌리게 하셨지요(빌 2:6-11). 예수님의 낮아짐, 겸손은 많은 사람을 구원하였고 참사랑의 실천의 표본이 되었습니다.

예수님을 구주로 고백하는 우리는 시민권이 하늘에 있는 자들입니다. 주님께서는 죽을 수밖에 없는 비천한 우리의 몸을 예수님의 영광스러운 몸과 같은 모습이 되게 해 주실 것을 약속해 주셨습니다(빌 3:20-21). 영생을 얻은 우리는 더욱 담대하게 하나님의 말씀을 실천할 수 있게 되었습니다. 주님께서는 우리에게 서로 사랑하라 말씀하셨고(요 13:34), 사랑이 없다면 어떤 놀라운 능력도, 큰 믿음도 의미가 없다고 말씀하셨습니다(고전 13:1-2).

우리는 겸손의 왕이신 예수님을 알고 그분의 다함 없는 사랑을 깨닫게 되었을 때, 그때서야 비로소 겸손해질 수 있습니다. 예수님께서 우리를 사랑한 것 같이 서로 사랑하라 말씀하시며 이것을 새 계명이라 하셨지요. 서로 사랑할 때 모든 사람이 예수님의 제자인 줄 알게 될 것이라 하셨습니다(요 13:34-35). 사랑하기 위해서는 상대를 나보다 낮게 여겨야 하지요. 결국 우리는 사랑하기 위해서 겸손해질 수밖에 없습니다. 나의 배우자인 남편을, 아내를 나보다 낮게 여겨야지만 서로 사랑할 수 있게 되지요. 내가 더 잘났다고 생각하면 부부 안에서 갈등이 끊이지 않게 됩니다. "당신이 옳아. 당신이 나보다 낫소."라고 이야기할 수 있을 때 사랑을 실천할 수 있게 됩니다.

❋ 사랑의 빚

　주님이 계심으로 내가 많은 것을 얻었다고 고백할 수 있다면, 주님 앞에서 겸손해질 수 있습니다. 많은 크리스천이 나를 구원해 주신, 나를 사랑해 주신 주님 앞에서는 겸손하고, 주님을 찬양하는 일은 어렵지 않게 실천합니다. 하지만 사람 앞에서 겸손해지고 상대를 나보다 낫게 여기는 것은 어려워합니다. 자꾸 주님께 선택받은 '나'만을 특별하게 여기고 있기 때문인지도 모릅니다. 하지만 선택받은 특별한 나는 사실 빚진 자입니다. 로마서 13장 8절에는 사랑의 빚 외에는 아무에게든지 아무 빚도 지지 말라고 합니다. 우리는 주님께 너무 많은 빚을 지고 지금까지 살아왔습니다. 사랑의 빚은 우리가 겸손할 때 그리고 감사할 때 깨닫게 됩니다. 주님께 진 빚 때문에 주님을 사랑할 뿐 아니라 다른 사람도 사랑할 수 있습니다. 더 나아가 나를 선대하지 않는 사람도 사랑할 힘이 되지요. 그리고 우리는 사람에게도 직접적으로 사랑의 빚을 많이 지었습니다. 어머니, 아버지로부터 받은 사랑, 남편과 아내에게 받은 사랑, 자녀로부터 받은 사랑, 친구, 이웃들에게 받은 사랑 등 사람들에게 받은 수많은 사랑으로 오늘의 내가 있었습니다. 이 사실을 깨달을 때 감사하며 그 사랑의 빚을 갚도록 노력하게 되지요.

　반면, 죄의 빚은 지면 안 됩니다. '사랑의 빚' 언급 이후 이어지는 말씀에 "간음하지 말라, 살인하지 말라, 도둑질하지 말라, 탐내지 말라 한 것과 그 외에 다른 계명이 있을지라도 네 이웃을 네 자신과 같이 사랑하라 하신 그 말씀 가운데 다 들었느니라 사랑은 이웃에게 악을 행하지 아니하나니 그러므로 사랑은 율법의 완성이니라"(롬 13:9-10)라는 말씀처럼 나의 욕심으로 인해 다른 사람을 물리적, 정신적, 신체적, 금전적으로 힘들게 하는 고통의 빚을 지면 안 됩니다. 주님은 우리에게 고통의 빚을 진 적이 없습니다. 우리도 주님을 따라 주님의 옷을 입고 정욕을 위하여 육신의 일을 도모하는 것이 아닌 겸손과 감사로 사랑해야 합니다(롬 13:14). 사례로 살펴보면, 교회를 열심히 다니며 유아를 돌보는 맞벌이 부부가 있습니다. 아이가 부모에게 굉장히 폭력적이지만 부부는 훈육을 하지 않습니다. 아이를 사랑으로 키우고자 하는 의지로 수용하기만 합니다. 하지만 아내는 가사나 육아에 소홀해 보이는 남편에게는 원망과 불만이 가득합니다. 일하느라 온전히 못 돌보는 것 같은 마음에 아이에게는 미안함이 큰 반면, 남편은 밉기만 한 것이지요. 아이는 자랄수록 더 안하무인으로 크고 부부 사이의 갈등의 골은 깊어만 집니다. 하지만 돌이켜보면, 남편에게도 아내가 받은 사랑이 많습니다. 주어진 환경에서 남편도 최선을 다해서 가사나 육아에 동참하려고 한 것이니까요. 아내는 주님께 진 사랑의 빚도, 남편에게 진 사랑의 빚도 다 잊고 자녀에게 진 사랑의 빚만 생각하면서 가정을 꾸려나가는 것이지요. 주님께 받은 사랑으로 감사하며 남편을 바라봐야하고, 남편이 있기에 오늘의 내가 있을 수 있다는 것을 인정하며 겸손하게 남편을 사랑해야 하는 것이지요. 그럴 때 아이에게도 건강한 사랑을 줄 수 있습니다. 우리가 가족에게 아쉬움과 섭섭함이 있다면, 많은 경우 우리의 욕심으로 인해 겸손함도 사랑도 잊었기 때문입니다.

가령 다른 사람에게 고통의 빚을 지었다면 오히려 사랑의 빚 때문에 겸손해져서 더 빨리 회개하고 돌이켜서 올바른 길로 나아갈 수 있습니다. 우리가 예수님을 닮기를 원한다면 그분이 보여 주신 사랑과 겸손을 닮고자 노력해야 합니다. 우리가 진정으로 겸손해질 때 크리스천 TSL 실천을 시작할 수 있습니다.

※ 과정별 크리스천 5Re의 실천

크리스천 TSL 실천에서 지속적인 5Re가 중요합니다. Chapter 1에서 크리스천 TSL의 5Re 개념을 소개했습니다. 여기서는 T, S, L 과정별 5Re에 대해 알아보겠습니다. T 과정에서의 5Re, S 과정에서의 5Re, L 과정에서의 5Re를 배우게 되지요.① 크리스천 TSL의 경우에는 하나님과의 TSL 실천과 사람 간의 TSL 실천으로 구분할 수 있습니다. 우리가 TSL을 처음 배워 나가는 과정에서는 T, S, L과 5Re를 순차적으로 배우게 됩니다. 하지만 다 배우고 나면 동시적·연쇄적으로 각 과정이 작동하게 됩니다.

먼저, 주님과의 TSL 실천에서의 5Re를 살펴보면 다음과 같습니다. [그림 2-14]와 같이, T 과정의 5Re 중 첫 번째 회상하기(Recall) 세션에서 주님의 존재 의미와 구원받은 것에 대한 감사를 회상합니다. 두 번째 인정하기(Recognize) 세션에서는 주님 존재에 대한 의미와 주님 존재에 대한 감사를 인정합니다. 세 번째 실현하기(Realize: Action) 세션에서는 주님께 감사를 표현합니다. 네 번째 강화하기(Reinforcement) 세션에서는 감사를 더 잘 실천하기 위해서 행동과 더불어 시간 혹은 다른 에너지를 주님과 공유하면서 감사한 마음을 더 강화합니다. 다섯 번째 재충전하기(Refreshment/Return) 세션에서는 주님께 감사함으로 생긴 기쁨을 누리며 감사

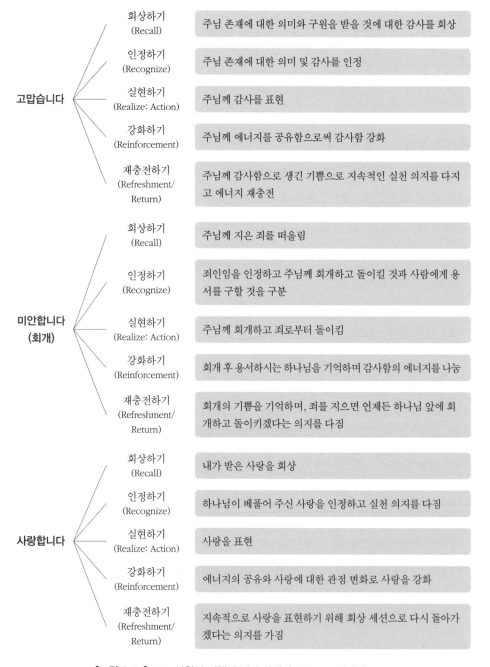

	회상하기 (Recall)	주님 존재에 대한 의미와 구원을 받을 것에 대한 감사를 회상
	인정하기 (Recognize)	주님 존재에 대한 의미 및 감사를 인정
고맙습니다	실현하기 (Realize: Action)	주님께 감사를 표현
	강화하기 (Reinforcement)	주님께 에너지를 공유함으로써 감사함 강화
	재충전하기 (Refreshment/ Return)	주님께 감사함으로 생긴 기쁨으로 지속적인 실천 의지를 다지고 에너지 재충전
	회상하기 (Recall)	주님께 지은 죄를 떠올림
	인정하기 (Recognize)	죄인임을 인정하고 주님께 회개하고 돌이킬 것과 사람에게 용서를 구할 것을 구분
미안합니다 (회개)	실현하기 (Realize: Action)	주님께 회개하고 죄로부터 돌이킴
	강화하기 (Reinforcement)	회개 후 용서하시는 하나님을 기억하며 감사함의 에너지를 나눔
	재충전하기 (Refreshment/ Return)	회개의 기쁨을 기억하며, 죄를 지으면 언제든 하나님 앞에 회개하고 돌이키겠다는 의지를 다짐
	회상하기 (Recall)	내가 받은 사랑을 회상
	인정하기 (Recognize)	하나님이 베풀어 주신 사랑을 인정하고 실천 의지를 다짐
사랑합니다	실현하기 (Realize: Action)	사랑을 표현
	강화하기 (Reinforcement)	에너지의 공유와 사랑에 대한 관점 변화로 사랑을 강화
	재충전하기 (Refreshment/ Return)	지속적으로 사랑을 표현하기 위해 회상 세션으로 다시 돌아가겠다는 의지를 가짐

[그림 2-14] TSL 실천의 진행 순서와 단계별 5Re - 주님과의 TSL

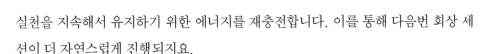

실천을 지속해서 유지하기 위한 에너지를 재충전합니다. 이를 통해 다음번 회상 세션이 더 자연스럽게 진행되지요.

S의 5Re를 잘하기 위해서는 T에서의 5Re가 기본이 되어야 합니다. 주님 존재에 대한 감사를 인정할 때 진심으로 주님 앞에 회개할 수 있습니다. T를 기본으로 한 S의 5Re는 다음과 같습니다. 회상하기 세션에서는 주님 앞에서 지은 죄를 떠올리고, 인정하기 세션에서는 내가 죄인임을 인정하고 주님 앞에서 회개하고 돌이킬 것과 사람에게 직접 잘못을 시인하고 용서를 구할 것을 구분합니다. 실현하기 세션에서는 주님 앞에서 회개하고 죄에서 돌이키는 것과 잘못한 사람에게 잘못을 시인하고 용서를 구합니다. 강화하기 세션에서는 주님께 회개하고 사람에게 사과하고 용서하기를 실천했다면 주님께서 죄를 사하여 주심을 믿고 감사함의 에너지를 나눕니다. 마지막 재충전하기 세션에서는 회개의 기쁨을 기억하며, 언제든지 죄를 지었다면 주님 앞에 회개하고 돌이키겠다는 의지를 다집니다.

L 과정의 회상하기 세션에서는 감사와 회개가 전제되면서 내가 주님께 받은 사랑을 회상합니다. 인정하기 세션에서는 주님이 베풀어 주신 사랑을 인정하며 그 사랑에 힘입어 나도 사랑을 베풀겠노라 다짐합니다. 실현하기 세션에서는 주님께 받은 사랑과 은혜를 기억하며 주님께 사랑을 표현합니다. 강화하기 세션에서는 사랑을 더 강화하기 위해서 주님과 나의 시간과 에너지를 공유하고 사랑에 대한 관점을 바꿉니다. 그리고 재충전하기 세션에서는 주님께 지속해서 사랑을 표현하고 주님이 기뻐하시는 일들을 하겠다고 의지를 다집니다.

다음으로, 사람과의 TSL 실천에서의 5Re는 [그림 2-15]와 같습니다.[2] T 과정의 5Re 중 첫 번째 회상하기 세션에서는 상대방의 존재 의미와 고마운 것을 회상합니다. 두 번째 인정하기 세션에서는 상대방의 존재에 대한 의미와 존재에 대한 감사를 인정합니다. 세 번째 실현하기 세션에서는 고마움을 표현합니다. 네 번째 강화하기 세션에서는 고마움을 더 잘 실천하기 위해서 행동과 더불어 시간 혹은 다른 에너지를 공유하면서 고마움을 강화합니다. 다섯 번째 재충전하기 세션에서는 자신의 감사 행동에 기뻐하고 그 고마움을 지속해서 표시하겠다는 에너지를 재충전합니다. 이를 통해 다음번 회상 세션이 더 자연스럽게 되는 것이지요.

S의 5Re는 T에서의 5Re를 기본으로 하며, 다음과 같습니다. 회상하기 세션에서는 상대방에게 준 고통과 슬픔을 회상하고, 인정하기 세션에서는 내가 잘못한 것을

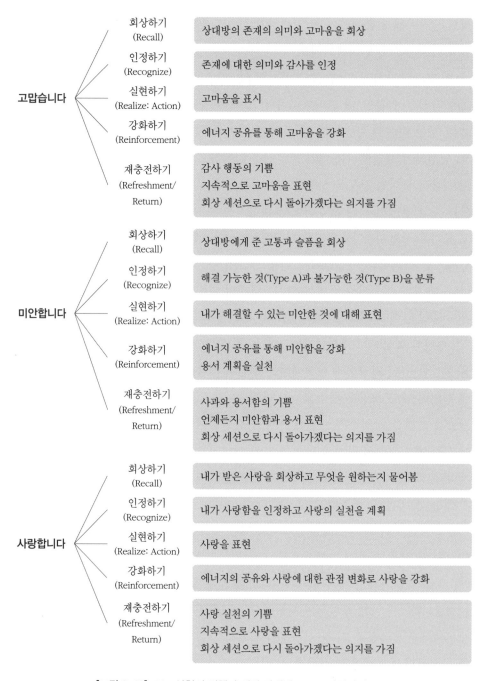

[그림 2-16] TSL 실천의 진행 순서와 단계별 5Re – 사람과의 TSL

인정하고 해결 가능한 것(Type A)과 불가능한 것(Type B)을 분류합니다. 실현하기 세션에서는 내가 해결할 수 있는 미안함을 해결해 주고, 그렇지 못한 미안함은 그렇다고 말로 표현합니다. 강화하기 세션에서는 미안한 감정을 시간과 에너지 등의 공유를 통해서 표현하고, 동시에 내가 용서할 것이 있다면 용서합니다. 특히 용서는 고마움과 미안함이 전제되어야 합니다. 용서를 표현하는 것은 나에게 더는 상대방에 대한 고통이 도움이 되지 않는 것을 인정하고, 또한 상대방이 당시에 정상이 아니었을 수도 있음을 인정하면서 용서를 표현하는 것입니다. 마지막 재충전하기 세션에서는 미안하다는 것을 내가 인정하고 용서함의 기쁨을 기억하고 더 좋은 관계를 위해서 언제든지 미안한 일이나 용서할 일이 있으면 미안함과 용서함을 표현하겠다는 의지를 다집니다.

L 과정의 회상하기 세션에서는 고마움과 미안함이 전제되면서 내가 받은 사랑을 회상합니다. 인정하기 세션에서는 사랑함을 인정하고 실천계획을 갖습니다. 실현하기 세션에서는 사랑의 깊이를 더 깊게 하려고 사랑을 표현합니다. 강화하기 세션에서는 사랑을 더 강화하기 위해서 시간과 에너지를 공유하고 사랑에 대한 관점을 바꿉니다. 그리고 재충전하기 세션에서는 사랑 실천의 기쁨을 기억하고 소중한 사람에게 지속해서 사랑을 표현하겠다고 의지를 다집니다.

이처럼 우리가 TSL을 배우는 과정에서는 T, S, L 과정별로 5Re를 배우게 됩니다. 하지만 이 과정을 모두 습득한 이후부터는 매일 T에 대한 5Re, S에서도 5Re, L에서도 5Re를 반복적으로 실행해야 합니다. 데살로니가전서 5장 16부터 18절에서 "항상 기뻐하라, 쉬지 말고 기도하라, 범사에 감사하라"라고 말씀하신 것처럼 5Re를 반복하여 실행하는 것입니다. 그렇게 과정별로 5Re를 동시에 그리고 지속해서 실행할 때 TSL 실천을 유지할 수 있게 됩니다.

주님 그리고 가족과 대화하기

우리는 '말씀 읽기'와 '기도하기'로 주님과 대화할 수 있습니다. 우리는 말씀을 읽으며 주님의 계획, 주님의 뜻을 깨닫게 됩니다. 주님께서는 우리에게 성경을 주셨고, 그 말씀으로 우리와 소통하기를 원하십니다. 성경은 그리스도 예수를 믿는 믿음으로 말미암아 구원에 이르는 지혜를 줄 수 있고, 주님의 영감으로 된 것으로 교훈과 책망과 바르게 함과 의로 교육하기에 유익하며 주님의 사람을 유능하게 하고, 온갖 선한 일을 할 수 있게 하는 힘이 있습니다(딤후 3:15-17). 그러므로 우리는 매일 말씀을 읽고, 말씀 앞에 나 자신을 비추며 하루를 시작해야 합니다. 말씀을 읽을 때, 주님께서 여러분에게 바라시는 바와 여러분의 부족한 부분, 잘못된 부분을 알게 되고 회개하고 변화할 수 있습니다. 말씀을 읽지 않는다면 우리는 주님의 뜻을 알 수 없지요. 우리가 아무리 선한 일을 많이 할지라도 말씀이 없으면 그것은 주님께서 집을 세우지 아니하시면 집을 세우는 사람의 수고가 헛되며, 주님께서 성을 지키지 아니하시면 파수꾼의 깨어 있음이 헛된 것과 같이(시 127:1) 그 일의 참 의미가 없어질 것입니다.

주님과 대화하는 또 다른 길은 기도입니다. 조용히 주님과 마주하는 시간, 뜨겁게 주님을 열망하는 시간, 주님의 음성에 귀 기울이는 시간, 이 모든 시간이 주님과 대화하는 시간이지요. 우리는 기도를 통해 주님의 임재를 경험합니다. 기도할 때 우리의 중심을 찾게 되고, 잃어버렸던 방향을 주님께로 돌이키게 됩니다. 예수님께서는 이 땅에서 외딴 데로 물러가서 기도하셨고(눅 5:16), 많은 이적을 베푸실 때도 늘 기도하셨습니다. 십자가를 지시기 전에도 밤새워 기도하시며 주님의 뜻을 구하기도 하셨지요. 제자들에게도 유혹에 빠지지 않도록 깨어서 기도하라고 당부하셨으며, 우리가 소위 주기도문이라 부르는 말씀을 통해 기도하는 방법을 구체적으로 가르쳐 주시기도 하셨습니다.

말씀과 기도는 분리되는 것이 아닙니다. 주님과 건강하게 대화하기 위해서는 말씀과 기도가 함께 가야 합니다. 기도 없이 말씀을 읽는 것도, 말씀 없이 기도하는 것도 주님의 뜻을 바르게 알기에는 부족합니다.

주님과 대화하기를 매일 실천하다 보면 삼위일체 하나님에 대해 더 깊이 알게 되고, 예수 그리스도가 이 땅에 오심의 의미를 이해하게 되고, 그 주님이 오늘 나와 함께 하심을 믿게 됩니다. 또 주님의 말씀 앞에서 나의 부족함, 모자람을 깨우치고 회개하며, 나의 삶을 주님이 기뻐하시는 삶으로 변화시킬 수 있지요. 주님과 대화하면 할수록 그분을 더 알게 되고 결국 예수님을 닮은 겸손한 모습으로 변화하게 될 것입니다. 주님께서는 낮은 자, 겸손한 자의 소원을 들으시는 분(시 10:17)이라 말씀하십니다. 여러분은 어떤가요? 주님 앞에서 겸손한 자라 인정받으실 수 있나요? 크리스천 TSL 실천을 하는 동안 더 열심히 낮은 마음, 겸손한 마음을 갖기 위해 함께 노력해 봅시다.

크리스천 TSL에 관심 있는 분이라면, 가족관계를 개선하고 싶거나 더 좋은 관계를 맺고 싶다는 소원함이 있을 겁니다. 크리스천 TSL을 실천하기 위해서는 이 겸손한 마음이 중요합니다. 프로그램을 진행하다 보면, '나는 겸손한데 상대방이 그렇지 않다.'고 고민하는 분들을 종종 만납니다. 만약 여러분도 그렇다면 먼저 자신만 바라보세요. 주님은 겸손하지 않은 자들에게도 겸손하셨지요. 우리가 이렇게 하긴 매우 어렵습니다. 하지만 우리가 주님의 겸손을 닮으려 먼저 노력할 때 사랑을 실천할 수 있기 때문입니다. 크리스천 TSL은 주님께서 주신 '서로 사랑하라'라는 계명을 구체적으로 실천할 수 있는 한 방법입니다. 사랑을 실천하는 여러 방법이 있을 것입니다. 사랑을 실천하는 일로 누군가는 배고픈 사람에게 먹을 것을 주는 일 또는 아픈 사람을 치료해 주는 일 등을 떠올릴 수 있습니다. 맞습니다. 이 또한 사랑을 실천하는 일이지요. 그렇다면 가족에게는 어떻게 사랑을 실천할 수 있습니까? 가족의 필요를 알고 그 필요를 채워 주는 일일 수 있습니다. 하지만 실제로는 '사랑해'라고 말만 하고 행동은 사랑을 담고 있지 않은 경우도 있지요. '가족끼리는 말하지 않아도 아는 거야.'라며 각자 살기 바쁜 경우도 있습니다. 어디서부터 가족관계를 개선해야 할지 모르겠다는 이야기도 많이들 합니다. TSL은 이런 분들에게 사랑을 실천하기 위한 구체적인 방법을 단계별로 안내합니다. TSL치료를 지난 20여 년간 다양한 학문적 근거와 함께 체계적으로 발전시켰지요. 하지만 TSL 실천의 내용인 감사와 미안함, 용서 그리고 사랑은 새로운 것이 아닙니다. 성경에서 이야기된 서로 사랑하는 방법들을 더 많은 이들이 직접 실천할 수 있도록 체계적으로 정리한 것이지요.

그럼 이제 "나에게 있어 가족의 의미는 무엇인가?"를 생각해 봅시다. 나에게 가족은 어떤 의미입니까? 가족의 좋은 점, 가족과 관련된 좋은 기억, 나에게 미친 좋은 영향 등 긍정적 측면에서는 가족이 어떤 의미입니까? 또한 가족의 싫은 점, 가족과 관련된 나쁜 기억, 가족이 나에게 미친 부정적인 영향 등 부정적 측면에서는 가족이 어떤 의미입니까?[3]

이러한 질문에는 당연히 정답이 없습니다. 여러분 모두가 각자의 답을 가지고 있지요. 가족에 대해 떠오른 것을 적어 봅시다. 또 가족에게 "당신에게 나는 어떤 존재입니까?"라고 물어보고 그 내용을 적어 보세요. 그런 다음, 나는 나의 가족 구성원을 나보다 낮게 여겼는지, 겸손한 마음으로 사랑했나 생각해 보고 적어 봅시다. 물론 가족에게 "너에게 나는 어떤 의미야?"라고 물어보는 일이 굉장히 쑥스럽게 느껴질 수 있습니다. 대답하는 가족도 "새삼스럽게 뭘 그런 것을 묻고 그래."라고 말하며 대답을 피할 수도 있을 것입니다. 하지만 이것은 가족관계를 변화하고자 하는 의지를 다지고자 하는 과제입니다. 지금 여러분에게 자신이 가족에게 어떤 의미인지를 아는 것은 매우 중요합니다. 용기를 내어 "당신에게 나는 어떤 의미입니까?"를 반드시 물어보고 그 대답을 들어 보도록 합시다. 이와 관련하여 30분 이상 대화해 보세요.[④]

과제 1. 당신에게 나는 어떤 의미입니까?

주님께 나는 어떤 의미입니까?

_____

_____

_____

가족에게 나는 어떤 의미입니까?

가족 1. ○○○ _____

_____

_____

가족 2. ○○○ _____

_____

_____

가족 3. ○○○ _____

_____

가족 구성원을 나 자신보다 낮게 여기며 사랑하였나요?

_____

_____

_____

_____

첫 번째 과제를 통해 여러분은 주님께 자신이 어떤 존재인지 생각해 보았을 것입

니다. 그리고 가족에게 자신이 어떤 의미인지도 물어보고, 그에 대해 서로 교류할
수 있었을 것입니다. 참여자들은 이 과제에 대해 가족들과 이야기해 보고 다음과 같
이 설명했습니다.[5]

사례 2-1 남, 34세, 군인

* 주님께 나는 어떤 의미입니까?
물가에 내놓은 아들, 돌아온 탕자

* 가족에게 나는 어떤 의미입니까?
아내: 든든한 가장, 늘 고생하는 남편, 주말부부라 더 가까이에서 못 챙겨서 늘 미안함. 가장 사
　　랑하는 사람
어머니: 사랑하는 아들, 나의 자랑, 나의 희망
아버지: 고마운 아들, 자랑스러운 장남
아들: 멋진 아빠, 커서 아빠 같은 군인이 되고 싶음

* 가족 구성원을 나 자신보다 낮게 여기며 사랑하였나요?
군인이라는 핑계로 늘 내 중심으로 지내 왔던 것 같다. 주말에만 가족을 만나는 것도, 부모님을
자주 찾아뵙거나 챙기지 못하는 것도 어쩔 수 없다고만 생각하며 지내 왔는데, 이런 결정들이
가족보다 나를 더 중요하게 생각하며 살아왔던 결과가 아닌가 싶다. 사랑하는 가족이라고 이
야기하면서도 더 챙기지 못한 나를 발견하게 된다.

사례 2-2 여, 22세, 대학생

* 주님께 나는 어떤 의미입니까?
사랑하는 마르다라고 하실 거 같다. 교회에서 열심히 봉사는 모습에 마르다처럼 느끼실 거 같다.

* 가족에게 나는 어떤 의미입니까?
부모님에게 나의 의미를 물어보니 어머니는 가장 사랑하는 딸이라고 대답해 주셨고, 아버지는
바빠서 얼굴 보기 힘들어서 아쉽다는 이야기를 해 주셨다. 동생에게도 물어보니 뭘 그런 걸 물
어보냐고 이야기하며, 누나는 누나지 뭐냐며 별다른 대답을 하지 않았다.

* 가족 구성원을 나 자신보다 낫게 여기며 사랑하였나요?

대학에 들어온 이후 기숙사 생활을 하면서 가족과 함께 보내는 시간도 줄고, 가족과 함께 하는 시간이 적다 보니 더 나만 생각하고 지내 왔던 것 같다. 부모님을 존경하고 사랑하지만, 그 마음을 표현하며 지냈었나 생각해 보니 그러지 못했던 것 같다. 동생도 나보다 먼저 챙길 만큼 여유를 갖지는 못했던 것 같다.

주님께 나의 의미가 무엇인지 떠올려 보면, 자신의 연약함, 죄까지도 아시고 용서해 주시는 주님을 깨닫게 됩니다. 〈사례 2-1〉의 참여자는 주님 앞에 서면 모자라고 약속을 지키지 않는 자신을 떠올렸습니다. 하지만 그런데도 사랑해 주시고 자녀로 삼아 주신 주님의 은혜를 고백합니다. 〈사례 2-2〉의 참여자는 주님 일을 열심히 하는 자신의 모습을 떠올립니다. 마르다처럼 기쁨으로 일을 하다가도 주님보다 마르다가 보여 투덜거릴 때도 있습니다. 하지만 주님께서 우리의 모습을 기뻐하신다는 것을 알 때 다시 힘이 나고 회복하게 되지요. 주님 앞에서 모자란 사람일 수밖에 없지만 주님의 자녀로 최선을 다하는 삶을 살 때 기쁨과 자신감이 생긴다는 것을 알 수 있습니다.

가족들에게 나의 의미를 물었을 때, 사례에서 볼 수 있듯이 '사랑하는 사람' '자랑스러운 존재' '의지가 되는 사람' 등으로 긍정적인 표현을 들을 수도 있지만, 아쉬운 이야기를 듣거나 기대와는 다른 반응을 보일 수도 있습니다. 〈사례 2-1〉의 참여자의 경우 가족에게 지지받고 서로 사랑하며 만족하는 관계이지만, 〈사례 2-2〉는 가족과 서로 사랑하는 관계이기도 하지만 한편으로는 서로 아쉬운 점도 있고 표현하는 것에 익숙하지 않은 모습도 보입니다. 또 부모나 자식에게는 자신보다 낫게 여기며 사랑을 실천하기가 쉬운 듯 보이기도 하지만, 부부관계나 형제관계에서는 더 낮은 자세를 취하는 게 쉽지 않을 수 있습니다. 가족 구성원이라고 모두에게 같은 자세로 사랑하는 것이 아니었음을 알게 되었을 것입니다.

이 과제를 통해 여러분과 주님의 관계를 돌아보고, 또 여러분이 느끼지 못하는 가족 구성원의 생각을 알게 되고, 이야기하는 시간을 가졌을 것입니다. 이 과정은 주님 앞에서 더 감사하고 겸손해짐으로 TSL을 실천할 힘을 얻고, 가족 구성원과는 상호작용을 높이고 지금까지 어떤 자세로 가족 구성원을 대하고 있었는지 살펴보는 것이 중요한 목표였습니다. "당신에게 나는 어떤 의미입니까?"라는 질문을 하면서 주님으로부터 힘을 얻고, 가족과 새로운 시각에서 이야기하게 되었을 것입니다. 또한 이러한 대화를 통해 여러분에게 있어 가족은 어떤 의미인지도 자연스럽게 이야기할 수 있었을 것입니다.[6]

　이제, 두 번째 과제로 여러분과 주님 그리고 가족이 서로에게 어떤 의미인지에 관한 대화 후에 '이런 존재가 나에게 없다면……'이라는 생각을 한번 해 보세요. 주님이 없다면, 또 가족이 없다면, 내게 어떤 일이 일어날 것인지, 내게 오는 고통은 무엇일지 생각해 보고 적어 보는 것입니다.[7]

과제 2. 만약 ○○○이 없다면 내게 오는 고통은 무엇일까요?

주님이 없다면 내게 오는 고통은 무엇일까요?

_____

_____

_____

가족이 없다면 내게 오는 고통은 무엇일까요?

가족 1. ○○○ _____

_____

_____

가족 2. ○○○ _____

_____

_____

가족 3. ○○○ _____

_____

_____

　이 과제를 수행한 참여자들은 〈사례 2-3〉의 참여자와 같이 주님과 가족이 없는 삶을 상상하고 싶어 하지도 않고, 슬픔과 고통이 너무 클 것이라고 이야기합니다.

사례 2-3 여, 40대, 어린이집 교사

* '주님이 없다면 내게 오는 고통은 무엇일까?'

인생을 사는 의미가 없을 거 같다. 삶의 중심을 잡고 살아가는 의미가 주님 때문이라는 생각을 많이 한다. 주님 때문에 참고, 주님 때문에 버티는 순간들이 많아서 주님이 없다면 나의 삶의 방향을 잃을 거 같다.

* 가족이 없다면 내게 오는 고통은 무엇일까요?

남편: 슬픔에서 벗어날 수 없을 거 같다. 누구와 기쁨을 나누고, 누구와 슬픔을 나눌 수 있을까 싶다. 평생 함께할 거라고만 생각하고 살아왔는데 혼자서 살아갈 수 있을까? 막막하고 두려움이 앞선다.

딸: 상상하고 싶지도 않다. 아이가 없다면 행복이라는 말을 삶에서 찾을 수 있을까? 무엇을 먹어도, 무엇을 이루어도 하나도 기쁘지 않을 것 같다. 살아갈 힘이 없을 것 같다. 아이를 잃는 것은 나에게 있을 수 없는 일이다.

주님의 부재는 우리의 삶의 방향을 잃고, 자기 자신의 존재 의미를 잃게 합니다. 왜 사는지 왜 살아야 하는지를 모르고, 인간의 욕심으로 방황하며 살게 됩니다. 또 가족의 부재는 그 무엇과도 견줄 수 없는 큰 고통이 됩니다. 가족의 존재는 우리의 삶을 지탱할 뿐 아니라 기쁨과 행복을 주는 존재이지요.

주님과 가족이 없다면 얼마나 고통스러울 것인가를 생각하면서, 여러분은 주님과 가족이 자신에게 얼마나 소중한 존재인지 깨달았을 것입니다. TSL치료를 통해 사람들은 흔히 아내가 듣고, 남편이 듣고, 애들이 듣고 변화했으면 좋겠다고 말합니다. 가족의 존재가 중요하지만, 내가 먼저 바뀌어야겠다고 생각하는 사람은 거의 없지요. 우리는 가족에게 '조금 더 변화했으면 좋겠다, 조금 더 잘했으면 좋겠다.'라는 생각을 합니다. 이것은 '보통'이고 '평범'한 것입니다. 사람들은 '나는 변하려고 하는데 상대방은 안 변한다.'고 생각합니다. 하지만 우리 모두 각자 그렇게 생각하고 있기에 부부가 한자리에 있으면 상대방이 변하지 않는다며 서로를 비난하게 되는 것이지요.[8]

하지만 주님과 가족이 없다면 고통스럽다고 이야기한 것처럼 그 정도로 나에게 소중한 존재라면, 우리는 내가 먼저 겸손한 마음을 갖고 사랑을 실천해야 합니다.

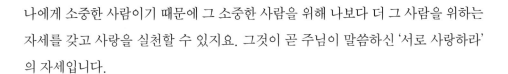

나에게 소중한 사람이기 때문에 그 소중한 사람을 위해 나보다 더 그 사람을 위하는 자세를 갖고 사랑을 실천할 수 있지요. 그것이 곧 주님이 말씀하신 '서로 사랑하라'의 자세입니다.

✸ 존재의 의미

지금까지 주님과의 관계, 가족과의 관계를 돌아보았습니다. 앞서 가족이 없다면 내게 오는 고통이 무엇인지 살펴보았습니다. 그런데 주님이 계시지 않는다면, 나의 삶이 주님과 관계가 없다면 어떨까요? 회심의 경험이 있으신 분들은 이 질문이 확 닿으실 것입니다. 바울의 삶에서 볼 수 있듯이, 바울은 사회적으로 성공한 사람이었고 당대의 로마 시민권자였으며, 학식이 높고 자신의 의가 세상을 바르게 세우는 길이라고 확신에 차 있는 사람이었습니다. 그래서 예수의 제자들을 잡는 데 인생을 걸었지요. 하지만 그가 주님을 만난 이후 그 전의 삶은 아무 가치가 없었음을 고백합니다(빌 3:5-9). 세상 부귀영화와 지위, 자신의 영적 능력까지 주님 앞에서는 보잘것없는 것임을 고백합니다(고후 12:1-10). 바울과 같이 우리 또한 주님이 계시지 않는다면 지금 우리가 누리는 것들, 누리고자 하는 것들이 다 무슨 소용일까요? 여러분의 삶은 어떤 의미가 있겠습니까?

하나님은 스스로 존재하시는 분이십니다(출 3:14). 우리가 없더라도 그분의 존재에는 어떤 하등의 변화도 없는 것이지요. 하지만 우리는 어떤 존재입니까? 주님이 계시지 않는다면 우리가 이 땅에 있는 것은 아무 의미가 없습니다. [그림 2-17]과 같이, 예수님께서 이 땅에 오시고 우리를 위해 죽으시고 부활하지 않으셨다면, 우리는 주님께 나아갈 수도 없고 모두가 죽어야만 하는 존재이지요. 우리의 지금 삶은 주님께서 우리에게 베풀어 주신 전적인 은혜요, 믿음으로 의롭다고 여겨 주시고 자

[그림 2-17] 주님의 존재, 가족의 존재

녀 삼아 주셨기 때문에 누릴 수 있는 것입니다(롬 3:28). 우리의 모자람을 인정하고 모든 것이 은혜임을 고백하는 것이 바로 존재의 의미입니다. 주님이 계시기 때문에 우리가 누리는 모든 것이 은혜임을 깨닫게 되고 감사할 수 있습니다. 그 은혜와 선물에는 나의 가족이 포함됩니다. 나의 부모님, 나의 배우자, 나의 자녀, 내 형제자매 모두가 모자란 내게 주신 주님의 선물이기에 우리는 가족을 바라보면서 그들 앞에 겸손해질 수 있고, 감사할 수 있지요. 우리는 주님의 존재 의미를 깊이 깨달을 때 우리의 삶을 바라보는 관점의 변화를 가질 수 있습니다. 죽어야만 했던 우리가 살 수 있다는 것에 대하여 감사하고 주님이 주신 선물인 가족이 있기에 지금의 내가 있을 수 있음을 깨닫고 또 감사하게 됩니다. 매일 우리가 주님께서 나를 자녀 삼아 주셨음에 감사한다면, 나의 가족이 주님이 주신 은혜임을 고백한다면, 우리는 가족을 바라볼 때 달라질 것입니다. 단지 내가 태어나서 만난 가족, 내가 책임지고 부양해야 하는 가족으로만 여기는 것이 아니라 나의 모자람을 채워 주고 내가 존재할 수 있게 해 주는 감사한 가족으로 인식하게 될 것입니다.

"너는 왜 이것밖에 못 하니?" "누굴 닮아서 이러니?" "내가 당신보다 낫지."와 같은 부정적 말과 생각을 하기 전에 주님의 은혜로 사는 모자란 나와 가족이 되어 준 이 사람들이 소중하다는 것을 먼저 떠올려야 합니다. 나의 모자람을 인정하고 나면 상대의 모자람보다는 상대방에 대한 감사함이 더 느껴지게 됩니다. 그래서 나의 모자람을 인정하고 가족 구성원을 더 존중하고 더 사랑해야겠다는 것을 깨달을 때 여러분은 비로소 존재의 의미를 알게 된 것입니다. 이렇게 소중한 사람이라는 것을 인정하고 존중하는 힘은 나의 죄를 용서하여 주시기 위해 죽으신 예수님의 은혜로부터 나옵니다. 그 은혜 앞에 겸손해지지 않을 사람이 없지요. 그래서 TSL 실천의 시작은 겸손입니다. 겸손한 자세로 사랑할 때 우리는 비로소 감사의 문을 열고 들어가게 되지요.

크리스천의 경우 주님이 주신 은혜에 대해서는 어렵지 않게 고백하며 감사하지만 내 가족은 당연히 존재하는 것으로 여기며 서로에게 감사하지 않는 경우가 많습니다. 주님은 나를 언제나 사랑해 주시고 구원해 주신 분, 선한 것을 베풀어 주시는 분이라는 믿음에 감사 찬양이 절로 나오는 것이겠지요. 하지만 가족은 나에게 늘 따뜻하고 사랑만 주는 존재가 아니기에 우리는 그때마다 자세를 돌변하며 내가 좋을 때, 내가 기쁠 때만 사랑하는 선택적 사랑을 합니다. 주님께서는 "나를 불러 주여 주여 하면서도 어찌하여 내가 말하는 것을 행하지 아니하느냐"(눅 6:46)라고 말씀하시고 계십니다. 우리가 진정 주님을 사랑하고, 주님의 말씀을 따르겠노라 이야기한다면 우리는 겸손한 자세로 세상을 바라보고 주님의 말씀인 '서로 사랑하라'를 실천해야 합니다. 서로 사랑하는 길은 존재의 의미를 이해하고 존재의 소중함을 인정하고 존재의 감사를 실천하는 것입니다.

세 번째 과제로 '10 감사'를 적어 보고자 합니다. 주님께서 존재하시기에 감사한 10가지와 가족에게 고마운 점 10가지를 적어 봅시다.

과제 3. 고마운 점 '10 감사' 적기

주님에 대하여 '10 감사'

1. _____
2. _____
3. _____
4. _____
5. _____
6. _____
7. _____
8. _____
9. _____
10. _____

가족에 대하여 '10 감사'

1. _____
2. _____
3. _____
4. _____
5. _____
6. _____
7. _____
8. _____
9. _____
10. _____

사례 2-4 여, 30대, 회사원

- 주님에 대하여 '10 감사'

  1. 나를 구원해 주셔서 감사

  2. 내가 지금까지 생활해 올 수 있었던 가족을 주셔서 감사

  3. 크게 아픈 곳 없이 지낼 수 있도록 지켜 주셔서 감사

  4. 배울 기회를 주신 주님께 감사

  5. 나의 죄를 용서해 주셔서 감사

  6. 내게 꿈을 주셔서 감사

  7. 가족과 관계를 개선할 기회를 주셔서 감사

  8. 오늘 하루 먹고 지낼 수 있는 환경을 허락해 주셔서 감사

  9. 좋은 신앙공동체를 허락해 주셔서 감사

  10. 힘들 때 어려움을 나눌 수 있는 친구들을 주셔서 감사

- 가족에 대하여 '10 감사'

  1. 크게 아픈 사람 없이 다들 잘 지내 주어서 고마움

  2. 집에 들어가면 인사할 수 있는 가족이 있어서 고마움

  3. 내가 차린 음식을 맛있게 먹어 주어서 고마움

  4. 언제나 사랑한다고 이야기할 수 있는 가족이 있어서 고마움

  5. 가정을 같이 꾸려 가는 남편이 있어서 고마움

  6. 쫑알쫑알 온종일 있었던 일을 이야기해 주는 아이가 있어서 고마움

  7. 늘 기도해 주시고 응원해 주시는 부모님이 계셔서 고마움

  8. 좋은 이야기, 좋은 것이 있으면 나눌 수 있는 가족이 있어서 고마움

  9. 급할 때 도움을 청할 수 있는 가족이 있어서 고마움

  10. 실수도 용서해 주고 이해해 주는 가족이 있어서 고마움

여러분은 과제를 하면서 〈사례 2-4〉의 내용과 같이 곰곰이 생각해 보면 주님께도 그리고 가족에게도 감사할 일이 많다는 것을 다시 한번 확인하는 기회가 되었을 것입니다. 그동안 작고 사소하다고 생각했던 일들이 모두 감사할 점들이었음을 느끼셨을 것입니다. 소중하고 고마운 관계에서 사소한 것이란 없습니다.[9]

　갓난아기의 하품마저도 부모에게는 특별한 것처럼 소중한 관계에서는 모든 것이 감사하게 되지요. 또한 아마도 감사한 점들을 세어 보고 가족과 함께 나누었을 때 여러분뿐 아니라 가족 구성원 모두 기쁨을 느끼셨을 것입니다. 이러한 기쁨을 여러분 삶에서 내내 유지하는 것이 중요합니다. 존재의 의미를 느끼면서 감사하는 것이 여러분의 삶에 에너지를 충만하게 하는 것이지요.

　만약 이번 과제를 수행하면서 가족 간의 상처가 너무 깊고 고통이 너무 커서 과제를 수행하기 어려웠거나 수행하지 못한 분이 계실 수도 있습니다. 크리스천 TSL 과정에는 상처와 고통, 슬픔의 문제를 다루는 시간도 있습니다. 이 부분은 그때 다시 자세히 다루어 보겠습니다. 지금은 상대의 허물보다는 내가 주님께 받은 은혜, 나의 모자람, 그런데도 사랑해 주신 주님의 사랑을 기억하며 겸손한 마음으로 가족의 존재 의미, 존재의 소중함에 더 집중해 보면 좋겠습니다. 시간이 들더라도, 마주하기 어렵더라도 포기하지 않고 끝까지 생각해 보시길 권합니다. 분명 인생의 새로운 전환점이 되는 시간이 될 것입니다.

오늘의 과제

기본과제. 주님께서 여러분에게 이번 주 주신 성경 말씀과 이를 통해 깨달은 점은 무엇입니까?

과제 1. 당신에게 나는 어떤 의미입니까? 묻기

    1-1. 주님께 나는 어떤 의미입니까?

    1-2. 가족에게 나는 어떤 의미입니까?

    1-3. 가족 구성원을 나 자신보다 낮게 여기며 사랑하였나요?

과제 2. 만약 ○○○이 없다면 내게 오는 고통은 무엇일까요?

    2-1. 주님이 없다면 내게 오는 고통은 무엇일까요?

    2-2. 가족이 없다면 내게 오는 고통은 무엇일까요?

과제 3. 고마운점 '10 감사' 적기

    3-1. 주님에 대하여 '10 감사'

    3-2. 가족에 대하여 '10 감사'

Practice 2의 목표는 주님과 가족의 중요성을 인정하는 것입니다. 존재함에 대한 고마움을 표현하는 것이 다음 과업입니다. '고맙습니다'라는 말에 진심이 담기려면 존재에 대한 감사함이 포함되어 있어야 합니다. 진심이 담긴 '고맙습니다'라는 표현이 나와 상대방에게 감동을 일으키게 되는 것이지요.[10]

이제 우리는 감동을 줄 수 있는 '고맙습니다'를 연습함으로써 크리스천 TSL의 첫 번째 과정인 T를 습득하게 됩니다.

Chapter **3**
그리스도인의 생활 원리

구약성경에서 하나님께 쓰임을 받다 죄를 지어 다른 길로 갔지만 회개하고 돌아오는 인물들을 볼 수가 있습니다. 이런 일은 구약 인물들뿐만 아니라 우리에게도 발생합니다. 우리 각자는 하나님으로부터 축복을 받을 때는 감사한 마음을 갖게 되지요. 하지만 세상에서 살다 보면 받은 은혜를 잊어버리고 예전 모습으로 돌아가는 자신을 발견하게 됩니다. 그래서 하나님께서는 우리에게 예수님을 보내셨습니다. 예수님을 끊임없이 생각하고 말씀 안에 거할 때 우리는 새로운 삶을 유지하게 됩니다. 이 장에서는 구약의 인물들을 조명하여 죄를 지을 때나 세상일로 낙심하게 될 때 기도로 간구하면 해결해 주시는 하나님의 이야기를 하고자 합니다. 주님을 만날 때 인성마저도 바꿀 수 있습니다.

❋ 구약의 인물: 우리의 한계 돌아보기

아브라함

이스라엘 민족의 영원한 아버지인 아브라함은 하나님으로부터 믿음의 조상으로 세움을 받았습니다. 아브라함은 고향과 세상의 유익을 모두 버리고 가나안으로 가서 하나님의 뜻을 따릅니다(창 12:4). 뿐만 아니라 귀한 아들인 이삭을 제물로 바치라는 하나님의 요구에 순종하고 믿음으로 응답함으로써 언약을 재확인받습니다(창 22:1-18). 심판의 위기에 놓인 소돔성의 사람들을 구하기 위해 하나님께 간절히 간구하기도 하지요.

그러나 아브라함은 부인을 두 번이나 버리려고 하는 등 인간적인 면에서 허물과 실수가 많았습니다(창 12:10-20; 20:1-18). 하나님께서는 그의 행실을 보고 선택하신 것이 아니라 은혜로 아브라함을 택하셨고 복의 근원이 되게 하셨습니다(창 12:1-2). 아브라함을 통해 우리는 자신의 선행으로 선택받은 것이 아니라 하나님의 은혜로 주님의 자녀가 되는 것임을 깨달아야 합니다.

이삭

이삭은 아브라함이 100세가 되던 해, 하나님께서 주신 아들로서 하나님의 약속으로 태어난 언약의 증거입니다(창 17:16-21). 이삭은 아브라함의 믿음의 행위였던 제물로 자신을 바치는 것에 대해 반항하지 않고 순종하였습니다(창 22:1-18). 또한 이삭은 블레셋 사람들의 시기와 적대감에 대해 그들과 다투지 않고 우물들을 양보함으로써 믿는 사람으로서의 본을 보였습니다(창 26:17-25).

그러나 자신의 아버지가 경험했던 실수와 같이, 자기 아내를 누이라고 속인 일로 인해 블레셋 왕에게 부끄러운 책망을 듣게 됩니다(창 26:1-11). 하나님이 택하신 사람도 언제나 죄에 넘어질 수 있음을 이삭을 통해 말씀하고 계십니다.

야곱

야곱은 이삭의 아들이고 아브라함의 손자였으며, 훗날 이스라엘의 열두 지파의 조상으로 인정되고 있는 하나님의 축복을 많이 받은 사람입니다. 야곱은 성실하게 살며, 자신의 모자람도 알고, 하나님의 존재에 대해 감사할 줄도 알았습니다. 야곱은 항상 주님께 자신의 약점을 고백하며 자신과 가족을 위해 기도했습니다. 또한 벧엘에서 천사와 씨름하며 간절함을 보이기도 했지요(창 32:26). 이에 하나님께서는 야곱을 이스라엘이라 축복해 주시고 하나님의 사랑을 보여 주십니다.

성경에서 이야기하는 야곱은 다른 이들보다 잘나지도 빼어나지도 않은 사람입니다. 오히려 형 에서의 장자권을 뺏는 등 욕심이 많고 가는 곳마다 다툼이 생기기도 하지요. 그러나 홀로된 야곱에게 하나님께서는 "나는 여호와니 너의 조부 아브라함의 하나님이요 이삭의 하나님이라 네가 누워 있는 땅을 내가 너와 네 자손에게 주리니"(창 28:13)라고 축복하십니다.

여기에서 우리가 깨달아야 하는 바는 야곱의 축복은 야곱 자신 때문이 아니라 하나님께서 야곱을 선택하신 은혜로 축복을 받았다는 것입니다. 그래서 우리는 고난 앞에서 항상 기도하며 살아야 한다는 것이지요.

요셉과 그 후손들

요셉은 '여호와가 돕는 자'라는 이름의 뜻에서 알 수 있듯이 하나님의 은혜 가운데서 삶을 살아간 인물입니다. 야곱과 그의 사랑하는 아내 라헬에게서 태어난 꿈의 사람 요셉은(창 37:7-11) 하나님이 함께 함으로써 애굽의 총리가 되었습니다. 총리가 된 후 자신을 버린 형들을 용서하고(창 45:5) 선을 베푼 요셉은 큰 흠이 없는 사람으로 여겨집니다(창 50:20-21). 요셉의 선한 모습은 자신의 지위를 충실히 수행하며 상대를 사랑하는 것으로도 볼 수 있지요. 우리는 어떠한 자리에 있든지 예수님의 모습을 보일 수 있도록 끊임없이 노력해야 합니다.

한편, 요셉의 후손인 에브라임 지파는 여호수아 등을 통해 가나안 정복에 큰 공을 세우기도 하지만 점점 교만해지면서 성경에서 사라지게 됩니다. 에브라임 지파는 교만하여 기드온의 업적을 시기하고(삿 8:1-3)사사 입다를 무시하고 사사로서의 지위를 인정하지 않습니다(삿 12:1). 암몬 전쟁에서 승리한 입다를 축복하고 격려해 주어야 함에도 에브라임 지파는 오히려 시비를 걸지요. 그러자 입다는 "나와 내 백성이 암몬 자손과 크게 싸울 때에 내가 너희를 부르되 너희가 나를 그들의 손에서 구원하지 아니한 고로 나는 너희가 도와주지 아니하는 것을 보고 내 목숨을 돌보지 아니하고 건너가서 암몬 자손을 쳤더니 여호와께서 그들을 내 손에 넘겨주셨거늘 너희가 어찌하여 오늘 내게 올라와서 나와 더불어 싸우고자 하느냐"(삿 12:2-3)라고 이야기합니다. 결국 입다와 에브라임 지파는 크게 싸웁니다(삿 12:4-6). 이 사건을 통해 우리는 하나님께서는 교만한 자를 물리치시고 겸손한 자에게 은혜를 베푸신다는 것을 배울 수 있습니다. 교만은 우리를 몰락으로 이끕니다.

모세와 이스라엘 백성

모세는 하나님을 직접 대면하고, 이스라엘 백성을 애굽에서 구출한 사람입니다. 모세는 어린 시절부터 여러 우여곡절을 겪었지만, 하나님의 선택을 받습니다(출 3:14). 말도 잘하지 못할 뿐 아니라 도망자이자 방랑자였던 모세에게 하나님께서는 이스라엘에서 가장 큰 역사인 출애굽을 맡기신 것입니다. 모세의 행적을 통해 모든 일이 하나님의 섭리 가운데 그리고 은혜 가운데 있다는 것을 알 수 있습니다.

모세와 함께 애굽에서 나온 직후 백성들은 하나님을 찬송합니다(출 15:2-8). 그러나 그것도 잠시, 가나안 땅에 들어갈 때까지 계속 하나님을 원망합니다. 마라의 물이 쓰다며 원망하고(출 15:23-24) 고기를 먹지 못한다고 불평하지요(출 16:3). 가나안 땅에 도달해 땅을 정탐하고 나서도 또 다시 하나님을 원망합니다(민 14:1). 그때마다 하나님께서는 그 원망을 듣고 그들이 원한 것들을 내려주십니다(출 16:12).

하지만 그 감사는 오래가지 않습니다. 이스라엘 백성들은 항상 하나님을 믿는다고 고백하면서도 손해를 보거나 마음에 들지 않으면 불평하고 화를 내는 것을 볼 수 있습니다. 이처럼 축복을 하심에도 항상 의심하고 불평하며 배반하는 것이 우리의 삶입니다.

다윗

　다윗은 '사랑받은 자'라는 이름처럼 하나님께 많은 사랑을 받은 사람입니다. 다윗은 양을 치는 목자였지만, 하나님께서는 그를 군인이자 이스라엘 왕으로 그리고 탁월한 시인으로 사용하시며 축복하셨습니다(대상 17:7-11). 더욱이 하나님께서는 다윗을 통해 성전 건축의 비전을 주시기도 하셨지요.

　이러한 축복을 주셨음에도 불구하고 다윗은 밧세바와 간음하고 그의 남편 우리야를 죽이는 죄를 짓습니다. 하나님께 마음을 다해 회개하지만, 그의 권위와 영화로움에 타격을 받게 되지요. 하나님께서 회개한 다윗을 용서해 주셨으나 그 죄의 기록은 지워지지 않습니다. 또한 말년에 자식들의 반란으로 어려움을 당하기도 합니다. 다윗을 통해 완벽한 인간은 없다는 것을 다시 한번 깨닫게 됩니다.

솔로몬

　솔로몬은 다윗의 아들이자 이스라엘의 위대한 왕으로, 국력 면에서는 아버지를 능가한다고 평가를 받는 사람입니다. 솔로몬은 다윗이 이루지 못한 성전 건축을 7년에 걸쳐 완성했을 정도로 하나님에 대한 믿음도 깊었습니다. 이러한 솔로몬에게 하나님께서는 다윗과 같이 법도를 지키면 그가 구하는 지혜뿐 아니라 부귀와 영광까지도 주신다고 말씀하시며 축복해 주셨습니다(왕상 3:10-14).

　하지만 솔로몬은 결국 이방 신을 따르고, 많은 후궁을 거느리는 등 하나님을 기쁘시게 하지 못하는 한계를 보입니다(왕상 11:1-13). 솔로몬을 통해 우리는 하나님을 처음 만났던 때의 초심을 지키는 일이 쉽지 않음을 알 수 있지요. 하나님의 말씀을 5Re처럼 지속해서 읽고 실천하는 것에 중요성에 대해 다시 생각하게 됩니다.

욥

　욥은 인간으로서 경험할 수 있는 가장 큰 고통을 맞닥뜨렸음에도 믿음을 지켰습니다. 심한 환난 가운데서도 변치 않는 믿음으로 하나님을 따른 것이지요. 또한 고통 중에도 하나님께서 가는 길을 아시기에 단련 후에는 순금 같이 되어 나올 것이라는 고백은 많은 크리스천에게 귀감이 되고 있습니다(욥 23:10). 구약 성서인 욥기에서 예수님의 오심과 부활에 대한 부분이 나올 만큼 중요한 성경 인물이지요(욥 19:25-27).

이처럼 욥은 하나님께서 보시기에 자신의 고난에서 믿음을 지킨 우수하고 선한 사람처럼 보이지만, 그는 자신을 위로하러 왔던 세 친구와는 죄와 고통 간의 관계에 대한 긴 논쟁을 펼치면서 자신은 죄가 없다고 고집하였습니다. 자신은 완벽하다고 주장한 것이지요. 죄를 짓지 않은 것에 대한 확신으로 겸손함을 몰랐습니다. 이후 욥은 자신의 부족함을 깨닫고 하나님께 회개합니다(욥 42:6). 욥을 통해 하나님 앞에서 완벽한 사람은 없다는 것을 볼 수 있습니다. 하나님 앞에서 우리는 완벽할 수 없음을 알아야 합니다.

구약 성경의 족장 시대 인물들, 출애굽을 한 이스라엘 백성들, 사사 시대나 왕정 시대에 나오는 사람들을 보면 주님께 선택되어 많은 은혜를 받았다는 것을 알 수 있습니다. 그러나 모든 이들이 자신이 받은 은혜를 금방 잊어버리고 말지요. 또 고난이 올 때마다 무너지고 두려워합니다. 구약 성경의 주요 인물들도 많은 죄를 지었지만 그래도 우리는 요셉과 야곱, 다윗의 믿음을 본받아 기도로 어려움을 이겨 내야 합니다. 또한 세상에서 어려움과 고통을 당했을 때 하나님을 원망하지 않는 욥을 떠올리며 그를 본받고자 노력해야 합니다. 그리고 자신의 모자람을 알고, 하나님 말씀에 전적으로 순종한 모세와 지혜와 명철을 간구했던 솔로몬과 같이 하나님을 의지하며 살아가야 합니다.

❊ 구약, 우리 자신의 삶

인간은 태어나서 죽을 때까지 발달 단계를 거칩니다. 정신분석학자 프로이트(Freud)는 구강기부터 항문기, 남근기, 잠복기, 생식기의 발달 단계가 있다고 보며, 성적 본능이 어린아이 시기부터 시작해서 전 생애에 걸쳐 영향을 미친다고 보았지요. 심리학자 에릭슨(Erickson)은 프로이트의 정신분석 이론에서 더 나아가 인간의 성격이 생애주기에 따라 형성되고 변화한다고 하였습니다.

믿음 생활에서도 인간의 발달 단계와 같이 성장과 쇠퇴를 경험합니다. 열정적으로 신앙생활을 하다 급격히 꺼질 수도 있지요. 이러한 변화는 우리가 원하는 바가 있을 때 주님께 간절하다가 목적을 이루거나 또는 이루지 못했을 때 주님을 배신하는 것도 포함됩니다. 구약의 인물들을 보면 세상의 유혹, 육신의 욕심이 너무나 강할 때 하나님을 잊게 됩니다. 이러한 우리의 죄로 인해 예수님께서 죽으시고 부활하셔서 우리는 크리스천으로서 새 삶을 살 수 있게 되었지요. 크리스천으로서의 새 삶은 예수님을 구주로 믿고 하나님 사랑과 이웃 사랑을 실천하는 것입니다. 크리스천 TSL은 예수님의 말씀과 사랑을 실천하는 중요한 한 방법이지요. 이를 통해 우리는

표 3-1 구약시대와 인간 발달 단계 비교

발달 단계	구약시대
영아기 (0~2)	창세기. 아이가 태어나서 엄마의 젖을 먹고 손길을 갈구하듯 아브라함이 하나님의 선택을 받고 찾음
유아기 (3~7)	아브라함과 이삭처럼 하나님의 말씀에 순종하는 법을 배움
아동기 (8~12)	야곱처럼 하나님을 믿고 따르며 신앙이 성장하는 시기. 동시에 장자권을 판에서처럼 하나님 말씀을 경솔하게 생각하기도 하고, 팔려 가는 요셉과 같이 고통도 경험. 하지만 대체로 요셉처럼 선하게 신앙생활을 함
청소년기 (13~18)	출애굽기. 애굽에서 노역의 어려움처럼 힘든 시기. 하나님을 찾음. 하나님의 약속 이행, 가나안 땅을 찾기 위해 노력. 이 과정 중에서 하나님에 대한 그동안의 '감사'를 잊어버리고 세상 것에 빠짐. 다시 회개하고, 다시 교만해지는 과정이 명확히 나타남
초기 성년기 (19~29)	가나안 땅 정복, 자신의 업적을 이뤄 내기 시작함. 감사하지만 금방 세상과 타협하고 즐김. 하나님과 멀어지기 시작함(하나님이 없다고 결론 내고 떠나는 사람도 있음)
중기 성년기 (30~49)	가정을 이루고 하나님의 기업(자녀)을 얻으며 다윗처럼 하나님께 감사. 사업과 직장에 열정적이며, 일정 부를 일궈 나가면서 솔로몬과 같이 지혜와 부에 감사. 하지만 동시에 분열 왕국처럼 죄를 범함
후기 성년기 (50~69)	세상에서 많은 업적을 이루었지만, 하나님께 감사함을 잊거나 하나님을 떠나고 세상 것(돈, 권력, 음행)에 심취하고 회개함도 부족함
노년기 (70~100)	북이스라엘과 남유다 왕국의 멸망. 포로로 잡혀 가서 치욕적인 삶을 사는 것처럼 몸은 병들고 지치고 사랑도 남아 있지 않음. 에스라, 느헤미야와 같이 다시 신앙들을 재건해 보려 하지만 지은 죄가 너무 많음

항상 예수님과 함께 할 수 있습니다.

〈표 3-1〉처럼, 구약시대의 이스라엘 백성 또한 인간 발달 단계와 같은 시기를 거칩니다. 인간의 믿음 생활의 성장과 쇠퇴를 이해하기 쉽도록 구약시대 변화를 우리의 인생 발달 단계에 비유하여 설명하였습니다.

구약의 첫 시작인 창세기를 보면 영아기처럼 아이가 태어나서 엄마의 젖을 먹고 손길을 갈구하듯이 이스라엘 조상인 아브라함이 하나님의 선택을 받고 하나님을 찾습니다. 유아기에는 아브라함과 이삭처럼 하나님 말씀에 순종하지요.

아동기에는 야곱처럼 하나님을 믿고 따르는 신앙 성장 시기이기도 하지만, 동시에 야곱에게 장자권을 판 에서처럼 하나님 말씀을 경솔하게 생각하거나, 팔려 가는 요셉과 같이 때로는 고통도 경험합니다. 그럼에도 요셉처럼 선하게 신앙을 지켜 내는 모습을 볼 수도 있습니다. 이처럼 아동기에는 아쉬움과 고통도 있지만 대체로 순수한 믿음으로 하나님 없이 우리가 살 수 없음을 인정하고 주님과 함께하는 삶을 갈망하는 시기입니다.

청소년기는 흔히 질풍노도의 시대라 하지요. 우리의 믿음 생활도 질풍노도와 같은 출애굽 시대와 비슷합니다. 이스라엘 백성은 이집트에서 노역하며 힘든 시기를 겪습니다. 그 가운데 하나님을 찾고, 구원의 역사를 경험하게 됩니다. 또한 하나님의 약속의 땅, 가나안을 찾기 위해 노력하지요. 하지만 이 과정 가운데 하나님에 대한 '감사'를 잊어버리고 세상 것에 빠지기도 합니다. 그래서 회개하고 다시 죄를 짓기를 반복하게 되지요. 이는 인간의 발달 단계 중 청소년기와 비슷합니다. 믿음이 성장한 듯하지만, 세상에 관한 관심과 육체적 욕심으로 감사를 잊고 혼돈을 경험하지요.

초기 성년기는 인생에 초기 업적을 내는 시기입니다. 이러한 업적이 주님이 주신 것으로 여기며 감사하는 것이 아닌 자신의 노력의 결과라고 생각하며 주님과 멀어지지요. 이스라엘 백성은 광야 생활을 끝내고 가나안 땅을 차지합니다. 또한 자신들의 업적을 이뤄 내기 시작하지요. 그 과정에서 감사한 마음은 줄고 세상과 타협하고 즐기며 하나님과 멀어지는 모습을 보입니다.

중기 성년기는 새로운 가정을 이루고 왕성한 사회적 업적을 내는 시기입니다. 이 시기에 우리는 가정을 이루고 하나님의 기업을 얻으며 다윗처럼 하나님께 감사하지요. 솔로몬도 하나님께서 허락하신 지혜와 부에 감사하였습니다. 하지만 동시에 국가를 분열시키는 중죄를 범하기도 하지요. 시간이 흐르며 이스라엘 백성은 많은 업적을 이루었지만, 하나님을 떠나 돈과 권력, 음행과 같은 세상 것에 심취함이 더해지면서 회개하지 않는 모습을 보입니다. 우리 삶도 이처럼 번성하지만, 세상과 하나님, 두 주인을 섬기려고 하면서 점점 주님과 멀어집니다.

후기 성년기는 신체적으로 많이 약해집니다. 사회적으로 성취도 있었으나 그것도 끝이 보이고 정신적으로도 우울해지기 쉽지요. 우리의 신앙도 분열 왕국 시대와 비슷합니다. 분열된 북이스라엘과 남유다 왕국이 모두 멸망하게 되고, 앗수르와 바벨론에 포로로 잡혀가서 치욕적인 삶을 살게 됩니다. 노년기에는 몸은 병들고 지치고 주위에 사람도 별로 남아 있지 않습니다. 성경의 포로 시대와 유사하지요. 나이가 들어 미래에 대한 희망도 별로 없습니다. 에스라와 느헤미야 같이 신앙을 재건해 보려 하지만 지은 죄가 너무나 많이 쌓여 있지요. 구약시대 이스라엘의 역사와 인물들과 같이 모든 인간은 생로병사를 겪게 되어 있습니다.

중요한 것은 예수님께서 아이와 같이 살아야 한다고 말씀하신 바와 같이(눅 18:16) 우리가 영아기에서부터 아동기 때와 같이 주님을 갈망하고 살아야 한다는 것입니다. 예수님께서는 "심령이 가난한 자는 복이 있나니 천국이 그들의 것"(마 5:3)이라고 말씀하셨습니다. 여기에서 심령이 가난한 자, 곧 마음이 가난한 자라는 의미는 어린아이와 같이 순수한 마음을 이야기하시는 것이지요. 우리는 아이가 태어나서 엄마의 손길을 찾듯이 우리는 하나님을 갈망해야 합니다. 또한 유아기의 아이들처럼 우리는 하나님의 말씀에 순종하며 주님만 바라보아야 합니다. 그리고 아동기의 아동과 같이 신앙이 성장해야 하지요. 그것이 구약이 우리에게 제시하고 있는 삶의 방법일 수 있습니다. 아이와 같은 믿음을 유지하기 위해 가장 중요한 것은 말씀 읽고 기도하며 살아야 하지요. 그리고 더 나아가 하나님과 가족을 포함한 주변 이들에게 TSL을 실천하는 것이며, 항상 상기할 수 있도록 5Re를 지속하는 것입니다.

❋ 참된 그리스도인의 생활 원리

앞서 정리한 구약성경에 나오는 어떤 인물도 삶의 완벽한 모델이 되지 못합니다. 하지만 예수님은 하나님의 형상이자 창세 전부터 존재하신 분입니다(골 1:15). 그런

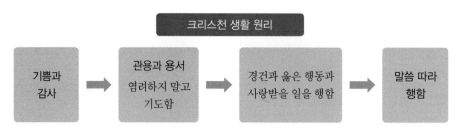

[그림 3-1] 크리스천의 생활 원리

예수님께서 계시지 않았다면 우리는 그저 생로병사, 태어나서 자라고 병들고 죽는, 단지 하나의 생명체였을 뿐입니다. 그래서 우리는 하나님의 형상을 입은 크리스천으로서 예수님의 말씀대로 살아가야 합니다. 예수님의 말씀을 따라 살아야 참된 기쁨의 삶을 살 수 있지요. 예수님의 말씀대로 살면 우리가 밟고 있는 이 땅 위에 굳게 서게 되고 감사함이 넘치게 됩니다(골 2:7). 예수님을 안다는 것은 그의 말씀을 믿고 감사의 마음으로 찬양하는 것입니다.

빌립보서 4장은 참된 그리스도인의 생활 원리를 말씀해 주고 있습니다. [그림 3-1]과 같이, 우리는 참된 그리스도인으로서 주 안에서 항상 기뻐해야 합니다(빌 4:4). 또한 관용과 용서를 베풀어야 합니다(빌 4:5). 염려가 있을 때 기도와 간구로 구할 것을 감사함으로 하나님께 아뢰어야 합니다(빌 4:6). 우리는 하나님 앞에서 참되게 행동하며 경건해야 합니다. 무엇에든지 옳고 정결하며 사랑받을 만하며, 무엇에든지 칭찬받을 만해야 합니다. 무슨 덕과 기림이 되는지 항상 생각해야 합니다(빌 4:8). 또한 예수님께 배우고 받고 듣고 본 바를 행해야 합니다(빌 4:9). 그러면 하나님께서 예수님 안에서 우리의 마음과 생각을 지키실 것이며(빌 4:7), 하나님이 우리와 함께 계실 것입니다(빌 4:9).

예수님이 우리를 사랑하신다고 확신할 수 있을 때 감사하며 항상 기뻐할 수 있습니다. 우리의 인성 변화에서 범사에 감사하는 것은 삶의 중요한 터닝 포인트가 될 수 있습니다. 주님께서 말씀하신 바와 같이 크리스천으로서 배운 바를 행하며 참된 그리스도인으로 바로 서야 합니다.

적응력

우리는 감사와 기쁨이라는 크리스천의 생활 원리를 통해 다양한 환경이 주는 영향으로부터 적응해 나갈 수 있습니다. 생태학적 관점에 따르면, 인간의 발달은 가족, 친구, 종교, 학교, 대중매체나 자신이 속한 문화 그리고 세계 곳곳에서 일어나는 사건에 의해 영향을 받는다고 이야기합니다. 기터만과 저메인(Gitterman & Germain, 2008)이 주장하는 생태학적 관점에 따르면, 인간은 다양한 환경체계와 지속적인 상호 교류를 하는 존재입니다. 개인은 자신을 둘러싼 1차 사회인 가족과 서로 영향을 주고받을 뿐 아니라, 미시적 체계인 학교, 또래, 이웃 등과 그리고 거시적인 체계인 지역사회나 국가, 문화와 끊임없이 영향을 주고받고 있지요. 즉, 인간은 자신을 둘러싼 다양한 환경들로부터 영향을 받고 적응하며 변화하게 되고, 변화한 인간은 다시 환경에 영향을 미치는 등 끊임없이 교류하며 살아갑니다.[1]

스트레스를 받게 되면 그 상황을 해결할 수 있는 자신의 '자원'을 평가하게 됩니다. 만약 자원을 많이 가지고 있다면 그 상황을 원활히 해결할 수 있으므로 스트레스가 나아지게 되겠지요. 그렇다면 부자는 돈이나 자원이 많으니 스트레스를 덜 받지 않을까 하고 생각할 수 있습니다. 하지만 실제로 우리는 부자나 유명 인사들이 예기치 못한 스트레스로 자살이라는 극단적인 행동을 하는 보도를 종종 보게 됩니다. 자원이 많음에도 불구하고 왜 부자가 더 행복하지 않고 스트레스를 견디지 못하는 걸까요? 개인의 역량을 이루는 자원에는 유형의 자원뿐 아니라 무형의 자원도

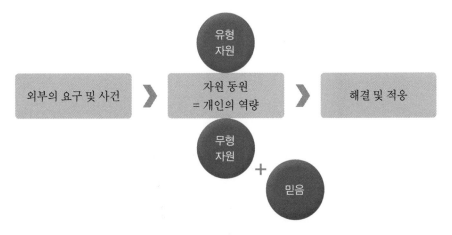

[그림 3-2] 크리스천의 스트레스와 자원을 통한 적응

있기 때문입니다. 즉, 돈이나 물건처럼 형태가 있는 유형의 자원도 있고 주변 사람의 사랑과 지원 같은 무형의 자원도 있는 것이지요. 사람들은 유형의 자원뿐 아니라 무형의 자원도 확보하고 있어야 외부 자극에 대해 더 잘 대처할 수 있습니다. 무형의 자원은 사람들이 스트레스 상황에 '도전'하고 '적응'할 수 있도록 하는 능력이 되어주는 것이지요.[2]

　하지만 크리스천은 이러한 유형의 자원과 무형의 자원뿐만 아니라 [그림 3-2]와 같이 믿음이라는 자원을 가지고 있습니다. 크리스천은 적응을 위하여 크리스천 생활 원리에 따라 '감사'와 '사명'을 통한 믿음의 자원을 쌓는 것이 중요합니다. 우선 감사하기 위해서는 항상 기뻐해야 합니다(빌 4:4). 기쁨이 있을 때 하나님께서는 모든 상황을 참고 견디는 적응력을 주십니다. 또한 하나님께서 우리를 택하심에 감사해야 합니다(살후 2:13). 우리는 하나님의 택하심을 통해 예수님의 영광을 입게 되었습니다(신 33:12, 엡 1:4-6). 또한 하나님께서는 성령의 거룩함과 진리 속에서 우리를 구원하셨지요. 따라서 우리는 기쁨 가운데 우리를 택하시고 구원하신 주님께 감사해야 합니다.

　한편, 주어진 환경에 적응하기 위해 각자 하나님께서 주신 자신의 그릇, 즉 사명을 따라야 합니다. 하나님께서는 우리를 사랑하셔서 가르치는 일, 섬기는 일, 구제하는 일에 대한 각자의 분량을 예비하셨습니다(롬 12:3-8). 사명이라는 선물은 각각 다르므로 자신의 분량에 맞게 따라야 하며, 자신이 맡은 바대로 기쁘게 행해야 합니다. 우리는 받은 분량에 감사하며 주신 사명을 감당해야 합니다.

　따라서 크리스천에게 적응은 개인의 역량에 믿음을 더하여 항상 감사하며 주님께 받은 사명에 따라 선한 일을 하며 살아가는 것입니다(롬 12:17).

회복력

　인간은 신체뿐 아니라 정신과 영적으로 건강해야 환경에 잘 적응할 수 있습니다. 그리고 평상시보다 더 어려운 상황을 극복하여 발전하기 위해서는 더욱 신체적·정신적·영적 건강이 요구됩니다. 이때 필요한 능력이 회복력입니다. 회복력은 어려움과 위기를 극복하고 본래의 평안한 상태로 돌아올 수 있는 능력입니다.[3]

　회복력이 높은 사람은 새로운 환경에 더 잘 적응할 수 있고 미해결된 과제를 풀기 위해 최선을 다하게 되고 스트레스 상황에서도 불안 수준이 낮고 통합적 수행을 지속할 수 있습니다(Block, Block, & Gjerde, 1986). 크리스천으로서 믿음을 지키며 살다 보면 고난을 받을 때가 있지요. 그러나 회복력을 가지고 있는 사람은 고난을 주님이 주신 연단의 기회로 생각하여 연단을 통해 더 큰 행복과 평안을 얻습니다(히 12:11). 사망에서 부활하신 예수님을 보면서 어려움을 이겨 내는 믿음을 갖게 되고, 이를 통해 어려움에서 회복할 수 있습니다.

예수님이 붙잡혀 고난을 받을 때 제사장 가야바의 집 뜰에서 숯불을 쬐던 베드로는 예수를 세 번 부인합니다(요 18:18-27). 예수님의 고난과 십자가에서의 사망을 목격한 제자들은 공황 상태에 빠져 있었습니다. 하지만 예수님이 부활하여 제자들에게 나타나심으로 모든 것이 바뀝니다.

"육지에 올라와 보니 숯불이 있는데 그 위에 생선이 놓였고 떡도 있더라"(요 21:9)

"예수께서 가서서 떡을 가져다가 그들에게 주시고 생선도 그와 같이 하시니라"(요 21:13)

예수님의 부활을 경험한 제자들은 엄청난 힘을 얻고 실의에서 벗어나게 되지요. 앞서 제시한 요한복음 말씀에서 예수님의 고난과 부활 시에 상징적으로 숯불이 나옵니다. 고난 시 추위를 피해 베드로가 숯불을 쬐었지만, 예수를 부정하는 그는 결코 따뜻함을 얻지 못했을 겁니다. 하지만 부활하신 예수님은 숯불에 생선과 떡을 구워 제자들을 주시지요. 여기서 숯불은 유용함과 동시에 그런 과정을 통해 주님의 사랑을 깨닫게 합니다. 숯불의 상징적 상황뿐만 아니라 모든 사물과 상황에서 오직 예수님과 함께할 때만이 우리는 어려움에서 벗어나 회복하고 새로운 삶을 살게 되는 것입니다.

회복력은 정욕과 다툼, 불만이 있는 마음에서는 만들어지지 않습니다(약 4:1-4). 정욕에 따라 세상과 친구가 되면 하나님과 멀어지게 되고, 다툼과 불만을 가지면 직면한 어려움을 고통으로 여기게 되기에 회복력을 충분히 형성할 수 없습니다. 이러한 회복력의 부족은 적응의 어려움을 초래하게 되지요. 반면에 성공적인 적응은 사람을 성장시키고 회복력을 더욱 강하게 만듭니다. 하나님께서는 믿음과 소망, 사랑으로 예수님을 따르며 옛 사람을 버려야 새 사람으로 회복하는 능력을 주신다고 말씀하십니다(엡 4:21-24). 이와 함께 나 자신과 환경을 긍정적으로 보는 감사를 자주 하면 회복력을 증가시킬 수 있습니다. 크리스천은 하나님께 감사하고 내 주위에 있

[그림 3-3] 크리스천 회복력 향상을 위한 방법

는 모든 사람에게 항상 감사하는 것이 중요합니다.

　[그림 3-3]과 같이, 신체 건강을 위하여 좋은 음식을 섭취하고 운동을 하는 것처럼 정신 건강을 위하여 좋은 교육을 받고 'TSL 실천'이라는 운동을 해야 스트레스에 적절히 대처하고, 환경에 잘 적응하면서 역경을 능동적으로 해결하고 회복할 수 있게 되는 것이지요.[④] 또한 크리스천은 영적 건강을 위해 성경 말씀을 읽어야 합니다. 그래야 어렵고 힘들 때도 주님의 말씀을 통해 회복할 수 있게 됩니다. 신체 건강을 위해서 좋은 음식을 먹고 1주일에 몇 번씩 규칙적인 운동을 하고, 정신건강을 위해서 좋은 교육과 사람에게 TSL을 실천하며 그리고 영적 건강을 위해서 성경 말씀을 매일 읽으며 믿음, 소망, 사랑과 함께 주님과 사람들에게 매일 크리스천 TSL을 실천해야 합니다.

Practice 3[1)]

T 실현하기: 실천계획과 실천하기

우리는 앞서 구약의 인물들을 통해 하나님의 은혜와 우리의 한계를 확인하고 결국 우리가 의지할 분은 주님밖에 없음을 고백하였습니다. 또 구약의 흐름 속에서 우리의 신앙 성장의 과정을 이해하게 되었고, 크리스천의 생활 원리와 적응, 회복력을 배우며 크리스천 TSL 실천의 중요성과 기쁨과 감사의 중요성을 다시 정리하였습니다.

❋ 표현하기의 중요성

그럼 이제 존재에 대한 감사한 마음과 존재의 중요성을 가슴에 새기고 '고맙습니다'라는 표현을 실천해 보겠습니다. Practice 3은 존재에 대한 감사를 말과 행동으로 표현하는 연습입니다. 여기서 많은 사람이 "고마움을 꼭 표현해야 하나요?"라는 의문이 들 것입니다. 하지만 고마운 마음을 생각만 하는 것이 아니라 이것을 말과 행

1) 실천(Practice) 장들은 기존 TSL(김재엽, 2014; 2023)의 과제와 설명을 사용하였으며 크리스천 TSL 과제와 설명 그리고 사례를 추가하여, 재구성하였음

동으로 표현하는 것은 매우 중요한 일입니다.

예수님은 하나님과 하나이신 분이심에도 시간을 떼어 기도하셨습니다(눅 5:16). 기도에서 능력이 나온다고 말씀하셨지요(막 9:29). 그 기도의 내용은 무엇이었을까요? 많은 내용이 담겨 있겠지만, 나사로를 살리시고 사람들 앞에서 하나님께 드린 기도는 매우 흥미롭습니다. "아버지여 내 말을 들으신 것을 감사하나이다 항상 내 말을 들으시는 줄을 내가 알았나이다 그러나 이 말씀 하옵는 것은 둘러선 무리를 위함이니 곧 아버지께서 나를 보내신 것을 그들로 믿게 하려 함이니이다"(요 11:41-42). 이 기도에서 보면 예수님께서는 하나님께 감사함을 직접 기도로 고백하고 계십니다. 그 누구보다 이심전심으로 서로의 마음을 알 거 같지만 그런데도 예수님께서는 늘 하나님께 기도하였고, 감사와 찬양을 올려드렸습니다. 이처럼 예수님께서도 직접 하나님께 감사 표현하기를 주저하지 않았는데, 크리스천인 우리가 주저할 이유가 없지요.

바울의 많은 서신서에서도 바울이 주님께 감사하다고 고백하는 것을 발견하게 됩니다(고전 14:18; 고후 9:15; 엡 5:20). 성경에서는 범사에 감사하라(살전 5:18)고 가르치고 있지요. 이 '범사'에는 우리의 모든 순간 주님께 감사할 뿐 아니라 사람들에게도 감사함을 표현하는 것이 포함됩니다.

고마움을 말과 행동으로 표현하지 않는 것은 자신과 타인의 관계성에서 서명하지 않는 것과 같습니다. 우리가 중요한 계약을 할 때 계약서에 서명을 주고받는 것처럼, 고마움을 말과 행동으로 표현하는 것은 여러분과 상대방의 관계성에 서명하는 것과 같습니다. 상대방에 대한 고마움을 느끼고도 고맙다는 표현을 실제로 하지 않았다면 상대방은 여러분이 고마워하고 있는지 명확하게 알 수 없습니다. 따라서 상대방에 대한 고마움을 명확하게 하고 여러분과 상대방의 관계성을 확인하기 위해서 '고맙습니다'라고 말과 행동으로 표현하는 것이 매우 중요합니다.[1] 주님께는 기도로 감사함을 고백하고, 주님이 기뻐하실 일을 행함으로 감사한 마음을 행동으로 표현할 수 있습니다. 사람들과의 관계에서는 고마운 마음이 생길 때마다 직접 말로 표현하고 상대가 기뻐할 일을 행함으로 감사한 마음을 표현할 수 있지요.

❋ '고맙습니다' 실천계획과 실천하기

이제 구체적인 계획을 세워서 T 실천의 첫발을 내디뎌 봅시다. 먼저, 감사를 표현하기 위한 실천계획(action plan)을 작성해 보겠습니다. 이 실천계획에는 고마움을 표현할 대상이 누구인지 그리고 어떤 점을 어떻게 고마워할지를 적는 것입니다. 앞서 Practice 2에서 행한 '10 감사'의 내용을 상기해 보세요. 그리고 주님과 가족을 잘 떠올리면서 고마움을 표현하기 위한 계획을 세워 보세요.[②]

과제 1. '고맙습니다'를 위한 실천계획

'고맙습니다'를 위한 실천계획–주님께	
누구에게	언제, 어떻게
주님	
'고맙습니다'를 위한 실천계획–가족에게	
누구에게	언제, 어떻게
○○○	
○○○	
○○○	
○○○	

다음의 사례는 참여자들이 누구에게, 언제, 어떻게 고마움을 표현할지를 계획한 내용입니다. 일상에서 사소한 것들에 대해서도 고맙다고 표현할 수 있습니다. 여러분도 주님과 가족의 어떤 점에 고마움을 어떻게 표현할지 계획해 보세요. '고맙습니다'의 계획을 세웠다면 그것을 실천해 보세요.

'고맙습니다'를 위한 실천계획–주님께	
누구에게	언제, 어떻게
주님	늘 간구하는 기도만 드렸는데, 월요일은 간구의 제목들을 빼고 감사의 기도만 드려 보기
'고맙습니다'를 위한 실천계획–가족에게	
누구에게	언제, 어떻게
아버지	저녁 식사 후 산책하시는 아버지를 따라가 지금까지 키워 주셔서 감사하다고 말하기
엄마	엄마가 차려 주시는 음식을 먹은 후 감사함을 전하고 설거지와 뒷정리를 하면서 감사를 표현하기

〈사례 3-1〉의 참여자는 주님께는 감사 기도를, 부모님께는 지금까지의 감사한 마음을 전하고 또 감사할 만한 일 뒤에 고마운 마음을 표현하는 것으로 계획을 세웠습니다. 이렇게 꼭 어떤 일이 벌어지지 않아도 먼저 그동안 고마웠던 것에 마음을 표현하거나 감사한 사건이 있을 때 감사를 표현하는 방법이 있을 수 있습니다.

'고맙습니다' 실천하기(activity)에서는 실제로 고마움을 표현을 했는지, 실시했다면 언제, 어떻게 표현했는지, 그 당시 상대방의 반응이 어떠했는지, 상대방의 반응에 대해 나는 어떻게 반응했는지, 내 기분은 어땠는지 적어 보세요. 만약 실시하지 못했다면 그 이유는 무엇인지를 적어 보는 것도 좋습니다.

이때 가장 중요한 것은 '아내가 고마워서 설거지를 했다.' 또는 '아빠에게 감사한 마음으로 안마를 했다.'가 아니라 반드시 '고맙습니다'라는 말도 함께 해야 한다는 점입니다. '감사합니다' 혹은 '고맙습니다' 말을 동반하여 실천했을 때만 '실천하기'를 실행한 것으로 보아야 합니다. 실천계획을 작성하고 앞으로 일주일간 실천하기로 옮기는 것이 Practice 3의 과제입니다. [3]

과제 2. '고맙습니다' 실천하기

'고맙습니다'를 위한 실천계획–주님께		
누구에게	**언제, 어떻게**	
주님		
'고맙습니다' 실천하기		
누구에게	**주님**	**실행 여부**
언제, 어떻게 말했나? (못한 경우 그 이유)		
실행 후 느낌		
'고맙습니다'를 위한 실천계획–가족에게		
누구에게	**언제, 어떻게**	
○○○		
○○○		
○○○		
○○○		
'고맙습니다' 실천하기		
누구에게	**실행 여부**	
언제, 어떻게 말했나? (못한 경우 그 이유)		
상대방의 반응		
나의 반응		
누구에게	**실행 여부**	
언제, 어떻게 말했나? (못한 경우 그 이유)		
상대방의 반응		
나의 반응		

Tip. 집단 프로그램이나 수업에서 활용할 경우, 참여자들과 20~30분 정도 과제에 대한 결과를 서로 나누어 봅니다.

다음은 참여자가 '고맙습니다'의 실천계획을 실천하고 그에 관한 결과를 작성한 사례입니다.

사례 3-2 남, 20대, 대학원생

'고맙습니다'를 위한 실천계획-주님께	
누구에게	**언제, 어떻게**
주님	늘 간구하는 기도만 드렸는데, 월요일은 간구의 제목들을 빼고 감사의 기도만 드려 보기

'고맙습니다' 실천하기			
누구에게	주님	**실행 여부**	○
언제, 어떻게 말했나? **(못한 경우 그 이유)**	월요일 잠자리에 일어나자마자 잠시 앉아서 기도드렸음. 평소에는 가족을 위한 기도, 학교생활 기도 등 나의 이야기를 많이 하였는데, 이번에는 하나님께 감사한 일들을 생각하며 기도함		
실행 후 느낌	10 감사를 적었던 게 도움이 됨. 10 감사를 떠올리며 감사 기도를 드리고 나니 하나님께서 베풀어 주신 게 참 많다는 것을 다시금 떠올리게 되어 눈물이 났음. 월요일 하루 동안 감사한 마음이 가득 차서인지 보통 때보다 더 즐겁게 하루를 보낸 거 같음		

'고맙습니다'를 위한 실천계획-가족에게	
누구에게	**언제, 어떻게**
아버지	저녁 식사 후 산책하시는 아버지를 따라가 지금까지 키워 주셔서 감사하다고 말하기
엄마	엄마가 차려 주시는 음식을 먹은 후 감사함을 전하고 설거지와 뒷정리를 하면서 감사를 표현하기

'고맙습니다' 실천하기			
누구에게	아버지	**실행 여부**	○
언제, 어떻게 말했나? **(못한 경우 그 이유)**	아버지와 함께 저녁 식사 후 동네 산책하러 나가 이런저런 이야기를 나누던 중 지금까지 지지해 주시고 키워 주셔서 감사하다고 말씀드림		
상대방의 반응	당연한 일이라고 말씀하시며, 언제든 도움이 필요하면 이야기하라고 하심		
나의 반응	어색할까 봐 고민을 많이 하고 힘들게 꺼낸 얘기였는데, 아버지께서 허허 웃으시며 받아 주셔서 나도 쑥스럽기보다는 기뻤음		

누구에게	엄마	실행 여부	○
언제, 어떻게 말했나? (못한 경우 그 이유)	가족과 함께 식사한 날 음식이 맛있다고 말씀도 드리고, 감사하다고 인사도 드림. 뒷정리는 오늘 내 담당이라고 이야기도 함		
상대방의 반응	아들이 맛있게 먹어 주니 기쁘다며 아주 좋아하심. 언제든 더 챙겨 줄 수 있다고 말씀하심		
나의 반응	늘 감사하다고 생각했었는데, 또 한편으로는 늘 감사하다고 이야기도 했던 것 같은데 더 신경을 쓰고 감사를 전하니 엄마도 더 즐거워하시고 기뻐하셨던 것 같았음. 그런 엄마의 모습에 나도 행복했음		

이 사례는 앞의 〈사례 3-2〉의 실천계획을 실행한 결과입니다. '고맙습니다'를 실제 행동으로 옮겼을 때 주님께 감사 기도한 것만으로도 일상의 힘을 회복한 것을 볼 수 있습니다. 또 가족 간의 '고맙습니다' 실천은 전하기까지는 쑥스럽고 어색할 수도 있지만, 막상 감사를 전했을 때 가족이 기뻐하고 힘을 얻는 모습을 볼 수 있습니다. '고맙습니다'를 실천하는 것은 여러분 자신이 행복해질 뿐 아니라 다른 가족 구성원에게도 그 행복이 전해져 가족 모두가 행복해지는 힘을 갖게 됩니다.

❋ 고마움을 먼저 생각하기

'고맙습니다' 실천이 쉬운 듯 보이지만, TSL 프로그램에 참여한 모든 분이 처음부터 잘 실천한 것은 아닙니다. 〈사례 3-3〉에서 볼 수 있듯이, 고마운 마음이 있어도 그 마음을 전달하는 것을 어려워하기도 합니다. 주님께도 가족에게도 감사를 표현하는 것이 어색해서 어려울 수도 있지만, 때로는 서운함 마음이 앞서 있기 때문일 수 있지요.

사례 3-3 여, 29세, 취업준비생

• 주님께

하나님께 감사하지 않은 것은 아니지만, 한편으로는 나의 이 불안정한 상황이 못내 답답하여, 이 상황 속에서 감사하다고 이야기하는 것이 영 마음이 내키지 않는다. 내게 하나님은 답이 없고 침묵하시는 분 같다.

• 가족에게

엄격한 부모님 밑에서 자라 마음을 표현하는 일이 쉽지 않다. 감사한 일이 없는 건 아니지만, 한편으로는 서운한 마음이 먼저 올라와서 쉽게 입이 떨어지지 않는다. 내 상황이 달라지면 부모님께 감사한 마음을 더 쉽게 전할 수 있지 않을까 싶기도 하고……. 지금은 솔직히 감사한 마음을 전하는 게 어렵다.

참여자 중 감사를 표현하지 못하는 경우 마음의 준비가 아직 안 된 상태이기 때문입니다. 이럴 때는 [그림 3-4]처럼 상대방에 대해 가지고 있는 섭섭함, 불만, 아쉬운 부분을 먼저 생각하기보다는 고마운 일, 감사한 마음을 먼저 생각하는 것이 중요합니다. 그 고마운 마음을 먼저 더 크게 생각하며 상대에게 말과 행동으로 표현할 수 있도록 노력해야 합니다.

존재에 대한 감사를 실천하려면 겸손이 중요합니다. 사람은 항상 자신의 관점에서 보기 때문에 주님과의 관계뿐만 아니라 사람과의 관계에서도 이기적인 모습을

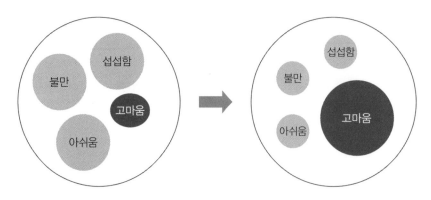

[그림 3-4] 고마운 마음 먼저 키우기

보입니다. 그래서 늘 손해를 보는 듯하고 상처를 받지요. 우리는 주님과 사람 앞에서 부족함을 인정하고 겸손해지기보다 상처받았던 기억, 아팠던 기억, 손해 본 기억만 떠올리며 고마움을 표현하는 것에 인색해집니다. 따라서 우리는 주님 앞에 겸손해져야 진정한 감사를 실천할 수 있지요. 존재에 대한 감사에 확신을 갖지 못하고 망설여지는 마음에 주저하게 된다면 하나님과의 관계를 돌아보아야 합니다. 자신의 모자람에도 구원해 주신 주님 앞에 겸손해질 수 있을 때 오늘의 과제를 기꺼이 실천할 수 있습니다. 이번 기회를 놓치지 말고 겸손한 마음, 낮아지는 마음으로 먼저 고마움을 표현해 보시길 바랍니다.

오늘의 과제

기본과제. 주님께서 여러분에게 이번 주 주신 성경 말씀과 이를 통해 깨달은 점은 무엇입니까?

과제 1. '고맙습니다'를 위한 실천계획

과제 2. '고맙습니다' 실천하기

　Practice 3의 목표는 '고맙습니다' 실천계획을 작성하고 직접적인 말과 행동으로 실천하는 것입니다. 고마움을 표현하는 행동만 슬쩍 하는 것이 아니라, 상대방이 명확히 알 수 있도록 직접 언어로도 표현하려는 노력이 중요합니다. 다음 주 과제는 고마움의 표현을 지속함으로써 '고맙습니다'를 익숙하게 하고, '고맙습니다'를 표현하는 것에 실패한 사람은 다시 한번 시도해 보는 것입니다.[4]

Chapter **4**

감사의 의미

✽ 하나님께 감사, 사람에게 감사

변화의 시작: 감사

인간은 감사를 깨달을 때 삶의 변화가 일어나고 궁극적으로 행복함을 느끼게 됩니다. 우선 크리스천에게 감사는 하나님에 대한 감사가 선행되어야 합니다. 성경에는 감사함을 표현한 인물들의 이야기가 많이 나옵니다. 주님께 죄 사함이나 빚 탕감, 병 고침을 받은 사람들이지요. 한 여인은 예수님께 죄를 탕감받은 것에 감사하여 눈물로 예수님의 발을 적시고 머리카락으로 닦아 주었지요(눅 7:44-48). 또 예수님께 치유받은 10명의 나병환자 중 한 명만 예수님께 돌아와 감사를 표현하기도 했습니다(눅 17:16). 그리고 예수님께서도 나사로를 살리시면서 "아버지여 내 말을 들으신 것을 감사하나이다"(요11:41)라고 말씀하시며 하나님께 감사 기도를 드리셨지요. 이처럼 크리스천의 감사는 주님의 사랑으로부터 시작됩니다.

크리스천은 걱정 대신 항상 깨어서 기도하며 주님께 감사해야 합니다. 그런데 우리는 주님의 영광이나 은혜를 알면서도 감사하지 않고 세상 것을 너무 사랑하는 미련함으로 인해 마음이 어두워졌습니다. 스스로 지혜로운 체하지만 사실 어리석게 사는 것이지요. 주님께 감사하는 것은 죄에서 벗어날 수 있고 의롭게 살아가는 방법입니다. 죄의 삯은 사망(롬 6:23)이라는 말씀과 같이 우리의 죄로 인해 예수님께서 십자가를 지셨습니다. 우리는 그리스도의 죽음으로 새 생명을 얻고 죄에서 해방된 것이지요. 그러므로 우리는 감사하며 살아야 합니다. 하지만 실제로는 크게 감사하지 않지요. 50데나리온과 500데나리온의 빚을 탕감받은 자 중에 누가 더 많은 사랑을 받았는지에 대한 예수님의 질문에 "많이 탕감함을 받은 자니이다"라고 바리새인이 답합니다. 예수님께서 "네 판단이 옳다"라고 말씀하시며 하지만 이에 감사하지 아니하였음을 지적하셨지요(눅 7:41-50). 사람들은 빚을 탕감받았으나 감사하지 아니하였고, 10명의 나병환자 중 9명의 나병환자처럼 병이 나았음에도 감사하지 않았지요. 이스라엘 백성은 출애굽할 때 홍해를 건너 애굽 군사의 위협으로부터 안전하게 되자 하나님께 감사와 찬양을 올렸지만, 곧 물이 없어 목말라 죽는다며 주님을 원망하였습니다(출 15:24). 이처럼 우리는 감사는 잠시이고 원망과 불평을 하며 살아갑니다.

하지만 겸손한 자세로 세상을 바라보면 주님의 은혜가 느껴집니다. 나의 나 된 것은 나의 노력의 결과가 아닌 주님의 은혜(고전 15:10)라고 겸손하게 생각할 때 감사가 보입니다. 은혜를 많이 받았다고 인정한다면 감사를 베풀어야 합니다. 주님께 감사 찬양을 올려드리고, 사람들과는 서로 사랑하면서 가족이나 동료들에게 감사하며 살아야 합니다. 감사를 실천한다는 것은 우리가 새사람이 되겠다고 다짐하는 것과 같습니다. 은혜를 받은 사람은 반드시 받은 은혜대로 행해야 합니다. 우리는 주님께 감사한 마음을 고백하고 기도해야 합니다. 감사한 마음을 주님께 고백하고 말씀대로 행하고 살아야 하지요. 많이 맡은 자에게는 많이 요구하겠다는 주님의 말씀처럼(눅 12:48) 은혜를 많이 받은 사람은 감사함으로 더 베풀어야 합니다. 주님께서는 큰일을 맡은 자에게 더 요구하십니다. 하지만 실제로는 큰일을 맡은 사람들이 더 감사하지 않는 모습을 봅니다. 왜 감사하지 않을까요? 그들이 감사하지 않는 것은 항상 모자라게 받았다고 생각하거나 받는 것이 당연하다고 받아들이기 때문입니다. 그래서 주님의 말씀대로 살지 않고 TSL을 실천하지 않습니다. 우리는 여기서 벗어나야 합니다. [그림 4-1]과 같이, 주님의 은혜를 깨달으면 감사함을 깨닫게 되고 주님의 말씀을 실천하게 됩니다.

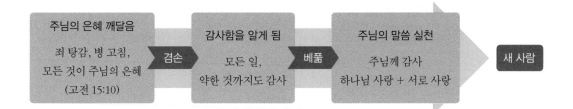

[**그림 4-1**] 감사는 변화의 시작

　우리는 예수님으로 말미암아 하나님께 감사해야 합니다(롬 7:25). 우리는 감사함을 행하고 표현하는 자가 되어야 합니다. 감사함을 행하고 표현하는 것이 주님의 말씀을 따라 사는 것이지요. 하나님을 사랑하고 서로 사랑하라는 말씀을 듣기만 하는 것이 아니라 행하는 사람이 되어야 합니다(약 1:22). 은혜를 받았다면 항상 감사함을 생각하고 말씀을 실천하는 사람이 되어야 하지요. 주님께서는 받은 은혜를 가지고 실천하는 사람이 복을 받을 것이라고 하셨습니다(약 1:23-25). 감사로 선한 일을 행하는 것은 복을 받는 일이기도 하지요. 하지만 우리는 원하는 것은 있어도 행하는 것이 없을 때가 많습니다. 마음속에 선과 악이 함께 있는 것이지요. 감사하며 주님의 말씀을 실천하는 것은 세상 근심과 걱정으로부터 해방되는 방법이자 주님께서 주시는 복이지요.

　그렇다면 우리는 어떻게 감사해야 할까요? 먼저 "먹는 자도 주를 위하여 먹으니 이는 하나님께 감사함이요 먹지 않는 자도 주를 위하여 먹지 아니하며 하나님께 감사하느니라"(롬 14:6)라는 말씀과 같이 서로 비판하지 말고 각자 주님께 감사하며 살아야 합니다. 나와 다른 관점을 가진 사람도 주님의 자녀이므로 포용하고 그들이 하는 일에서도 고마운 일이 있는지 먼저 찾아야 하는 거지요. 우리는 매사에 감사해야 합니다. 심지어 우리의 약함도 감사해야 하지요(고후 12:7-10). 바울은 자신에게 있는 가시, 즉 고통이 떠나기를 세 번이나 간구했지만, 고통은 사라지지 않았습니다. 오히려 "내 은혜가 네게 족하도다 이는 내 능력이 약한 데서 온전하여짐이라 ⋯⋯ 그리스도의 능력이 내게 머물게 하려함이라"(고후 12:9) 말씀하십니다. 이를 통해 주님의 사랑을 더 확인할 수 있지요. 우리가 연약할 때 주님께 기도로 더 다가가고 감사함을 더 느끼게 될 수 있습니다. 주님을 믿음으로써 약함도 주님의 은혜 가운데서 감사하게 되는 것이지요.

주님께서 창조하신 것은 다 좋은 것이며 감사하는 마음으로 받으면 버릴 것이 없습니다(딤전 4:4-5). 세상을 바라볼 때 감사의 눈으로 봐야 합니다. 세상을 바라보는 관점을 달리해야 하지요. 주님의 말씀과 기도를 통해 모든 것이 거룩해질 수 있습니다. 그래서 우리는 항상 감사함으로 받고 깨어 기도할 수 있습니다(골 4:2). 우리는 "너희가 먹든지 마시든지 무엇을 하든지 다 하나님의 영광을 위하여 하라"(고전 10:31)는 말씀을 따르며 감사함으로 세상에 참여해야 합니다.

크리스천 TSL에서의 감사는 자신과 사랑하는 사람들의 유익을 위한 것입니다. 감사는 삶의 여유를 가져다줍니다. 인간적인 삶의 여유가 아니라 주님의 은혜 속에 살고 있음을 느낌으로써 오는 삶의 여유입니다. 동시에 주님께서 다른 사람들을 통해 나의 유익을 위해 일하여 주신다는 것을 느끼며 다른 사람들에게 관대해질 수 있는 여유이기도 합니다.

그러므로 우리는 많은 사람을 유익하게 하라는 말씀처럼(고전 10:33) 은혜를 받으면 자신만의 유익을 구하지 말고 가장 가까운 사람들의 유익을 구하는 일부터 해야 합니다. 무엇보다도 사랑하는 사람에게 주님을 전하고 주님을 믿게 하는 일이 중요합니다. 우리는 그들을 선한 행동으로 권면하고 따뜻하게 대해 주어 주님의 사랑을 전해야 합니다. 우리가 먼저 예수님을 믿게 되었으므로 감사하며 구원의 날을 소망하며 사랑을 실천해야 하지요. "근심하는 자 같으나 항상 기뻐하고 가난한 자 같으나 많은 사람을 부요하게 하고 아무 것도 없는 자 같으나 모든 것을 가진 자로다"(고후 6:10)라는 마음으로 감사하며 삶에 여유를 갖고 살아가야 합니다.

그래서 우리는 주님께도 감사하고 주님의 뜻을 실천하는 사람들에게도 감사해야 합니다. 다른 사람을 사랑하는 첫 번째 방법이 곧 감사입니다. 주님이 나에게 주신 모든 것에 대하여 그리고 나를 위해 수고해 주는 주위의 모든 사람에게 감사해야 합니다. 크리스천의 가장 기본은 곧 주님께 감사함으로 깨어 있는 것입니다. 이 은혜를 알게 되면 우리의 삶에 여유가 생깁니다.

주님의 존재

주님께서는 스스로 있는 자(출 3:14)라고 말씀하십니다. 스스로 계신 존재인 하나님이시지만, 우리 눈에 보이지 않기 때문에 우리는 때로 주님에 대한 믿음이 많이 혼들리기도 합니다. 대학생들과 수업을 하다보면 어린 시절에는 교회도 잘 다녔지만, 지금은 주님이 계시는지 잘 모르겠다고 이야기하면서 주님이 계신다면 나를 언젠가 믿게 만드실 것이라 이야기하는 경우를 종종 접합니다. "믿음으로 모든 세계가 하나님의 말씀으로 지어진 줄을 우리가 아나니 보이는 것은 나타난 것으로 말미암아 된 것이 아니니라"(히 11:3)는 말씀은 이 세상이 주님의 말씀으로 창조되었고, 보이지 않는 것으로 만들어졌다는 의미이지요. 주님은 보이는 존재가 아닙니다. 하지만 크리스천의 믿음은 바라는 것들의 실상이요 보이지 않는 것들의 증거(히 11:1)로 보이지 않는 주님을 믿는 것이지요.

예수님 시대의 사람들은 예수님을 직접 만나고 그분의 많은 이적을 보았지만, 그런데도 그분을 믿지 않았습니다. 예수님께서 "너희는 나를 보고도 믿지 아니하는도다"(요 6:36)라고 말씀하셨고, 제자 도마는 예수님의 부활을 보고도 믿지 못하여 "손의 못 자국을 보며 내 손가락을 그 못 자국에 넣으며 내 손을 그 옆구리에 넣어 보지 않고는"(요 20:25) 믿지 못하겠다고 이야기하였지요. 그런 그를 보면서 예수님께서는 도마에게 "네 손가락을 이리 내밀어 내 손을 보고 네 손을 내밀어 내 옆구리에 넣어 보라 그리하여 믿음 없는 자가 되지 말고 믿는 자가 되라"(요 20:27)고 말씀하셨습니다. 도마가 예수님을 보고 "나의 주님이시요 나의 하나님이시니이다"(요 20:28)라고 고백하니, 예수님께서는 "너는 나를 본 고로 믿느냐 보지 못하고 믿는 자들은 복되도다"(요 20:29)라고 말씀하셨지요. 의회 앞에서 서신 예수님께 대제사장들과 서기관들이 "네가 그리스도이거든 우리에게 말하라"(눅 22:67)라며 따져 물을 때 예수님께서는 "내가 말할지라도 너희가 믿지 아니할 것이요"(눅 22:67)라고 말씀하십니다. 이처럼 신약시대 예수님은 육신을 입고 이 땅 가운데 계시며 많은 이적을 보이셨지만, 사람들은 하나님이 보내 주신 하나님의 아들로 믿지 않았지요. 우리는 보이는 것도 믿지 않는 세대이니 보이지 않는 주님을 믿는 것은 더 어려운 일입니다.

그러나 사람들이 주님을 믿지 못하는 것은 보이는지 또는 보이지 않는지의 문제가 아닙니다. 자기 스스로 주님의 존재를 깨닫지 못했기 때문입니다. 이는 겸손하지 않기 때문이지요. 자신의 모자람과 주님이 주신 은혜를 생각하지 못하고 자기의 능력과 힘으로 세상을 살아왔다고 자부하기 때문입니다. 세상의 기준으로, 세상의 논리로 세상을 바라보면 예수님의 오심을 믿지 못할 뿐 아니라 그분이 나의 삶에 아무 의미가 없고, 필요치 않게 되는 것이지요. 모든 것을 창조하신 하나님을 믿지 않고, 죄 많은 우리를 주님과 화해시킨 화목제물인 예수님을 믿지 않고, 주님이 우리의 진리요 생명 되심을 믿으려고 하지 않는 것이지요. 믿지 않는 이유는 우리 안에 겸손함이 없기에 주님의 은혜에 감사를 깨닫지 못하는 것입니다.

결국 우리가 주님이 보이지 않는다고 이야기하는 것은 우리의 교만 때문임을 기억해야 합니다. '나는 죄인이 아니다.' '나는 모자라지 않는다.' '나의 삶은 내가 이끌어갈 수 있다.'라는 교만이 주님을 필요로 하지 않다며 거부하게 되는 것이지요. 지금 이 땅의 것을 너무나 사랑하고, 지금 나만 잘되고 잘 살면 된다는 교만이 주님을 보지 못하게 만드는 것입니다. 출애굽한 이스라엘이 르비딤에 진을 쳤을 때 그곳에는 마실 물이 없었습니다. 목마른 이스라엘 백성은 모세와 하나님께 왜 이집트에서 데리고 나와 목말라 죽게 하냐고 따졌습니다. 결국 하나님께서는 모세를 통해 바위를 쳐서 마실 물을 주십니다. 하나님께서 우리 중에 계신가 안계신가로 하나님을 시험하였기 때문에 그곳을 맛사라고 부르게 되었지요(출 17:1-7). 맛사 사건처럼 우리는 주님께서 나의 이야기에 빨리 응답하지 않으시거나, 내 기대와는 다른 결과를 맞이할 때마다 "주님은 안 계시니 차라리 내가 내 힘으로 살아가는 게 낫다."라고 불평불만을 늘어놓는 일이 비일비재합니다. 이것이 교만입니다. 주님 앞에서 내가 얼마나 부족하고 죄 많은 인간인지 기억하지 못하고, 겸손하지 못하고, 감사하지 못할 때, 우리는 "주님이 느껴지지 않는다." 또는 "주님이 계시지 않는다."라고 이야기하게 되는 것이지요.

하지만 성숙한 크리스천이라면, 주님 앞에서 나의 죄를 인정하고 겸손하게 주님이 주신 은혜를 세어 보며 감사 찬양을 드려야 합니다. 그동안 받은 은혜로 우리는 주님의 존재를 인정해야 하지요.

존재에 대한 감사

우리는 주님과 가족에 대해 존재만으로도 감사해야 합니다([그림 4-2] 참조). 주님께 대한 존재의 감사는 스스로 존재하시는 주님을 믿고, 하나님께서 이 세상을 사랑하셔서 독생자 예수 그리스도를 주셨음에(요 3:16) 감사하는 것입니다. 우리는 일상에서 하나님의 사랑과 은혜를 경험하지만, 그것을 인정하고 감사하기가 쉽지 않습니다. 하지만 우리가 살아갈 수 있는 것은 주님의 은혜 덕분이라는 겸손의 마음으로

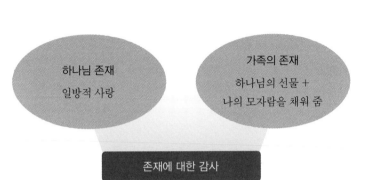

[그림 4-2] 하나님의 존재와 가족의 존재에 감사

감사해야 합니다. 우리는 모두 죄인이고 주님 한 분만 의로우신 분이시지요. 그분이 존재하기 때문에 우리가 살아갈 수 있습니다.

　우리는 가족의 존재에 대해서도 감사를 잊지 말아야 합니다. 주님은 우리를 사랑하셔서 가족과 친구들을 선물로 주셨습니다. 아담에게 하와와 자녀라는 가족을 선사하심과 같지요. 나의 모자람을 채워 주는 것이 가족이고, 나의 모자람 때문에 어려움을 제일 많이 겪는 사람들도 가족입니다. 가족이 없으면 우리는 살 수가 없습니다. 가족의 존재는 주님이 주신 선물입니다. 가족의 존재에 대한 감사는 주님에 대한 감사와는 조금 다른 측면이 있습니다. 주님에 대한 감사는 우리에게 일방적으로 주신 은혜에 대한 감사이지만, 가족은 주님이 주신 사랑의 선물로서 감사한 존재임과 동시에 주님의 말씀을 실천해야 하는 대상입니다. 그래서 우리는 서로 감사해야 하지요. 마음으로 감사하는 것에서 그치지 말고 감사를 말과 행동으로 표현하는 것이 중요합니다. 그리고 항상 감사를 표현해야 합니다. 성경에도 항상 감사하다고 쓰여 있습니다(삼하 22:50; 대상 16:34; 막 14:23). 바울도 성도들에게 고마움을 표현하지요(롬 16:4; 빌 4:14). 우리의 말과 행동은 주님 말씀을 따라서 해야 하기에 항상 감사하기를 실천해야 합니다(엡 5:4; 골 4:2; 살전 5:18).

　믿음은 행함이 동반되어야 합니다. "행함이 없는 믿음은 죽은 것"(약 2:26)이라 말씀하십니다. 주님의 말씀을 행함에 있어서 가장 중요한 것은 사랑을 실천하는 것인데, 크리스천 TSL 실천이 한 방법이 됩니다. 크리스천 TSL은 믿음에서 시작하여 겸손한 마음으로 감사를 실천하고, 소망, 회개, 용서를 지나 사랑을 하게 됩니다. 사랑 실천의 시작이 믿음의 고백인 감사인 것이지요.

☀ 나의 가나안 땅

축복과 고통

구약의 출애굽기를 보면 이집트에서 노예 생활을 했던 이스라엘 백성을 하나님께서 모세를 택하셔서 탈출하게 하십니다. 이집트를 나온 직후 이스라엘 백성은 하나님을 찬송하며(출 15:2), 그들이 바라던 가나안 땅을 약속의 땅으로 생각하고 가기를 희망합니다. 이후에도 하나님께서는 이들을 먹이시고(신 8:15-16) 입히시며(신 29:5) 가나안 땅으로 인도하여 주시지요. 가나안 땅에 들어가기 전에는 호렙산에서 이스라엘 민족에게 십계명을 주시며 축복하셨습니다. 그런데도 이스라엘 백성은 길어지는 광야 생활에 하나님을 원망하고 의심합니다. 심지어 금송아지를 만들어 우상숭배를 하거나 음행을 하는 등 하나님 말씀에 순종하지 않는 사건들(출 32:4; 민 25:1)이 나오기도 하지요. 이에 하나님께서는 모세와 아론을 포함해 출애굽을 한 백성 모두에게 광야에서 죽음을 면치 못할 것이라 징벌하십니다(민 14:11, 29-30). 호렙산에서 축복하셨지만, 또 한편으로는 "네 눈에 보이는 일로 말미암아 네가 미치리라"(신 28:34)라고 하실 만큼 불순종할 때 저주가 임한다고 말씀하시기도 하셨지요(신 28:15-45). 신약에서 "여러 계시를 받은 것이 지극히 크므로 너무 자만하지 않게 하시려고 내 육체에 가시 곧 사탄의 사자를 주셨으니 이는 나를 쳐서 너무 자만하지 않게 하려 하심이라"(고후 12:7)라는 바울의 고백처럼 주님께서는 축복과 고통을 함께 주시기도 합니다. 주님께서는 우리를 자녀 삼으시고 사랑과 축복을 하시는 동시에 주님을 떠나 죄를 짓고 교만해질 때는 고통을 통해 죄로부터 돌이키게 하시지요.

하나님께서 우리를 위해 생명과 사망, 복과 고통을 함께 놓으신 섭리를 우리가 다 헤아리기는 어렵습니다. 말씀과 교리를 연구한다고 다 알 수 있는 것도 아닙니다. 그러므로 우리는 알 수 없는 영역에 대해 알고자 너무 괴로워할 필요가 없습니다. 주님께서는 우리가 생각할 수 있는 것보다 더 크고 높으신 분이므로(사 55:9) 그분을 신뢰하고 따르는 것이 합당합니다.

우리는 축복받은 것에 감사하지 않고 반복해서 죄를 지어 하나님을 노하게 만들 때가 있습니다. 가나안을 정복할 때 여리고 성의 무너짐(수 6:20)과 전쟁 중 태양의 멈춤(수 10:12-13) 등 자연적으로 있을 수 없는 일을 하나님께서 가능하게 하셨지만, 여호수아와 이스라엘 민족은 하나님께 구하지 않고 아이 성을 점령하러 가거나 기브온과 화친을 맺는 등 실수를 거듭합니다(수 7:2-5, 수 9:14-15). 이 외에도 이스라엘 백성은 젖과 꿀이 흐르는 땅을 하나님께서 주셨음에도 계속 불평불만을 하며 죄를 짓습니다. 하나님에 대한 감사가 없어지고 끊임없이 세상의 쾌락을 좇아 살아가지요. 하나님이 예비하시고 그들이 소원하던 가나안을 정복한 후에도 이스라엘 민족은 안락함에 취해 세상 것을 사랑하는 모습을 보입니다. 오늘날 우리의 모습이 이와 같지 않은지 돌아보아야 합니다.

젊은 청년들이 자신에게 있어 가나안 땅은 어디인지 고민하는 모습을 많이 보았습니다. 어떤 청년은 자신이 졸업한 후 직장을 갖는 것이나 변호사나 의사 등 자신의 꿈을 이루는 것이 가나안 땅에 들어가는 일이라고 하고, 또 어떤 청년은 부자가 되어서 행복한 가정을 이루는 것이라고 하였지요. 지금의 삶 혹은 천국이 가나안 땅이라고 이야기하는 청년도 있었습니다. 이처럼 각자마다 가나안 땅에 대한 정의가 다를 수 있습니다. 여러분은 하나님께서 예비하신 약속의 땅 가나안이 현시대에서는 어디라고 생각하나요? 사실 모든 사람의 가나안 땅이 어디인지는 아무도 모릅니다. 그러나 크리스천에게는 주님의 말씀을 따라 살아가는 것, 영생을 믿는 것이 우리 삶 속에서 비옥한 가나안 땅을 누리는 길입니다. 우리가 구약의 이스라엘 민족의 이야기에서 알 수 있듯이 가나안 땅에 들어가는 것으로 이야기가 끝나지 않습니다. 가나안에 들어가는 과정도 중요하지만, 그 가나안에서 어떻게 살아가는지도 중요합니다.

우리는 대학에 진학하더라도 졸업 후 취업을 걱정하고, 사업으로 성공을 했다 하더라도 성장과 유지를 걱정하고, 가정을 이룬 후에도 자녀에 대한 근심 걱정으로 인생을 보냅니다. 끝없는 근심과 걱정을 하지 말고 주님과 동행할 때 가나안 땅을 찾을 수 있지요. 크리스천에게는 믿음, 소망, 사랑을 가지고 주님의 말씀을 계속 실천하며 이 땅에서 살아가는 복된 오늘도 그리고 주님을 다시 만나는 그날도 모두 풍요로운 가나안 땅에 머무는 날입니다.

축복과 고통의 사회과학적 이해

사회과학자들은 사회변동의 이유와 변화 과정을 체계적으로 설명하려고 노력하였습니다. 사회현상을 설명하는 데 가장 많이 활용되는 이론 중 하나가 기능론입니다. 기능론은 사회변동이나 위기가 발생하였을 때 그 변화에 적응하는 과정을 세 가지 요소와 함께 설명한 이론이지요. 위기(crisis)가 발생하면 그 문제를 해결하고자 하는 욕구(needs)가 생겨나고 위기를 해결하기 위한 파트(parts)가 형성됩니다. 이 파트를 통해 새로운 문제에 대응하거나 문제를 해결함으로써 다시 평형(equilibrium) 상태로 돌아와 사회가 안정화됩니다.

이와 같은 현상을 거시적으로 설명하면 다음과 같습니다. 국가에 대규모 실업이 발생할 때 실직자의 증가는 곧 사회의 혼돈을 초래하게 됩니다. 이런 혼란은 곧 위기로 사회 내에서 해결하고자 하는 욕구를 증가시키고 이에 대응하기 위해 실업급여 제도, 일자리 창출 등과 같은 파트들이 생겨납니다. 이를 통해 실업자들이 구제되면서 다시 사회가 안정을 찾아가게 되지요.

기능론은 한 가정의 변화에도 적용됩니다. 출산 이후 육아와 살림 문제로 부부 갈등이 심각한 가정이 있습니다. 출산 후 새로운 역할이 추가되면서 갈등이 생기고 이러한 부부 갈등은 가정 내 위기가 됩니다. 부부에게는 이 위기를 해결하고 행복한 가정을 만들고 싶은 욕구가 생겨나지요. 부부는 해결하기 위한 파트로 가사 도우미를 고용하거나 부부 중 한 명이 전업으로 살림과 양육을 전담해 갈등을 줄이고 스트레스를 완화해 가고자 노력할 것입니다. 이런 노력을 통해 가족 내 위기인 갈등이 해결되고 가정의 안정을 찾는 것이지요.

이러한 기능론을 [그림 4-3]처럼 크리스천의 삶에도 대입할 수 있습니다. 크리스천의 경우, 삶에서 위기가 생기면 이것을 하나님이 내게 주신 고통이라고 생각합니다. 이 고통을 해결하고 싶은 욕구를 기도로 하나님께 아뢰지요. 해결 방안에 있어서 우리가 원하는 대로 잘 풀린 결과를 갖게 되면 감사하면서 안정을 되찾고 이를 축복이라고 여기지만, 만약 우리의 계획대로 잘 해결되지 못한다면 출애굽의 맛사물 사건처럼 우리는 하나님을 원망하고 더 나아가 하나님을 불신합니다.

그렇다면 TSL을 실천하는 크리스천은 어떤 모습일까요? TSL을 실천하는 크리스천에게도 위기는 동일하게 찾아옵니다. 위기가 찾아오면, TSL을 실천하는 크리스

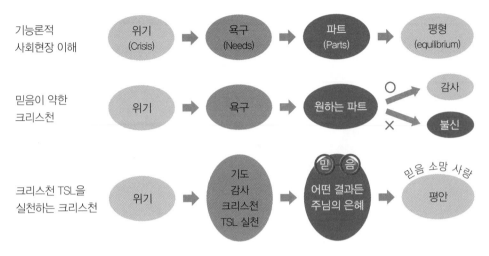

기능론적
사회현장 이해 : 위기(Crisis) → 욕구(Needs) → 파트(Parts) → 평형(equilibrium)

믿음이 약한
크리스천 : 위기 → 욕구 → 원하는 파트 → 감사 / 불신

크리스천 TSL을
실천하는 크리스천 : 위기 → 기도 감사 크리스천 TSL 실천 → 믿 음 어떤 결과든 주님의 은혜 → 믿음 소망 사랑 평안

[그림 4-3] 축복과 고통을 대하는 자세

천을 기도와 함께 TSL의 관점에서 하나님께 감사한 일들을 먼저 떠올리게 됩니다. 해결하고자 하는 욕구를 5Re를 통한 TSL 실천으로 다스리지요. 그러면 우리는 하나님을 더욱 신뢰하고 하나님을 향한 믿음을 굳건하게 유지하며, 모든 것을 주님의 은혜로 받아들이는 파트가 생겨납니다. 그러면 우리는 믿음, 소망, 사랑을 갖고 어떠한 결과에도 감사하며 다시 일상의 평안을 찾게 되지요. 주님을 향한 감사가 하나님이 나의 삶을 주관하고 계신다는 믿음의 고백으로 연결되고, 어떤 폭풍우가 찾아와도 잔잔한 호수와 같은 평안을 유지할 수 있게 됩니다. 곧 삶의 모든 순간을 주님의 섭리요, 축복으로 받아들이며 감사하게 되지요.

진정한 지도자

모세와 여호수아라는 지도자를 이스라엘 백성에게 보내 주신 것은 하나님의 축복이지요. 하나님은 이스라엘 백성이 출애굽하는 데 모세를 사용하셨고, 축복의 땅 가나안에 들어갈 때는 여호수아를 사용하셨습니다. 출애굽 당시 지도자였던 모세는 물론이거니와 이후 여호수아에게도 하나님께서는 "강하고 담대하라 두려워하지 말며 놀라지 말라 네가 어디로 가든지 네 하나님 여호와가 너와 함께 하느니라(수 1:9)"라고 말씀하시며 힘을 주셨습니다.

그러나 두 지도자 모두 인간적인 한계를 가지고 있는 사람들이지요. 모세는 하나

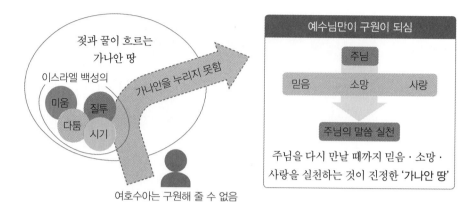

[그림 4-4] 축복과 저주

님의 선택을 받고 말씀에 순종한 지도자이지만 맛사에서 이스라엘 민족이 물이 없다고 자신과 하나님을 원망하자, 지팡이로 바위를 두 번 내리치며 화를 내는 등 죄를 짓는 연약한 모습을 보입니다. 그리고 이스라엘 백성은 여리고 성을 염탐한 다음에 그 성의 거대함과 강력함에 압도되어 하나님과 모세를 원망하는 내용이 나옵니다(민 14:1-2). 하나님께서는 모세를 포함한 모든 백성이 40년 동안 광야를 떠돌며 죽음을 면치 못할 것이라고 하셨지요(민 14:29-30). 하나님의 전능하심을 믿은 여호수아와 갈렙만이 살아남아 이스라엘 백성의 다음 세대와 가나안 땅에 들어가게 되지요. 그러나 여호수아도 영적으로 해이해져 기도하지 않아 아이 성 전투에 실패하고(수 7:2-5), 기브온과 화친을 맺을 때 하나님께 말씀을 구하지 않는(수 9:14-15) 등 잘못을 합니다. 모세와 여호수아 모두 이스라엘 백성에게는 훌륭한 지도자와 선지자가 될 수 있지만, 주님 앞에서 완벽하지는 않았습니다. 또한 그들이 아무리 뛰어나다고 해도 우리의 죄를 대신 담당하지는 못하는 것이지요.

우리의 죄를 담당하는 진정한 지도자는 예수님 한 분뿐입니다. 이전에도 없었고 앞으로도 없을 것입니다. 우리 인간은 온전하지 못합니다. 이스라엘 백성이 계속 하나님을 떠나는 것처럼 우리도 매일 죄를 짓습니다. 이 때문에 예수님께서는 속죄를 위해 이 땅에 오셨습니다. 예수님께서 하나님이 주신 율법을 계속 어기는 우리를 위해 대신 속량하셔서 죽으신 것이지요(사 53:6-12). 인간은 완벽하지 않기에 하나님의 은혜로 예수 그리스도가 이 땅에 오셨습니다. 그래서 [그림 4-4]와 같이 믿음으로 구원받은 우리는 계속 회개하며 말씀대로 사랑을 실천해야 합니다. 믿음과 소망, 사랑을 실천하는 것이 바로 가나안 땅에 사는 우리의 사명이지요.

바알과 아스다롯

꿈에 그리던 가나안 땅을 정복하고 그 땅에 정착한 이스라엘 민족은 정말 행복했을까요? 삶을 살다 보면 예수님을 믿지 않는 사람들의 모습이 더 나아 보일 때가 있습니다. 예수님을 믿지 않는 데에도 불구하고 크리스천인 자신보다 더 잘되고 잘 사는 것처럼 보이기도 하지요. 그래서 저들처럼 살고 싶다는 생각이 들 때도 있습니다. 가나안에 들어간 당시 이스라엘 백성도 마찬가지였을 겁니다. 심지어 가나안에 들어간 이스라엘 백성은 생활의 거룩함과 절제가 강조됨에도(민 15: 40-41) 바알과 아스다롯을 믿고 있던 원주민을 따라 하나님이 아닌 다른 신을 섬기는 죄를 저지릅니다(삿 2:11-13). 하나님의 말씀을 기준 삼기보다 이방 민족과 자신들의 삶을 비교하며 계속 불평하지요. 이스라엘 사람들은 결국 자신들을 이집트의 노예에서 해방시키고 비옥한 땅을 허락하신 하나님을 배반합니다. 이스라엘 백성의 눈에는 바알과 아스다롯을 믿는 가나안 주민들이 타락한 인간상으로 보이지 않고, 하나님의 계명과 규율 없이도 잘 살아가는 사람들처럼 보였을 것입니다. 그래서 그들과 화친하고 그들의 삶에 쉽게 동화되어 부와 명예, 권력의 신인 바알과 아스다롯을 따르게 됩니다.

그러나 하나님은 노예로 살던 이스라엘 민족을 선택하여 출애굽하게 하신 후에 자유인으로 축복하시고 그 민족에게 가나안이라는 비옥한 땅을 그들의 삶의 영토로 베푸신 분이십니다. 하지만 이스라엘 백성은 하나님께서 행하신 일들을 기억하지 못하였지요. 우리도 주님의 선택을 받고 지금까지 많은 은혜를 받아 살아왔습니다. 모든 것이 하나님께서 주신 은혜였음을 기억해야 합니다. 여러분 중에는 가나안을 향해 가는 사람도 있고, 가나안에 이미 들어와 있는 사람도 있을 것입니다. 자신의 위치는 자신만이 판단할 수 있지요. 하지만 중요한 것은 우리는 죄로부터 자유인이 되어 약속의 땅 가나안에서 살 수 있는 선택권이 주어졌다는 것입니다. 우리는 기쁨을 세상에 두지 않고 하늘에 둘 수 있는 선택받은 백성입니다. 성경에서는 만일 예수 그리스도 안에서 우리가 바라는 것이 이 세상의 삶뿐이면 모든 사람 가운데 더 불쌍한 사람이라고 이야기합니다(고전 15:19). 우리에게는 산 소망이 있습니다.

[그림 4-5] 우상숭배의 결과

그래서 매 순간 단정히 행하고 방탕하거나 술에 취하지 말며 음란하거나 호색하지 말아야 하지요(롬 13:13). 또한 다투거나 시기하지 말고 오직 주 예수 그리스도로 옷을 입고 정욕을 위하여 육신의 일을 도모하지 않는 거룩한 삶을 영위해야 합니다(롬 13:14).

이스라엘 백성의 모습에서 보듯이, 주님의 존재에 대한 감사가 없으면 작은 이익과 쾌락에 흔들리고 넘어지며 사욕을 위해 서로 끝없이 다투게 될 수밖에 없습니다. 주님의 은혜의 감사가 있을 때 우리는 더 굳건해지고 영생의 소망을 갖게 되며 사랑을 실천할 수 있습니다. 이스라엘 백성은 출애굽과 가나안 땅에 도래한 사건뿐만 아니라, 지속적인 감사, 즉 하나님에 대한 5Re를 잃어버린 채 구약의 역사 속에서 죄를 짓고 사망에 이르기를 반복합니다. 하나님께서 계속되는 사랑으로 기회를 주시지만, 이스라엘 백성은 경건한 생활로 돌아오지 못하는 것이지요. 이것은 과거 이스라엘에 국한된 것이 아니라 [그림 4-5]와 같이 현재 우리에게 적용되는 이야기입니다. 돈과 물질을 우선시하는 시대에 살면서 우리는 입으로만 주님을 찾고 실제로는 다른 우상을 섬기고 있지는 않나요? 안타깝게도, 심지어 일부 목회자와 지도자들이 돈과 권력을 사랑하여 많은 크리스천에게 실망과 좌절을 안겨 주기도 합니다. 책임을 크게 맡은 사람일수록 겸손하게 살아야 하는데 오히려 그만큼 유혹에 빠지기가 더 쉽지요. 우리 삶 가운데 바알과 아스다롯을 버리고 주님을 따르며 주님의 은혜에 감사하기를 잊지 말아야 합니다.

마음의 할례: 겸손

우리는 마음의 할례인 '겸손'한 마음을 갖는 것이 중요합니다. 주님께서는 "마음

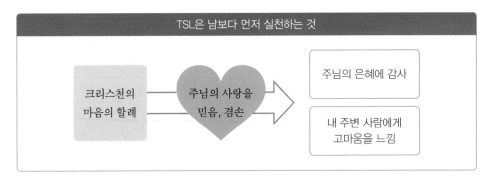

[그림 4-6] 마음의 할례: 겸손

에 할례를 베푸사 너로 마음을 다하며 뜻을 다하여 네 하나님 여호와를 사랑하게 하사 너로 생명을 얻게 하실 것"(신 30:6)이라는 말씀과 같이 주님의 백성의 징표인 할례를 육신이 아닌 마음에 하라고 말씀하십니다(롬 2:28-29). [그림 4-6]과 같이, 크리스천은 말씀을 따라 자신의 모자람을 고백하고 마음의 할례를 받고 겸손해짐으로 감사해야 합니다. 마음의 할례를 통해 겸손한 마음을 가질 때, 주님이 주신 은혜와 영원한 생명 주심과 나를 사랑하는 주위에 사람들에게 항상 감사할 수 있습니다. 만약 감사하지 못한다면 마음의 할례를 아직 안 받았기 때문입니다. 크리스천에게 있어서 마음의 할례는 예수 그리스도가 우리의 죄로 인해 죽으시고 부활하여 영생의 길을 여셨다는 것을 믿는 믿음에서 시작됩니다. 우리의 정욕을 버리고 모자람을 인정하여 죄인임을 고백하는 것이 곧 할례이며, 이는 겸손한 마음이지요. 모든 할례에는 고통이 동반되기 때문에 주님을 따르는 마음의 할례 또한 고통이 따를 수밖에 없습니다.

성경에서는 "여호와를 경외하는 것은 지혜의 훈계라 겸손은 존귀의 길잡이니라"(잠 15:33)라고 하실 만큼 겸손을 강조하고 있습니다. 겸손한 자를 구원으로 아름답게 하신다고 하셨으며(시 149:4), 악인들은 땅에 엎드러뜨리시지만, 겸손한 자들은 붙드신다고 말씀하셨습니다(시 147:6). 높은 데 마음을 두지 않고, 낮은 데 처하며, 스스로 지혜 있는 체하지 않는(롬 12:16) 사람들은 감사가 많으며 자신의 역할을 TSL 실천과 함께 잘 이행합니다. 여호와를 경외하는 것이 지혜의 근본이라는 말씀(잠 9:10)처럼 주님을 경외하고 감사하며 서로 용서하고 회개하고 사랑하는 것이 곧 할례받은 마음이요, 겸손의 모습입니다.

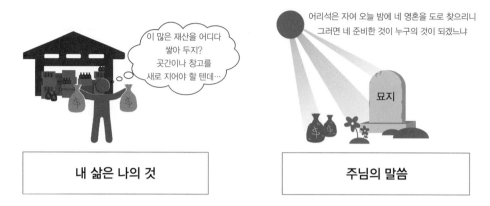

[그림 4-7] 언제 끝날지 모르는 우리의 인생

　이처럼 성경에서는 겸손한 자가 되어야 함을 강조하고 있지만, 우리는 겸손한 자가 되는 것이 어렵습니다. 우리가 겸손하지 못한 이유는 광야 생활 동안 이스라엘 사람들이 보여 준 모습처럼 작은 일에 일희일비하며 하나님을 원망하고, 하나님을 주님으로 믿기보다는 자신을 삶의 주인으로 여기며, 하나님을 그저 우리의 욕구를 채워 주는 수단으로 여기기 때문입니다. [그림 4-7]과 같이, 누가복음 12장 16절부터 21절에는 한 부자에 관한 이야기가 나옵니다. 이 부자는 많은 소출을 얻어서 곳간이 차고 넘치게 되었습니다. 이렇게 넘치는 잉여 재산을 누군가와 나누기보다는 더 큰 곳간을 지어 곡식과 물건을 쌓아 둘 계획을 하였지요. 그러면서 자신의 영혼에게 "영혼아 여러 해 쓸 물건을 많이 쌓아 두었으니 평안히 쉬고 먹고 마시고 즐거워하자"(눅 12:19)라고 이야기합니다. 그렇지만 하나님께서는 부자에게 "어리석은 자여 오늘 밤에 네 영혼을 도로 찾으리니 그러면 네 준비한 것이 누구의 것이 되겠느냐"(눅 12:20)라고 말씀하십니다. 이 이야기와 같이 오늘 주님께서 우리를 데려가신다면 어떤 자세로 삶을 살아야 할까요? 우리의 삶이 우리 것처럼 느껴지지만, 사실 우리는 한 치 앞도 예견할 수 없는 유한한 존재입니다. 우리는 주님 앞에서 겸손하게 그분의 긍휼을 구할 수밖에 없습니다.

　바벨론 포로기에 "여호와의 인자와 긍휼이 무궁하시므로 우리가 진멸되지 아니함이니이다 이것들이 아침마다 새로우니 주의 성실하심이 크시도소이다"(애 3:22-23)라는 예레미야의 고백과 같이, 우리는 슬픔 중에도 주님의 인자하심과 긍휼하심이 아침마다 새롭게 넘쳐나야 합니다. 우리에게 주신 주님의 사랑을 아침마다 감사하며 찾아야 하는 합니다. 감사를 느끼는 마음은 늘 새롭지요. 주님과 우리 가족에게 TSL을 실천할 부분도 늘 새롭게 찾아야 합니다.

그러나 "들을 자는 들을 것이요 듣기 싫은 자는 듣지 아니하리니 그들은 반역하는 족속임이니라"(겔 3:27)라는 말씀처럼 사람은 쉽게 바뀌지 않습니다. 우리는 자신이 TSL을 실천하면 상대방이 금방 감동해서 다른 사람으로 바뀔 것이라 기대하지만 그렇지 않은 경우가 대부분입니다. TSL은 다른 사람의 빠른 변화를 기대하는 것이 아니라 '나 자신'의 변화를 위해 노력하는 것이 중요합니다. 스스로 먼저 겸손하고 주님께 받은 은혜를 감사함으로 깨닫고, 주님의 사랑을 실천해야 하는 겁니다. 감사는 사랑을 실천하는 핵심 사항입니다.

크리스천 TSL Mining(채굴하기)

4차 산업혁명에서 빼놓을 수 없는 AI 기술은 데이터를 군집하고 분류하는 딥러닝(deep learning) 기술을 통해 정보를 처리하는 것을 말합니다. 우리가 만약 AI라 할 때 '고맙다'를 인식하면 한 번 입력된 고마움은 잊지 않고 자동으로 표현으로까지 연결될 것입니다. 하지만 사람은 AI와는 다릅니다. 고마움을 느끼는 상황도 때마다 다르고, 한번 느낀 고마움을 영원히 기억하지도 못합니다. 우리의 마음 상태에 따라, 몸 상태에 따라, 누구와 어떻게 같이 있었는가에 따라 상황은 잊고 그때의 감정만 남기도 하고, 상황을 왜곡하여 기억하기도 합니다. 그래서 감사했던 순간을 표현하지 않고도 기억할 수 있을 거라고 우리 자신을 믿으면 안 됩니다. AI가 아닌 사람이기 때문에 TSL 실천이 어렵게 느껴질 수 있습니다. 우리가 진정으로 TSL 실천을 하기 위해서는 끊임없이 딥러닝하고, 5Re를 통해 반복 실천하는 방법뿐입니다.①

더 나아가서 우리가 손익만을 계산하고 기억하는 삶을 산다면 불행할 수밖에 없습니다. 내 머릿속에 손해라고 생각되는 것을 잊어버려야 합니다. 손해라고 생각하기 이전에 존재하는 것에, 작은 것에 매 순간 감사해야 합니다. 과거의 기억에 매달리지 말고, 손해나 상처에 대한 잘잘못을 따지지 말고, 사소한 일이라 할지라도 감사한 마음을 갖고 고마움을 표현하는 것이 중요합니다.②

이스라엘 백성을 보면 이집트에서의 거친 노예 생활과 가나안 땅의 축복을 망각한 채 끊임없이 죄를 짓는 것을 볼 수 있습니다. 이처럼 우리는 삶에 여유가 생기면 내 마음이 교만하게 되어 주님을 잊어버릴 때가 많습니다. "네가 먹어서 배부르고 아름다운 집을 짓고 거주하게 되며 또 네 소와 양이 번성하며 네 은금이 증식되며 네 소유가 다 풍부하게 될 때에 네 마음이 교만하여 네 하나님 여호와를 잊어버릴까 염려하노라"(신 8:12-14)라고 하셨습니다. 이 말씀 속에서 자신이 이룬 것을 자신의 능력으로 이해하고 주님과 멀어지는 우리의 모습을 보게 됩니다. 주님과 멀어질 때, [그림 4-8]처럼 광부가 광산에서 금을 캐듯이 또는 석탄을 캐듯이, 우리는 삶 속에서 감사함과 미안함과 사랑을 계속 찾아내야 합니다. 즉, TSL 실천은 정신적 금은보화를 하나씩 찾아서 쌓는 일과 같습니다. 채굴 과정을 생각해 보면, 내가 열심히 채굴한 곳에 금은보화가 없을 수도 있고, 또는 광맥을 찾을 수도 있습니다. 어디에서 금은보화가 나올지 확실히 알 수는 없지만 금은보화를 찾을 것이라는 믿음을 갖고 채굴 작업에 들어갑니다.[3]

크리스천 TSL Mining(채굴하기)도 마찬가지입니다. TSL 실천으로 단번에 정신적 금은보화를 발견할 수도 있지만, 아닐 수도 있습니다. 하지만 확실한 것은 더 열심히 실천할수록, 채굴할수록 더 풍요로워진다는 것입니다. 우리가 만나는 아침이 늘 새로운 아침이듯이 매일 새로운 감사를 찾아야 하지요. 나의 아내와 남편, 자녀에게서 어제의 감사가 아닌 주님이 주신 새 하루에서 새롭게 고마움을 느껴야 합니다. 그

[그림 4-8] 크리스천 TSL Mining(채굴하기)

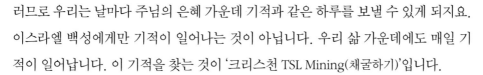

러므로 우리는 날마다 주님의 은혜 가운데 기적과 같은 하루를 보낼 수 있게 되지요. 이스라엘 백성에게만 기적이 일어나는 것이 아닙니다. 우리 삶 가운데에도 매일 기적이 일어납니다. 이 기적을 찾는 것이 '크리스천 TSL Mining(채굴하기)'입니다.

크리스천 TSL Mining(채굴하기)을 통해 주님과 내 가족에게 받은 것을 계속 세어 보고 찾아보고 고마움을 표현하여 우리의 정신을 풍요롭게 하여야 합니다. 감사를 발견함으로써 내가 기적과 같은 하루를 살고 있음을 깨달을 수 있지요. 그러면 우리가 바라는 가나안 땅에 들어가고 또 들어가서도 행복하게 살 수 있습니다.

Practice **4**[1)]

T 강화하기: 시간 공유와 안아 주기

지난 일주일 동안 계획한 것에 따라 '고맙습니다'를 실제로 표현하고 행동하셨습니까? 실행한 사람도 있고, 실행하지 못한 사람도 있고, '고맙다'는 말을 상대의 눈을 맞추고 전하지는 못했지만 다른 방법으로 표현한 사람도 있을 것입니다. '고맙습니다'를 표현했을 때 여러분의 느낌은 어떠했는지 또 상대방의 반응은 어떠했는지 한번 적어 보세요. 크리스천 TSL을 함께하는 사람들이 있다면, 소감을 함께 나눠 보는 것도 좋습니다. '고맙습니다'를 표현하고 나서의 소감과 상대방의 반응 그리고 고마움에 대해 표현하지 못했다면 그 이유와 그때의 생각들을 솔직하게 적어 봅니다.[①]

다음은 참여자의 '고맙습니다' 실천계획과 실천하기 사례입니다.

---

1) 실천(Practice) 장들은 기존 TSL(김재엽, 2014; 2023)의 과제와 설명을 사용하였으며 크리스천 TSL 과제와 설명 그리고 사례를 추가하여, 재구성하였음

사례 4-1 남, 40대, 문화예술인

'고맙습니다'를 위한 실천계획-주님께		
누구에게	**언제, 어떻게**	
하나님	매일 자기 전에 오늘 하나님께 감사한 것을 적어 보기	
'고맙습니다' 실천하기		
누구에게	하나님	**실행 여부**	○
언제, 어떻게 말했나? (못한 경우 그 이유)	잠자리에 들기 전에 노트에 오늘 하루 하나님께 감사한 것이 무엇이었나 생각하고 적어 보고 감사 기도로 정리하였다.	
실행 후 느낌	매일 피곤해하며 영상을 찾아보다 잠들기 일쑤였는데 이렇게 감사한 일들을 생각해 보고 하루를 마무리하니 나의 하루가 달라 보였다. 속상하고 답답한 마음도 그래도 이만하니 다행이다 싶어지기도 하고, 하나님이 이렇게 나와 함께하시는구나 느끼게도 되었다.	

'고맙습니다'를 위한 실천계획-가족에게		
누구에게	**언제, 어떻게**	
아내	수고한 아내 안마해주며 고맙고 사랑한다고 전하기	
'고맙습니다' 실천하기		
누구에게	아내	**실행 여부**	○
언제, 어떻게 말했나? (못한 경우 그 이유)	집안일을 정리하고 하루를 마무리하려는 아내에게 소파에 앉아 보라며 어깨를 안마해 주었다. 뭉친 어깨를 안마해 주며 그동안 고생 많았고, 사랑한다고 이야기해 주었다.	
상대방의 반응	무슨 일 있었냐고 물어보면서 당황해하면서도 여기도 더 주물러 보라며 좋아했다.	
나의 반응	잠깐 먼저 챙겨서 안마해 주고, 고맙다 이야기해 주는 거 별거 아닌 거 같은데 막상은 이렇게 표현을 못 하고 지냈었다는 생각이 들었다. 좋아하는 아내의 모습을 보니 더 자주 챙겨야지 싶었다.	

〈사례 4-1〉의 참여자는 주님께는 매일 감사한 것들을 정리해 보고, 아내에게는 안마해 주며 감사한 마음을 전해 보기로 계획하였습니다. TSL 마이닝으로 매일 주님께 감사한 일을 찾고, 아내에게 먼저 다가가 감사를 표현하는 것이 쑥스럽고 어색했을지도 모릅니다. 하지만 실천의 유익을 깨닫고, 보다 적극적인 자세로 변화하게 되었지요. '고맙습니다'를 실천하는 것은 나를 변화시킬 뿐 아니라 가족의 마음과 태도도 변

화시켜서 가족관계를 긍정적으로 향상하고 상호 교류를 증진하는 데 도움이 됩니다.

실제로 '고맙습니다'를 표현한 분들은 어떠셨나요? 처음에는 매우 어색하고, 많이 쑥스러웠을 것입니다. '고맙다'라는 말을 들은 상대방은 어떠했나요? 좋아하는 사람도 있고, 손사래를 치며 왜 이러냐고 말하는 사람도 있었을 것입니다. 하지만 상대방의 반응이 정말 싫어하는 반응이었는지 생각해 보면 그렇지 않을 것입니다.[2]

여러분의 새로운 행동이 낯설어도 여러분이 먼저 변화된 행동양식을 보임으로써 상대방의 긍정적인 반응을 점차 끌어낼 수 있지요. 감사하다는 것을 인정(Recognize)함으로써 서로에게 감동이 되었을 것입니다. 그리고 감사함을 표현하는 여러분의 행동으로 상대방이 변화할 것이고, 그것은 다시 여러분에게 감동을 줄 것입니다. 이를 통해 여러분과 가족의 관계에서 상호작용이 증가하고, 이것은 관계를 개선하는 발판이 되는 것이지요. '고맙습니다'를 말과 행동으로 표현하는 것은 여러분 자신에게 기쁨이 될 수 있을 뿐 아니라 그 말을 듣는 상대방도 기분 좋은 반응을 나타냈을 것입니다.[3]

❋ '고맙습니다' 실천 장애물: 욕심

그렇다면 우리는 '고맙다'라는 것을 왜 반드시 말과 행동으로 표현해야 할까요. '고맙습니다'라는 표현을 실천함으로써 여러분 행동 체계 내에 기록해야 하기 때문입니다. 누가복음 17장에서 나병환자 열 명이 예수님께 치유를 받았습니다. 이 일은 기적이요, 누가 보아도 이보다 더 기쁘고 감사한 일이 없는 일이지요. 하지만 치유 받은 이들 중 단 한 명만이 예수님께 돌아와 감사하며, 하나님께 영광을 돌렸습니다. 이 한 사람은 어떤 사람이었나요? 하나님을 알지 못하는 사람들이라며, 이스라엘 사람들이 만나려고도 하지 않던 사마리아인이었습니다. 믿음이 좋다고 자부하던 이스라엘 사람들이 손가락질하며 경멸했던 그런 사람이 오히려 유일하게 하나님께 영광을 돌리고 예수님께 감사를 고백할 수 있는 사람이었던 것이지요. 이 사람에게 예수님께서는 '믿음이 있다' 말씀하시며, '믿음이 너를 구원하였다'라고 칭찬하셨습니다(눅 17:11-19). 예수님께 오지 않은 아홉 명에게도 감사한 마음은 있었을 수 있습니다. 기쁘고 행복했지요. 하지만 감사를 직접 표현하고 실천하는 것과 마음으로 감사한 것은 차원이 다른 이야기입니다.

그렇다면 왜 우리는 '고맙습니다'를 실천하지 못하는 것일까요? 그 이유는 우리의 욕심 때문입니다. 아직 마음의 할례를 제대로 못 했기 때문이지요. 사람들은 자기를 사랑하며 자랑하며 교만하고 감사하지 않습니다(딤후 3:2). 여러 가지 욕심에 끌리는 사람은 항상 배우나 끝내 진리의 지식에 이를 수 없다고도 말씀하시지요(딤후 3:6-7). 결국 욕심은 우리가 열심히 배운다고 하여도 그것이 삶의 실천까지 이르는 지식이 되지는 못한다는 것입니다. 우리가 아무리 열심히 좋은 것을 배워도, 지금 배우고 있는 크리스천 TSL을 머리로 익힌다고 하여도 나 중심적으로 사고하고, 나만의 유익을 구하고 욕심을 부리게 된다면 우리는 주님께도, 소중한 사람들에게도 '고맙습니다'를 실천하는 데까지는 이르지 못하게 되는 것이지요.

❋ 성경 말씀과 함께 TSL 실천

그런 우리를 변화시키는 힘은 성경 말씀에 있습니다. 성경에서는 그리스도 예수 안에 있는 믿음으로 말미암아 구원에 이르는 지혜가 있게 한다고 말씀합니다(딤후 3:15). 또 하나님의 감동으로 된 것으로 교훈과 책망과 바르게 함과 의로 교육하기에 유익하여 하나님의 사람으로 온전하게 하며 모든 선한 일을 행할 능력을 갖추게 한다고 설명합니다(딤후 3:16-17). 우리가 말씀을 가까이 대하고 꾸준히 읽을 때, 우리는 나 중심적이고 교만하며 욕심부리는 것을 내려놓고 겸손해질 수 있습니다. 겸손해질 때 우리는 비로소 받은 것이 많음을 알고 감사를 실천할 수 있게 되지요. 그래서 크리스천 TSL의 실천의 필수과제는 말씀 읽기입니다. 매일 성경을 스스로 읽고 TSL을 실천해야 주님께도, 소중한 사람들에게도 말과 행동으로 실천할 수 있습니다. TSL 실천은 결국 주님의 말씀을 따라서 사는 삶의 실질적인 방법입니다. 하나님 사랑과 이웃 사랑을 실천하는 방법이 다양할 수 있는데, 구체적이고 실질적인 실천 방법의 하나가 TSL이 될 수 있지요. '고맙습니다'를 말과 행동으로 표현하며 실천하는 것은 사랑을 실천하는 길로 가는 것을 의미합니다. 앞서 설명한 크리스천 TSL 마이닝이 그래서 필요합니다. 말씀을 매일 읽고 성경적 관점으로 나의 삶을 돌아보며 일상에서 감사한 것을 찾을 때, 많이 발견하고, 많이 찾은 사람이 '고맙습니다'도 더 많이 실천할 수 있고, 그만큼 감사의 기쁨도 더 누리게 되는 것이지요. 꼭 기억해야 합니다. 말씀 읽기는 크리스천 TSL의 기본입니다. 말씀을 읽을 때 우리는 힘을 내어 TSL을 더 적극적으로 실천할 수 있습니다.

이제 한 주 동안 '고맙습니다'를 계획하고 직접 실천할 것입니다. 아직도 주저함과 망설임이 있다면 성경을 먼저 찾아 읽어 보길 권합니다. 말씀 앞에서 겸손한 마음을 가지고 주님께 그리고 소중한 사람들에게 먼저 감사한 마음을 표현해 보시길 바랍니다.

과제 1. '고맙습니다' 실천하기

'고맙습니다'를 위한 실천계획–주님께		
누구에게	언제, 어떻게	
주님		
'고맙습니다' 실천하기		
누구에게	주님	실행 여부
언제, 어떻게 말했나? (못한 경우 그 이유)		
실행 후 느낌		
'고맙습니다'를 위한 실천계획–가족에게		
누구에게	언제, 어떻게	
'고맙습니다' 실천하기		
누구에게	실행 여부	
언제, 어떻게 말했나? (못한 경우 그 이유)		
상대방의 반응		
나의 반응		

❋ 시간의 공유: 감사 행동 강화하기

Practice 4에서는 T(Thank you)의 네 번째 세션인 행동을 강화하기(Reinforcement) 위한 '공유하기' 훈련을 수행할 것입니다. 여러분은 크리스천 TSL의 첫 단계인 T를 실행하기 위해 지금까지 주님과 가족의 소중함을 '인식'하고 '표현'하여 왔습니다. 이제 '고맙습니다' 실천을 강화하기 위하여 고마움과 관련된 활동을 하게 될 것입니다. 존재하는 것만으로도 감사한 주님 그리고 가족과 시간을 공유하는 것이지요. 감사 행동을 강화하기 위해 시간을 공유하는 것은 주님 안에 뿌리를 박으며 세움을 받아 교훈을 받은 대로 믿음에 굳게 서서 감사함을 넘치게 하라는(골 2:7) 말씀을 실천하기 위한 과정입니다. 크리스천은 사람의 전통과 세상의 초등학문을 따라가는 것이 아니라(골 2:8) 주님께 받은 사랑을 기억하고 인정하며 예수님의 겸손과 온유를 본받아 자비와 긍휼로 서로 사랑하며 감사를 실천하며 살아가야 합니다(골 3:12). 또 그리스도의 평강이 우리의 마음을 주장하고 평강을 위하여 부름을 받았음을 기억하고 감사해야 하지요(골 3:15).

주님은 우리에게 어떤 분이신가요. 그리스도는 모든 피조물보다 먼저 나신이시오, 만물이 그에게서 창조되되 모든 것은 그를 위하여 창조되었고 만물이 그 안에 함께 섰습니다(골 1: 15-17). 그런 주님께서 우리를 흑암의 권세에서 건져 내 주시고(골 1:13) 죄 사함을 얻게 하셨지요(골 1:14). 또 주님은 십자가의 피로 화평을 이루사 만물이 그로 말미암아 하나님과 화목하게 되기를 기뻐하시는 분이십니다(골 1:20). 이 놀라운 진리를 되새길수록 우리는 주님 앞에 감사하게 됩니다. 감사할수록 [그림 4-9]와 같이 주님을 더 많이 찾게 되는 것이지요. 감사하는 마음이 쌓이면 주님을 더 많이 찬양하게 되고, 주님께 더 많은 긍휼과 자비, 사랑을 얻고, 그러므로 우리는 더 겸손해지고 온유해지게 됩니다. 그 결과 우리는 어려움 앞에서 더 오래 참게 되고 다른 이들을 비방하지 않고 주변에 더 따뜻한 사람이 될 수 있지요. 그러므로 또 다시 감사하고 더 많은 사랑을 실천할 수 있게 됩니다. 크리스천은 주님의 사랑에 감사하지 못하면 주위 사람에게 관대하거나 고마워하기 어렵습니다.

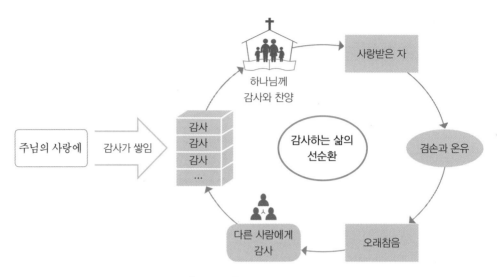

[그림 4-9] 감사의 선순환

　자, 이제 '고맙습니다' 실천을 강화하기 위해 먼저 주님과의 관계를 돌아봅시다. 주님께 받은 은혜의 크기가 클수록 우리는 내 주위의 사람들에게까지 더 많이 감사를 실천하고 사랑하며 온유하게 대할 수 있게 될 것입니다. 앞으로 일주일간 주님과 그리고 소중하고 감사한 가족과 최소한 30분 이상 시간을 공유하고 그 결과를 다음 주에 살펴보기로 합니다. '고맙습니다' 실천하기와 마찬가지로 먼저 구체적으로 계획을 세운 후 활동합니다.

과제 2. '고맙습니다'라는 표현과 함께한 '시간 공유' 실천계획과 실천하기

'시간 공유'를 위한 실천계획-주님께		
누구와	언제, 어떻게	
주님		
'고맙습니다'라는 표현과 함께한 '시간 공유' 실천하기		
누구와	주님	실행 여부
언제, 어떻게 말했나? (못한 경우 그 이유)		
실행 후 느낌		

'시간 공유'를 위한 실천계획–가족에게	
누구와	언제, 어떻게

'고맙습니다'라는 표현과 함께한 '시간 공유' 실천하기	
누구와	실행 여부
언제, 어떻게 말했나? (못한 경우 그 이유)	
상대방의 반응	
나의 반응	

다음은 참여자의 시간 공유 실천 사례입니다.

사례 4-2 | 여, 40대, 가정주부

'시간 공유'를 위한 실천계획–주님께			
누구와	언제, 어떻게		
주님	점심 전 혼자 있는 시간에 30분 동안 성경 읽기		
'고맙습니다'라는 표현과 함께한 '시간 공유' 실천하기			
누구와	주님	실행 여부	○
언제, 어떻게 말했나? (실행 못한 경우 그 이유)	수요일 평소보다 가족이 일찍 집에서 나서서 여유가 있었음. 집 정리 전에 성경을 꺼내 25분 정도 읽고 5분 정도 기도하며 시간을 보냄		
실행 후 느낌	늘 시간이 없다고 생각하며 말씀 읽기를 게을리했는데, 이번 기회에 말씀을 읽을 수 있어서 좋았음. 말씀을 읽고 기도하니 하루를 보내는 마음가짐이 달라짐을 느낌. 자주 이렇게 시간을 내어서 보내야겠다고 생각함		

'시간 공유'를 위한 실천계획–가족에게	
누구와	언제, 어떻게
남편	출근 준비, 퇴근 후 시간 함께 보내기
딸	아이 하굣길에 둘만의 시간 갖기

'고맙습니다'라는 표현과 함께한 '시간 공유' 실천하기			
누구와	남편	실행 여부	○
언제, 어떻게 말했나? (못한 경우 그 이유)	아이 챙기랴 늘 분주해서 남편에게 더 신경을 못 썼는데, 이번 기회에 아침에 출근 전에 그리고 퇴근 후 집에 와서 잠들 때까지 남편을 더 신경을 쓰고 챙겨야겠다고 생각하게 됨. 그래서 아침에 더 일찍 일어나고, 더 늦게 자면서 남편과 함께 있는 시간을 늘리려고 노력했음		
상대방의 반응	나갈 때 옷도 챙겨 주고, 아침 식사도 좀 더 신경을 써 주고, 야근하는 날도 기다렸다고 맞아 주고 하니 남편이 너무 좋아했음		
나의 반응	"아이고, 와이프가 이렇게 잘해 주니 집에 올 맛 나네." 하며 좋아하는 게 눈에 보이니 나도 몸은 피곤했지만 뿌듯했음. 잘 유지해서 남편과 더 좋은 관계를 맺어 가면 좋겠다는 마음이 들었음		
누구와	딸	실행 여부	○
언제, 어떻게 말했나? (못한 경우 그 이유)	하굣길에 아이가 가고 싶어 했던 전시회를 같이 보고 요즘 친구들이 많이 가 봤다는 음식점에 가서 맛있는 걸 먹고 집에 왔음		
상대방의 반응	오늘이 생일날 같다며 너무 좋아했음. 연신 고맙다고 말하며 즐거워했음		
나의 반응	아이가 커갈수록 공부하라는 말만 하고 지냈던 거 같음. 학원 보내고, 숙제시키고 그런 시간으로 일정을 채우다가 오랜만에 아이와 여유 있게 시간을 보내니 나도 행복하고 아이의 즐거워하는 모습에 힘이 났음		

〈사례 4-2〉 참여자는 오랜만에 말씀을 읽는 기회로 삼으며, 주님께 집중하는 기쁨을 누렸지요. 또 남편과 자녀와 함께 시간을 보내면서 서로를 칭찬하고 격려해 주며 행복해했습니다. 이처럼 시간을 공유하는 것만으로 가족이 기뻐하는 반응을 볼 수 있었고, 그 반응에 다시 힘입어 기쁨을 누리고 변화 의지를 다지는 모습이 나타났습니다.

물론 여러분이 '고맙습니다'라는 말을 처음 꺼낼 때 어려웠던 것처럼 시간을 공유하기도 쉽지는 않을 것입니다. 하지만 주님 앞에 겸손해져 존재에 대한 감사를 인정하고 말씀에 힘입어 '고맙습니다'를 표현하는 것에 익숙해지면 점차 '고맙습니다'를 표현하기 위해 여러분이 가진 경제적·사회적·신체적·정신적 자원을 주님과 그리고 가족과 나누는 것이 수월해질 것입니다. 조금만 더 용기를 내어 시간 공유의 기쁨을 맛보시길 바랍니다.

과제 3. 가족 구성원 안아 주기

마지막 과제는 '고맙습니다' 강화하기 두 번째 훈련으로 상대방 안아 주기입니다. 안아 주기는 상대방과 직접적인 피부 접촉을 하는 것으로 정서 순화와 긴장 완화에 도움이 됩니다. 시간을 공유하면서 가족 구성원 간에 어느 정도 교감이 흐를 때 이를 강화하는 방법의 하나가 안아주기입니다. 상대방과의 신체 접촉을 통해서 서로의 사랑을 확인하고, 감사하는 마음을 다시 인정함으로써 여러분의 정서도 순화되게 되지요.④

가족 구성원 안아 주기 과제를 시행한 프로그램 참여자는 다음과 같이 이야기했습니다.

사례 4-3 남, 40대, 회사원

어릴 때는 아이들을 몸으로 놀아 주고 키웠던 것 같은데, 큰 애가 고등학교에 입학하고 막내도 중학생이 되니 서로 안아 주는 일은 고사하고 말 붙이기도 어려운 느낌이었다. 아들 둘이다 보니 집에 가면 이야기하는 사람은 아내 혼자인 느낌이 들 때도 있었다. 이번 기회에 먼저 아들들에게 다가가 보자는 마음으로 안아 줘야지 싶었는데, 막상은 무엇부터 해야 할지 모르는 기분이었다.

오랜만에 아이들과 게임을 좀 해 볼까 했다. 주말에 같이 놀까 싶어서 게임을 하자고 하니 아이들이 방에서 주섬주섬 나와서 같이 시간을 보냈다. 게임을 하다 보니 아이들과 어색함도 좀 풀리는 것 같았고, "어이구!" 하며 많이 컸다며 아이들을 안아 주었다.

멋쩍어도 하고, 어색해도 하는 아이들이었지만, 그래도 이 기회에 아이들과 뭐라도 함께하고 한번 안아라도 준 거 같아서 내 마음은 기뻤다.

〈사례 4-3〉의 참여자는 자녀들을 안아 주는 일이 무척 낯설고 어색하였지만 그래도 끝까지 실천하려고 노력하는 모습을 보입니다. 오랫동안 표현이 없었던 경우, 안아 주기와 같은 스킨십을 실천하는 것이 어려운 경우가 많습니다. 하지만 가족 안에서 서로를 안아 주고 만져 주는 것은 서로의 사랑을 확인하는 중요한 방법입니다. 여러분도 이번 시간 과제인 시간 공유하기와 함께 안아 주기도 꼭 실천해 보시길 바랍니다. 서로를 안아 줄 때 그 따뜻함은 여러분에게 또 다른 힘이 될 것입니다.

TSL 발달 단계 이론 소개

TSL 프로그램에 참여하는 참여자들은 5Re 원리에 따라 회상하기, 인정하기, 실현하기, 강화하기, 재충전하기 세션을 거치면서 TSL을 실천하게 됩니다. 이를 통해 참여자들은 T, S, L 과정을 성취하게 되지요. 그러나 모든 참여자가 같은 변화 과정을 경험하는 것은 아닙니다. 실제로 TSL 프로그램의 참여자들은 각기 다른 성취 단계를 보입니다. 참여자들 간의 이런 차이는 TSL 발달 단계가 달라서 나타납니다. 그 차이의 이유와 발달 단계별 특성을 알면 TSL 실천에 도움이 됩니다.⑤

TSL 발달 단계는 '고맙습니다(T)' '미안합니다(S)' '사랑합니다(L)' 과정마다 5단계를 거쳐 진정한 TSL 변화를 경험하게 됩니다. T 과정에서 4, 5단계를 경험한 참여자들이 자연스럽게 S 과정의 4, 5단계로 넘어갑니다. 그리고 S 과정의 5단계를 경험한 참여자들이 L 과정의 4, 5단계로 넘어갑니다. T 과정의 4단계 이상을 경험하는 것은 긍정적으로 S 과정으로 넘어갈 가능성을 높이지만, T 과정의 5단계를 경험하지 못한다면 S 과정에서의 5단계인 진정한 사과와 용서를 경험하거나 유지하기 쉽지 않습니다. 마찬가지로 S 과정에서 4단계까지만 경험하는 것은 용서를 제대로 하지 못하였다는 것을 의미하기 때문에 L 과정에서 4단계인 더 많이 주기, 무한대로 주기를 경험할 수는 있지만, 겸손을 경험하기는 쉽지 않습니다. 따라서 T, S, L 각 과정에서의 최종 5단계를 경험하고 유지하는 것이 가장 바람직한 TSL의 발달 단계입니다.⑥ TSL 발달 단계 이론을 도식화하면 [그림 4-10]과 같습니다. 각 단계는 점수화하여 발달 단계 수준을 알아볼 수도 있습니다. 각 과정은 단계별로 1점으로 한 과정은 5점이 만점입니다. T, S, L 과정에서 5점씩, 총합이 15점이겠지요. 크리스천 TSL은

단계		T		S		L
1	1점	미확신(망설임)	1점	미확신	1점	받은 만큼 주기
2	2점	어색함, 머쓱함	2점	주저함	2점	조금 더 주기
3	3점	보상과 기대 (받은 것에 감사)	3점	보상과 기대 (인정한 것에 사과)	3점	더 많이 주기 (반응)
4	4점	존재에 대한 진정한 감사	4점	자연스러운 미안함	4점	무한대로 주기 (기쁨)
5	5점	기쁨(감사 자체)	5점	사과, 용서의 기쁨	5점	겸손, 행복

T, S, L 단계마다 참여자는 다른 수준의 변화를 경험한다.

[그림 4-10] TSL 발달 단계 이론

주님과 TSL, 사람과의 TSL로 진행되기 때문에 최종적으로 각각 15점씩 합이 30점이 최고점이 되지요. 30점 만점이 되어도 모든 것을 이룬 것이 아닙니다. 우리는 우리의 모자람 때문에 다시 화내고 다투고 우울해질 수 있습니다. 그래서 최고 상태를 유지하기 위해선 성경 말씀을 읽고 계속 5Re와 함께 TSL을 실천해야 합니다.

'고맙습니다(T)' 발달 5단계

이 발달 단계 이론을 질적으로 분석한 결과(성신명, 2021), '고맙습니다(T)' 과정에서 4, 5단계를 경험한 참여자만이 자연스럽게 S와 L 과정으로 넘어가는 것을 발견하였습니다. T, S, L 과정에서 각각 1~5단계를 거치게 되는데, 각 과정에서 더 자세히 다루는 것으로 하고 여기서는 먼저 T의 5단계에 대해 자세히 알아보겠습니다.

T 과정에서 참여자들은 주님께 그리고 사람 간에 다음과 같은 5단계의 발달 단계를 거쳐서 경험하게 됩니다. 1단계는 '고맙습니다'가 필요한지 확신이 없는 상태로 망설임의 단계입니다. 2단계는 고맙다는 말을 표현하는 것이 어색하고 머쓱한 단계입니다. 3단계는 고맙다고 인정되는 것에 대해서 고맙다고 표현할 수 있게 되지만 동시에 상대방도 나에게 고맙다고 표현하는 등 보상을 원하는 단계입니다. 4단계는 상대방의 존재에 대한 감사를 인정하고 표현하게 되는 단계입니다. 5단계는 고맙다고 표현하는 것 자체에서 기쁨을 느끼게 되는 단계입니다. 이러한 T 과정에서의 발달 5단계를 도식화하면 [그림 4-11]과 같습니다.[7] 각 단계에 대한 설명을 조금 더 자세히 다루어 보겠습니다.

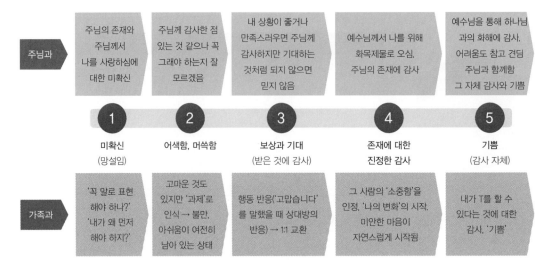

[**그림 4-11**] '고맙습니다(T)'의 발달 5단계 설명

먼저 주님과의 T 과정의 경우, 1단계에서는 주님이 날 사랑하시는 게 맞는지 그 사랑에 대한 확신이 없는 미확신의 단계입니다. 주님의 사랑에 대한 믿음이 없는 단계이지요. 이 단계에서는 주님께 '고맙습니다'를 고백하기 어렵습니다.

2단계의 경우, 주님께서 나를 사랑하신다고 생각은 합니다. 하지만 꼭 나에게 주님이 필요한지는 모르겠고, 주님이 아닌 다른 것에서도 나의 필요를 채울 수 있다고 생각합니다. 마치 가나안에서 여러 이방 신들과 하나님을 동시에 섬겼던 이스라엘 민족처럼 돈과 명예, 권력 등 여러 가지를 추구하면서 주님의 능력마저도 하나의 부속처럼 여기는 단계입니다. 주님이 살아계시고 나를 위해 무언가 해 주시는 것 같지만, 나만 사랑해서 해 주시는 것 같지 않고, 큰 은혜로 다가오지 않아서 주님께 감사 고백하기에는 좀 어색하고 머쓱한 단계라 할 수 있습니다.

3단계는 주님과의 관계가 일대일 관계인 경우입니다. 주님이 계시는 것도 알고 주님이 나에게 무언가 주시는 분이라고 인식도 해서 감사를 고백합니다. 하지만 주님의 크신 사랑과 은혜를 깨닫지 못하고 나의 필요를 채우시는 분 정도로 인식하는 단계로, 내가 원할 때 무언가 주시는 분으로 인식합니다. 이것은 우상숭배와 같지요. 나에게 어려움이 찾아오면 주님을 비난하고 믿지 않는 모습을 보이게 됩니다.

4단계는 주님의 은혜를 온전히 누리는 단계로 주님이 나를 여태까지 이렇게 사랑해 주셨다는 것을 깨닫는 단계입니다. 주께서 나를 지으셨고, 나를 위하여 독생자 예수 그리스도를 화목제물로 보내 주셔서 죄인인 나를 살리셨음을 고백할 수 있게 됩니다. 주님을 나의 유일한 구원자로 고백하며 화해자이신 주님의 존재에 감사할 수 있게 됩니다. 그리스도께서 나를 하나님과 화해시켜 주셨다는 말씀이 나를 위한 말씀임을 깨닫게 되는 것이지요(골 1:22). 나를 하나님께로 인도하기 위해 그리스도께서 친히 사람의 몸을 입고 이 땅에 오셔서 십자가에 달려 돌아가셨고, 죄 많은 나를 아무 흠 없고 죄 없는 자로 만들어 하나님 앞에 세워 주셨음을 온몸으로 깨닫게 됩니다. 그래서 주님의 존재에 대한 감사가 절로 나오고 내가 이렇게 많은 것을 누릴 수 있는 존재인가 싶어서 주님 앞에서 죄송한 마음이 들고 회개를 시작하게 되는 것이지요. 더불어 일상에서도 변화가 나타납니다.

5단계, 기쁨의 단계는 내가 주님의 자녀임이 너무 기쁜 상태입니다. 이 기쁨이 크고 견고하여 쉽게 흔들리지 않고 오래 유지되지요. "여러 가지 시험을 당하거든 온전히 기쁘게 여기라 이는 너희 믿음의 시련이 인내를 만들어 내는 줄 너희가 앎이라"(약 1:2-3)라고 하신 말씀처럼 기쁨은 주님의 능력이자 에너지가 되기도 합니다. 기쁨으로 모든 견딤과 오래 참음에 이르게 하시기에 우리는 기쁨을 통해서 어려움을 참고 견딜 수 있게 됩니다(골 1:11). 심지어 시험이 오더라도 주님께서 주신 기쁨으로 견뎌 내어 성장의 기회로 삼을 수 있게 됩니다. 항상 주님과 동행하며 매일 감사할 수 있다는 사실 자체에 기쁨이 생기고 삶의 여유가 생겨서 사람들과도 TSL 실천을 더 잘할 수 있게 되지요.

이제 사람 간의 T 과정에서의 발달 5단계를 살펴보겠습니다. [그림 4-11]과 같이 T 과정에서 1단계는 '망설임'의 단계입니다. '왜 내가 먼저 해야 하나?' '꼭 말로 표현해야 하나?'와 같이 '고맙습니다' 표현을 상대방에게 전달하는 것을 주저하고 망설이는 단계입니다. 1단계에 머무는 것은 아직 아쉬움과 섭섭함이 존재의 감사함보다 더 많이 남아 있어서 그럴 수 있습니다. 고마움(T)에 집중하여 5Re를 다시 할 때 다음 단계로 나아갈 수 있습니다.

다음 2단계는 '과제니깐 어쩔 수 없이 해야지.' '말로 하려니 왠지 어색하다.' '오글거린다.'와 같은 반응을 보이는 단계로 '고맙습니다'를 표현하기에는 아직 어색한 상태입니다. 상대방에게 고마운 것은 있으나 아직도 이익형량(利益刑量)의 원칙이 작동하여 고맙다고 하면 왠지 자신에게 득보다는 손해가 될듯하거나, 안 해도 그간 잘 지내 왔는데 굳이 해야 하나 하는 모습입니다.

3단계는 상대방으로부터 받은 것에 대하여 어렵게 '고맙습니다'를 표현하였는데 상대와 상호작용이 일어나 상대의 반응 혹은 보상에 기분이 좋고, 하길 잘했다고 생각하는 단계입니다. 이 단계에서는 상대방의 반응에 따라 T 실천이 더 강화되거나 위축될 수도 있습니다. 특히 상대방의 소중함도 알겠고 고마운데 왜 나만 해야 하나라는 생각이 많이 듭니다. 그래서 상대방 반응이 기대 이하일 때 민망해하고 "내가 변했으니 당신도 변하시오."라는 1:1 교환 이론 자세가 나타나게 됩니다. 하지만 자신이 생각할 때 맥락상 1:1은 상대의 생각과 다를 수 있기에 지나친 기대로 결국 낙심하게 됩니다. 일반적 예절로 상대방의 호의에 감사하는 것도 3단계에 포함될 수 있습니다.

4단계는 이보다 조금 더 발전하여 진정한 존재의 소중함을 깨닫고 '고맙습니다'를 실천하는 단계로 '확장된 감사' '진정한 감사' 단계에 이르렀다고 할 수 있습니다. 상대방이 해 준 것에 대한 감사를 넘어 존재하는 것만으로도 감사하는 진정한 T를 실천할 수 있는 단계이지요. 4단계에 이르러서야 나의 변화가 시작되고 진정한 감사의 톱니바퀴가 움직여 가족에 대해 미안함이 생겨납니다. 내가 고마움을 표시하는데 상대방의 반응이 꾸준히 긍정적이면 좋지만 상대방의 반응에 크게 연연하지 않는 단계로 상대방의 존재 자체를 감사로 받아들이는 단계이지요. 이 단계에 들면서 상대방에 대한 미안함도 생각하게 됩니다. 슬프거나 아픈 기억도 다룰 수 있는 정신적인 체력이 생기는 겁니다.

마지막 5단계는 '고맙습니다'를 실천하는 것 자체에 감사하는 단계로, 감사를 표현할 상대가 있다는 사실만으로 감사와 기쁨을 경험하는 단계입니다. 감사할 상대가 있고 내가 많은 것에 고마움을 표할 수 있다는 감사 자체에 대한 기쁨이지요. 5단계에 이르렀다면, 미안함과 용서를 실천하는 S 단계를 훨씬 수월하게 이해하고 진행할 준비가 된 겁니다. 즉, 1~3단계가 일상적으로 또는 사회 매너상 감사를 표현할 수 있는 단계라면, 4~5단계가 되어서야 진정한 TSL 실천과 그에 따른 변화가 생기는 단계라고 할 수 있습니다. 4단계부터는 상대방의 반응과 상관없이 스스로 먼저 움직여서 T를 실천할 수 있게 됩니다.[8]

〈사례 4-4〉에서 참여자는 말씀을 읽으면서 주님의 사랑을 깊이 깨닫고 감사를 고백하다 보니 가족에게도 '고맙습니다'를 실천할 힘을 얻게 되었습니다. 가족이 주님이 주신 선물임을 깨닫고 가족의 존재에 대한 고마움을 표현하였습니다. 그리고 고마움을 표현하는 과정에서 가족 간에 기쁨을 나누는 모습을 볼 수 있습니다. 이러한 모습에서 참여자가 T의 발달 5단계 중 4~5단계에 이르렀음을 확인할 수 있고 이후 자연스럽게 S 과정으로 넘어갈 것을 예상할 수 있습니다.[9]

사례 4-4 여, 20대 후반, 대학원생

하나님의 사랑을 깨닫고 나니 내가 얼마나 부족한 존재인지 깨닫게 되고, 더 하나님을 의지 해야겠다는 마음이 생겼다. 꾸준히 말씀을 읽으면서 하나님의 사랑을 느끼다 보니 하나님께 감 사하게 되고 주어진 삶에 감사하게 되었다. 또 삶의 기쁨과 활력을 찾게 됨을 경험하게 되었다.

주말 가족들과 나들이를 나가 카페에 갔다. 그곳에서 부모님께 엄마, 아빠가 하나님이 주신 선물임을 요즘 많이 느끼고 있다고 말씀드렸다. 동생도 덩달아 부모님께 감사한 마음을 전해 서 깜짝 놀랐다. 부모님은 "아이고, 대학원 가더니 우리 딸이 달라졌네." 하시며 흐뭇해하셨다. 너희가 있어서 큰 기쁨이라며 오히려 우리에게 사랑을 표현해 주셨다. 이렇게 서로 마음을 전 하고 나니 가족이 더 소중한 존재로 느껴졌고, 감사한 마음도 더 커졌다.

오늘의 과제

기본과제. 주님께서 여러분에게 이번 주 주신 성경 말씀과 이를 통해 깨달은 점은 무엇 입니까?

과제 1. '고맙습니다' 실천하기

과제 2. '고맙습니다'라는 표현과 함께한 '시간 공유' 실천계획과 실천하기

과제 3. 가족 구성원 안아 주기

'고맙습니다'를 표현하기 위해서는 무엇보다 겸손한 마음을 가지고 주님과 가족의 존재 에 감사한 마음을 인식해야 합니다. 그러면 '고맙습니다'를 자연스럽게 표현할 준비가 됩니다. 그리고 '고마움'을 내가 가진 시간과 에너지를 공유하며 표현해야 합니다. 이것 이 이번 Practice 4의 목표입니다.

Chapter **5**

가족은 주님의 선물

❋ 무너지는 크리스천 가족

우리 삶 속에 가장 소중한 사람들이 가족이라 하는 것에 거의 모두 동의하실 것입니다. 우리가 열심히 노력하는 것은 모두 가족이 잘 되길 바라는 마음에서일 것입니다. 부모가 자녀를 양육하기 위해 수고하고, 자녀는 부모에게 효도하기 위해 열심을 내고, 도울 수 있다면 내 형제자매를 돕고자 하는 마음이 그런 것이겠지요. 결국 우리가 열심히 일해서 얻는 행복을 나눌 사람들은 가족이 우선이라는 것에 고개를 끄덕이게 되실 것입니다. 주님께서도 주신 복을 혼자 누리는 것이 아니라 가족과 함께 나누고 즐거워하라(신 12:7)고 하신 것처럼 말입니다.

가족은 주님께서 주신 복을 함께 나눌 만큼 소중한 사람들임에도 불구하고 [그림 5-1]과 같이 현대사회는 과거보다 가족이 더 멀어지고 해체되는 문제를 안고 있습니다. 먼저, 현대 한국 사회의 가족 문제에 있어서 가장 핵심적인 문제이기도 하고, 다른 문제들의 원인이 되기도 하는 것은 바로 이혼율의 증가입니다. 모든 이혼을 병리적 현상이라고 할 수는 없지만, 이혼은 사회적으로나 개인적으로 많은 어려움을 파생시킵니다.[1] 2021년 혼인·이혼 통계(통계청, 2021)에 따르면, 조혼인율(인구 1,000명당 혼인 건수)은 1990년 9.3에서 지속적으로 감소해 2020년 4.2로 절반 수준으로 감소한 반면, 조이혼율(인구 1,000명당 이혼 건수)은 1990년 1.1에서 2020년 2.1로 같은 기간에 두 배가 증가한 것으로 나타났습니다. 특히 2000년대 들어 이혼이 급증해서, 1990년 4만 5,694건이던 이혼 건수는 2020년 10만 6,500건으로 늘었습니다. 과거 2007년 12만 4,072건까지 늘었으나 2008년에 이혼 숙려제도 도입 이후 10만 건 정도 수준을 유지하고 있습니다. 그러나 인구의 감소와 혼인율의 감소를 고려할 때 이혼의 영향력은 앞으로도 클 것으로 보입니다(통계청, 2021). 이런 수치는 크리스천 가정이라고 별반 다르지 않다고 보입니다. 교회 내 이혼 가정을 어렵지 않게 찾아볼 수 있고, 이혼할 수 있다는 견해를 지닌 사람들도 크리스천과 비크리스천들의 차이가 크지 않기 때문입니다(신원하, 2001).

이혼의 한 원인으로 지목되는 가정폭력 발생에 있어서도 크리스천 가정과 일반 가정이 크게 다르지 않다고 보고되고 있습니다. 영국 감리교 조사에서는 교인 25%가 유년 시절 가정폭력 피해자이거나 목격자라고 응답하였고, 성인이 되어서도 배우자로부터 폭력을 경험했다고 응답하였습니다(크리스천월드리뷰, 2000. 12. 11.). 2019년 국내 가정폭력실태조사에서는 약 30%의 가정이 폭력 피해 가정이라고 보고되었는데, 기독교를 포함하여 종교 유무와 상관없이 폭력이 발생하고 있고, 교회 내 10가정 중 3가정에서도 가정폭력이 일어나고 있다는 것을 보여 줍니다(여성가족부, 2019; 국민일보, 2020. 9. 25.).

이혼율의 증가와 함께 눈에 띄는 변화는 가족 형태의 변화입니다. 1인 가구의 증

[그림 5-1] 무너지는 크리스천 가족

가, 부부와 미혼자녀 가구의 감소, 가족 규모의 축소와 같은 가족 형태상의 변화가
나타나고 있습니다. 여성가족부에서 시행하는 가족실태조사(여성가족부, 2021)에 따
르면, 1인 가구는 2015년 21.3%에서 2020년 30.4%로 증가하였습니다. 자녀 없이
부부만으로 구성된 가족은 같은 기간에 15.9%에서 22.1%로 증가하였습니다. 반면,
전통적인 가족 형태라고 할 수 있는 부부와 미혼 자녀로 이루어진 가족은 2015년
44.2%에서 2020년 31.7%로 감소하였습니다. 자녀를 출산하고 양육하여 사회를 존
속시키는 기능을 하는 전통적 가족 형태가 감소하고 있다는 것은 사회의 근본을 흔
드는 중요한 문제이지요. 가족 규모도 축소되어 가구원 수 2인 이하인 가구가 2019년
58%로 나타났습니다. 앞으로도 가족 형태상의 변화는 지속될 것으로 보입니다. 가
족 규모가 축소되고, 1인 가구가 증가하는 것은 외롭게 사는 사람들이 늘어나는 것
으로도 볼 수 있지요. 고독사가 또 다른 사회문제로 논의되기도 합니다. 또 '기러기
아빠'라고 알려진 가족, 떨어져 살지만 정서적 연대를 유지하는 '원(遠)거리가족', 출
신 국적이 다른 '다문화가족' 그리고 동성애 커플도 생겨나고 있지요.[2] 우리나라의
가족 형태는 이렇게 매우 급격한 변화 가운데 있습니다.

　이혼의 증가와 결혼 연령의 상승 그리고 결혼 건수 자체의 감소는 자연스럽게 전
체 결혼 건수에서 재혼 비중의 증가로 이어집니다. 초혼 구성비를 보면, 지난 1972년
남자는 94.6%, 여자는 97.1%였지만 2000년 남자는 86.8%, 여자는 85.3%였고,
2020년에는 남자 84.3%, 여자 82.0%로 비중이 줄었습니다. 반면, 재혼 구성비는
1972년 남자 5.4%, 여자 2.9%에서 2000년 남자 13.1%, 여자 14.5%에서 2020년 남
자 15.6%, 여자 17.8%로 높아졌으며, 1990년 이후부터 여자의 재혼 비중이 남자보
다 높았습니다. 2020년 결혼한 남자와 여자의 6명 중 1명은 재혼이라는 것이지요
(통계청, 2021).

　재혼 연령도 1972년 평균이 남자 39.0세, 여자 33.7세였는데 이후 꾸준히 증가해
2020년 남자 50.0세, 여자 45.7세로 각각 11세, 12세 증가했습니다(통계청, 2021). 예
전보다 가족의 구성이 다양해지고 복잡하게 된 것이지요.

　현대 한국 사회의 가족 문제에 있어서 새롭게 심각한 것은 자녀가 부모에게 폭력
을 행사하는 부모폭력 발생이 증가하고 있다는 것입니다. 부모폭력으로 세상을 놀
라게 했던 1994년 '박한상 부모 살해 사건'의 경우, 부유한 부모 밑에서 엇나가는 아
들을 질책하자 아들이 부모를 끔찍하게 살해하고 방화까지 하였지요. 이런 끔찍한

사건이 계속 증가합니다. 2021년도에도 고등학생 형제가 자신들을 키워 준 할머니의 잔소리가 싫다고 할머니를 살해한 사건이 발생하기도 했습니다. 존속 대상 범죄는 2016년 3,277건에서 2020년 3,825건으로 늘어나고 있습니다. 참으로 비통한 현실입니다.

이처럼 현대 우리 사회 가족은 [그림 5-2]와 같이 다양한 특징을 보이고 있습니다. 이러한 특징 중에서 가장 심각한 것 중 하나는 저출산율입니다. 출산율 조사 결과(통계청, 2020)에 따르면, 1970년의 출산율은 4.53명, 1980년에는 2.82명, 1990년에는 1.57명, 2000년에는 1.47명, 2008년에는 1.19명, 2019년에는 0.92명으로 출산율이 점차 감소하고 있음을 알 수 있습니다. 출산율 저하는 곧 청년 활동 인구의 감소를 의미합니다. 또 출산율의 저하는 고령화를 심화시켜 각종 사회문제와 함께 젊은 층의 사회경제적 부담을 키우게 되지요. 고령화 사회에서는 상대적으로 적은 인구를 차지하는 젊은 경제활동 인구가 많은 수의 노년층을 사회적으로 부양해야 합니다. 이에 더해 필요한 주택의 공급 부족과 부동산 정책 실패로 인한 급격한 집값 상승은 젊은 세대의 비혼 증가와 상관관계가 높지요(홍승아 외, 2018). 이러한 사회경제적 압력은 다시 젊은 층의 결혼 연령을 늦추게 되고, 소득에서 차지하는 양육비나 부양비의 부담을 과중하게 만들어서 출산율이 회복되지 못하는 악순환을 초래하게 됩니다.[3]

[그림 5-2]에 나타난 현대 한국 가족의 특징은 일반 가족에게만 해당하는 것이 아닙니다. 크리스천 가족의 상당수도 공통되게 경험하고 있습니다. 크리스천 가족 또한 가정폭력을 경험하고, 아동학대를 하며, 이혼, 저출산, 부모-자녀 간 소원한 관

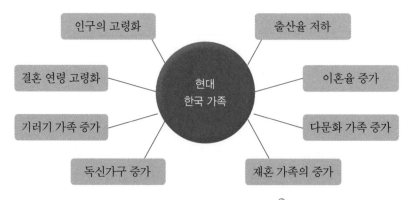

[그림 5-2] 현대 한국 가족의 특징[4]

계로 인한 고독한 노인 증가 등 많은 문제가 발생하고 있지요. 이런 복합적인 문제들로 인해 지친 크리스천 가정은 일반 가정과 마찬가지로 애견이나 애묘 등을 반려동물이라 하며 가족 구성원으로 삼아 실재하는 다른 가족 구성원보다도 더 아끼고 사랑하며 스트레스와 외로움을 달래기도 합니다. 물론 애견들도 소중한 존재이지만 주님이 주신 나의 가족에게 무관심하거나 홀대하며 애견만을 아낀다면 그건 참 슬픈 일입니다. 가족이 주님이 주신 가장 소중한 존재이고 이 가운데에서 서로 행복해질 수 있어야 하는데 그렇지 못하는 것이 현실인 거지요. 크리스천으로 바로 서기 위해서는 부모님과 배우자, 형제자매 등 원가족부터 공경하고 사랑하며 서로 잘 지내야 합니다.

❋ 크리스천 가족의 회복 시작: 부모 공경

주님께서 우리에게 주신 십계명 중 인간관계에서의 첫 계명은 다섯 번째 계명인 "네 부모를 공경하라"입니다. 네 부모를 공경하면 주님께서 이 땅에서 생명이 길고 복을 누리게 하신다고 약속하셨습니다(신 5:16). 이는 주님께서 주신 가족과의 관계를 얼마나 중히 여기시는지 깨닫게 되는 부분입니다. 부모를 공경하는 것은 크리스천의 의무이지요. 부모님은 주님이 자녀 된 우리에게 주신 선물입니다. 부모님은 우리가 단지 일상 중에 만나는 사람들에게 선을 베푸는 것과는 차원이 다르게 존경하고 사랑해야 하는 대상이지요. 부모 공경은 주님이 주시는 복을 누리는 가장 쉬운 길임에도 우리는 부모 공경의 의무를 망각하고 살아갈 때가 많습니다. 성경에서는 사람에게 완악하고 패역한 아들이 부모의 말을 순종하지 않고 부모가 징계하여도 순종하지 않을 시에는 사회에서 징계해도 된다(신 21:18-23)고 강력하게 이야기합니다. 그만큼 자녀가 부모의 말씀에 순종하며 부모를 사랑하고 존경하는 일은 중요하다는 말씀이지요. 주님께서 이같이 부모 공경을 강조하신 것은 분명 자녀가 부모를 공경하는 일이 쉽지 않고 많은 사람이 잘하지 못하는 일이기 때문입니다. 예수님 시대에도 사람들은 주님을 핑계 삼아 부모 공경을 하지 않고 지냈습니다. 그 대표적 모습이 고르반(주님께 바쳐진 예물)이라 하고 부모에게 드려야 할 몫을 자신이 갖는 것이었지요(막 7:11-13). 이처럼 신구약 시대를 막론하고 인간이 살아가는 모든 시대에서 부모 공경은 지키기가 어려웠는지도 모릅니다. 하지만 주님께서 부모 공경을 강조하신 것은 또 그만큼 부모는 소중한 존재이며, 부모와의 좋은 관계를 맺고 공경하며 살아가는 일은 자녀인 우리에게 유익이며 우리를 풍요롭게 하는 길이기 때문입니다.

"지혜로운 아들은 아비를 기쁘게 하거니와 미련한 아들은 어미의 근심이니라"(잠 10:1)라는 말씀처럼 우리가 지혜로운 자녀가 되어서 부모님을 기쁘시게 하도록 노력해야 합니다. 하지만 우리는 [그림 5-3]과 같이 부모님이 주신 사랑과 은혜는 잊은 채 "부모가 나를 사랑하지 않았다." "나에게 해준 게 없다." "고작 이거밖에 못 해주나." "왜 형제간 차별하는가?"와 같은 불만을 품고 부모를 미워하고 저주하는 죄를 짓기도 합니다. 이처럼 부모에 대한 불평, 불만, 저주를 성경에서는 "자기의 아비나 어미를 저주하는 자는 그의 등불이 흑암 중에 꺼짐을 당하리라"(잠 20:20)라고 말씀하실 정도로 무서운 일로 설명합니다. 부모님을 보살피고 기쁘게 해 드리는 것이 참 지혜인데, 우리가 받은 것을 당연하게 생각하고 부모의 마음을 헤아리지 못한다면 우리는 성경이 말하는 미련한 자가 되는 것입니다. 때로 우리는 부모에게 공평해야 한다고 주장할지도 모릅니다. 하지만 그것은 우리의 방정식입니다. 부모님의 입장에서는 다른 방정식이 있을 수 있습니다. 가족관계는 세상의 방식으로 계산하는 것만이 능사가 아니지요. 우리는 그런 태도를 보일 때 만족을 얻기가 어렵습니다. 자기만을 사랑하고 감사를 모르는 교만함은 끔찍한 부모 폭력까지 불러일으키게 됩니다. 우리 크리스천은 가족 구성원을 소중히 생각해야 합니다. 그러기 위해서는 자신이 먼저 바뀌고 부모를 공경해야 합니다. 부정적 생각을 먼저 하는 것이 아니라 감사할 것을 먼저 찾는 것이 크리스천이 해야 할 역할입니다.

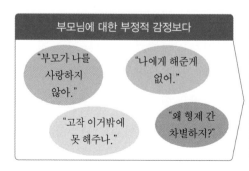

[그림 5-3] 부모님에 대한 감사와 공경

❋ 당연한 것은 없다: 이른 비와 늦은 비

　우리는 가족과 지내는 일상을 너무나 당연하게 여긴 나머지 소중하게 생각하지 않고 갈등이 발생해도 방치하고, 그래서 결국 가족 해체의 상황까지 가는 것일지도 모릅니다. 가족 해체의 폐해는 자신과 가족 모두에게 돌아가지요. 성경에는 이른 비와 늦은 비를 주시는 주님을 경외하지 않는 이스라엘의 모습이 나옵니다(렘 5:24). 여기서 이른 비란 우기의 시작을 알리는 비입니다. 이른 비가 내려야 파종을 시작할 수 있습니다. 늦은 비는 수확을 돕는 비로 이 비가 오지 않으면 저주가 내린 것으로 간주할 만큼 중요한 비이지요. 이른 비와 늦은 비가 제때 오지 않는다면 한해 농사를 망치기에 매우 소중한 비임에도 불구하고, 모든 것을 자연의 이치라 치부하고 주님의 은혜를 잊고 감사하지 않는 이스라엘 모습을 성경에서 볼 수 있습니다. 우리에게 가족이 이른 비와 늦은 비 같은 존재이지요. 가족이 없으면 우리가 생존할 수 없음에도 불구하고, 마치 당연한 듯 생각하며 가족을 주신 주님께도, 가족에게도 감사하지 않고 살아갑니다. 가족이 주님께서 주신 소중한 선물임을 잊고 주님께 감사하지 않기에 가족에게도 당연히 고맙지 않은 것이지요. 부모를 공경하지 않고, 아내나 남편을 사랑하지도 감사하지도 않고, 자녀와 나의 형제자매들을 주위에 있는 당연한 존재로만 여기게 되는 것이지요.

　성경에서는 결혼한 부부에게 서로의 존재를 귀히 여기고 사랑하라고 당부하고

- 네 샘으로 복되게 하라 네가 젊어서 취한 아내를 즐거워하라(잠 5:18)
- 그는 사랑스러운 암사슴 같고 아름다운 암노루 같으니 너는 그의 품을 항상 족하게 여기며 그의 사랑을 항상 연모하라(잠 5:19)
- 여인과 간음하는 자는 무지한 자라 이것을 행하는 자는 자기의 영혼을 망하게 하며(잠 6:32)
- 채소를 먹으며 서로 사랑하는 것이 살진 소를 먹으며 서로 미워하는 것보다 나으니라(잠 15:17)
- 마른 떡 한 조각만 있고도 화목하는 것이 제육이 집에 가득하고도 다투는 것보다 나으니라(잠 17:1)
- 다투는 여인과 함께 큰 집에서 사는 것보다 움막에서 사는 것이 나으니라(잠 21:9)
- 다투며 성내는 여인과 함께 사는 것보다 광야에서 사는 것이 나으니라(잠 21:19)

있습니다.

이러한 잠언 말씀은 부부가 서로를 아끼고 사랑하며 화목하게 지내는 것이 복이며, 행복의 길임을 말하고 있습니다. 하지만 현실에서는 부부가 서로에 대해 만족하지 못하고 매일 다투고 지쳐 움막과 광야를 찾아 헤매고 있지는 않으신가요? 부부 사이에 다툼이 잦고 만족하지 못하는 삶은 말씀에서 나타나듯 우리의 삶을 피폐하게 만듭니다. 다툼은 서로를 주님이 주신 선물이라고 인정하지 않고 감사하지 않기 때문에 발생합니다. 아내와 남편을 얻는 자는 복을 얻고 여호와께 은총을 받는 자(잠 18:22)입니다. 우리의 배우자는 우리가 선택하고 우리의 능력으로 얻은 존재가 아니지요. 주님의 축복으로 부부가 된 것입니다. 부부가 함께 의논하고 힘을 모아 세운 계획은 가정을 세워 나가는 데 큰 힘이 됩니다(잠 15:22). 하지만 서로 욕심을 내고, 함께 의논하지 않고 각자의 삶만을 생각한다면 가정의 평화는 깨어지게 되겠지요.

여러분 중 결혼을 하신 분들은 시가와 처가가 다르지 않고, 시부모님과 장인·장모님 모두가 다 같은 부모라고 생각하고 계시나요? 아내가 시부모님을 볼 때, 남편이 장인·장모님을 볼 때 이해하지 못하는 부분이 있다는 것은 있을 수 있는 일이고, 어찌 보면 수십 년간 살아온 방식이 다르기에 당연한 일입니다. 그러나 많은 부부가 시가와 처가의 삶의 방식이 다른 것으로 많은 어려움을 겪습니다. 다름 때문에 갈등이 발생했을 때 중요한 것은 부부가 서로의 가족을 존중하여 시가와 처가의 삶의 방식을 이해하기 위해 노력하는 것입니다. 부부가 각자의 입장만 내세우는 것 보다 상대방의 입장을 헤아리기 위한 노력이 필요한 것이지요. 아내가 이야기하는 시가에 대한 관점이나 반대로 남편이 이야기하는 처가에 대한 관점을 받아들이는 노력이 필요합니다. 남편과 아내는 각자 자기 본가를 변호하며 서로를 비방하고 다툴 필요가 없지요. 상대방의 관점은 아내 또는 남편이 30년 이상 익숙하게 살아왔으나 '내'가 모르는 '상대방의 관점'으로 존중해야 합니다. 서로 다른 환경에서 자란 두 사람이 만나 함께 부부라는 공동체를 이룬 것임을 기억해야 합니다. 남편은 아내의 관점을 이해하며 아내의 가족을 이해할 수 있어야 하고, 아내 또한 마찬가지입니다. 내 아내와 내 남편에게 소중한 가족임을 기억하고 감사한 마음을 갖고 대화하고 행동해야 합니다. 크리스천 가정은 주님이 보시기에 선한 길, 자신의 능력과 한계를 고려하면서 자신이 할 수 있는 역량 안에서 가장 좋은 길로 갈 수 있도록 서로 논의

해야 합니다.

나의 배우자가 주님이 세우신 나의 동역자요 소중한 존재라는 것을 인정하고, 함께 머리를 맞대고 의논하며, 의지하고, 서로를 존중한다면 우리의 가정은 주님이 주신 복을 누리는 가정으로 변화될 것입니다. 잠언 31장의 현숙한 여인을 아내의 덕목으로만 여기는 것이 아니라 아내와 남편이 서로 칭찬할 만한 사람이 되고자 노력하고, 자식들이 일어나 감사하는 부모가 되고자 노력해야 하는 말씀으로 이해해야 합니다(잠 31:28). '내가 먼저 칭찬받을 만한 배우자로 변해야겠다, 존경받을 만한 부모로 달라져야겠다.'고 마음먹고 노력한다면 분명 가정이 새로워질 것입니다. 주님께서는 또 아내들에게는 남편에게 순종하라, 남편들에게는 아내를 귀히 여기라고 말씀(벧전 3:1,7)하고 있습니다. 부부간의 우열이 있다고 말씀하지 않으시고, 아내와 남편이 서로를 아끼고 사랑하며 존중해야 하는 구원의 공동체라 말씀하시는 것이지요. 크리스천 부부란 함께 주님을 닮아 가는 길을 걷는 동역자이자 가장 가까운 친구입니다. 아내 또는 남편이 자신의 배우자에게 이것도 안 해 준다며 섭섭해하는 것은 서로를 당연하게 여기고 서로에게 감사함이 없기 때문입니다. 남편과 아내 또는 자녀라면 이런 일을 당연히 해야 한다고 생각하면 감사함이 사라집니다. 당연한 것은 없지요. 감사할 줄 모를 때 다툼이 일어납니다.

이른 비와 늦은 비가 당연한 것이 아닌 모두가 주님의 은혜인 것처럼 서로서로 삶에 동역자이자 주님이 주신 소중한 존재라는 것을 인정할 때 우리는 새로운 관계를 세워 나갈 수 있습니다. 우리는 일터에서, 교회에서, 사회에서 만난 많은 관계에서도 칭찬받는 관계, 인정받는 관계가 되려고 부단히 노력합니다. 하물며 가장 소중한 존재인 나의 배우자를 위해 여러분은 어떤 노력을 하고 있는지 돌아보아야 합니다.

❋ 우리는 주님의 자녀

하나님께서는 그의 유일한 아들을 세상에 보내심으로 우리를 살리셨습니다(요일 4:9). 사실 하나님께서 우리를 살리셔야 하는 이유는 없었습니다. 우리는 주님 앞에서 잘한 일이라고는 하나도 없는 존재이니까요. 그러니 우리가 하나님을 사랑한 것이 아니라 하나님이 우리를 사랑하셔서 우리 죄를 속하기 위해 예수 그리스도를 화목제물로 보내신 것이지요(요일 4:10). 주님은 이처럼 먼저 조건 없이 가장 큰 사랑을 보여 주신 분이십니다. 사랑 안에는 두려움이 없고 온전한 사랑이 두려움을 내쫓는다고 말씀하십니다. 두려움은 형벌 때문에 생김으로 두려워하는 자는 사랑 안에 온전히 거하지 못하지요(요일 4:18). 우리는 주님의 사랑으로 주님의 자녀가 되었습니다. 우리를 너무 사랑하셔서 가족이라는 사랑의 공동체도 선물로 주셨지요. 우리를 사랑해서 이 모든 것을 허락해 주시고 자기 아들까지도 내어주셨는데 우리는 마치 이른 비와 늦은 비를 보는 것처럼 받은 것을 당연하게 생각합니다.

하나님의 자녀가 된다는 것은 예수 그리스도를 하나님의 아들로 인정하고 예수님이 우리의 죄를 위하여 화목제물로 오심을 믿는 것을 의미하지요. 주님의 사랑의 모습을 닮을 때 진정한 주님의 자녀가 됩니다. 우리를 자녀 삼기 위해 주님이 보여 주신 사랑을 통해 조건 없이 먼저 사랑하는 모습이 무엇을 의미하는지 배우게 됩니다. 이 사랑의 모습이 참 부모의 사랑의 모습이지요.

우리가 배운 이 사랑의 모습을 우리의 소중한 가정 내에서 실천해야 합니다. 하지만 현실에서 우리는 사랑을 실천하기보다는 가족 내에서 감사조차 없습니다. "나는 이렇게 열심히 하는데 너는 왜 이거밖에 못 하니?" "너는 왜 온종일 게임만 하니?" 자녀를 보면서 자녀의 모자람을 지적하기 바쁩니다. 자녀를 훈계하면 안 된다고 말하는 것이 아닙니다. 자녀의 모습을 보고 자녀를 미워하면 안 된다는 것이지요. 자녀를 사랑하기 때문에 우리는 자녀가 잘되면 좋겠다는 마음에 자녀를 혼냅니다. 하지만 이 훈계가 사랑 표현 방법의 전부가 되어서는 안 되는 것이지요. 가령, '사랑하기 때문에' '아이가 잘되기를 바라는 마음'에 사교육에 너무 많은 에너지와 시간을 쏟아 정작 자녀와 함께하는 소중한 시간을 누리지 못한다면 우리는 무언가 크게 잘못 가고 있는 것입니다. 자녀가 좋은 대학에 입학한다고, 좋은 위치에 오른다고 하여서 반드시 행복한 삶을 사는 것은 아니라고 여러분도 생각하실 것입니다. 행복의 근원은 지위, 명예, 부에서 오는 것이 아닌, 이 땅에서 주님이 주신 선물인 소중한 사람들과 감사를 나누고 사랑하며 살아가는 것에 있음을 기억해야 합니다. 조건 없이 먼저 넘치게 사랑해 주시는 하나님의 사랑으로 우리 자녀를 바라보고 사랑하는 것이 주님의 자녀 된 우리가 해야 하는 일이지요.

✳ 가족기반 이론

가족은 [그림 5-4]와 같이 거시적으로 국가의 기반이며, 미시적으로는 개인의 삶의 기반이 됩니다. 따라서 국가는 가족을 건강하게 육성하도록 지원해야 하고, 각 개인은 가족 내에서 삶의 기반을 건강하게 만들도록 노력해야 합니다. 또 가족은 사회에 필요한 노동력을 제공하고, 가족 구성원의 사회화를 담당하며, 재화의 분배와 소비, 사회보장적 역할을 수행하게 됩니다. 따라서 국가적 발전을 위해서는 건강한 가족이 필요하지요. 가족이 국가의 경쟁력과 개인 삶의 기반이 되기에 가족 제도는 앞으로도 오랫동안 유지될 것입니다. 이를 가족기반 이론(family-base theory)이라고 합니다.[5]

국가가 발전하려면 건강한 가족이 많아야 하며, 이러한 건강한 가족의 출현을 위해서는 가족 간의 불평등 문제를 해결하고 건강한 가족을 뒷받침하는 사회복지제도를 확충시켜 나가는 것이 필요합니다. 가족이 탄탄해져야 국가가 잘 운영될 수 있으므로 모든 국가가 가족을 강화하는 정책을 운용하고 있습니다. 결혼한 가족에 대한 세금 감면, 육아나 보육수당 지원, 무상교육과 자녀 보육비 지원, 다자녀가정 주택우선권, 노인부양 가족 주택우선권 부여 등 가족을 중심으로 하는 국가경쟁력 향

가족기반 이론
→ 가족의 중요성 재부각

거시적

- 정부 · 시장은 가족을 기반으로 발전
  - 구성원 충원 및 사회화
  - 생산과 소비 활동
- 가족 위기는 곧 국가의 위기
- 가족 문제 해결을 위한 사회복지 제도 확충
  - 건강한 가족 증가
  - 국가 경쟁력 확보

미시적

- 가족의 건강: 개인의 생산성 증가 및 행복감 증가
- 개인의 삶은 가족을 중심으로 구성
- 사랑하는 사람의 존재 평안함, 행복함

[그림 5-4] 가족기반 이론

상을 위한 경제복지 정책을 펼치고 있는 것이지요. 이는 국가가 건강한 가족의 유지가 국가경쟁력과 직결된다는 것을 깨닫고 있기 때문입니다.[6] 하지만 국가는 가족 구성원들을 한 시대 중요한 부분으로만 이해하면 안 되며 지속적으로 사랑의 공동체로 이어질 수 있도록 지지하고 지원하는 복지의 개념을 가져야 합니다.

가족은 미시적으로는 개인의 삶의 기반입니다. 가족이 건강하고 안정적일 때 각 개인의 생산성이 높아집니다. 그뿐만 아니라 가족은 개인의 행복과 직결됩니다. 어린아이가 성장하는 데 있어 부모의 양육과 교육이 기반이 되고, 성인이 된 이후에는 결혼과 배우자와의 관계 그리고 자녀 양육이 개인 삶의 중심이 됩니다. 노후 생활에서는 재산을 상속하는 문제나 가족으로부터 부양을 받는 문제, 자녀 및 손자녀와의 관계가 중요해지지요. 이렇게 사람들은 살아가며 다양한 외부 사람들을 만나지만 인간관계의 핵심적인 내용은 대부분 가족을 기반으로 해서 이루어지고, 삶의 기반은 가족을 중심으로 구성됩니다. 즉, 개인은 한 가족에서 태어나서 성장하고, 성인이 되어 누군가를 양육하고 교육하며, 노인이 되어 가족으로부터 부양을 받게 됩니다. 결국 전 생애를 거쳐 가족관계는 가장 중요한 인간관계가 되는 것이지요. 따라서 가족과의 관계는 개인의 행복과 직결됩니다. 행복한 삶의 기반인 가족을 형성하기 위해서 각 개인은 가족 구성원과의 성격 차이나 관계의 어려움에 대해 스스로 변화하려고 노력해야 합니다. 동시에 가족에게 어려움이 닥칠 때 적응력이나 회복력을 높일 수 있도록 가족 구성원 모두 노력해야 하지요. 하지만 더 중요한 것은 자신이 먼저 변해야 자신이 행복해지고 가족도 행복해질 수 있다는 것입니다.[7] 개인에게 사랑하는 사람이 곁에 있어야 행복해질 수 있음을 명심해야 합니다.

이렇게 가족은 국가의 기반이며 또한 개인 삶의 기반입니다. 이것이 가족기반 이론입니다. 시대가 변하고, 다양한 가족의 형태가 나타나고 있지만, 현재 인류 문명에 거대한 변화가 있지 않은 한 오늘날 우리 시대가 보고 있는 가족 기능과 역할은 당분간 변화하지 않을 것입니다.[8]

우리는 가족의 외형적 모습에 관심을 두다 보니 가족의 존재가 주님이 주신 선물임을 잊고 당연한 존재로만 인식하게 됩니다. 사회복지기관에서 일하는 상담사들이 기초생활수급자 신청을 돕기 위해 어르신들과 이야기를 나눠 보면, 20년 동안 자녀들이 한 번도 찾아온 적이 없다며 연이 끊겼다는 분들을 심심찮게 만나게 됩니다. 가정마다 속사정이 있으리라 짐작은 됩니다만, 그래도 참 안타까운 일입니다.

가족이 우리 삶에 중심이라는 것은 의무적으로 가족을 사랑해야 한다고 이야기하는 것이 아닙니다. 주님께서 나를 사랑해서 주신 공동체이자 선물임을 기억하고 소중하게 대해야 한다는 것이지요. 우리는 감사함으로 나의 부모, 나의 자녀, 나의 형제자매에게 주님께 받은 사랑을 나눠야 합니다. 우리가 주님께 받은 사랑이 많고, 조건 없이 받은 사랑이라는 것을 인정한다면 내가 먼저 그 사랑을 나누어야 합니다. 주님께서 죄인 된 우리를 사랑해 주셨기에 우리도 조건 없이 사랑을 실천해야 하지요. 주님의 사랑 실천의 첫 번째 대상이 가족이며 이후 대상을 더 넓혀 이웃에게도 사랑을 실천해야 합니다. 이것이 참된 주님의 자녀 모습입니다.

가족은 만족의 대상이 아닌 주님이 주신 고마운 존재

우리의 착한 행실로 인해 사람들이 주님께 영광을 돌릴 것이라는 말씀(마 5:16)처럼 우리는 크리스천으로서 선한 일을 해야 합니다. 그런데 우리가 선을 행해야 하는 첫 번째 대상은 다른 누구도 아닌 내 가족, 나의 자녀임을 기억해야 합니다. 우리는 자녀를 주님이 주신 기업이라 생각하면서 의무와 책무라 생각하곤 하지요. 하지만 자녀는 주님이 주신 선물이며, 사랑의 공동체 일원입니다. 주님을 알지 못하는 가족은 Chapter 4에서 이야기하였던 바알과 아스다롯을 섬기는 것과 같이 부와 명예와 권력을 좇는 가족일 수 있습니다. 크리스천 가족은 주님의 사랑을 경험한 가족으로서 그 사랑을 나누고 성장하여 가까운 이웃에게도 또 다른 선한 행동을 할 수 있는 믿음의 공동체로 구별됩니다. 우리가 우리의 배우자를 사랑하는 모습 속에서 배우자는 주님을 알게 되고 믿고 구원받게 됩니다(벧전 3:1). 우리는 우리의 행동으로 인해 가족이 주님께 영광 돌리는 모습을 보면서 기쁨과 행복을 느끼게 되지요.

가족에게 사랑을 실천하려고 하는데 배우자나 자녀의 행동이나 태도에 만족하지 못해 더 이상 사랑하지 못하겠다고 하는 분들이 많이 있습니다. 하지만 사랑을 실천함으로써 주님께 영광 돌리는 삶을 살기 위한 변화의 주체는 나의 배우자도, 나의 자녀도, 나의 부모도 아닌 바로 나입니다. 내가 변화의 주체가 되어야 합니다. "내 아내는 다 좋은데 내 본가 식구들을 너무 비판해." "남편은 다 좋은데 술을 너무 많이 마셔." "내 자녀는 너무 사랑스러운데 공부를 참 안 해."라고 하며 어느 한 부분을 바꾸기를 원합니다. 하지만 가족을 바꾸는 것으로 내 만족을 채울 수 없습니다. 이제 '딱저 사람의 이 부분만 바뀌면 만족하고 행복할 텐데.'라는 마음을 바꿔야 합니다.

잠언에서는 만족하지 못하고 욕심을 부리는 인간의 속성을 경계해야 한다는 말씀이 자주 나옵니다(잠 23:20, 25:16, 27:20). 우리가 가족을 바라보는 기존의 시선에서는 만족함을 찾기가 쉽지 않을 것입니다. 지금 당장은 '아이가 공부를 조금만 더 잘 따라갔으면 좋겠는데.' '가정의 경제적 상황이 약간만 더 좋아지면 좋겠는데.' 등등을 생각하며 걱정하는 부분들이 개선되면 만족할 것 같지만, 소망함이 채워지더라도 곧 우리는 새로운 결핍에 갈증을 느끼게 될 것입니다. [그림 5-5]와 같이, 가족은 만족의 대상이 아닙니다. 사랑 실천을 하며 행복을 나누는 대상이지요. 가족 구성원에게 만족하지 못하고, 가정 상황에 만족하지 못하기 때문에 자꾸 불평하고 비난하며, 가족 안에 다툼이 발생하게 됩니다. 그런데 돌이켜 생각해 보면 주님은 우리를 보시면서 만족해하시며 기뻐만 하실까요? 우리가 주님을 사랑하고 주님의 말씀대로 살려고 노력하지만, 주님 보시기에 완벽한 사람은 없습니다. 주님은 우리에게 만족해서 품삯으로 은혜를 베풀어 주시는 것이 아니라 우리의 연약함과 부족함을 아시지만, 긍휼이 여겨주시며 사랑으로 은혜를 베풀어 주시는 분이십니다. 우리도 주님과 같이 삶에 가장 큰 영향을 주고받는 가족 구성원에게 현재 있는 것에 만족하고 감사하면 삶이 행복해집니다.

하지만 우리는 성경 말씀처럼 자칫하면 만족을 모르는 연약한 인간이기에 아무리 잘해 주어도, 최고의 가정 환경에 놓여 있어도 만족하며 행복해하지 않을 것입니다. 결혼 만족도나 가족에 대한 만족도가 우리의 삶에 중요한 일부일 수는 있지요. 하지만 만족 정도가 우리의 가정생활을 평가하는 중요한 결정 기준이 되어서는 안

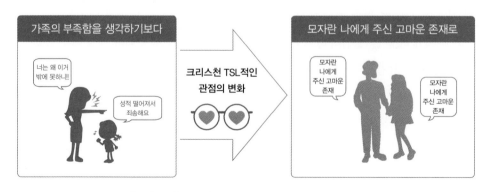

[그림 5-5] 가족은 만족의 대상이 아닌 고마운 존재

됩니다. 결혼 만족에 대한 부분은 자기중심적으로 판단할 수 있기 때문입니다. 자기중심적이라는 것은 지나친 욕심을 의미하지요. 그래서 항상 객관적으로 옳다고 할 수 없습니다. 결국 "욕심이 많은 자는 다툼을 일으키나 여호와를 의지하는 자는 풍족하게 되느니라"(잠 28:25)의 말씀처럼 가족에 대한 불만족이 우리의 욕심에서 기인함을 인정하고, 욕심으로 인한 다툼을 줄이고 함께 행복하게 사는 것이 가장 중요합니다.

　이를 위한 최선의 길은 주님께 감사하고 주님을 의지하는 길입니다. 조건과 상황이 같더라도 가족은 주님이 주신 선물이요, 나의 부족함은 사람이 아닌 주님만이 채우실 수 있다는 믿음으로 주님을 의지하며 살아가면 우리의 가족을 새롭게 바라보게 됩니다. 우리가 주님의 사랑으로 충만할 때, 가족 또한 사랑으로 대할 수 있게 되는 것이지요. 가족은 만족의 대상이 아닌 사랑해야 할 대상입니다. "도가니로 은을, 풀무로 금을, 칭찬으로 사람을 단련하느니라"(잠 27:21)라는 말씀같이 훈계와 지적이 아닌 칭찬과 격려와 사랑으로 가족관계를 이끌어 나가야 하는 것이지요. 상대방의 단점이나 고쳐야 할 부분보다 먼저 고마운 부분에 대해 칭찬하고 격려해야 합니다.

　우리가 가족을 사랑해야 하는 이유는 성경 많은 곳에서 발견할 수 있지요. "네 헛된 평생의 모든 날 곧 주님이 해 아래에서 네게 주신 모든 헛된 날에 네가 사랑하는 아내와 함께 즐겁게 살지어다 그것이 네가 평생에 해 아래에서 수고하고 얻은 네 몫이니라"(전 9:9)라는 말씀처럼 사랑하는 아내와 남편과 자녀와 부모님과 즐겁게 사는 것이 우리의 행복임을 다시 기억해야 합니다. "누구든지 자기 친족 특히 자기 가족을 돌보지 아니하면 믿음을 배반한 자요 불신자보다 더 악한 자니라"(딤전 5:8)라고 말씀하시며, 가족을 돌보지 않는 것이 주님을 믿지 않는 것보다 더 악한 일이라고 이야기합니다. 이는 그만큼 가족을 사랑하고 아끼며 돌보는 일이 중요한 일임을 말씀하시는 것이지요. 또 "우리는 기회 있는 대로 모든 이에게 착한 일을 하되 더욱 믿음의 가정들에게 할지니라"(갈 6:10)라며 믿음의 가족에게 먼저 선을 베풀어야 한다고 말씀하고 있습니다.

지혜로운 자: TSL을 먼저 행하는 자

행복한 가족을 만드는 가장 우선되는 비결은 내가 먼저 변하는 것입니다. 먼저 주님 앞에 죄인임을 인정하고 겸손할 때 받은 은혜에 감사하며 받은 사랑을 실천할 수 있습니다. "지혜 있는 자는 궁창의 빛과 같이 빛날 것이요 많은 사람을 옳은 데로 돌아오게 한 자는 별과 같이 영원토록 빛나리라"(단 12:3)라는 말씀은 우리를 가슴 뛰게 합니다. 우리의 삶이 하늘의 빛처럼 빛나고, 별처럼 영원히 빛난다면 얼마나 큰 영광인가요. 이렇게 빛나는 인생은 지혜롭게 사는 사람, 많은 사람을 옳은 길로 인도하는 사람이라고 성경은 말씀하고 있습니다. 우리가 TSL을 실천하는 것은 주님의 계명인 주님을 사랑하고 이웃을 사랑하는 구체적인 방법의 하나입니다. 입으로만 사랑하자 외치는 것이 아니라 사랑을 실천으로 옮기는 좋은 길잡이가 될 것입니다. TSL 실천은 주님의 계명을 실천하는 지혜로운 행동인 것이지요. 우리가 지혜 있는 자가 되어 주님의 말씀을 실천으로 옮기면, 우리를 통해 사랑을 경험한 이들이 함께 움직이게 될 것입니다. 내가 먼저 TSL을 실천함으로 나의 주변 소중한 사람들도 TSL을 함께 실천하게 된다면 이보다 더 기쁜 일이 없을 것입니다. 내가 먼저 움직임으로 우리 가족이, 우리의 이웃이 모두 함께 영원히 빛나는 영광을 누릴 수 있길 바랍니다.

Practice **5**[1)]

T 재충전하기: 선물과 웃음 공유하기

❋ 힘들고 어려울 때 감사를 계속해야 하는 이유

우리는 좋고 기쁜 일이 있을 때 감사를 잘하다가 다른 사람과의 갈등이나 바라는 것을 얻지 못할 때 실망하고 좌절하여 감사가 잘 나오지 않지요. 그러면 더더욱 어려운 상황에 깊이 빠지게 됩니다. 크리스천은 주님 없이는 어렵고 고통스러운 상황에서 나올 수 없지요. 어려울 때도 [그림 5-6]과 같이 먼저 주님께 감사를 찾아야 문제가 해결될 수 있습니다. 첫째, 지금까지 어려울 때나 기쁠 때나 언제나 나를 사랑해 주신 주님의 은혜의 순간들을 다시 되새겨야 하지요. 그러면서 여태까지 받은 은혜를 증거로 감사함이 쌓이며 믿음이 굳건해집니다. 둘째, "기록된 바 의인은 없나니 하나도 없으며"(롬 3:10) 라는 말씀처럼 어려운 시기 자신을 돌아보고 주님께 자신의 죄와 모자람을 고백하고, 오늘도 죄지은 나를 위해 돌아가신 예수님의 사랑에 새롭게 또 감사하여야 하지요. 셋째, 이런 어려운 가운데 함께해 준 가족과 지인들

---

1) 실천(Practice) 장들은 기존 TSL(김재엽, 2014; 2023)의 과제와 설명을 사용하였으며 크리스천 TSL 과제와 설명 그리고 사례를 추가하여, 재구성하였음

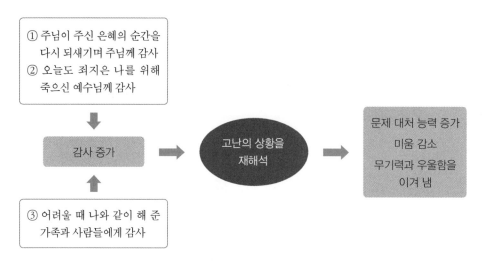

[그림 5-6] 어려울 때 감사의 증가는 삶의 여유와 문제 해결 힘을 준다

에게도 고마워해야 합니다.

감사의 증가는 크리스천으로서 고난의 상황을 재해석하게 합니다. 어려운 문제나 힘든 사건에 집중하며 에너지를 소모하던 것을 멈추게 되지요. 그리고 주님의 은혜를 다시 느끼며 지금 겪고 있는 어려움을 지혜롭게 대처할 수 있는 힘이 증가하게됩니다. 그러면 사람에 대한 미움이 감소하고 무기력과 우울함을 이겨낼 수 있게 되지요. 우리가 주님을 매일 찾아야 하며 어려울 때도 계속 감사해야 하는 이유가 바로 여기 있습니다.

❀ 우리를 새롭게 하시는 주님

하나님께서는 우리 가운데에 계시며 구원을 베푸시는 전능자이십니다. 하나님은 우리로 말미암아 기쁨을 이기지 못하시고 잠잠히 사랑하시며 즐거이 부르며 기뻐하시지요(습 3:17). 하나님께서는 우리를 너무 사랑하셔서 그 기쁨이 우리를 향해 넘쳐흐릅니다. 그런 주님의 사랑은 우리에게 다시 미쳐 우리를 새롭게 하지요. 사실우리 인간은 쉽게 변하지 않습니다. 나쁜 습관 하나 고치기 어려운 존재이지요. 하지만 주님의 사랑으로는 변화할 수 있습니다. 죄인인 우리를 새롭게 하시는 분은 오직 주님 한 분뿐입니다. 우리의 반복되는 죄를 사랑으로 용서하시지요. 죄를 탕감받은 우리는 주님께 감사하지 않을 수 없습니다. 이런 감사를 통해 더 이상 죄를 짓지 않도록 노력해야 하며, 다른 사람에게 더 관대하게 변화할 수 있지요. 우리를 사랑으로 변화시킬 수 있는 유일한 분인 주님께 우리도 감사와 사랑으로 나아가야 하지요. 그래서 감사로 시작하는 삶은 새롭습니다. 우리는 감사의 기쁨으로 주님을 높이며 예배합니다. 감사의 문을 지나 온전히 주님을 만날 수 있게 되는 것이지요.

사람들과 상담을 하다 보면 예전에는 교회에 열심히 나가고 믿음도 컸는데, 요즘은 믿음에 대한 확신도 없고 주님의 존재도 잘 모르겠다는 고민을 듣곤 합니다. 왜 주님에 대한 믿음이 흔들리게 되었을까요? 어떤 사람은 교인들 간의 다툼 또는 일부 교회 지도자들의 타락에 실망하여 믿음을 잃어버렸다고 합니다. 크리스천에게 있어서는 안 될 슬픈 사건들이지요. 하지만 이런 인간의 타락과 부족함을 보고 주님을 떠난다는 것은 구약시대에 가나안에서 바알과 아스다롯을 따른 일부 유대인들 때문에 하나님을 저버린다는 것과 비슷한 맥락입니다. 결국 핑계에 불과하지요. 사람이나 환경을 통해 주님을 보는 것이 아니라 나의 주님께만 집중해야 합니다. 주님에 대한 확고한 감사를 통해 믿음을 더욱 굳건하게 하여야 합니다. 주님은 우리에게 항상 기회를 주시지만, 우리가 마음의 문을 닫고 있기 때문입니다. 감사한 마음이 없으니 주님의 사랑 또한 알 수 없고 믿을 수 없게 되는 것이지요. 주님 말씀 안에 믿음으로 거할 때 흔들리지 않고 크리스천은 새로워질 수 있습니다. 우리는 주님의 사랑을 알고 감사하기 위해 주님의 말씀을 더 자주 읽고, 그 말씀을 믿음 안에서 실천하고자 노력해야 합니다. 5Re의 계속된 실천을 통해 우리의 삶은 새로워(renew)질 수 있지요. 주님이 보여 주시는 사랑을 믿음의 눈으로 바라보고 감사하며 새로워지려는 노력이 필요한 것입니다.

❋ 가족은 매일 새로운 선물

가족은 하나님이 주신 최고의 선물(gift)입니다. 하나님께서 우리를 사랑하셔서 보내 주신 선물이지요. 선물을 싫어하는 사람은 없습니다. 선물을 받으면 누구나 기뻐합니다. 그러나 아무리 좋은 선물이라도 한번 받은 선물로 평생을 기뻐하기는 어렵습니다. 하지만 우리의 관점을 바꾸면 달라질 수 있습니다. 가족은 그 존재 자체로 우리가 가진 최고의 선물입니다. 가족과 매일 만나기 때문에 공기처럼 생각하는 것이 아니라, 관점에 변화를 주어서 매일 새로운 선물이라고 생각해 보세요. 매일 만나는 '나의 가족'을 가장 좋은 선물로 느끼고, 그 존재에 감사하고 기쁨을 누리는 것입니다.[①] 가족을 새롭게 바라보고 감사할 때 여러분에게 새로움이 충전될 수 있습니다. 어제의 배우자와 오늘의 배우자는 다른 존재입니다. 배우자가 출근할 때 꼭 퇴근하고 집에 돌아온다는 것은 아무도 보장할 수 없습니다. 우리는 우리의 한 치 앞을 모르니까요. 그런 불확실성 가운데 배우자가 퇴근하고 현관문을 여는 것은 기적이요, 주님께 감사한 일입니다. 우리는 모든 순간을 '선물'로 받은 것입니다. 가족 간에 때로는 다툼과 실망이 있을 수 있지요. 하지만 여러분의 생각을 바꾼다면, 가족은 주님께서 주신 항상 새로운 선물이지요. 이렇게 고마운 사람과 함께 있으니 이 사람과 다시 잘해 봐야겠다는 생각을 할 수 있는 것입니다.[②] 자녀와 부모님도 이와 마찬가지이지요.

이런 변화는 주님께 더욱 감사하는 계기가 됩니다. 또한 여러분의 회복력이 증진되고, 가족의 관계도 변화하게 되지요. 회복력이 좋아지면 때로는 서로 화내는 일이 있어도 금방 다시 좋은 관계로 전환할 수 있게 되지요. 물론 상대방이 화를 내면 여러분도 화나는 감정이 생깁니다. 존재에 대한 감사는 '화'가 나지 않는 것이 아니라, 화가 나는 시간을 줄입니다. 화가 나더라도 존재에 대한 감사를 통해 금방 풀릴 수 있지요. 주님께 감사함과 주위 사람에 대한 감사를 통해서 우리는 삶에 감사를 느끼게 되고, 이러한 감사는 나의 삶에 여유를 갖게 해 줍니다. 삶의 여유는 억지로 하는 행동을 통해서 나타나기보다는 자기 스스로 항상 느끼고 깨달을 때 더 확대됩니다. 그리고 이러한 여유를 통해서 우리는 타인을 더 많이 포용할 수 있게 되는 것이지요.[③]

이제 다시 한번 주님과 가족에게 '고맙습니다'를 표현하기 위한 계획을 세우고 실행에 옮겨 보겠습니다. 지난주에 잘 실천하신 분들이라면 이번에는 더 적극적으로 주님이 기뻐하실 일을 계획해 보거나, 가족과 함께 할 수 있는 여행을 계획해 봐도 좋겠습니다. 공유하는 시간 동안 애정 표현을 하거나 스킨십을 나누는 것도 도움이 될 수 있지요. 무엇보다도 함께 웃을 수 있는 활동을 할 수 있다면 좋겠습니다.[④]

'웃음'의 효과는 많은 연구를 통해 검증되었습니다. 웃을 때는 얼굴에 있는 15개의 근육이 움직이며, 특히 포복절도할 땐 신체 내부기관이 진동하면서 혈액순환도 잘 된다고 합니다. 호흡량도 늘어나서 마치 운동하는 것과 같은 효과가 있는데, 스탠퍼드대학교 윌리엄 프라이 박사(William Fry)는 "20분 동안 웃는 것은 3분 동안 격렬하게 노를 젓는 것과 운동량이 비슷하다."라고 하지요(동아일보, 1998. 12. 7.). 웃고 나면 몸의 긴장이 풀리면서 적대감과 분노 등의 감정이 누그러짐을 느낄 수 있습니다. 물론 억지로 웃는 게 무슨 도움이 될까 싶은 분들도 많은데, 미국 캘리포니아 대학교 샌프란시스코 캠퍼스(UCSF)의 폴 에크먼(Paul Ekman) 박사는 "사람이 특정한 감정표현을 흉내 내면 몸도 거기에 따른 생리적 유형을 띤다."라면서 억지로라도 웃는 것이 건강에 도움이 된다고 강조하고 있습니다(EBS 지식채널e, 2006). 이렇듯 웃는 것은 신체적 · 정신적 건강을 유지하는 데 도움이 됩니다. 가족과 함께 웃음을 나눌 수 있는 시간을 공유하는 것은 여러분과 가족 구성원의 건강에 도움이 될 뿐 아니라, 감정이 완화된 상태에서 상호 교류 할 수 있으므로 관계 개선에도 많은 도움이 됩니다.[5]

　만약 아직 시간 공유하기를 실천하지 못하였다면, 애정 표현이나 여행 계획 등에 앞서 주님과 그리고 가족과 시간 공유하기를 다시 한번 시도해 보세요. 앞으로 일주일간 다시 실행에 옮기는 것이 Practice 5의 과제입니다. 이 과제를 수행할 때 원칙은 다음과 같습니다.

　원칙 1. 예전에 가지고 있던 추억을 떠올립니다. 주님과 함께했던 즐거운 시간을 떠올립니다. 특히 주님과의 첫 만남을 떠올려보고, 주님이 주신 축복을 세어 보며 감사하는 시간을 가져 봅니다. 그리고 배우자와 함께 자신들의 젊은 시절 또는 자녀의 사진을 보거나, 자녀를 양육할 때의 재미있는 에피소드를 떠올리거나, 부모님과의 관계에서 기억나는 즐거운 사건들을 떠올려 봅니다. 이런 추억에 관해 이야기하면서 가족과 함께 웃는 시간을 갖는 것입니다. 즐겁고 행복했던 기억을 떠올려서 주님과 가족과 공유하는 것이지요. 이와 같은 활동은 현재를 더 행복하고 잘 살아가게 돕습니다.

　원칙 2. 최근 있었던 즐거운 일을 나눕니다. 또 같이 즐거울 수 있는 일에 대한 계획을 세웁니다. 주님과는 주님께서 기뻐하실 일들을 생각하고 그 일들을 실천할 계획을 세워 봅니다. 찬양하는 시간, 기도 시간, 선한 일, 봉사 등을 계획하는 것이지요. 가족과는 여행이나 외식 등과 같은 활동을 계획해 보아도 좋습니다. 함께하는 활동에 대한 계획을 세우는 것만으로도 즐거움을 나눌 수 있습니다.

　　원칙 3. 세운 계획을 하나씩 실천해 나갑니다. 이 실천은 웃음을 나누는 시간을 공유하는 것이 목적입니다. 최대한 모두 즐거울 수 있도록 계획하되, 먼저 여러분 스스로 즐거움을 잘 유지하도록 노력해야 합니다.

과제 1. '웃음을 나누는 시간 공유' 실천계획과 실천하기

'웃음을 나누는 시간 공유'를 위한 실천계획-주님과		
누구와	언제, 어떻게	
주님		
'웃음을 나누는 시간 공유' 실천하기		
누구와	주님	실행 여부
언제, 어떻게 말했나? (못한 경우 그 이유)		
실행 후 느낌		
'웃음을 나누는 시간 공유'를 위한 실천계획-가족과		
누구와	언제, 어떻게	
'웃음을 나누는 시간 공유' 실천하기		
누구와	실행 여부	
언제, 어떻게 말했나? (못한 경우 그 이유)		
상대방의 반응		
나의 반응		

　　다음은 참여자가 '함께 웃을 수 있는 시간 공유하기'를 계획하고 실천한 후 작성한 내용입니다.

사례 5-1　여, 29세, 피아노 강사

'웃음을 나누는 시간 공유'를 위한 실천계획–주님과	
누구와	언제, 어떻게
주님	남편을 만나게 하신 것에 감사하며 피아노를 치며 찬양하기

'웃음을 나누는 시간 공유' 실천하기			
누구와	하나님	실행 여부	○
언제, 어떻게 말했나? (못한 경우 그 이유)	남편을 처음 만났던 찬양 집회를 떠올리며, 그때 불렀던 찬양을 피아노 연주와 함께 부르며 주님께 감사 찬송함		
실행 후 느낌	주님께 더 감사한 마음이 생기고, 남편을 사랑하는 마음도 더 커짐		

'웃음을 나누는 시간 공유'를 위한 실천계획–가족과	
누구와	언제, 어떻게
남편과 자녀	남편이 출장 갔을 때 혼자 아이를 보면서 있었던 일들을 사진을 보면서 같이 이야기해 보기로 함

'웃음을 나누는 시간 공유' 실천하기			
누구와	남편과 자녀	실행 여부	○
언제, 어떻게 말했나? (못한 경우 그 이유)	아이가 아기였을 때, 남편의 출장으로 아이와 지낼 때 있었던 에피소드들을 이야기해 주며 함께 즐거워함		
상대방의 반응	아이는 자신이 정말 그랬냐고 자꾸 되묻고, 또 다른 이야기들을 이어 가고 싶어 함. 남편도 그 모습을 같이 봤어야 하는데 못 봤다며 아쉬워하며 함께 즐거워함. 한편으로는 고생했다면서 안아 줌		
나의 반응	아이 어릴 때를 추억하게 되고, 힘든 순간이었지만 돌이켜 보니 웃게 되는 기억이 되었음을 깨닫게 됨. 아이도 자신의 어린 시절 이야기를 재밌어해서 이런 시간을 많이 가져야겠다고 생각함. 남편이 고생했다는 말에 지난 일인데도 위로가 됨		

〈사례 5-1〉에서는 주님이 기뻐하실 일로 주님께 감사 찬송을 하는 시간을 갖는 것으로 계획하였습니다. 계획을 실행할 때 주님께 더 감사한 마음이 생기고, 남편에 대해서도 더 사랑하는 마음이 생긴 것을 확인할 수 있습니다. 가족 간의 웃음을 나누는 시간 공유를 통해서도 남편과 자녀에게 자녀를 양육하면서 생겨나는 여러 소소한 사건들을 공유하며 즐거운 시간을 보낸 것을 알 수 있습니다. 웃음을 공유한다는 것은 웃게 할 수 있는 거창한 이벤트를 준비하거나, 뛰어난 개그를 하는 것이 아닙니다. 가족은 서로가 소중한 존재이기 때문에 가족의 이야기를 나누고, 가족의 일

을 알게 되는 것만으로도 함께 웃고 즐거워할 수 있습니다.[6] 이렇게 주님과 또 가족 구성원과 즐거운 시간을 공유함으로써 여러분이 행복해지고 가족관계도 더 좋아지는 것을 볼 수 있습니다.

✳ 지금 행복하지 않으면 미래도 행복하기 어렵다

가족은 우리에게 최고의 선물이라고 했습니다. 배우자가 기꺼이 해 주는 분리수거, 요리, 설거지, 빨래, 운전, 화장실 청소 등 그리고 자녀가 해 주는 포옹과 심지어는 학교에 잘 다니는 것 등 그 어느 것 하나 당연한 것이 없습니다. 여러분이 누리는 최고의 감동은 바로 이 순간 그런 소중한 가족이 여러분 옆에 있다는 것입니다. 만약 우리가 시한부 인생으로 생이 몇 개월 남지 않았다고 선고받는다면 아침마다 눈을 뜰 때 의미가 다를 것입니다. 하지만 사실 우리는 모두가 시한부 인생을 살고 있습니다.[7] 이 땅에서 인간은 유한한 존재이지요. 언제 끝날지는 모르지만 우리는 끝이 있는 인생입니다. 그래서 현재 어려운 일이 있더라도 지금, 주님과 가족이 함께 있음에 감사하고 이 순간에 집중하며 행복을 찾고 누려야 합니다. 지금 여러분이 행복하지 않다면 미래에도 행복하기 어렵습니다. 새날이 우리에게 주어진 '선물'임을 기억하며 오늘 하루에 감사해야 합니다. "한 날의 괴로움은 그 날로 족하니라"(마 6:34)는 말씀처럼 근심과 걱정보다는 오늘 하루를 감사하며 누려야 하지요. 우리가 일상을 그리고 함께하는 사람들을 '선물'이라고 받아들일 때 존재에 대한 감사가 성숙해지는 것입니다.

과제 2. '당신은 나의 선물이야'라고 말하며 안아 주기

웃음을 공유하는 활동을 실천하기 전후에 가족에게 "당신은 나의 선물이야."라고 말하면서 안아 주세요. 선물이라는 말 대신 "어머니는 저의 보물이에요." 또는 "정말 소중한 분이에요." 라고 표현해도 좋습니다. 진심으로 상대방의 존재에 감사하며 표현할 때 자신이 행복해짐을 느끼게 될 것입니다. 그리고 상대방이 행복해하는 모습도 보게 될 것입니다. 이것이 두 번째 과제입니다.

❋ '고맙습니다(T)' 평가하기

T의 다섯 세션, 즉 '회상하기' '인정하기' '실현하기' '강화하기' '재충전하기'을 실행해 본 후 여러분은 어떤 점을 느끼셨나요? 어떤 점이 변화했나요? 여러분과 주님, 그리고 여러분의 가족관계에는 어떤 변화가 있었나요? 한번 그것들을 적어 보고, 가능하다면 가족이나 주변 사람들과 그 경험을 나누어 보는 것이 세번째 과제입니다.[8] 과제 3-2는 T 과정에서의 자신의 발달 단계를 표시하는 것입니다. 주님과 가족과의 관계를 돌아보면서 현재 어느 단계에 위치하여 있는지 솔직하게 체크해 보세요. 만약 아직 4, 5단계에 도달하지 못했다면 S 과정에 들어가기 전에 T 실천에 더 집중해 보아야 합니다. 잘되는 부분과 부족한 부분을 돌아보면서 남은 TSL 과정을 잘 이수해야겠다는 다짐의 시간을 가져 보면 좋겠습니다.[9]

과제 3-1. '고맙습니다(T)' 평가하기

주님과의 '고맙습니다'
어떤 점을 느꼈나요? _____
나의 어떤 점이 변화했나요? _____
주님과의 관계에는 어떤 변화가 있었나요? _____

가족과의 '고맙습니다'
어떤 점을 느꼈나요? _____ _____ _____ _____
나의 어떤 점이 변화했나요? _____ _____ _____ _____
가족관계에는 어떤 변화가 있었나요? _____ _____ _____ _____

과제 3-2. '고맙습니다(T)' 과정에서 자신의 발달 단계 표시하기

주님께 '고맙습니다(T)'	체크	가족과의 '고맙습니다(T)'	체크
1단계 미확신(망설임)	☐	1단계 미확신(망설임)	☐
2단계 어색함, 머쓱함	☐	2단계 어색함, 머쓱함	☐
3단계 보상과 기대 (받은 것에 감사)	☐	3단계 보상과 기대 (받은 것에 감사)	☐
4단계 존재에 대한 진정한 감사	☐	4단계 존재에 대한 진정한 감사	☐
5단계 기쁨(감사 자체)	☐	5단계 기쁨(감사 자체)	☐

다음은 주님과 그리고 가족과 '고맙습니다'를 표현함으로써 관계가 어떻게 좋아졌는지를 보여 주는 사례와 평가들입니다.

사례 5-2 | 남, 34세, 회사원

주님과의 '고맙습니다'

어떤 점을 느꼈나요? 세상에 살며 남에게 잘 보여 승진하고 싶었고, 돈도 많이 벌고 성공하고 싶은 마음에 하나님을 멀리하고 정신없이 살았다. 하나님 앞에 기도할 때면 힘들 때 원망하는 기도뿐이었던 거 같다. 하지만 이번 '고맙습니다' 과정을 계기로 내 삶에 하나님께서 행하시는 모든 일에 감사했고, 감사한 일이 너무나 많다는 것을 새삼 깨달았다. 무료하고 힘들었던 직장 생활도 감사함으로 다가왔다. 무엇보다 하나님께 감사하니 선물로 주신 가족에 대한 고마움과 미안함도 함께 왔다.

나의 어떤 점이 변화했나요? 매일 적은 '10 감사'를 묵상하고, 시간이 될 때마다 말씀을 읽으려고 한다. 그리고 한동안 듣지 않았던 찬양을 핸드폰에 담아 출퇴근 시간마다 찬양을 틀고 따라 부르며 말씀을 더 많이 묵상하게 되었다.

사례 5-3 | 여, 51세, 강사

가족과의 '고맙습니다'

어떤 점을 느꼈나요? 하나님께서 보내 주신 가장 큰 선물이 가족이고, 너무 귀한 선물을 받았음에도 감사함을 잊고 지낸 것 같다는 반성을 하는 계기가 되었다. 존재만으로도 감사한 남편과 아이들과 함께하는 시간을 너무나 당연히 여기며 살아왔음을 돌아보면서 남편과 아이들의 소중함을 새삼 다시 깨달을 수 있었다.

나의 어떤 점이 변화했나요? 아침부터 아이들에게 화를 내고 남편과 다투는 일이 일상이었는데, 그런 시간을 줄이고 무조건 하루에 한 번씩 고맙다는 표현을 하고자 노력하니, 실제로 화를 내는 시간이 거의 없어진 나를 발견하였다. 또한 가족과 긍정적인 이야기가 많이 오가는 까닭인지, 삶의 기쁨 또한 더 많아짐을 느낀다.

가족관계에는 어떤 변화가 있었나요? 우리 가족이 고맙다는 말을 이렇게 좋아하는 줄 몰랐다. 분리수거하고 온 남편에게 한 번도 이야기하지 않았던 고마움을 표현했더니, 집안일을 하는 빈도가 훨씬 늘었다. 아이들이 학교에서 있었던 일을 말할 때 짜증만 냈는데, '잘했다, 고맙다' 칭찬하니 그동안 이야기하지 않았던 생활도 이야기하며 가족관계가 한결 가까워졌다.

우리는 "감사함으로 그의 문에 들어가며 찬송함으로 그의 궁정에 들어가서 그에게 감사하며 그의 이름을 송축할지어다"(시 100:4)와 같이 항상 주님께 감사함으로 나아가야 합니다. 〈사례 5-2〉에서 볼 수 있듯이, 주님께 감사는 큰 기쁨을 가져다줍니다. 또한 〈사례 5-3〉에서 보이듯이, '고맙습니다'를 표현하는 것은 개인과 가족관계에 큰 변화를 가져옵니다. '고맙습니다'를 표현하는 것은 삶에 대한 관점을 바꾸는 것입니다. 존재에 대한 감사를 느끼고 고맙다는 마음을 표현하게 되면 그 에너지가 상대방에게도 전달되지요. '고맙습니다'를 표현하는 것이 그리 쉬운 일은 아닙니다. 존재에 대한 감사를 느끼고서도 그것을 표현하기 위해서는 넘어야 할 어려움이 존재하지요. 여러분은 가족의 존재를 소중하게 여기고 감사한 마음을 가지고 있으면서도 고맙다는 표현을 하는 것이 왜 힘든지 곰곰이 살펴본 후 그 한계를 넘을 수 있도록 노력해야 합니다. 이를 통해 여러분과 가족은 새로운 감동을 경험하게 되고, '삶'을 새롭게 보게 될 것입니다. '고맙습니다'를 표현하면서 항상 기억해야 할 것은 가족이 해 준 이벤트에 가끔 고마운 것이 아니라, 일상생활을 하면서 '당연한 것은 없다.'라는 마음을 갖고 항상 감사할 수 있어야 합니다. 또 감사한 마음이 들면 그때를 놓치지 말고 그 마음을 표현하여 전하려고 노력해야 합니다.

여러분도 주님께 감사하고, 가족에게는 '고맙습니다'를 표현하고 공유함으로써 가족관계에서 행복과 신뢰를 회복하였을 것입니다. 점차 '고맙습니다'를 말하고 표현하는 것이 가족뿐 아니라 직장 생활에서, 모든 일상생활에서 익숙해져 가고 있을 것입니다. 이 익숙함이 지속될 수 있도록 5Re를 실천하며 S 과정으로 나아가겠습니다.

오늘의 과제

기본과제. 주님께서 여러분에게 이번 주 주신 성경 말씀과 이를 통해 깨달은 점은 무엇입니까?

과제 1. '웃음을 나누는 시간 공유' 실천계획과 실천하기

과제 2. '당신은 나의 선물이야'라고 말하며 안아 주기

과제 3 '고맙습니다' 전체 평가하기

    3-1. '고맙습니다' 평가하기

    3-2. '고맙습니다' 과정에서 자신의 발달 단계 표시하기

Practice 5의 목적은 지금까지 진행해 온 '고맙습니다(T)' 과정을 완성하는 장입니다. 여러분은 주님과 가족의 존재에 감사하는 마음을 가지고, 그것을 표현하고, 시간을 공유해 왔습니다. 이번 '재충전하기'에서는 주님이 기뻐하실 일을 하고 가족과 웃음을 나눌 수 있는 시간을 공유하고, 가족에게 선물이라고 말해 주며 안아 주는 시간을 가짐으로써 '고맙습니다'의 실행을 강화하고 재충전하는 목표를 가지고 있습니다.

물론, 여기서 '고맙습니다'의 실행을 끝내는 것은 아닙니다. '고맙습니다'는 앞으로 '미안합니다'와 '사랑합니다' 과정을 실행하면서 매주 계속 진행되어야 합니다.[10] 존재에 대한 감사가 기반이 되어 있어야 미안하고 사랑한다는 표현을 잘 할 수 있기 때문입니다.

Part 2

Sorry

○ 미안합니다 ○

Thank you * Sorry * Love

Chapter **6**

우리는 서로 다르다

마음의 상처는 자신으로부터 얻은 것도 있지만, 서로 다름 때문에 생긴 상처들도 있습니다. 이번 Chapter 6에서는 서로 다름에 대해 생각해 보고, 성경 말씀에서 이 다름을 어떻게 바라보는지 조명해 보도록 하겠습니다.

사람들은 성경을 연구하면서 이것이 옳다, 저것이 중요하다고 이야기하곤 합니다. 하지만 다시 생각해 보면 성경 말씀은 간단한 진리를 이야기하고 있습니다. 그 진리는 하나님께서 하나님의 형상대로 인간을 창조하셨지만, 우리는 하나님과 멀어져 계속 죄를 짓고, 결국 하나님께서는 독생자 예수 그리스도를 이 땅에 보내셔서 우리의 죄를 대속하셨다는 것이지요. 그래서 누구든지 예수님을 구주로 믿으면 구원하여 주시고, 믿는 우리는 주님의 말씀대로 살아야 한다는 것입니다. 이와 같이 주님의 말씀은 하나인데, 같은 말씀 앞에서 우리는 왜 서로 다른 생각과 행동을 하고 살아가는 걸까요?

이는 하나님께서 인간을 지으실 때 명령대로만 움직이는 존재가 아닌 자율과 책임을 갖고 살아가는 존재로 지으셨기 때문입니다. 그래서 모든 인간은 서로 다르게 생각하고 행동할 수 있게 된 것이지요. [그림 6-1]과 같이, 나와 다른 생각과 행동을 하는 사람들도 인정하고 살아가야 합니다. 그리고 나와 멀어지는 사람에 대해 포용

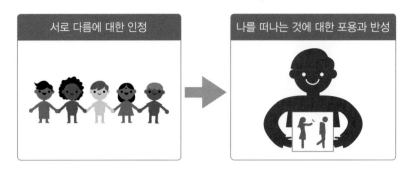

[그림 6-1] 서로 다름에 대한 인정과 포용

과 반성도 필요하지요.

이제 성경 인물들을 통해 우리가 얼마나 다를 수 있는지 알아보겠습니다.

❄ 갈르엣에서의 맹세

형제인 야곱과 에서 이야기를 잘 아실 것입니다. 아버지의 축복을 가로챈 야곱은 형의 분노를 피해 외삼촌 라반의 집으로 갑니다. 야곱은 라반의 집에서 20년이라는 긴 시간 동안 머물렀습니다. 그사이 결혼하여 아내들과 자녀들이 생겼고, 라반의 집 도 번성하였습니다. 야곱은 "오늘 내가 외삼촌의 양 떼에 두루 다니며 그 양 중에 아 롱진 것과 점 있는 것과 검은 것을 가려내며 또 염소 중에 점 있는 것과 아롱진 것을 가려내리니 이같은 것이 내 품삯이 되리이다"(창 30:32)라고 하며 자신의 몫도 챙겼 지요. 야곱은 하나님의 말씀을 듣고 다시 고향으로 돌아가기로 하고, 어느 날 모든 가족과 자신의 재산을 챙겨서 라반의 집에서 도망치듯 나옵니다.

야곱의 입장에서는 라반에게 속아 자매인 레아와 라헬과 결혼하게 되고 20년간 라 반을 위해 일한 것이 한편으로는 억울하다고 생각했을지도 모릅니다. 그래서 정당 한 품삯이라고 생각되는 자신의 가축을 챙겼고, 자신의 가족들을 데리고 라반의 집 에서 나옵니다. 하지만 라반의 입장에서 보면 야곱의 행동은 기가 막힐 수 있지요. 야곱은 아롱진 양을 통한 자신의 자산 증식이 하나님의 축복이라 고백하지만, 라반 의 입장에서는 부당한 방법을 썼다고 여겼을 수 있습니다. 그리고 자신의 소중한 딸 들과 손주들과 인사도 못 하였는데 야곱이 모든 식구를 데리고 떠난 것이지요. 또 라반이 볼 때 야곱은 라반의 집 수호신인 드라빔마저 훔쳐 달아난 도둑입니다(창 31:19). 라반에게는 야곱의 도주가 충격적인 사건이지요. 라반으로서는 갈 곳 없이 어려움에 부닥친 야곱을 거두어서 딸들까지 주며 20년 동안 소위 사람 구실을 하게 만들어 주었는데 결국 자신을 배신하고 재산까지 들고 도망간 사위로 여겨졌기에 야곱에게 화가 나서 7일간 야곱을 쫓게 됩니다.

　갈르엣에 이르러 야곱과 라반은 대면하게 되고, 서로의 입장을 이야기한 후 언약을 맺게 됩니다. 라반은 야곱에게 딸들을 박대하거나 다른 아내를 얻지 말 것을 당부하였고, 서로를 해치지 않을 것을 언약합니다(창 31:49-53). 이 언약의 내용은 성경에서 나오는 최초의 가정폭력과 외도를 금지한 말씀이지요. 또 서로의 견해가 다르면서도 하나님 앞에서 잘잘못을 따지지 않고 서로를 헤아리면서 평화를 약속하는 장면이기도 합니다. 야곱과 라반은 같이 20년이라는 긴 시간을 동고동락하였으면서도 서로에 대해 다른 평가를 하고 서로를 신뢰하지 못하는 모습을 보입니다. 하지만 다른 생각을 지니고 있음에도 하나님 앞에서 화합하는 모습은 우리에게 많은 것을 시사합니다.

※ 열두 정탐꾼

　출애굽을 한 이스라엘은 하나님이 약속하신 땅 가나안을 목전에 두고 바란 광야에 이르러 하나님의 말씀대로 각 지파의 대표를 뽑아 12명의 정찰대를 구성합니다. 12명의 정탐꾼은 40일 동안 약속의 땅 곳곳을 열심히 정탐하고 포도와 석류, 무화과를 들고 돌아옵니다. 12명은 모두 그 땅을 젖과 꿀이 흐르는 땅이라고 평가합니다(민 13:27). 하지만 10명은 그 땅의 거주민은 강하고 성읍이 견고하고 심히 크다고 평가하며 거기 백성이 자신들보다 강하여 이길 수 없다고 주장합니다. 그런데 여호수아와 갈렙의 평가는 달랐습니다. 갈렙은 올라가서 그 땅을 점령하자고 힘주어 이야기합니다. 우리는 이 성경 말씀을 두고 관점의 차이가 믿음의 차이에서 비롯된다고 배웁니다. 믿음의 차이일 수도 있지만, 세상을 보는 눈이 달랐다고 할 수도 있지요. 모두가 하나님의 자녀이지만, 세상을 바라보는 관점은 각각 다른 것입니다. 10명의 정탐꾼과 같은 관점을 가진 다수의 이스라엘 사람들은 "우리가 애굽 땅에서 죽었거나 이 광야에서 죽었으면 좋았을 것을 어찌하여 여호와가 우리를 그 땅으로 인도하여 칼에 쓰러지게 하려 하는가 우리 처자가 사로잡히리니 애굽으로 돌아가는 것이 낫지 아니하랴"(민 14:2-3) 라며 모세를 원망하기 시작했습니다. 믿음이 약했던 10명의 정탐꾼들과 이스라엘 백성은 여호수아와 갈렙과는 다른 관점을 갖고 있었고, 이 다른 관점이 결국 다른 결과를 갖고 오게 되지요. 주님은 여호수아와 갈렙만이 살아남은 자로서 가나안 땅에 들어갈 수 있게 허락하셨습니다. 관점이 다를 때 주님의 뜻이 무엇인가를 다시 생각해야 합니다.

✳ 오르바와 룻

룻기에 등장하는 나오미는 엘리멜렉의 아내이자, 말론과 기룐의 어머니입니다. 흉년이 든 때에 이 가정은 베들레헴을 떠나 모압 지방에 가서 자리를 잡습니다. 그곳에서 남편이 먼저 죽고 두 아들은 모압 여자들과 결혼을 하고 10년 가까이 살게 됩니다. 두 며느리의 이름은 오르바와 룻이지요. 얼마 지나지 않아 두 아들도 모압에서 죽게 되고, 나오미와 두 며느리만 남게 되었지요. 당시 남편을 잃은 여자들은 스스로 먹고 사는 것이 쉽지 않았습니다. 형편이 어려운 상황에서 유다 지역에 풍년이 들었다는 소식을 접하자 나오미는 고향에 돌아갈 채비를 합니다. 나오미 자신은 고향으로 돌아가는 것이지만 두 며느리는 새로운 곳에 가는 것이니, 두 며느리에게 친정으로 돌아가도 된다고 권하며 축복해 줍니다. 나오미와 사이가 좋았던 두 며느리는 헤어짐이 슬퍼 큰 소리로 울며 쫓아가겠노라 이야기합니다. 하지만 나오미는 현실적으로 두 며느리에게 해 줄 수 있는 것이 없었기에 차근차근 지금의 상황을 설명해 준 후 다시 한번 친정으로 돌아갈 것을 제안하지요. 시어머니의 강권에 오르바는 시어머니의 말씀을 따라 친정으로 돌아가기를 선택하고, 룻은 시어머니에게 매달리며 포기하지 않습니다. 룻은 "내게 어머니를 떠나며 어머니를 따르지 말고 돌아가라 강권하지 마옵소서 어머니께서 가시는 곳에 나도 가고 어머니께서 머무시는 곳에서 나도 머물겠나이다 어머니의 백성이 나의 백성이 되고 어머니의 하나님이 나의 하나님이 되시리니 어머니께서 죽으시는 곳에서 나도 죽어 거기 묻힐 것이라 만일 내가 죽는 일 외에 어머니를 떠나면 여호와께서 내게 벌을 내리시고 더 내리시기를 원하나이다"(룻 1:16-17)라고 이야기하며 자기 뜻을 강력하게 내비칩니다. 룻이 어려운 어머니를 돕고 따르는 모습은 매우 훌륭합니다. 하지만 오르바가 시어머니의 말씀에 순종하며 슬프지만 헤어짐을 선택한 것도 잘못한 일이라고 평가할 수는 없지요. 두 사람은 서로 다른 인간적 관점을 갖고 있었고, 그 관점에 따라 행동한 것뿐이라고 볼 수 있습니다.

사울과 요나단

이스라엘 백성은 주변 나라들처럼 이스라엘에도 왕이 있으면 좋겠다고 주장하여, 결국 이스라엘의 첫 번째 왕으로 사울을 세우게 됩니다. 하지만 사울의 인기도 잠시뿐 곧 사람들은 새로운 인물에 주목하게 됩니다. 블레셋 사람들과의 전투 후 여인들이 "사울이 죽인 자는 천천이요 다윗은 만만이로다"(삼상 18:7)라고 외치며 다윗을 환영하니, 사울은 젊은 청년 다윗이 자신의 왕위를 차지할 것이라 여기며 두려워 그를 죽이려고 합니다. 사울은 자신의 사랑하는 아들 요나단에게 다윗을 죽이지 않고서는 자신의 왕국을 든든히 세우지 못한다며 다윗을 반드시 죽여야 한다고(삼상 20:31) 이야기합니다. 왕권 강화 측면에서 사울은 다윗이 위험한 인물이라 생각한 것이지요. 하지만 다윗의 친구였던 요나단은 아버지와 생각이 달랐습니다. 요나단은 왜 다윗이 죽어야 하냐고 항변하며 다윗이 도망칠 수 있도록 도와줍니다. 요나단은 자신이 왕이 되는 것보다 다윗의 목숨을 더 소중하게 생각하며 그를 지키기 위해 최선을 다합니다. 사울과 요나단은 부자지간이지만 권력의 경쟁자인 다윗에 대해서는 서로 다른 생각을 하고 있었지요. 인간적 관점의 차이는 있었지만, 요나단은 블레셋과의 전쟁에서 사망할 때까지 아버지 사울과 함께합니다.

욥과 친구들

우스 땅에 살고 있던 욥에 대해 성경에서는 흠 없고, 정직했으며, 하나님을 사랑하고, 악을 미워하는 사람이라고 설명합니다. 욥을 칭찬하는 하나님의 이야기를 들은 사탄은 하나님이 내려 주신 복으로 인해 욥이 하나님을 따르는 것이라고 주장하며, 복이 없으면 하나님을 저주할 것이라 이야기합니다. 하나님께서는 사탄에게 욥을 시험해 보라고 허락하시고 그때부터 욥의 고난은 시작되지요. 욥이 재산도 잃고, 자녀들도 잃고, 건강마저 잃고 고통스러워할 때 세 친구가 찾아옵니다. 이들은 사람은 자신의 죄로 인해 심판받는 것임으로 하나님을 원망하지 말고 자신의 죄를 자백하고 하나님께 은혜를 구하라고 이야기합니다. 욥은 그런 친구들에게 "네가 힘없는 자를 참 잘도 도와주는구나 기력 없는 팔을 참 잘도 구원하여 주는구나"(욥 26:2)라고 말하며 역설적으로 친구들을 다시 비난합니다. 그런 중 새로운 인물 엘리후가 등장하여 욥이 하나님 앞에서 정의롭다고 하였던 말에 대하여 화를 내며 자신의 죄를 깨닫고 회개해야 한다고 주장합니다(욥 32:2-37:24). 욥과 언쟁을 하는 이들은 욥이 무엇을 잘못했는지 정확히는 모르지만, 잘못했으니 고난에 처한 것이라며 욥을 정죄합니다. 이 또한 욥과 친구들이 인간적 관점에서 다른 것이지요.

사복음서의 기자들

앞서 살핀 구약의 이야기들 외에도 성경 곳곳에는 같은 사건을 두고 서로 다른 생각을 하며 행동한 많은 이야기가 나옵니다. 신약에서는 대표적으로 예수님의 생애를 정리한 사복음서를 생각해 볼 수 있습니다. 예수님 한 분의 행적을 기록한 복음서이지만, 각각의 복음서는 서로 다른 다양한 사건들을 기술하였습니다. 일부 같은 사건을 다루었더라도 각 복음서 기자의 관점에서 다르게 기술되었습니다. 예를 들어, 사복음서에는 예수님이 세례 받으신 일, 예수님이 베푸신 오병이어 기적, 예수님의 예루살렘 입성, 성전 정화 사건, 고난 당하시고 십자가에 달려 돌아가시고 부활하신 과정 등이 모두 포함되어 있습니다. 하지만 말씀을 비교해 보면 그 사건을 보는 관점은 서로 다름을 발견하게 됩니다. 만약 모두가 동일하게 기술했다면 우리는 예수님에 대해 더 많이 알 기회를 잃었을지도 모르지요. 서로 다른 관점이 있기에 예수님에 대해 더 풍성하게 알아갈 수 있는 이점이 있는 것입니다.

이처럼 사람들은 모두 서로 다른 생각을 하며 살아가고 있습니다. 앞서 얘기하였듯 하나님께서는 우리를 자율과 책임이 있는 존재로 지으셨기에 우리는 한 가지 정답만 갖고 살아가는 것이 아니라 같은 사건에서도 다양한 반응과 행동을 할 수 있게 되었습니다. 믿음과 욕심, 경험이나 교육 등에 따라 인간적인 관점이 다르게 형성됩니다. 이 때문에 서로 갈등하기도 하고, 다름에서 상처를 받기도 합니다. 우리는 서로 다르다는 것, 그 자체를 수용해야 합니다. 우리는 다른 이들의 관점을 다 이해할 수 없지요. 인간적인 관점에서는 에서나 라반, 10명의 정탐꾼, 오르바, 사울과 욥의 친구들 모두 그들의 행동의 정당성을 설명할 수 있을 겁니다. 하지만 크리스천은 행동의 기준에 인간적 관점만 가지고 있지는 않습니다. 다른 사람의 행동이 다르다는 것을 비판만 하기 전에 크리스천은 자신을 돌아보고 '이 상황에서 내가 어떻게 해야 주님께서 기뻐하실까?' '주님의 관점은 무엇인가?'를 생각해야 합니다. 우리 앞에 선택의 기회가 있을 때는 주님이 기뻐하실 선한 일을 선택하고 행해야 합니다.

❋ 사명: 각각의 은사

우리는 하나님께 받은 임무가 각각 다르다는 것을 기억해야 합니다. 연약한 믿음 혹은 잘못된 믿음까지 수용하라는 의미가 아닌, 욥의 세 친구 사례처럼 우리가 모든 것을 판단할 수 없음을 인정해야 합니다. 주님께서는 인간을 지으시면서 각각의 필요에 따라 그 쓰임에 맞게 빚으셨습니다. "하나님께서 각 사람에게 나누어 주신 믿음의 분량대로 지혜롭게 생각하라 우리가 한 몸에 많은 지체를 가졌으나 모든 지체가 같은 기능을 가진 것이 아니니 이와 같이 우리 많은 사람이 그리스도 안에서 한 몸이 되어 서로 지체가 되었느니라 우리에게 주신 은혜대로 받은 은사가 각각 다르니 혹 예언이면 믿음의 분수대로, 혹 섬기는 일이면 섬기는 일로 혹 가르치는 자면 가르치는 일로 혹 위로하는 자면 위로하는 일로 구제하는 자는 성실함으로 다스리는 자는 부지런함으로 긍휼을 베푸는 자는 즐거움으로 할 것이니라"(롬 12:3-8)라는 말씀은 우리에게 주신 은사가 각각 다르다는 것을 잘 설명해 주고 있습니다. 교사, 의사, 교육자, 목회자, 기업가 등 모두 쓰임이 다르고, 아내와 남편 모두 각각의 역할이 있지요. 신체 중에서도 눈이나 코나 입이나 손이 모두 다른 기능을 하듯이 우리는 서로 다르지만, 주님께서는 각자에게 사명을 주셨습니다. 우리는 각각의 사명과 은사 아래에서 성실함으로 긍휼을 베풀어야 합니다. [그림 6-2]와 같이 각 지체가 모여 주님 안에 한 몸이 되는 것이지요.

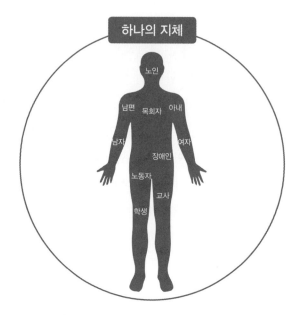

[그림 6-2] 그리스도 안에서 하나의 지체

하나님은 우리가 서로 다른 역할과 일을 하도록 계획하셨습니다. 우리는 각자의 역할을 가졌으나 또 그리스도 안에서 한 몸으로서 기능합니다. 우리에게 주어진 역할과 분수에 만족하며 맡은 바를 행해야 하지요. 이와 같은 설명은 사회과학 이론 중 기능주의적 관점에서 보는 사회와 닮았습니다. 기능주의적 관점에서는 사회를 거대한 유기체와 같은 조직으로 보며, 사회의 변화에 따라 각 분야에 새로운 파트가 생겨나고, 새로운 파트가 자신이 맡은 역할을 제대로 수행할 때 그 사회는 안정된다고 주장합니다. 기능론의 핵심은 욕구, 부분, 평형이라는 세 가지의 개념으로 설명할 수 있습니다. 어떤 사회변동에 대해 해결하고자 하는 '욕구'가 발생하고, 그 욕구에 대한 적절한 '파트'가 발생하고, 이 부분이 제대로 역할을 수행함으로써 사회는 전반적으로 '안정(평형)'을 찾게 된다는 관점입니다. 기능주의적 관점은 이미 오래전 성경 말씀 속에서도 찾아볼 수 있습니다. 이는 마치 "그에게서 온 몸이 각 마디를 통하여 도움을 받음으로 연결되고 결합되어 각 지체의 분량대로 역사하여 그 몸을 자라게 하며 사랑 안에서 스스로 세우느니라"(엡 4:16)라는 말씀과 같지요. 우리는 모두 본분이 다르지만, 주님 안에서 생명 공동체요, 그리스도 안에서 한 몸입니다. 우리는 서로 다르게 생각하고 행동하는 사람들을 다 이해할 수 없지요. 하지만 믿음 안에서 한 공동체이기에 각 지체의 역할은 모두 그 나름의 의미로 중요하다는 것을 명심해야 합니다.

이제, 각자에게 주어진 구체적인 역할들을 살펴보겠습니다.

목회자

목회자는 아첨하지 않고 탐심의 탈을 쓰지 않고 주님의 말씀을 증언하는 자이며, 사람에게서 영광을 구하지 않고 사랑하는 자를 위해 목숨까지도 내어주기를 기뻐하는 자여야 합니다. 또 사람들에게 '폐'를 끼치지 않으면서 주님의 복음만을 전하는 자로 사람들에게 본이 되어 사람들이 주님께 더 가까이 갈 수 있게 돕는 자입니다(살전 2:5-9). 예를 들어, 조선의 순교한 신부들과 선교사들 그리고 언더우드나 주기철, 손양원과 같은 훌륭한 목회자들이 많이 있었고, 그들의 헌신을 이어받아 지금도 국내외에서 조용히 수고하는 목회자들이 많이 있지요. 그러나 한편 현재 목회자나 종교 지도자들이 이런 삶을 살고 있는지 고민해 볼 필요도 있습니다. 우리의 부족함을 돌아보고 반성해야 하지요. 자신의 지위를 이용해서 자기 유익을 구한다면 이는 사이비 지도자요, 이단 지도자의 모습입니다. 목회자는 부르심을 받은 자신의 일에 대해 합당하게 행해서(엡 4:1) 주님이 강림하실 때 그분 앞에서 복음을 전한 자신의 제자들이 참 소망과 기쁨, 자랑의 면류관이 되게 해야 할 것입니다(살전 2:19-20).

장로

장로는 말씀과 가르침에 수고하는 이들로(딤전 5:17), 다른 사람에게 책망받을 것이 없어야 하고, 배우자는 한 사람이어야 합니다. 자녀도 신앙 안에서 키워 거칠거나 불순종하지 않아야 합니다(딛 1:6). 믿는 자로서 모범이 되게 가정을 사랑으로 이끌어야 하지요. 구한말 조덕삼 장로의 이야기는 유명합니다. 자신의 나이 어린 머슴인 이자익이 자기보다 먼저 장로가 되었을 때 이를 받아들입니다. 그를 평양신학교에 보내 공부를 시키고 다시 목회자로 초빙하지요. 호남지역의 갑부인 조덕삼 장로는 당시 사회문화에서는 받아들이기 어려운 일인 종을 믿음의 선생으로 겸손하게 모시어 타 신도들의 귀감이 되었습니다.

감독

감독은 주님을 섬기는 일을 맡았기에 흠이 없는 사람이어야 합니다. 사람들에게 손가락질을 받거나, 교만하고 이기적이거나 화를 잘 내서는 안 됩니다. 한 사람의 배우자로서 지혜로우며, 자녀가 존경하고 신뢰할 수 있도록 자기 가정을 잘 다스려야 합니다. 사람들에게 존경을 받고, 잘 가르칠 줄 알아야 합니다. 싸우기를 잘하거나, 술이나 돈을 좋아하지 않고, 남을 속여 자신의 이익을 챙기는 사람이면 안 됩니다. 또 손님 대접을 잘하고, 선한 일을 좋아하며, 거룩하고 절제할 줄 알아야 합니다. 믿음으로 진리의 말씀에 순종하며, 참되고 바른 교훈으로 다른 사람을 도울 줄 알아야 하며, 진리를 거스르는 사람들의 잘못을 바로잡을 수 있어야 하지요. 더욱이 교회 밖에서도 존경을 받을 수 있어야 합니다(딤전 3:1-7; 딛 1:7-9).

집사

집사도 사람들에게 존경받는 사람이어야 하며, 한 입으로 두말하지 않고, 술을 좋아하지 않으며, 남을 속여 자신의 이익을 챙기지 않아야 합니다. 주님 안에서 옳은 일을 행하여야 하며, 다른 사람의 흠을 보지 않고, 절제하며, 모든 일에 충성해야 합니다. 또한 가정을 잘 다스리는 사람이어야 합니다(딤전 3:8-13). 집사는 교회 내에서 다른 사람을 존중하고 건강한 가정을 만들기 위해 노력해야 하지요.

지금까지 살펴본 것처럼, 교회 안에서의 직분도 각자의 역할이 다르기에 부르심에 합당한 모습도 조금씩 다릅니다. 서로 역할이 다르므로 서로의 존재가 오히려 더 소중하며, 각자의 역할을 잘 감당할 때 공동체가 든든히 서 갈 수 있음을 알 수 있습니다.

성경에서는 직분을 맡은 자들이 갖추어야 하는 덕목 외에도 서로 다른 역할을 존중하며, 서로가 서로에게 어떻게 대해야 하는지도 나와 있습니다. 나이 많은 사람을 대할 때는 부모를 대하듯 하고, 나이 어린 사람을 대할 때는 자신의 형제를 대하듯 하라고 합니다(딤전 5:1-2). 이에 상응하여 나이 많은 남자는 절제하며 신중하고 지혜롭게 행동해야 하고, 믿음과 사랑과 인내로 굳게 서야 한다고 당부합니다. 나이 많은 여자는 경건하며, 사람의 흠을 보지 말고, 술을 좋아하지 말고, 선한 것을 가르쳐야 합니다. 젊은 남자는 지혜롭게 행동하며, 선한 일을 하고 모든 일에 본이 되어야 합니다. 젊은 여자는 가족을 사랑하고, 지혜롭고, 깨끗하며, 집안을 잘 돌보고 친절하여 온전하고 바르게 서야 합니다(딛 2:2-8).

성경에는 남편과 아내의 관계에 대해 서로 사랑하고 존중하라고 되어 있습니다(엡 5:22-28; 벧전 3:1-7). 남편은 아내를 복종하게 하고, 아내는 남편을 순종하게 하라고 표현하지 않습니다. 서로가 서로에게 먼저 사랑하고 존중하라고 가르치고 있음을 기억해야 합니다.

말씀에는 종과 상전의 관계에 대해서도 나오는데(딤전 6:1-2; 딛 2:9-10), 이 말씀을 직장 동료와의 관계로 이해하며 서로를 가볍게 여기지 말고 형제자매로 생각하며 진실하게 대해야 한다는 것을 기억해야 합니다.

우리는 다른 사람을 보면서 저 사람은 저렇게 죄를 많이 짓는데 왜 번성하는가 하고 생각할 때가 있을 것입니다. 하지만 성경 말씀에서는 죄는 심판받기 전에 환하게 드러날 때도 있지만 그렇지 않을 때도 있다고 하였습니다(딤전 5:24-25). 선한 일도 이와 마찬가지로 쉽게 드러날 때도 있지만 그렇지 않을 때도 있어서 선한 일을 행하는 것이 어렵게 느껴질 때도 있습니다. 하지만 나중에 결국 그 선행을 모든 사람이 알게 된다고 가르칩니다. 그러므로 상대와 다름 때문에 부딪힐 때 다름에 집중하는 것이 아니라 각자의 은사가 다름을 먼저 기억하고 서로를 선하게 대하며 각자의 역할과 소명에 맞게 자신을 만들어 가는 것이 중요합니다.

성경 말씀에서는 가족 돌봄의 중요성을 많이 이야기하고 있습니다. 그런데 가족뿐 아니라 힘들고 어려운 상황에 놓인 이웃을 사랑하고 돌봐야 하는 것의 중요성에 대해서도 강조하고 있지요. 성경은 과부나 고아를 해롭게 하지 말라고 이야기합니다(출 22:22). 또한 경건은 고아와 과부를 돌보는 세속에 물들지 않는 것이라고 설명합니다(약 1:27). 성경에서 고아와 과부는 돌봄의 대표적 대상으로 관용구처럼 사용되는 말이기도 합니다. 주님께서는 고아와 과부처럼 도움 없이는 살아가기 힘든 존재들을 네 몸처럼 아끼고 사랑하라고 말씀하고 계시는 것이지요. 주님께서는 가난한 자에게 돈을 꾸어주면 채권자처럼 굴지 말라고 말씀하시며, 주위 이웃의 어려움을 살펴야 한다고 강조하십니다(출 22:25-27). 또 청각장애인을 저주하지 말며, 시각장애인 앞에 장애물을 놓지 말라고 말씀하시며, 장애인을 해롭게 하거나 위험하게 하지 말라고도 말씀하시지요(레 19:14). 노인을 공경하라는 말씀도 레위기에서 발견할 수 있습니다(레 19:32). 결국 내 가족을 포함하여 주위 어려운 사람을 네 이웃으로 두고 네 자신과 같이 사랑하라 말씀하십니다(레 19:18). 나와 다른 처지에 있는 그들을 존중하고 사랑하라는 말씀이신 것이지요. 어려움에 처한 이웃을 남이 아닌 우리로 받아들이고, 각자 주어진 역할은 다르지만 그리스도 안에서 한 몸이기에 서로를 돌봐야 하지요.

❋ 배반자: 부겔로와 허모게네

지금까지 우리가 만나는 사람들과 서로 다른 생각과 행동을 할 수 있다는 것 그리고 주님께서 우리를 다른 역할을 하도록 각각의 쓰임에 맞게 지으셨음을 이야기했습니다. 서로 다름이 갈등이 아닌 화합하고 서로를 돌보며 도와주며 살아가는 것이 우리의 역할인데, 우리는 왜 자꾸 갈등하고 싸우며 서로에게 상처를 주고받을까요?

서로의 다름으로 갈등이 생기고 분란이 되고 미움이 되는 것은 결국 정욕 때문입니다. 우리는 모두 주님을 잘 믿고 따라 살려고 노력합니다. 하지만 성경 속에서도 많은 인물이 예수님의 복음을 깨닫고 주님의 길을 따르고자 하였지만, 반면에 많은 배반자가 나타나기도 하였습니다. 배반자들은 주님을 모르는 사람들이 아닌 주님의 말씀을 믿고 따르며 전파하는 동역자였습니다. 하지만 이들은 자신들의 욕심에 이끌리어 결국 주님을 버리고 떠난 자가 되었지요. 바울은 이들과 같이 되지 말 것을 강조하며, 그들의 이름을 서신서에 적어 둡니다.

"그 중에는 부겔로와 허모게네도 있느니라"(딤후 1:15)라는 표현을 통해 믿었던 이들마저 바울이 어려움을 당했을 때 떠났음을 알 수 있습니다. 후메내오는 믿음을 굳게 지키지 못하고 믿음을 잃은 믿음의 파선자였습니다(딤전 1:19-20). 또 빌레도는 거짓된 가르침을 가르치며 부활은 이미 옛날에 일어났다고 말하며 진리의 말씀에서 떠난 자들로 악성종양 같은 자들이라 평가되었지요(딤후 2:14-19). 이들은 구약에서 얀네와 얌브레가 모세를 배반한 것처럼 진리를 미워하고 반대하는 자들이라 표현합니다(딤후 3:8). 구리 세공을 하는 알렉산더는 바울을 괴롭혔다고 설명합니다(딤후 4:15). 이들은 한때 바울을 도와서 열정적으로 선교활동에 동참했을 것입니다.

여러 핍박과 어려움이 있었겠지요. 구약시대에 바란 광야에서의 10명의 정탐꾼과 이스라엘 백성들처럼 하나님을 의심하는 것 또한 배반하고 잘못된 일입니다. 결국 주님의 말씀을 따라 끝까지 살지 못하였기에 자신에게 주어진 역할을 완수하지 못하고 배반자가 됩니다. 이들을 통해 우리는 우리 자신을 돌아봐야 합니다. 주님을 믿고 따른다고 하지만 성경에 이름만 안 올라가 있을 뿐 우리도 주님의 말씀을 지키지 못한 배반자로 분류될 위험은 없는지 생각해 보아야 하지요.

반면에 끝까지 바울과 동역하며 믿음을 지킨 자들도 있습니다. 오네시보로는 바울의 고난을 부끄러워하지 않으며 바울을 위로하고 도왔던 인물인데, 바울은 그에게 주님께서 자비를 베풀어 주시길 축복합니다(딤후 1:16-18). 누가, 마가, 두기고, 디도 등(딤후 4:11-13)은 바울이 고난을 받는 어려운 시절에도 믿음을 지키고 동행한 인물들로 주님의 말씀을 지켰던 믿음의 선구자들입니다.

이러한 믿음의 선구자들과 배반자들에게는 공통점과 차이점이 있습니다. 공통점은 일찍이 주님의 말씀을 접하고 믿었다는 점입니다. 반면에 차이점은 배반자들은 자신의 정욕 때문에 주님을 버리고 떠난 자들이고, 믿음의 선구자들은 끝까지 인내하며 주님의 말씀을 따른 자들이라는 점이지요. 가장 무서운 사람들은 예수님에 대해 열심히 공부하여 아는 듯하지만 그르다고 평가하며 떠난 사람들, 부활이 없다고 하는 사람들, 말씀을 지키지 않으며 말씀을 사욕에 이용하는 자들입니다. 성경에서는 이런 사람들과 논쟁하지 말고 경고 후 관계를 끊고 멀리하라고 당부합니다(딛 3:10). 배반자들은 논쟁하기를 좋아하고 어리석고 무식한 변론을 주장하기 좋아하는 특징이 있지요.

주님을 버리는 것은 '다름'과 같은 '차이'가 아닙니다. 인간적 관점에서 다름과 차이는 각자의 방정식이 다른 것이므로 서로를 인정하고 화합하고 배려하며 서로를 돌볼 수 있습니다. 하지만 주님을 부정하는 것은 다름에서 오는 차이가 아닌 배반자나 불순자와 믿음의 사람으로 나누는 기준이 됩니다. 이들과는 논쟁을 피하고 온유한 마음으로 가르치되 우리가 미혹되는 것을 경계하고(고전 15:34; 갈 6:1; 딤전 3:7; 딤전 6:4; 딤후 2:24-26), 오직 우리에게 주어진 역할인 주님 말씀을 실천하는 일에 집중하는 것이 옳습니다. 결국 주님께서 직접 배신자들과 불신자들에게 회개할 기회를 주시고 그들을 책임지실 것입니다. 하지만 자신만을 생각하는 자들이라면, 자신의 사욕 때문에 주님께서 주시는 기회마저 보이지 않을 수 있습니다. 그들의 입장에서는 각자의 사정이 있고, 이유가 있는 듯 보이지만, 우리가 경계해야 하는 것은 우리가 그들과 같이 배반자의 길을 가면 안 된다는 것이지요. 사람들 간의 서로 다름과 차이는 언제나 생길 수 있습니다. 예컨대, 신혼부부의 자녀 계획, 자녀의 전공 선택, 가족 간 휴가를 보내는 방법의 차이와 같이, 한 걸음 떨어져 생각해 보면 중요하지 않은 문제일 수 있기에 그런 일들은 다툴 필요가 없는 것들이지요. 하지만 믿음의 배반자에 대해서는 우리가 경계해야 합니다. 이단을 간략히 훈계하고 멀리하라는 말씀처럼 이들과 논쟁을 오래 하지 말아야 합니다.

　우리는 우리에게 주어진 주님의 말씀인 '서로 사랑하라'는 말씀을 실천하고 살아가면 되는 것입니다. 사랑을 실천하는 방법의 하나가 TSL 실천입니다. TSL 실천을 통해 정신 건강, 신체 건강, 가족 화평, 긍정적 세계관을 갖고 믿음 안에서 살아갈 수 있지요. 만일 우리가 가족에게 사랑을 실천하지 못한다면 주님께서는 불신자보다 더 악하다고 말씀하십니다(딤전 5:8). 또 한편, 가족 중에 주님을 믿지 않거나 떠난 자라도 믿음을 가진 자를 통해 이들이 거룩하게 될 수 있지요(고전 7:14). 그래서 우리는 항상 깨어서 회개하며, 우리의 삶을 돌아보고 십자가의 속죄와 부활의 소망을 믿고 겸손해져야 하며 더욱 사랑해야 합니다. 우리는 주님 앞에서 죄인이요, 배반자로 돌아설 수 있는 정욕을 가진 부족한 이들일 뿐이지요. 자, 그럼 오늘도 배반자의 삶이 아닌 믿음의 사람의 삶을 살기 위해 말씀을 보고 우리를 돌아봅시다.

Practice **6**[1]

S 회상하기: AS 노트

✳ '미안합니다' 실천하기

크리스천이라면 잘못하였을 때 먼저 잘못을 인정하고 회개해야 한다고 생각할 것입니다. 잘못한 것을 인정하고 회개하는 것은 매우 중요한 일입니다. 사도 바울 마저도 회심 후 자신의 모습을 돌아보며 자신이 죄인 중에 괴수라고 고백하지요(딤전 1:15). 크리스천은 자신의 잘못을 인정하고 회개할 때, 먼저는 주님 앞에서 회개해야 하고 그 후 사람들 앞에서 잘못을 고백하고 용서를 구하고 화해해야 합니다.

주님 앞에서 회개한 이들은 성경에서도 많이 만나 볼 수 있습니다. 예수님께 향유를 부은 여인(눅 7:36-50)은 마을에서 죄인이라고 소문난 여자였습니다. 그 여인은 예수님 곁에서 울며 눈물로 예수님의 발을 씻겼습니다. 자신의 머리카락으로 발을 닦고, 입을 맞추고, 향유를 부었지요. 이 여인의 모습은 진정한 회개의 대표적인 모습입니다. 주님은 여인의 모습을 보시고 여자의 많은 죄가 용서되었다고 말씀하

1) 실천(Practice) 장들은 기존 TSL(김재엽, 2014; 2023)의 과제와 설명을 사용하였으며 크리스천 TSL 과제와 설명 그리고 사례를 추가하여, 재구성하였음

시며, 그녀는 많은 사랑을 받았기에 그만큼 많은 죄를 용서받을 수 있었다고 설명해 주시지요. 향유를 부은 여인처럼 주님의 사랑을 많이 깨달은 자일수록 더 많이 회개하게 되고, 더 많은 죄를 용서받을 수 있다는 것을 우리는 기억해야 합니다.

성경에는 바리새파 사람과 세리의 기도가 나옵니다(눅 18:9-14). 바리새파 사람은 자신이 의롭다고 생각하여 자신의 의를 드러내는 기도를 하나님께 드립니다. 반면에 세리는 성전 앞에 나아오지도 못하고 멀리 서서 하늘을 우러러보지도 못하면서 가슴을 치며 "하나님이여, 불쌍히 여기소서 나는 죄인이로소이다."라고 기도합니다. 예수님께서는 세리가 더 의롭다고 평가하시며 누구든지 자기를 높이는 사람은 낮아지고, 자기를 낮추는 사람은 높아질 것이라(눅 18:14)고 말씀하십니다.

또한 사마리아 성에 사는 마술사 시몬은 잘난 체하던 유명인이었습니다. 그런 그가 사도들을 쫓아 돈으로 그들의 능력을 사려고 하자 베드로가 그에게 악한 뜻을 품고 있으며 죄에 사로잡혀 있다고 꾸짖습니다. 그러자 시몬은 곧바로 "나를 위하여 주께 기도하여 말한 것이 하나도 내게 임하지 않게 하소서"(행 8:24)라고 부탁하며 자신의 잘못을 인정하고 회개합니다. 여인과 세리 그리고 마술사 시몬의 모습처럼 주님 앞에서 진심으로 자신이 죄인임을 고백하고 회개하는 사람이 진정한 크리스천이지요.

예수님께서는 회개하지 않으면 죽임당한 사람들처럼 망할 것이라고 강력하게 말씀하십니다(눅 13:5). 반면에 우리가 회개한다면 주님은 언제나 그 회개를 받아 주시고 용서해 주시는 분이십니다. 심지어 하늘에서는 회개할 필요 없는 아흔아홉 명의 의인보다 회개하는 죄인 한 명을 두고 더 기뻐한다고 말씀하십니다(눅 15:7). 우리가 회개한다면 우리의 죄가 주홍 같을지라도 눈과 같이 희어질 것이며, 진홍 같이 붉을지라도 양털 같이 희게 될 거라고 약속해 주셨습니다(사 1:18).

우리는 단 한 번으로 회개를 끝내는 것이 아니라 항상 회개해야 합니다. 우리는 우리의 불완전성으로 인해 일상에서 계속 잘못을 행하기 때문입니다. 의로우신 분은 주님 외에는 아무도 없습니다. 우리는 죄인이기 때문에 매번 죄를 짓고 잘못할 수 있습니다. 일상의 작은 잘못도 주님 앞에서 인정할 수 있는 용기가 있어야 합니다. 향유를 부은 죄 많은 여인을 두고 하신 예수님의 말씀처럼, 우리가 받은 사랑이 많음을 깨닫고 겸손하여지고 주님께 감사할 수 있다면 우리의 모든 죄를 자복하고 회개할 수 있습니다.

[그림 6-3] 하나님께 회개, 사람과 화해

우리가 하나님께 잘못을 아뢰고 용서받는 것으로 우리의 할 일이 다 끝난 것이 아닙니다. 사람 간의 잘못이 있다면 우리는 사람에게 찾아가 용서를 구할 줄 알아야 합니다. 예수님께서는 여러분이 고발하는 자와 함께 법관에게 갈 때 먼저 길에서 화해하기를 힘쓰라고 말씀하시며 세상 법정까지 가서 옥에 갇힐까 염려하셨지요(눅 12:58). 또 예배를 드리려다가 형제에게 원망을 들을 만한 일이 생각난다면 예배보다 먼저 형제와 화목하고 그 후에 예배드리라 말씀하셨습니다(마 5:23). [그림 6-3]처럼, 주님께 회개하는 것으로 그치는 것이 아니라 잘못한 일이 있는 사람들과 화해하는 것을 주님께서는 중히 여기신 것이지요.

그렇다면 우리는 왜 사람들과 갈등을 일으키고 화목하게 지내지 못하는 것일까요? 그 원인은 우리가 자신의 생명만 너무 사랑하기 때문입니다. 자기 것만을 너무 사랑하기에 역할 충돌이 생겼을 때 자기 입장만을 고집하고 싸우게 되는 것이지요. 이런 모습은 모든 인간의 생존 원리로 당연할 수 있습니다. 하지만 크리스천은 자기만을 사랑하며 살아가는 존재가 아닌 주님이 무엇을 좋아하실까 생각하면서 살아가는 존재입니다. 하지만 인간은 마음속에 항상 세상과 주님, 두 주인을 섬기고 있어서 사람들과 갈등하고 화를 내게 되는 것이지요. 크리스천은 세상과 주님을 동시에 사랑하고 섬길 수 없습니다.

모든 사람은 완벽한 존재가 아니기에 잘못을 합니다. 하지만 잘못을 깨달았을 때 빨리 주님께 회개하고 주님이 기뻐하시는 길로 돌아오려고 노력하는 것이 중요합니다. 주님께서는 우리를 향하여 말씀하시길 회개하지 아니한 마음을 따라 진노의 날, 진노가 임할 것이라고 경고하십니다(롬 2:5).

주님은 고집이 센 사람을 좋아하지 않으십니다. 사회에서는 소위 고집 센 사람이라고 하면 끈기 있고 집념이 있는 사람으로 긍정적으로 평가하기도 하지만, 나쁜 고집은 무조건 자기만이 옳다고 우기는 모습입니다. 주님이 싫어하시는 고집은 끈기 있는 모습이 아닌 아집과 편협한 모습을 의미합니다. 좋은 것을 고수하는 것은 고집이 아닌 믿음이지요. 우리는 자신이 어떤 모습에 해당하는지 돌아보아야 합니다. 다른 사람에게는 그들이 쉽게 나쁜 고집을 부린다고 판단하지요. 크리스천이라면 주님의 말씀 외에는 중요하지 않은 것으로 여기고, 다른 사람과 타협하고 화합하기에 힘써야 합니다. 주님께서는 서로 비방하지 말라고 말씀하시면서 형제를 비방하는 자나 형제를 판단하는 자는 곧 율법을 비방하고 율법을 판단하는 것이라 율법의 재판관은 오직 하나님 한 분뿐이라고 말씀하십니다(약 4:11-12). 그러므로 우리는 서로를 헐뜯거나 누가 더 의롭다 평가하지 말고 단지 나의 부족함을 돌아보고 먼저 회개하고 먼저 잘못을 고백하고 용서를 구해야 하지요. "믿음이 연약한 자를 너희가 받되 그의 의견을 비판하지 말라"(롬 14:1)는 가르침을 기억해야 합니다. 상대가 더 잘못했는데, 저 사람은 왜 회개하지 않는가에 연연하는 것이 아니라 나를 먼저 돌아보는 것이 크리스천으로 살아가는 데 매우 중요한 부분입니다.

하지만 오히려 세상에서 크리스천을 '괴팍하다.' '고집이 세다.' '하나님 믿는다면서 왜 이렇게 이기적이냐.' '자기들끼리 다투기나 한다.'고 평가를 받고 있습니다. 이런 평가에 억울하다고 생각할 수도 있지만, 한편 맞는 말일 수 있습니다. 예수님께서는 "건강한 자에게는 의사가 쓸 데 없고 병든 자에게라야 쓸 데 있느니라 나는 의인을 부르러 온 것이 아니요 죄인을 부르러 왔노라"(막 2:17)라고 말씀하십니다. 주님 말씀처럼 교회와 성당에 모인 사람들이 더 아프고, 더 모자란 사람들일 수 있습니다. 그래서 부족한 사람들끼리 모인 교회는 서로 더 사랑하며 도와주어야 하지요. 그렇다고 연약한 사람들이 기독교의 가치를 다 대표하는 것은 아닙니다. 병원에 아픈 사람이 많다고 엉터리 병원이라고 평가하면 안 되는 것과 같은 이치입니다. 그럼에도 우리 자신을 먼저 돌아보아야 합니다.

 AS 노트 작성하기: 회상하기

AS 노트란 자신의 'Anger & Sorrow(분노와 슬픔)의 노트(note)'를 말합니다. 이제 AS 노트를 작성할 것을 제안합니다. 먼저, 주님 앞에 지은 죄를 떠올려 보고 적어 봅시다. 만약 아직도 회개의 준비가 되지 않았다면 주님께서 부어 주신 것들을 떠올리며 감사함을 더 많이 생각해 보길 바랍니다. 앞서 이야기를 하였던 것처럼, 주님께 받은 은혜가 큼을 인정할 때 우리는 우리의 죄인 됨을 고백할 수 있습니다.

주님 앞에 회개하였다면, 다음으로 사람 간의 상처와 화남과 슬픔을 정리해 봅시다. 특히 가족관계에서 벌어졌던 일들을 떠올려 봅시다. Chapter 1에서 말한 것처럼, 가족 덕분에 행복하기도 하지만 고통스러운 순간도 있습니다. 가족이 여러분에게 항상 행복만을 주는 것은 아니고, 때로는 힘들게 하고 상처를 줄 수 있지요. 바꾸어 말하면, 여러분도 가족을 힘들게 하고 상처를 줄 수 있는 존재라는 것입니다. 이때 여러분은 '미안하다'고 사과했나요? 혹은 가족에게 상처를 준 적이 있다는 것을 알고 있나요? 크리스천 TSL의 두 번째 단계인 '미안합니다(S)'에서는 진심으로 사과하고, 진심으로 용서함으로써 가족 간의 상처, 아쉬움, 슬픔을 다루게 됩니다.

우리는 너무 소중한 가족의 존재에 감사함을 느끼지만, 함께 살다 보면 가족으로 인해 슬프거나 화나는 일이 발생하기도 합니다. 가족이 소중하지 않아서 이런 일이 발생하는 것이 아니라, 각기 다른 개인이 서로 다른 견해를 갖고 있어서 나타나는 일이지요. 하지만 그렇다고 해서 슬프거나 화나는 감정을 삼키기만 하는 것은 좋지 않습니다. 미안하거나 화나는 감정을 현명하게 해결하는 것이 중요하지요. 그래서 먼저 적어 봅시다. 여러분과 가족 간에 있었던 화났던 일, 슬펐던 사건, 내가 받은 고통 그리고 그 고통이나 사건들로 인한 영향을 적어 보는 것입니다. 그런 다음 가족에게 가서 상대방(배우자, 자녀, 부모, 형제자매)이 여러분으로 인해 상처받은 일, 화났던 일은 무엇인지 물어보고 AS 노트에 기록해 봅시다. 이것이 이번 일주일간 여러분에게 주어진 과제입니다.[1] "지금 와서 왜 그래?" 또는 "왜 물어?"라는 반응이 올 수 있습니다. 그러나 T 과정을 지나왔기 때문에 상대방의 반응에 대한 섭섭한 마음을 여러분이 진심으로 미안하게 생각하고 물어본다면 상대방도 아쉽거나 섭섭했던 일을 이야기할 것입니다.

가족이 여러분에게 서운했던 일들을 이야기할 때, 그때 미처 생각하지 못했던 것들을 이해하고 상대방이 정말 서운했을 거라는 생각이 든다면 '미안합니다'라고 말해 보아도 좋습니다. 또 내가 가족에게 서운했던 일 중 그때 가족이 미안하다고 표현했던 말이나 행동들을 다시 돌이켜보며 지금 자신이 진심으로 이해할 수 있다면 상대방에게 '용서합니다'라고 말해 보아도 좋습니다. 혹은 아직은 직접 표현하기 어렵다면 AS 노트에 용서한다고 적어 보아도 좋습니다. 하지만 '미안합니다'나 '용서합니다'라는 마음이 잘 들지 않는다면 처음부터 억지로 할 필요는 없습니다. 여러분의 마음에 진심으로 그런 생각이 들 때 이야기하는 것이 더 좋습니다.[②] 앞으로 크리스천 TSL의 두 번째 과정인 '미안합니다(S)' 과정을 통해 가족에 대한 미안함과 용서함이 진심으로 이루어지도록 함께 노력해 봅시다.

과제 1. AS 노트 작성하기

내가 주님께 잘못한 일	
어떤 사건	어떤 영향

내가 가족에게 준 AS(상처)		
누구에게	어떤 사건	어떤 영향

내가 가족에게 받은 AS(화남과 슬픔)		
누구로부터	어떤 사건	받은 영향

참여자 중에는 이 정도면 주님께 잘하고 있다고 생각했었는데 막상 AS 노트를 작성하다 보니 내가 얼마나 죄인이었는지를 깨달았다는 분들이 계십니다. 또 가족에

사례 6-1 남, 29세, 직장인

내가 주님께 잘못한 일	
어떤 사건	어떤 영향
취업을 준비하면서 마음은 조급한데 뜻대로 잘되지 않을 때 하나님께 매달리기보다는 내 힘으로 해결하려고 발버둥치며 지냄. 하나님을 멀리하였던 시기	돌이켜 보면 바쁘고 열심히 지냈던 시기이지만 굴에서 지냈던 시간이었던 것 같음. 어려울 때일수록 하나님을 더 의지했다면 그때 다른 결과를 갖고 오지 않았을까 싶음
취업만 되면 하나님을 위해 산다고 이야기했지만, 막상 직장에 적응하고 사회생활을 시작하니 내 다짐만큼 지내고 있지 못하는 거 같음. 하나님을 생각하면 늘 숨고 싶은 마음이 듦	지금도 열심히 살고는 있지만 계속 공허한 느낌이었는데 하나님과의 거리가 문제였다는 생각이 듦

내가 가족에게 준 AS(상처)		
누구에게	어떤 사건	어떤 영향
어머니	초등학생 때 숙제를 다하지 않고는 다했다고 거짓말을 하고 학교에 갔다가 엄마가 그 사실을 알고 큰 충격을 받음	처음 큰 거짓말을 해서 기억이 계속 난다고 하심. 무엇을 잘못 가르친 것일까 고민을 많이 했던 시간이라고 하심. 나에게 실망했다기보다 어머니 스스로 상처받았던 일이라 아직도 기억이 많이 난다고 말씀하심

내가 가족에게 받은 AS(화남과 슬픔)		
누구로부터	어떤 사건	받은 영향
아버지	수능 시험을 마치고 기대보다 성적이 나오지 않자 아버지께서 부끄러운 아들이라고 말씀하심	가장 속상한 사람은 나 자신이라고 생각했는데 아버지마저 실망하시는 모습을 보이시니 세상에서 버림받은 기분이 들고 평생 잊히지 않는 순간임

대해서도 우리의 일상생활이나 습관이 서로에게 상처를 주고 있었다는 것을 깨닫게 되었다고 고백하시는 분도 계시지요. 가족과 주고받은 상처들이 큰 잘못을 저지른 대단한 사건들이 아니라 일상생활에서 우리도 모르게 가족에게 상처를 주고, 우리 기억에 서운함이 남아 있었다는 것을 알게 됩니다.[3]

〈사례 6-1〉에서 보이듯 우리는 어려울 때 주님을 더 의지하기보다 내 힘으로 극복해 보려는 경우가 많습니다. 그것이 주님 앞에서 죄인지도 모르고 시간을 보내기도 합니다. 가족과의 관계에서도 서로 서운했던 일들을 잊고 살아간다고 생각하지만, 우리의 기억 속에는 그 일들이 남아 있음을 알 수 있습니다. 때로는 이런 기억들이 자신도 모르게 가족과의 관계에 영향을 미치기도 하고, 자신을 괴롭히기도 합니다.④ 주님 앞에서 나의 부족함을 인정하고 회개하는 것과 가족관계 안에서 서운했던 기억들에 대해 미안하다고 표현하고 용서하는 일은 여러분의 삶에 꼭 필요한 일입니다. 앞에서 언급한 것처럼, 주님께 진심으로 회개한 후 가족과 서운했던 이야기를 나누면서, 할 수 있다면 사과와 용서의 마음을 전해 보기를 바랍니다. 상대방이 여러분에게서 받은 상처를 이야기할 수 있는 것은 이미 상당 부분 가족과 공감대가 형성되고, 가족의 그런 이야기를 수용할 여러분의 자세가 마련되었기 때문입니다. 짜증이 나고 불쾌할 수 있는 이야기들일 수 있지만, 이미 여러분 자신이 준비되었기 때문에 '아, 그렇게 생각할 수도 있구나.' 하는 식으로 받아들여지는 것입니다. 이것이 바로 관점의 변화입니다. 하지만 진심이 담기지 않은 사과와 용서를 해서는 안 됩니다.⑤ 진심으로 가족을 대하는 것이 그 무엇보다 중요합니다.

✸ 진심: 주께 하듯 하라

사람들은 겉보기에 좋은 그럴싸한 행동을 하기 쉽습니다. 하지만 주님께서는 종과 주인의 관계를 이야기할 때 사람에게 하듯이 하지 말고, 그리스도를 섬기듯이 기쁜 마음으로 일하라고(엡 6:7) 권면합니다. 이는 단지 종과 주인의 관계에 국한된 이야기가 아니라 모든 일에서, 모든 사람에게 주님께 하듯 진심으로 대해야 함을 의미합니다. 주님께서도 주님 앞에서 그럴싸하게 제사를 지내고 예배를 드리는 것보다 진실하게 행하는 것을 더 좋아하시지요. 사울이 하나님을 위해 한 행동이라고 핑계를 대지만 그 속을 아시는 주님은 사무엘을 통해 "순종이 제사보다 낫고 듣는 것이 숫양의 기름보다 나으니"(삼상 15:22)라고 분명하게 말씀하십니다. 사울의 위선적인 행동을 보시고 주님은 주님의 말씀을 "거역하는 것은 점치는 죄와 같고 완고한 것은 사신 우상에게 절하는 죄와 같음이라"(삼상 15:23)라고 표현하실 정도로 심각한 죄라고 이야기합니다. 주님은 사울의 행동이 본심이 아닌 좋게 보이고자 하는 행동으로 쇼(show)라는 것을 아시는 것이지요. 사울처럼 겉으로 드러난 행동, 형식적인 행동은 우리가 하지 말아야 할 행동입니다.

　그럼 진심을 다하는 모습은 어떤 모습일까요? 진심을 다한 대표적 인물로 다윗을 생각해 볼 수 있습니다. 다윗은 "나의 하나님이여 주께서 마음을 감찰하시고 정직을 기뻐하시는 줄을 내가 아나이다 내가 정직한 마음으로 이 모든 것을 즐거이 드렸사오며 이제 내가 또 여기 있는 주의 백성이 주께 자원하여 드리는 것을 보오니 심히 기쁘도소이다"(대상 29:17)라고 기도합니다. 기도에서 느껴지듯이, 다윗은 한결같이 진심으로 하나님을 사랑한 인물입니다. 때로 죄를 짓고 부끄러운 일들도 행하지만, 하나님 앞에 철저하게 회개하고 죄에서 돌이키고자 노력한 인물이지요. 하나님은 그의 진실한 모습을 기뻐하셨습니다. 그는 하나님을 자신의 목자라 고백하며 그로 인해 부족한 것이 없다(시 23:1)고 찬양합니다. 마치 바울이 빌립보서에서 "하나님이 그리스도 예수 안에서 영광 가운데 그 풍성한 대로 너희 모든 쓸 것을 채우시리라"(빌 4:19)라고 축복한 말씀과 같이, 다윗도 모든 것이 주님으로부터 말미암았다는 것을 알고 항상 하나님께 감사한 인물이지요. 그는 "주께 영원히 감사하리이다"(시 30:12)라고 고백하였던 것처럼 평생 주님을 찬양하고 감사하였습니다. 또 "내 허물을 여호와께 자복하리라 하고 주께 내 죄를 아뢰고 내 죄악을 숨기지 아니하였더니 곧 주께서 내 죄악을 사하였나이다"(시 32:5)라는 찬양처럼 다윗은 늘 주님 앞에서 정직하고 진실하기 위해 노력하였습니다. 이렇게 주님을 떠나지 않는 다윗을 주님께서도 너무 사랑하셨고, 성경도 다윗을 훌륭한 인물로 묘사하고 있습니다.

　다윗의 아들 솔로몬도 주님께 많은 축복을 받은 인물입니다. 솔로몬은 "주는 계신 곳 하늘에서 들으시며 사유하시되 각 사람의 마음을 아시오니 그의 모든 행위대로 갚으시옵소서 주만 홀로 사람의 마음을 아심이니이다"(대하 6:30)라고 기도합니다. 젊은 솔로몬은 주님이 어떤 분인지 잘 알고 있었습니다. 사람의 속마음을 아시는 분이시기에 그분 앞에서 거짓된 행동은 의미가 없음을 알고 있었지요.

　다윗과 솔로몬이 주님께 사랑받았던 것은 인간적으로 부족한 부분도 많았지만, 진실한 마음으로 주님을 사랑하였기 때문일 것입니다. [그림 6-4]와 같이, 쇼는 상황에 맞게 대처하는 모습이지요. 하지만 진실한 마음은 일시적으로 생겼다가 사라지는 바람 같은 존재가 아닌 오래 유지되는 참된 마음입니다. 상황에 따라 마음이 금방 변화하는 것은 그 순간의 진심이었을지는 모르지만 진정한 진심이라고 보기

[그림 6-4] 쇼와 진심

어렵지요.

솔로몬은 진심을 다해서 하나님의 성전을 지었습니다. 하나님께서 그 성전에 임재하셨고 그것은 그의 최대의 업적이지요. 솔로몬은 주님께 "주의 종의 기도와 간구를 돌아보시며 주의 종이 주 앞에서 부르짖는 것과 비는 기도를 들으시옵소서"(대하 6:19)라고 간절히 기도합니다. 범죄한 자, 적국에 패한 자, 가뭄과 기근이나 질병, 재앙으로 고통당한 자, 이방인, 전투할 때, 적국에 사로잡혀 갔을 때 등 모든 위험과 위기의 순간에 성전이 있는 쪽을 향해 기도하면 주님은 계신 곳에서 그들의 기도와 간구를 들으시고 그들의 일을 돌보시오며 주께 범죄한 주의 백성을 용서해 달라고(대하 6:20-39) 기도합니다. 그의 기도를 통해서도 알 수 있듯이, 당시에 솔로몬은 하나님께도 사람들에게도 진심을 다해 행동하는 인물이었습니다. 하지만 다윗과는 달리 솔로몬은 끝까지 주님만을 사랑하며 살지는 못하였습니다. 오랫동안 진심으로 하나님을 사랑한 다윗에게 주신 축복과는 달리, 솔로몬 이후 이스라엘은 분열 왕국의 시대를 맞이하며 혼란의 시기를 지나게 되지요. 오랫동안 진심으로 주님을 사랑한 사람을 주님께서도 사랑하십니다. 우리는 다윗의 진심을 본받아야 합니다. 진심으로 주님의 말씀을 따라가기 위해 노력할 때 하나님이 그리스도 예수 안에서 영광 가운데 그 풍성한 대로 모든 쓸 것을 채우신다는(빌 4:19) 축복을 우리가 누리게 될 것입니다.

하나님께 진심을 다하듯 사람에게도 진심을 다해야 합니다. 사람에게 진심을 다하는 것이 쉬운 일은 아닙니다. 종이 주인을 대할 때, 사람을 대하듯이 대하는 것이 아닌 그리스도께 하듯 하라는 말씀은(엡 6:5-8; 골 3:22-24) 결국 우리가 모두 종이요, 아랫사람이기에 우리가 대하는 모든 사람에게 그리스도를 대하듯 마음을 다하여 대하라는 말씀이지요. 종이든지 자유인이든지 어떤 관계에서든, 선한 일을 하는 사람은 각각 그 갚음을 주님께로부터 받게 됨을(엡 6:8) 기억하고 그리스도께 하듯 진심으로 사람을 대해야 합니다. 그렇기에 수평적이지 않은 수직적 관계에서도 윗사람은 아랫사람을 강권하거나 협박하지 말아야 합니다. 주님은 외모로 사람을 취하지 않으십니다. 종이나 상전이나 직원이나 사장이나 학생이나 교수나 남자나 여자나 상관없이 진심을 바탕으로 주님의 뜻을 행하는지가 주님께는 더 중요한 것이지요. 주님께 하는 것처럼 우리는 사람에게도 진심을 다해야만 합니다.

❋ TSL 에너지 교환 이론

에너지는 충전하지 않으면 늘어나지 않습니다. [그림 6-5]처럼, 휴대폰도 자동차도 일을 하면 에너지가 소비되고 에너지를 채우지 않으면 고갈됩니다.[6] 사람도 별반 다르지 않지요. 하지만 TSL 에너지는 다릅니다. 다른 사람을 위해 나의 에너지를 썼는데 에너지가 고갈되지 않고 오히려 에너지가 충전되고 증가합니다. 이런 현상을 'TSL 에너지 교환 이론'이라고 합니다. 가령, 우리가 만나는 사람들은 믿음 안에서 동역자요, 소중한 존재입니다. 주님의 말씀을 함께 읽고 TSL을 함께 실천하게 된다면 그 에너지는 고갈되는 것이 아니라 오히려 더 커지게 되지요. 마치 은혜를 나누면 그 은혜가 더 커지는 것과 같습니다.

[그림 6-5] TSL 에너지 교환 이론 예시

주님께서는 주님이 원하시는 대로 한 몸 안에 각각 다른 기능을 하는 여러 지체를 두셨습니다. 지체의 역할이 다르고 지체가 많더라도 몸은 하나이지요. 주님께서는 우리 몸에 나뉨이 없게 하시고 몸의 여러 지체가 서로 돌보며 살게 하셨습니다. 몸의 한 지체가 고통을 당하면 모든 지체가 함께 고통을 당하고, 한 지체가 영광을 받으면 모든 지체가 함께 기뻐하는 관계이지요(고전 12:14-27). 주님께서는 그리스도 예수를 몸으로 두고 모인 각 지체가 서로에게 힘이 되는 관계로 지으신 것입니다.

바울은 빌레몬의 집에서 도망친 노예 오네시모를 다시 빌레몬의 집에 돌려보내면서 편지를 씁니다. 빌레몬에게 오네시모를 사랑하는 형제로 대해 달라고 당부하며, 주님 안에서 그를 한 사람, 한 형제로 사랑하기 때문에 바울 자신보다 더 소중히 여겨 줄 것을 기대합니다. 바울은 빌레몬에게 자신은 기도할 때마다 빌레몬을 기억하고 있으며 하나님께 감사드리는 존재라 이야기합니다. 또한 빌레몬이 주님에 대한 믿음을 가진 것과 성도들에게 사랑을 실천하고 있다는 이야기를 주위에서 듣고 있다고 칭찬합니다. 바울은 빌레몬과의 믿음의 사귐이 더욱 깊어져 자신들 안에 있는 모든 선한 일을 깨달아 그리스도께 이르게 되기를 간구합니다(몬 1:1-25). 바울과 빌레몬의 관계를 통해 TSL과 같은 사랑의 실천은 선을 알게 하고, 서로 에너지를 교환하여 더욱 힘이 나고 주님께 가까이 가는 길임을 알게 됩니다.

전도서에는 한 남자 이야기가 나옵니다. 자식도 형제도 없이 혼자 사는 이인데 그는 쉬지도 않고 일만 하며 삽니다. 그렇게 해서 모은 재산도 그의 눈에는 차지 않습니다. 그러면서도 그는 가끔, "어찌하여 나는 즐기지도 못하고 사는가? 도대체 내가 누구 때문에 이 수고를 하는가?"라고 말합니다. 전도자는 그 남자의 수고도 헛되고, 부질없다고 평가하며, 혼자보다는 둘이 더 낫고, 두 사람이 함께 일할 때 더 좋은 결과를 얻을 수 있다고 말합니다. 이는 둘이 가다가 한 사람이 넘어지면 다른 한 사람이 일으켜 세워줄 수 있는데, 혼자 가다가 넘어지면 딱하게도 일으켜 줄 사람이 없는 이치라는 것이지요. 또 둘이 누우면 따뜻해지지만 혼자서는 따뜻해질 수 없고, 혼자 적과 싸우면 지지만 둘이 힘을 합하면 적에게 맞설 수 있다고 설명합니다(전 4:8-12). 하나가 아닌 둘 이상이 서로 교제하며 사랑을 실천할 때 혼자서는 채울 수 없는 에너지를 재충전하게 되는 것이지요. 하나님을 사랑하는 사람들, 곧 하나님의 뜻대로 부르심을 받은 사람들에게는 모든 일이 서로 협력해서 선을 이룬다고(롬 8:28) 말씀하십니다. 주님의 사랑을 서로에게 실천할 때 서로 평안함과 기쁨, 따뜻함을 얻게 되는 것이지요. 내 소중한 가족, 이웃과 같이 크리스천 TSL을 실천하는 것은 서로의 에너지를 교환하여 고갈된 에너지를 충전할 뿐 아니라 주님과도 가까워지는 중요한 일인 것입니다.

❋ 젊어지는 나이(JAGE): 새 사람

우리는 주님을 믿음으로 전에는 어둠이었으나 이제 주 안에서 빛이 되었습니다 (엡 5:8). 주님께서는 그런 우리에게 빛의 자녀들처럼 행하라 말씀하시며 빛의 열매는 모든 착함과 의로움과 진실함이므로, 주님을 기쁘시게 할 것이 무엇인지 생각해 보라고 하십니다(엡 5:8-10). 주님을 기쁘시게 하는 일이 무엇인지 살펴보며 사는 삶이 곧 새사람이 되는 것이지요. 주의 뜻이 무엇인지 생각하고 주의 이름으로 항상 아버지 하나님께 감사하는 것이 지혜 있는 자의 삶의 모습입니다(엡 5:15-21). 감사하는 삶을 살기에 더 젊어질 수 있고, 방탕하지 않고 세월을 허송하지 않고, 아끼며 살 수 있습니다. 또 자기 유익을 구하기보다 복음에 합당한 일을 하며 즐겁게 생활할수록 더 젊어지게 되는 것이지요.

주님이 보시기에도 기쁜 일인 새로운 삶은 믿음으로 고난마저도 감사함으로 견뎌 내게 되는 삶입니다. 말씀에는 그리스도의 복음에 합당하게 생활할 것을 권면하면서 한마음으로 굳게 서서 복음의 신앙을 위하여 함께 싸우며, 어떤 일에서도 대적하는 자들을 두려워하지 말 것을 당부합니다(빌 1:27-29). 주님께서는 그리스도를 위한 특권, 즉 그리스도를 위하여 고난을 받는 특권도 주셨습니다. 결국 새사람이 되어서 사는 삶은 함께 싸울 힘이 생겨 고난마저도 두려워하지 않게 되지요. 두려움이 사라졌기에 다시 어린아이와 같이 젊어질 수 있습니다. 또 그리스도를 알게 된 후 주님을 아는 지식이 가장 고상하므로 이전의 나의 삶은 모두 해로 여기고 그리스도를 위하여 다른 모든 것을 배설물처럼 여기게 됩니다(빌 3:7-8). 오직 주님만을 바라보며 달려가는 모습으로 변하는 것이지요. 그래서 어린아이와 같은 간절한 마음으로 주님을 기다리면서 주님 기뻐하실 선한 일을 행하며 살게 되는 것입니다.

JAGE는 Juvenate Age, 즉 '젊어지는 나이'라는 뜻으로 만들어졌습니다. 크리스천 JAGE는 주님을 만나 새사람으로 거듭난 후 어린아이와 같은 마음을 갖게 된다는 뜻

| 표 6-1 | JAGE 환산 나이 | | |

현재 나이	뺄 나이	JAGE 환산 나이
20대	5세	15세(10대 중후반)
30대	10세	20세(20대 초반)
40대	15세	25세(20대 중반)
50대	20세	30세(30대 초반)
60대	25세	35세(30대 중반)
70대	30세	40세(40대 초반)
80대	35세	45세(40대 중반)
90대	40세	50세(50대 초반)

의 젊어지는 나이입니다. 〈표 6-1〉처럼, 자신의 나이를 현재 나이로 생각하지 말고 자신의 나이에서 미래의 기대수명을 고려한 다음의 숫자들을 빼서 더 젊은 나이로 생각해 봅시다.[7] 주님의 사랑을 깨닫고 TSL 실천하며 주님 기뻐하시는 삶을 살아갈수록 우리는 더 복음에 열정이 넘치고, 감사와 기쁨이 넘쳐 어린아이와 같은 순수함, 희망, 기쁨을 누리게 될 것입니다.

✴️ 메모리 도서관: 기억을 저장하는 곳

하나님께서는 이스라엘 백성에게 자신들의 역사를 기억하라고 하셨습니다. "너는 이방 나그네를 압제하지 말며 그들을 학대하지 말라 너희도 애굽 땅에서 나그네였음이라"(출 22:21)고 말씀하시고, 유월절 예식을 통해 애굽에서 주님께서 구해주셨음을 평생에 항상 기억하라(신 16:3)고 당부하십니다. "오늘부터 이 전 곧 여호와의 전에 돌이 돌 위에 놓이지 아니하였던 때를 기억하라"(학 2:15)라고도 하시지요. 하나님께서는 인간에게 기억할 수 있는 능력을 주셨으며, 역사적 사건을 기억함으로써 하나님의 역사하심을 대대손손 전하길 원하십니다.

메모리 도서관(memory library)은 인간 개인의 삶의 기억이 쌓이는 곳입니다.[8] 즉, 총체적인 기억을 저장하고 있는 곳이지요. 무의식과 달리 내가 언제든지 기억하고자 할 때 기억하고 싶은 메모리를 찾을 수 있습니다. 메모리는 자연스럽게 여러 경험이 쌓여서 만들어지기도 하지만 기억하고 싶지 않은 것도 함께 쌓이기도 합니다. 성전이 무너졌던 때를 이스라엘 백성이 기억하는 것처럼 교훈적인 기억도 있지만, 누군가로부터 받았던 상처, 분노, 화, 좌절, 섭섭함 등이 메모리로 쌓이기도 합니다. 또 우리는 주님이 우리를 얼마나 사랑하셨는지, 우리가 주님을 얼마나 자주 배신하였는지도 기억 못하는 것처럼 우리의 입장에서 자기합리화를 하며 메모리를 쌓아갑니다. 그래서 우리의 메모리가 중요한 것이지요. 주님을 사랑하고 네 이웃을 네 자신 같이 사랑하라는(마 22:37-39) 말씀을 지키기 위해서는 우리가 주님께 받은 사랑을 메모리해야만 합니다. 주님께 받은 사랑에 대한 메모리가 많은 사람은 감사와 기쁨이 넘치게 될 것이고, 주님께 받은 은혜의 메모리가 적은 사람은 불안, 불만, 걱정이 많을 수 있지요.

우리가 주님에 대해 가진 메모리는 주님을 대표하는 이미지가 됩니다. 무의식과 메모리는 다릅니다. 무의식은 생각이 잘 안 나지만 메모리는 생각하면 떠오르는 것들이라 할 수 있지요. 여러분은 주님이라는 단어를 들으면 어떤 이미지가 떠오르나요? 사랑의 하나님, 은혜의 주님, 심판하시는 분 등 다양한 이미지를 이야기하게 될 것입니다. 신앙생활을 하면서 주님과 쌓은 기억 속에서, 우리의 삶의 경험 속에서 주님에 대한 이미지가 형성되고 그 이미지 중 하나가 주님을 대표하는 값인 대푯값이 되었을 것입니다. 어떤 메모리가 많이 쌓였느냐에 따라 대푯값이 달라질 수 있지요. 그렇다면 주님은 우리를 생각할 때 어떤 대푯값이 떠오르실까요? 욥처럼 온전하고 정직하여 하나님을 경외하며 악에서 떠난 자(욥 1:8)라고 떠올리실까요? 모세처럼 온유함이 지면의 모든 사람보다 더한 사람(민 12:3)이라고 말씀하실까요? 배반하고 따르지 아니한 자들(습 1:6), 속이는 자, 거짓 증인이라고 말씀하실까요? 주님이 보시기에 나는 어떤 사람인가를 떠올려 보면, 주님 앞에서 우리는 부족하고, 항상 죄인임을 고백하게 될 것입니다. 그런 죄인인 우리에게 주님께서는 값없이 큰 은혜를 베풀어 주신 것이지요. 이것을 우리는 항상 기억해야 합니다.

과제 2-1. 주님과 나의 대푯값 작성하기

내가 생각하는 주님의 대푯값	주님이 생각하는 나의 대푯값

사례 6-2 여, 40대, 주부

내가 생각하는 주님의 대푯값	주님이 생각하는 나의 대푯값
나와 우리 가족을 푸른 초장으로 인도하시는 목자	위선자, 그런데도 사랑하는 딸

〈사례 6-2〉의 경우 주님이 인도하여 주시고, 이끌어 주시고, 필요를 채워 주셨던 기억을 통해 목자이신 주님을 대푯값으로 삼게 되었을 것입니다. 반면에 주님께서 참여자를 바라보실 때는 위선자라고 생각하실 거 같다고 이야기하고 있습니다. 하지만 그런데도 참여자를 사랑하신다고 생각하고 있네요. 이처럼 우리와 주님과의 기억이 주님과의 관계를 나타내게 됩니다.

과제 2-2. 가족과 나의 대푯값 작성하기

내가 생각하는 가족 구성원의 대푯값		가족 구성원이 생각하는 나의 대푯값	
○○○		○○○	
○○○		○○○	
○○○		○○○	

사례 6-3 여, 40대, 주부

내가 생각하는 가족 구성원의 대푯값		가족 구성원이 생각하는 나의 대푯값	
남편	경제 수입의 창구 -아이들 아빠 -검소한 사람 -친정 일 무관심한 사람	남편	아들 잘 키우는 엄마

이와 같은 현상은 사람들과의 관계에서도 마찬가지입니다. 〈사례 6-3〉 같이 만약 '남편'이라는 단어에 불쑥 '경제 수입의 창구'라는 생각이 든다면 그것은 여러분에게 있어 남편의 대푯값입니다. 물론 한 사람에게는 대푯값 외에도 여러 다른 값들이 있지요. 하지만 대푯값을 통해 그 사람과 어떤 관계인지 유추해 볼 수 있습니다. 가령, [그림 6-6]과 같이 가족 구성원을 생각했을 때 부정적 이미지가 가장 먼저 떠올랐다면, 그 대상과 갈등할 때가 많은 것일 수 있지요. 하지만 처음 떠오른 이미지가 사랑하는 사람이라면 기쁘고 즐거운 순간이 더 많았던 것일 수 있습니다. 이처럼 대푯값을 통해 주님 그리고 가족 구성원과 관계를 돌아볼 수 있습니다.

메모리 중에는 즐겁고 행복했던 메모리만 있는 것이 아니라 괴로운 메모리도 있

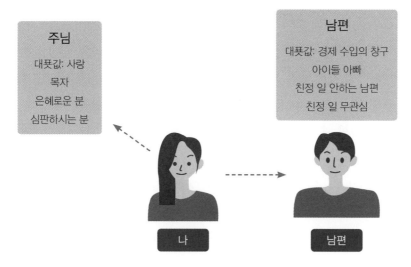

주님
대푯값: 사랑
목자
은혜로운 분
심판하시는 분

남편
대푯값: 경제 수입의 창구
아이들 아빠
친정 일 안하는 남편
친정 일 무관심

나

남편

[그림 6-6] 상대에 대한 대표적 생각

습니다. 괴로운 메모리인 AS가 있는 사람과 관계를 잘 맺기 위해서는 '미안합니다(S)' 과정이 필요합니다. 만약 가족이 여러분에게 AS를 말한다면 그것은 여러분을 믿고 말한 것이므로 여러분이 그 부분에 대해 노력하고 변화된 모습을 보여 주어야 합니다. 우리는 상대방에게 주는 상처를 잘 인식하지 못합니다. 하지만 다른 사람과의 관계에서 상처를 전혀 주지 않는 사람은 주님 외에는 없지요. 그러므로 우리는 가족에게 내가 준 상처를 물어봐야 하고 그 부분에 대해 S를 실천해야 합니다. 우리가 상대방에게 상처를 받았을 때 섭섭하다고 말하기 어려운 것처럼, 상대방도 여러분에게 섭섭하다고 말하기 어렵습니다. 그런데 이러한 섭섭함이 많아지면 여러분과 그 사람과의 관계를 정의하는 대푯값이 부정적으로 될 수 있지요.[9]

이번 시간에 가장 중요한 주제는 '메모리(memory)'입니다. 좋은 메모리, 즐거운 메모리, 기쁨의 메모리가 많다면 우리는 행복할 것입니다. 우리가 돈을 버는 것도 행복을 위해 좋은 메모리를 갖기 위해서지요. 돈을 사용해서 맛있는 음식을 먹고 즐거운 여행을 통해 좋은 기억을 갖게 되기 때문에 돈을 법니다. 하지만 좋은 메모리를 갖기 위해 돈이 꼭 필요한 것은 아닙니다. 그렇다면 좋은 메모리를 어떻게 만들어 가야 할까요? 일상생활에서 주님과 그리고 사람 간의 TSL 실천을 통해서 좋은 메모리를 만들어 갈 수 있습니다. 메모리 도서관을 청소하고 정리하고 또 새로운 좋은 메모리를 만드는 것이 바로 TSL 실천이지요. 여러분이 주님과의 TSL 실천을 통해 주님과 좋은 관계를 쌓아 가고 소중한 사람들 사이에서는 AS를 잘 찾아내서, 실천 계획을 세우고, 사과할 것은 사과하고 용서할 것은 용서하는 것이지요. "내가 잘 생각해 보니 이런 것이 서운했겠다."라고 하는 것이 아니라, 그 사람에게 물어보고 그 사람이 상처받은 것에 대해 사과해야 합니다. 상대방에게 물어보지 않고 여러분이 알아서 행동하는 것이 관계를 더 힘들게 할 수 있습니다. 사람들은 모두 자신의 입장이 있고, 자신의 관점에서 서운한 일들이 있어서 여러분이 생각하는 것과 상대방이 생각하는 것이 다를 수 있습니다. 그래서 직접 물어보는 것과 직접 말로 표현하는 것이 중요합니다. 만약 그 사람에 대한 메모리가 없다면 그 사람과의 관계는 없는 것입니다. 메모리가 없는 USB를 꽂아 봐야 아무것도 나오지 않는 것과 같은 것이지요. AS를 잘 해결할 수 있어야 다음 단계가 진행될 수 있습니다.[10]

이렇게 메모리 도서관은 우리가 알 수 있는 모든 기억을 다 가지고 있는 곳입니다. 내가 찾기 어려울 뿐이지 메모리 도서관의 어딘가에 저장되어 있지요. 우리는

[그림 6-7] 메모리 도서관

느낀 것을 그대로 메모리 박스에 넣어두며, 메모리 도서관에는 즐거움뿐 아니라 고통의 기억도 저장됩니다. 그래서 '감사하다'라는 표현이 쉽게 잘 안 나오는 것입니다. 메모리 도서관에 저장된 고통의 기억이 '감사하다'라는 표현을 못 하도록 잡고 있기 때문이지요. 메모리 도서관 안에는 여러 메모리가 있는데 부정적 메모리들은 [그림 6-7]처럼 자생적으로 계속 늘어납니다. 일종의 바이러스 같지요.[11]

❈ 메모리 박스

메모리 도서관 안에는 각각의 사람이나 사건에 대한 박스들이 있으며 이것을 메

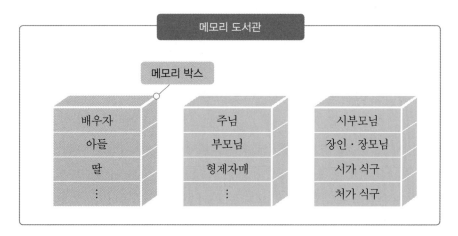

[그림 6-8] 메모리 도서관의 메모리 박스

모리 박스(Memory Box)라고 부릅니다. [그림 6-8]을 보면 쉽게 이해하실 수 있습니다. 뚜렷하게 생각나는 기억도 아련한 기억도 있지만, 중요한 기억은 어떤 식으로든 메모리 도서관 안 각각의 박스 안에 다 기억되어 있습니다. 그리고 구체적인 사건의 기억은 지워져도 그로 인한 부정적 감정은 박스 안에 계속 남아 있을 수도 있습니다.[12]

왜 그럴까요? 부정적 감정들은 일종의 재산이 됩니다. 슬픈 기억은 버려야 하는데 버리지 않고 있으면 이것이 재산이 되지요. 그것은 어떠한 재산일까요? 내 일과 내 행동을 정당화할 수 있는 분노와 슬픔의 재산입니다. 예를 들어, '지난달에 시어머니가 친척들 앞에서 섭섭한 말씀을 하신 적이 있어서 이번 여름휴가에는 별로 시어머니를 뵈러 가고 싶지 않아.'와 같이 부정적인 감정들이 메모리 박스 안에 저장되고 성장하여 앞으로 여러분이 어딘가에서 자신의 행동을 정당화하는 자원으로 활용되는 것이지요.[13]

한편, 여러분과 상대방이 서로 다른 입장과 관점을 가지면서 만들어지는 분노와 슬픔(AS)이 계속 하나씩 들어오고 성장하여 메모리 박스를 가득 채우면 어느 순간에 메모리 박스는 부정적 메모리 박스가 되지요. 메모리 박스가 부정적인 감정들로 인해 고통으로 꽉 차 있으면 그 이후에 들어오는 조그만 상처도 엄청난 상처로 인지하게 되는 것이지요. 이때는 어떤 자극이든지 스트레스가 될 수 있습니다. 누굴 만나도, 집 근처나 복도에서 누구와 스치고 지나가도 스트레스가 될 수 있고 더 심하면 우울증이나 정신 건강상 질병으로 발전하게 됩니다. '사람들이 나를 좋아하지 않는다.' '나를 알아주는 사람이 없다.' '나랑 맞지 않는 사람이 많다.' 이런 생각들이 증가한다는 것은 여러분의 메모리 박스에서 부정적 감정들이 커졌다는 신호입니다. 이러한 부정적 감정들은 빼내야만 건강하게 살 수 있습니다. 결국, 사과하고 용서함으로써 부정적인 감정을 해소하는 것은 메모리 박스를 정리하기 위한, 즉 내가 살기 위해서 하는 행위입니다. 다른 누군가를 위해서가 아니라 여러분의 정신 건강 증진을 위해 부정적 감정을 줄여 나가는 것이지요. '환자'가 되는 일은 여러분과는 관계가 없는 먼 곳에 있는 다른 사람의 일처럼 느껴질 수 있지만, 여러분 자신도 메모리 박스가 분노와 슬픔으로 가득차면 언제든 '환자'가 될 수 있습니다. 그 위험의 경계에 누구든지 갈 수 있고, 이미 경계를 넘어 본 사람도 있을 것입니다. 그래서 여러분은 부정적인 메모리 박스를 비울 수 있어야 합니다.[14]

☀ AS의 저장 과정

여러분은 하루에도 몇 번씩 부정적 사건을 마주할 수 있습니다. 사소한 다툼, 화, 다른 사람과의 대화에서 받은 상처, 누군가의 신랄한 비판, 미움 등과 같은 부정적 사건들이 수시로 펼쳐지지요. 그런데 이런 사건은 다른 각도로 보면 달리 보일 수도 있습니다. 다시 말해, 모든 부정적 사건에는 그럴 만한 이유가 있어서 부정적으로 인식된 것인지도 모릅니다. 가령, 상대방의 말과 행동을 자신이 오해해서 들었거나, 너무 내 생각만 고집하려고 했기에 문제가 되었거나, 상대의 이야기를 듣지 않고 오기를 부렸거나, 대화가 잘 이루어지지 않았거나 여러 이유가 사건의 배경이 되었을 수 있습니다. 처음 사건이 일어났을 때는 부정적 사건이 아니었을 수도 있지요. 하지만 [그림 6-9]처럼, 점점 시간이 지나면서 나에게 중요하게 인식되고 남은 것은 사건 그 자체보다 상황이 소멸하고 부정적 감정만 남으면서 결국 그 사건은 부정적 사건이 되어 버립니다. 결국 우리의 메모리 박스에는 상처, 앙금, 미움과 같은 감정들이 차곡차곡 저장되는 것이지요.[6]

예를 들어보겠습니다. [그림 6-10]에서 같이, 한 살 아이를 육아하는 한 부부가 있습니다. 사랑하는 아내가 오랜만에 친구와 약속이 생겼다고 하여 남편은 육아에 지친 아내를 위로하고자 하는 마음으로 기쁘게 아이를 돌보기로 했습니다. 친구와의 저녁 약속을 위해 외출한 아내 대신 남편은 아이를 홀로 돌보는데 그날따라 아이가 많이 울고 보챕니다.

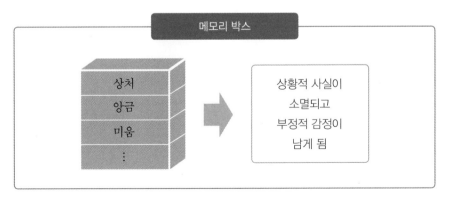

[그림 6-9] AS의 저장 과정

두 시간만 나갔다 오겠다는 아내는 연락도 없고 돌아오지도 않습니다. 아이를 혼자 돌보는 것이 힘에 부치기 시작한 남편은 아내에게 전화를 거는데, 마침 아내의 휴대전화 배터리가 방전돼서 전화가 연결되지 않습니다. 시간은 점점 흘러 늦은 밤이 되고 아이는 계속 울고, 남편은 한편으로는 늦는 아내가 걱정되고 지치기도 합니다. 걱정되는 마음에 집 밖에서 아이를 안고 아내를 기다리지만 한참 동안 아내는 오지 않습니다.

같은 시간 아내는 저녁 식사 후 집 근처를 산책하며 친구와 이야기를 나누는데, 뒤늦게 마음속 어려운 이야기를 꺼내는 친구를 위로하다 보니 남편과 약속했던 시간이 훌쩍 지나갑니다. 시간 가는 줄도 모르고 이야기를 나누다 보니 휴대전화는 방전되어 있고, 남편이 애타게 찾았던 것도 몰랐습니다. 뒤늦게 친구와 헤어지고 서둘러 집에 돌아오게 된 것이지요.

이런 상황에서 부부가 집 앞에서 만났습니다. 왜 이렇게 늦었냐고 불같이 화를 내는 남편의 모습에, 늦어서 미안했던 마음은 사라지고 오랜만에 외출이었는데 화를 내니 섭섭한 마음만 커집니다. 결국 기쁜 마음에 시작된 외출은 냉랭한 분위기로 끝나게 되지요.

그럼 남편의 AS 메모리 저장 과정을 살펴볼까요? 남편은 아내에 대한 걱정과 사회에서 일어나는 각종 범죄가 떠오르며 불안이 컸습니다. 아내를 기다리며 불안한 마음과 아이를 보면서 지친 마음이 아내에 대한 화로 변하게 되었지요. 아내에 대한

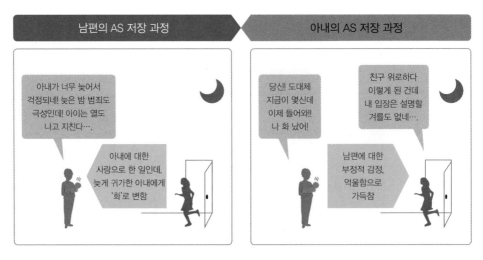

[그림 6-10] 부정적 메모리 저장 과정 예시

사랑에 마음은 사라지고 늦게 온 아내에게 화가 납니다. 사랑으로 시작된 행동이 아내의 늦음과 약속 지키지 않음으로 화가 났던 사건으로만 기억하게 되는 거지요.

　아내의 AS 메모리 저장과정은 어떨까요? 자신의 입장은 설명할 겨를도 없이 화만 내는 남편에 대한 부정적 감정과 자신의 억울함만 남은 사건으로 저장하게 되는 것이지요.[16]

　알고 보면 각자의 입장이 있고 정당한 사유가 있지만, 서로에게 화만 내는 사건으로 기억되게 됩니다. 이러한 예시와 같이 천천히 돌아보면 부정적 감정이 꼭 사건의 진실이 아닐 수도 있습니다. 그래서 우리에게 사건을 다시 돌아볼 수 있도록 정리하는 AS 노트를 통해 메모리 박스를 비워 내는 작업이 중요합니다.[17] 크리스천은 가족 간의 부정적 메모리 박스를 비워 내는 과정 전에 먼지 주님과의 관계에서 받은 은혜를 돌아보고 나의 부족함과 모자람을 인정하는 과정이 필요합니다. 크리스천에게는 주님 앞에서 내가 죄인임을 고백할 수 없다면 나의 메모리 박스를 비우는 과정은 진행되기 어렵습니다. 다음의 Chapter 7과 Practice 7을 통해 진심으로, 진정성 있게 메모리 박스를 비우는 방법에 대해서 살펴보도록 하겠습니다.

오늘의 과제

기본과제 1. 주님께서 여러분에게 이번 주 주신 성경 말씀과 이를 통해 깨달은 점은 무엇입니까?

기본과제 2. '고맙습니다' 실천하기

과제 1. AS 노트 작성하기

과제 2. 대푯값 작성하기

　　2-1. 주님과 나의 대푯값 작성하기

　　2-2. 가족과 나의 대푯값 작성하기

　이번 Practice의 목표는 AS(분노와 슬픔) 노트를 작성하면서 여러분과 주님과의 관계를 돌아보고, 또한 가족에게 준 상처와 가족이 여러분에게 준 슬픔과 화남을 회상하는 것입니다. 여러분이 가족에게 진심으로 미안하다고 말하고, 진심으로 용서하기 위해서는 먼저 주님과의 관계가 바로 서야 합니다. 크리스천은 감사한 주님 앞에서 나의 모자람을 인정하고 회개할 때 여러분의 기억 속에 있는 가족에 대한 슬픔이나 화남, 가족에게 서운하게 했던 것들을 다룰 수 있습니다.

　다음 Practice 7에서는 여러분이 회상한 내용을 인정하는 과정을 실행할 것입니다.

Chapter **7**

우리가 원하는 것과 능력

❋ 우리가 갖고 싶은 것

모든 사람이 좋은 집에서 풍족한 재물을 쌓아놓고 건강하게 오래 살기를 원합니다. 부모님은 건강하게 장수하시고, 자신은 아름답고 멋진 배우자와 살며, 자녀는 명문대에 진학하여 번듯한 직업을 갖고, 고급주택 단지에 거주하면서 경제적으로 여유가 있어 원하면 언제든 해외여행도 가는 풍요로운 삶을 꿈꾸겠지요. 아마도 여기에 고급 옷, 가방, 구두, 시계 등 명품제품과 사회적으로 남들이 우러러보는 지위와 권력도 갖고 싶겠지요. 부유층과 권력층에 속하는 유명 인사들 또는 자제들과 어울리며 교우관계를 형성하거나 친분을 만들고 싶기도 할 것입니다. 이렇듯 우리는 [그림 7-1]과 같이 돈과 권력, 호화 주택, 명품 옷, 고급 자동차 등 세상에서 갖고 싶은 것들이 많습니다. 이러한 것들을 모두 나쁘다고 이야기하는 것은 아니지요. 세상에서는 이런 것들을 많이 얻는 것을 축복이라고도 이야기합니다. 믿음 생활을 하지 않는 사람뿐만 아니라 믿음 생활을 하는 사람들도 이러한 것들에 대한 소유를 열망하고 가진 자들을 부러워하기도 하지요. 그러나 세상의 재물과 권력은 자신이 구한다고 구해지는 것이 아니라는 점과 그리고 이러한 것들을 얻지 못했을 때 나의 답

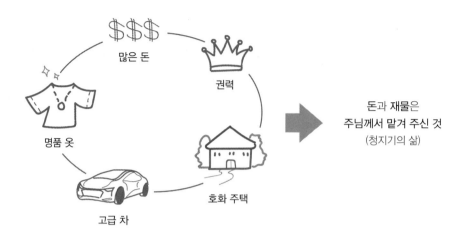

[그림 7-1] 돈과 재물을 대하는 크리스천의 자세

답함, 스트레스와 분노, 상처는 결국 자신의 소중한 삶을 망가뜨리는 요소라는 것을
알아야 합니다. 돈과 재물은 주님께서 우리에게 잠시 맡겨 주신 것이지요.

주님께서 우리를 향해 '축복하신다'라고 하신 말씀을 여러 성경 구절에서 찾아볼
수 있습니다. 여러 번 반복해서 말씀하실 만큼 주님은 우리를 축복하고 싶어 하시지
요. 주님께서는 아브라함을 선택하시고, "내가 너로 큰 민족을 이루고 네게 복을 주
어 네 이름을 창대하게 하리니 너는 복이 될지라"(창 12:2)라고 말씀하셨습니다. 이
후 아브라함은 큰 가족을 이루고, 이삭, 야곱, 요셉으로 이어지는 이스라엘 민족의
조상이 됩니다. 이는 다윗과 솔로몬도 마찬가지지요. 우리 크리스천들은 성경에 등
장하는 인물 중에 세상의 축복을 받은 자들을 접하면서, '우리가 세상의 복을 원하
는 것이 나쁜 것이 아니구나.' 하는 생각이 들 수 있습니다. 그러나 세상에서 우러러
보는 축복을 모든 사람이 같은 형태와 동일한 양으로 받지 않습니다.

성경 말씀 중에 "구하라 그리하면 너희에게 주실 것이요 찾으라 그리하면 찾아낼
것이요 문을 두드리라 그리하면 너희에게 열릴 것이니 구하는 이마다 받을 것이요
찾는 이는 찾아낼 것이요 두드리는 이에게는 열릴 것이니라"(마 7:7-8)라는 말씀을
보고 '우리도 기도하면 되겠구나!' 하고 무릎을 '탁' 칠 수 있습니다. 하지만 우리는
아브라함이나 다윗, 솔로몬이 받은 만큼의 물질적 축복을 얻지 못할 수 있습니다.
만약 말씀대로 구했는데도 얻지 못했다면 하나님께 구한 물질의 축복이 나의 사욕
으로부터 시작된 것은 아닌지 곰곰이 생각해 보아야 합니다. 주님의 의를 먼저 구해

야 함에도 우리는 정욕과 욕심을 따라서 구하기만 하여 진정한 축복을 얻지 못하고 있는 것입니다. "너희 중에 싸움이 어디로부터 다툼이 어디로부터 나느냐 너희 지체 중에서 싸우는 정욕으로부터 나는 것이 아니냐 너희는 욕심을 내어도 얻지 못하여 살인하며 시기하여도 능히 취하지 못하므로 다투고 싸우는도다 너희가 얻지 못함은 구하지 아니하기 때문이요 구하여도 받지 못함은 정욕으로 쓰려고 잘못 구하기 때문이라"(약 4:1-3). 이 말씀처럼 우리가 정욕으로 구할 때는 구한 것을 얻지 못할 수 있지요. 우리는 세상의 벗이 되고자 하면 주님의 원수가 된다는 것을(약 4:4) 자주 잊어버립니다. 따라서 우리가 바라고 원하는 것들이 나의 욕심에서 기인한 것은 아닌지 자신을 돌아보아야 합니다. 이는 나 자신만이 깨달을 수 있지요. 우리의 마음이 세상의 것을 너무 사랑한 나머지 둔해져 있으면, "그들이 알지도 못하고 깨닫지도 못함은 그들의 눈이 가려서 보지 못하며 그들의 마음이 어두워져서 깨닫지 못함이니라"(사 44:18)는 말씀과 같이 우리는 들어도 보아도 도무지 깨닫지 못하게 됩니다. 주님의 말씀은 우리 마음속에 없고, 세상 욕심에 의해 원하는 것을 바라기 때문에 얻지 못하고 있는 것이지요. 큰 부자가 모두 욕심 없이 구해 축복을 받았다는 것을 말하는 것도 아닙니다. 주님의 뜻을 우리는 다 알 수 없다는 것이지요.

우리가 좋은 집에 살고 비싼 차를 타고 맛있는 음식을 먹고 사는 것 자체는 죄가 아니지요. 그러나 나의 사욕을 위해서 주님께 구하는 것은 구해지지도 않을 뿐 아니라 어떻게 얻었다 하더라도 자신만을 위해 쓴다면 옳지 않습니다. 성경에서는 "구하라"(마 7:7-8)고 하였는데, 뒤이어 나오는 말씀은 "그러므로 무엇이든지 남에게 대접받고자 하는 대로 너희도 남을 대접하라"(마 7:12)라고 쓰여 있습니다. 이 말씀은 사람과 관계를 맺으며 살아가는 우리에게 가장 중요한 말씀 중 하나입니다. 주님께서는 서로 사랑하며 함께 살아가라고 우리에게 명령하고 계시지요. 그럼에도 크리스천인 우리조차 말씀대로 살지 않고, 갖고 싶은 것들을 가지지 못해 스트레스가 생깁니다. 돈을 갖고 싶은데 갖지 못해서, 건강과 장수를 갖지 못해서, 자녀의 성공이 뜻대로 되지 않아서 우리는 스트레스를 받게 되는 것이지요. 성경에서 주님과 재물, 두 주인을 섬기지 못한다고 말씀하고 계시듯이(마 6:24; 딤전 6:7-10), 우리는 주님과 세상의 것인 돈과 권력을 동시에 섬기지 못합니다. Chapter 7에서는 원하는 것을 갖지 못하기 때문에 얻는 괴로움, 여러 가지 스트레스, 능력 밖의 스트레스들을 설명하겠습니다. 스트레스 중 물질과 관련된 돈을 먼저 말씀드리고자 합니다.

돈

　　현대인에게 가장 큰 스트레스 중 하나는 '돈'일 것입니다. 많은 이들이 자신의 신체와 건강에 관한 관심 다음으로 경제적 스트레스가 가장 크다고 이야기하지요. 즉, 자신의 생명과 관련한 것 외에 돈이 최대의 관심사입니다. 돈은 인간사가 시작된 고대 이래로 매우 중요한 교환 수단이자 가치재입니다. 돈이 반드시 나쁜 것만은 아니지요. 내 삶을 윤택하게 만드는 재화이기 때문입니다. 하지만 세상에서는 돈이 많은 순서대로 권력 서열이 만들어지기 때문에 사람들에게 돈에 대한 탐심은 계속 생겨날 수밖에 없습니다. 거의 모든 사람이 돈을 사랑하고 더 많이 갖기를 원합니다. 이는 돈이 있으면 자신의 욕심대로 모든 것을 다 할 수 있다고 생각하기 때문이지요.

　　하지만 돈을 사랑하는 것은 악의 시작입니다. 돈을 너무 사랑하다 보면 주님의 말씀과 멀어지게 됩니다. 크리스천이든 비크리스천이든 대부분 돈을 사랑합니다. 세계의 부자 중에서는 주님을 믿지 않는 사람도 많습니다. 그러다 보니 주님을 신실하게 믿는 일보다는 부자가 되는 것이 인생 목표이자 성공의 척도가 되기도 합니다. 심지어 부지중에 돈을 벌기 위한 수단으로 주님을 이용하기도 해서, 돈을 달라는 기도에 응답이 없다고 느껴지면 주님을 버리기까지 합니다. 가나안에서 우상 바알과 아스다롯을 숭배했던 이스라엘 백성처럼, 지금 이 시대의 크리스천들도 별반 다르지 않게 살아가고 있는 것이지요. 부자가 주님을 믿지 않음에도 떵떵거리며 잘 사는 것을 보면 믿음이 있는 우리마저 믿음 없는 부자를 부러워합니다. 한편, 이 땅에서 성실히 노력해 부를 축적한 사람도 있으므로 부자를 나쁜 사람으로 치부하고 미워하는 것은 어리석은 일일 수 있습니다. 부자도 그들 나름대로 사회적으로 해야 할 역할과 책임이 있습니다. 그러나 "돈을 사랑함이 일만 악의 뿌리가 되나니 이것을 탐내는 자들은 미혹을 받아 믿음에서 떠나 많은 근심으로써 자기를 찔렀도다"(딤전 6:10)라는 말씀을 마음에 새기고 자신이 돈을 맹목적으로 사랑하는지 늘 살펴야 합니다. 인간은 태어났다 죽어서는 흙으로 돌아가고(전 3:20), 갈 때는 아무것도 갖고 갈 수 없습니다. 가져온 것이 없고, 가져갈 것도 없다는 뜻입니다. 따라서 성경에서 "먹을 것과 입을 것이 있은즉 족한 줄로 알 것이니라"(딤전 6:8)라는 말씀처럼 우리의 삶에 만족하고 감사할 수 있어야 합니다. 부자가 되면 모든 것을 할 수 있다는 생각에 사로잡혀 이 땅에서 재물을 쌓고 사치와 방종만을 일삼는다면 후에 주님 앞에서 위로받기는 힘들 것입니다. 누가복음의 부자와 나사로 이야기에서 부자는 죽은 후 "애 너는 살았을 때에 좋은 것을 받았고 나사로는 고난을 받았으니 이것을 기억하라 이제 그는 여기서 위로를 받고 너는 괴로움을 받느니라"(눅 16:25)라는 말씀을 들었습니다.

우리는 방종하고 교만한 사람, 맹목적으로 돈을 좇는 사람, 의인을 죽인 사람을 우리 삶의 모델로 삼아서는 안 됩니다. 그렇다고 부자를 비난만 해선 안 되지요. 그들도 그들의 삶의 가치와 목적을 가지고 살아갑니다. 하지만 우리 크리스천은 부자가 되고 싶은 소망을 갖기에 앞서 왜 돈을 많이 벌고 싶은지 크리스천으로서 고민해 봐야 합니다. '나는 왜 부자가 되고 싶을까?' '왜 환경 좋은 값비싼 동네에 살고 싶을까?' '왜 사람들이 우러러보는 좋은 직업을 갖기 위해 노력하는가?' '왜 좋은 직업을 가진 배우자를 만나야 할까?' 등에 대하여 크리스천으로서의 정체성을 가지고 생각해 봐야 합니다.

성경에서는 "부한 자들을 명하여 마음을 높이지 말고 정함이 없는 재물에 소망을 두지 말고 오직 우리에게 모든 것을 후히 주사 누리게 하시는 하나님께 두며 선을 행하고 선한 사업을 많이 하고 나누어 주기를 좋아하며 너그러운 자가 되게 하라"(딤전 6:17-18)고 가르칩니다. 또한 하나님의 사람들에게 돈을 사랑함을 피하고 의와 경건과 믿음과 사랑과 인내와 온유를 따르며 믿음의 선한 싸움을 싸우라고(딤전 6:11-12) 가르치지요. 돈을 다룰 때는 작은 것에 충성된 자처럼 성실하게 다루어야 합니다. 세상의 작은 재물에도 충성하지 못한다면 주님께서도 참된 것을 맡길 수 없다고 말씀하시지요(눅 16:9-12).

우리가 부자에 대한 열망이 있다면, 내가 가진 것에 대해서 잘난 척하고 뽐내서 다른 사람에게 상처를 입히지 말고, 부족한 사람들과 함께 나누기 위해서 부자가 되어야 합니다. 하지만 우리는 나를 위해 맹목적으로 돈을 구할 때가 많고, 욕심이 채워지지 않기 때문에 화가 나고 욕심에 욕심이 더해져 가족, 이웃과 다투기까지 하지요. 더 갖고 싶고, 더 누리고 싶고, 더 잘 보이고 싶은 마음은 헛된 욕망임을 기억해야 합니다. 이처럼 헛된 즐거움은 순식간에 애통과 근심이 되고 스트레스가 될 수 있습니다. 하지만 우리가 부자이든지 가난하든지 주님 앞에서 항상 겸손하게 우리를 낮추면, 주님은 우리를 높이시고 우리에게 필요한 것을 주실 것입니다. 이러한 믿음으로 살아가는 것이 주님을 기쁘시게 하는 삶입니다. 우리는 좋은 지역에 살아

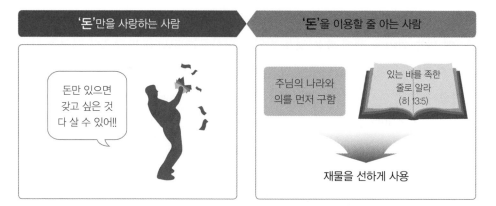

[**그림 7-2**] 돈을 사랑하는 사람과 이용할 줄 아는 사람(청지기)

도, 살지 않아도 모두가 자신이 처한 상황에 따른 근심 걱정과 스트레스가 있습니다. 눈에 보이는 외형적인 부분만이 행복을 가져다주는 것이 아님을 명심해야 합니다. 스트레스는 나의 과욕과 탐심이 앞설 때 일어납니다.

　물론 재물은 우리 삶에 필요합니다. 돈이 있어야 의식주가 해결되고 교육도 받을 수 있으며 병원에 갈 수 있습니다. 따라서 돈은 반드시 있어야 하고, 돈을 벌기 위해 열심히 일해야 하지요. 그래서 모든 사람이 돈에 관심을 두고 원합니다. 하지만 [그림 7-2]와 같이, 크리스천은 원하는 것을 구함에 앞서 먼저 그 나라와 그 의를 구하고 나의 삶이 주님을 떠나지 않기를 구해야 합니다. 주님이 나를 사랑하셔서 구원해주셨다는 믿음 안에서 소망과 사랑을 갖고 살아가야 하지요. 이러한 구함이 선행될 때 스트레스도 줄어듭니다. 주님은 돈을 사랑하지 말라 하시고 있는 것에 만족하라고 말씀하셨습니다(히 13:5). 우리에게 정해진 분량이 얼마인지 모르지만, 우리는 주님을 믿으며 열심히 노력하며 살아갈 뿐입니다. 주님은 절대로 우리를 떠나지 않고 우리를 버리지 않겠다고 약속하셨습니다(히 13:5). 재물의 많고 적은 정도와 상관없이 주님을 믿고 따르며 주님의 말씀을 실천하는 것이 크리스천의 삶이 돼야 하지요. 우리는 돈을 사랑하지 말고 가장 먼저 주님을 사랑하며 살아야 합니다.

✳ 우리가 못 가질 때 생기는 것

스트레스: 우울, 분노

스트레스가 심해지면 우울로 이어질 수 있습니다. 우리는 몸이 아프거나, 인간관계의 상실을 겪거나, 경제적 손실을 경험하고, 자녀에게 문제가 생기면 쉽게 우울해지지요. 삶을 살아가며 우울하지 않을 수 없지만 우울한 시간을 오래 갖고 있어서는 안 됩니다. 우울감과 섭섭한 감정 등을 느끼는 것은 당연하지만 오래 유지되어서는 안 되는 것이지요. 이것은 주님 보시기에 선한 것이 아닙니다. 성경에는 우리에게 항상 기뻐하고 감사하라고(살전 5:16-18) 명령하십니다. 이는 나의 상황이 좋을 때 기뻐하고 감사하라는 의미가 아니라 주어진 상황이 어떠하든지 기뻐하고 감사하라는 의미입니다. 분노와 우울은 중독성이 있어서 이런 생각을 지속하는 것을 '토픽 컬렉터(topic collector) 증후군'이라고 합니다.[①] 토픽 컬렉터 증후군이 있으면 지속적으로 슬픈 일들을 찾습니다. 나의 부정적 메모리 박스에 슬프고 우울한 일을 쌓다가 무게를 감당하지 못하고 매몰되면 분노가 나를 지배하게 되고 내 몸의 주인이 됩니다. 따라서 내 몸의 주인이 주님이 아닌 화와 분노가 되고 이것이 나를 지배하는 삶이 되는 것이지요. 반복적으로 슬픔과 화를 찾아내고 이어가게 되는 것입니다. '왜 나만 슬프지?' 이런 생각을 지속하며 일상을 살아가게 되고 문득 슬픔에서 벗어나려고 해도 나를 지배했던 분노와 우울이 슬픔을 못 벗어나게 내 발목을 잡습니다. 그리고 내 주위의 사람들이 나의 슬픔과 내가 화난 이유에 동참해 주길 바라게 됩니다. 분노와 슬픔은 의지적으로라도 오래 가지고 가면 안 됩니다. 그것은 주님께서 보시기에 거룩한 행동이 아니기 때문이지요. 예수님께서는 평생 죽음의 공포에서 종살이하는 모든 사람을 해방시키기 위해 이 땅에 오셨습니다(히 2:15). 우리는 예수님께서 우리를 위해 이 땅에 오셨고 죽음을 이기고 부활하신 것을 믿습니다. 따라서 세상의 근심은 죽음을 가져오기에 주님의 합당한 뜻대로 살기를 결단해야 합니다(고후 7:10). 세상의 근심, 갖지 못해 드러나는 아쉬움, 슬픔은 궁극적으로 죽음을 가져올 뿐이지요.

반면에 주님의 뜻에 대한 근심은 죄를 뉘우치고 구원에 이르게 합니다. 우리가 세상 것에 대해 과도하게 슬퍼하고 분노하고 우울해한다면 결국 나의 영혼과 육신은 죄와 사망에 이르게 될 것입니다. 그러나 주님께서 내게 허락하신 산 소망과 기뻐해야 하는 삶을 살아야 한다는 갈망, 모자람에 대한 인식은 나의 죄를 회개하게 하고 구원에 이르게 합니다. 주님에 대한 믿음으로 산 소망을 갖고 살아가면 슬픈 시간을 줄일 수 있습니다. 크리스천은 "분을 그치고 노를 버리며 불평하지 말라 오히려 악을 만들 뿐이라"(시 37:8)라는 말씀 따라 세상 근심으로 인해 너무 슬퍼하지 말아야 합니다.

성경에서는 화와 분노를 가까이하는 자는 주님과 멀어진다고 분명히 말씀하고 있습니다. 우리는 갖고 싶은 것을 갖지 못할 때 분내고 비방하고 화를 냅니다. 하지만 화를 내는 것은 결코 주님이 좋아하시는 일이 아닙니다(욥 36:13). 주님은 어떠한 상황에서든지 항상 기뻐하고 감사하며 살라고 명령하셨습니다. 그러므로 화와 분노의 마음을 지속시키는 것은 주님과 멀어지는 것입니다. 성경의 여러 구절에서 분노와 성냄에 대해 주의를 시키고 있습니다. "마음이 경건하지 아니한 자들은 분노를 쌓으며"(욥 36:13), "그대는 분노하지 않도록 조심하며"(욥 36:18), "무릇 더러운 말은 너희 입 밖에도 내지 말고 오직 덕을 세우는 데 소용되는 대로 선한 말을 하여 듣는 자들에게 은혜를 끼치게 하라"(엡 4:29), "분함과 노여움과 악의와 비방과 너희 입의 부끄러운 말이라"(골 3:8) 등의 말씀과 같이 분노를 기반으로 한 비방, 욕설, 화남 등은 주님이 보시기에 선한 일이 아닙니다. 만약 자녀가 일상에서 게으르고 시간을 아끼지 않는 태도로 살아간다면 마땅히 가르칠 바를 가르쳐야 합니다. 이것이 훈계이고, 부모로서 훈계를 당연히 해야 합니다. 그러나 분을 내고 화로 임해서는 안 됩니다. 사랑하는 마음으로 하는 훈계와 성질이 나서 내는 분노는 엄연히 다른 것이지요. 아내가 힘들어서 하는 작은 부탁을 남편이 들어주지 않을 때 아내가 "도대체 몇 번을 얘기했는데 들어주지 않아?"라며 화를 내는 것은 분함을 참지 못한 결과입니다. 이를 지양해야 할 것입니다. 우리가 주님의 말씀을 따라 사는 것이 아니기 때문입니다. 우리는 불완전한 사람이기에 화도 내고 분노도 할 수 있지만, 그 시간을 줄이고 빨리 회개해야 합니다. 옳지 않은 행동에 대해서 빨리 회개해야 할 것입니다.

성경에서는 여러 구절에서 분노하는 것은 어리석은 일이라고 일침하고 있습니다. "참는 마음이 교만한 마음보다 나으니 급한 마음으로 노를 발하지 말라 노는 우매한 자들의 품에 머무름이니라"(전 7:8-9)라고 말씀하고 있습니다. 이처럼 분노는 우매한 행동이고, 급한 마음도 주님이 보시기에 좋은 일이 아닙니다. 한편으로 분노가 극한에 도달했을 때 슬픔이 몰려올 수 있으므로 분노에서 파생되는 우울 또한 주님께서 보시기에 선한 일이 아니지요. 주님께서 항상 기뻐하라고 하신 명령을 이루기 위해서 우리는 성령 안에서 기뻐할 수 있도록 은혜를 간구해야 합니다. 내가 받은 상처 때문에 우울해하지 않도록 깨어서 성령님께 도우심을 구해야 합니다. 우리가 세상의 물질적인 것만을 바라며 살다 보면 욕심이 이루어지지 않고 남보다 못하다는 비교의 결과로 상처를 받습니다. 돈을 더 갖고 싶은데 못 가졌을 때, 옆 사람과의 경쟁에서 졌을 때 상처를 받습니다. 헛된 것에 대한 갈망과 좌절로 상처를 받고 우울해한다면 그것은 지혜가 없는 자와 같습니다. 물론 소중한 가족의 누군가가 아프거나 내가 실직을 당했을 때 슬픈 마음이 드는 것은 너무나 당연합니다. 이러한 것은 세상의 것에 대한 탐욕과는 다른 마음입니다. 하지만 주님께서 항상 기뻐하고 감사하라고 강조하신 말씀을 믿는 우리는 감사를 잊어서는 안 됩니다. 어떠한 이유로든 슬픈 시간이 오래가는 것은 나의 영혼과 육체를 사망에 이르게 하므로 경계해야 합니다.

　우울과 분노는 주님과 멀어지게 하는 마음입니다. 주님에 대한 사랑은 우리를 우울과 분노에서 벗어나게 하고, 이는 우리의 힘으로 이룬 것이 아닌 성령의 은혜이므로 이를 간구해야 할 것입니다. [그림 7-3]과 같이, 주님에 대한 믿음, 소망, 사랑은

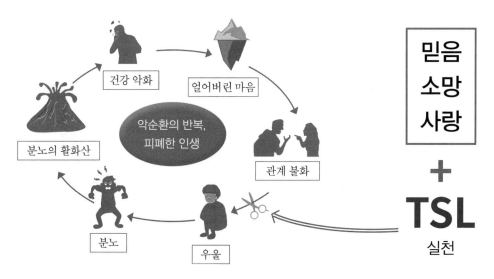

[그림 7-3] 악순환을 끊는 믿음, 소망, 사랑과 TSL 실천의 힘

우리가 우울해지지 않게 하고 분노를 줄입니다. 분노와 우울로 인한 악순환을 끊는 힘이지요. 또 TSL의 실천은 분노하는 시간을 줄이고 사랑을 실천할 수 있게 하는 좋은 방법입니다. 우울과 분노는 모두 주님께서 기뻐하시지 않는다는 점을 명심하며 그 순환의 고리를 끊어 내야 합니다.

※ 우리가 가져야 하는 것

신성한 성품

그리스도인은 정욕 때문에 썩어질 것에 마음을 쏟지 말고 주님을 따르는 신성한 성품을 가져야 합니다(벧후 1:4-9). [그림 7-4]와 같이, 크리스천은 믿음에 덕을, 덕에 지식을, 지식에 절제를, 절제에 인내를, 인내에 경건을 더해야 합니다(벧후 1:5-6). 우리는 예수님께서 우리의 죄를 사하시려고 이 땅에 오셨고 죽음에서 부활하셨다는 것을 믿으며 절제하면서 경건하게 살아가야 합니다. 또한 경건에 사랑을 더하고 형제 우애를 더해야 합니다(히 13:1, 벧후 1:7). 믿음, 소망, 사랑 이 마음을 갖는다면 신성한 성품을 실현하는 길로 가게 되어있고, 이는 주님께서 주시는 은혜 안에서 가능하므로 이를 위해 항상 기도하며 나아가야 합니다. 크리스천 TSL의 실천은 주님께서 주시는 믿음 안에서 지혜를 얻어 지식을 알고 인내와 경건을 통해서 사랑을 실천

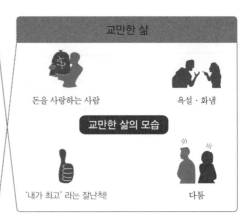

[그림 7-4] 신성한 성품과 교만한 삶

하는 것입니다. 믿는 우리는 그간 우리의 우울과 화가 나의 탐심과 욕망에서 연유한 것이 아닌지 자신을 돌아볼 수 있어야 합니다. 이것이 회개이지요. 또한 자신을 돌아보며 자신의 능력이 작다는 것을 알 수 있어야 합니다. 그러면 겸손하게 되고 작은 나에게 주신 주님의 은혜에 감사하게 됩니다. 주님을 향한 믿음 안에서 갖게 되는 감사함은 주께서 명령하신 선한 일을 실천하고자 하는 마음으로 이어집니다. 믿음의 실천을 위해 지식을 더하고 그 과정에서 새로운 소망이 생겨나며 사랑 또한 실천할 수 있게 되는 것입니다. 주님은 교만한 자를 대적하시고 겸손한 자에게 은혜를 주십니다(벧전 5:5). 주님께서는 "너희 염려를 다 주께 맡기라 이는 그가 너희를 돌보심이라"(벧전 5:7)라고 하셨습니다. 반면, [그림 7-4]와 같이 교만한 삶을 사는 사람은 사욕이 많고 걱정이 많아 겸손해질 수 없습니다. 사람들 앞에서 자기를 많이 드러내야만 내가 원하는 것을 가질 수 있다고 생각합니다. 따라서 자기를 돋보이는 데에만 집중하게 되므로 다른 사람의 마음을 이해하지 못하고 싸우게 되지요. 절제와 인내와는 멀어집니다. 하지만 우리는 주님으로부터 얼마나 많은 사랑을 받았는지, 예수님께서 우리를 죽기까지 사랑하신 것을 기억하고 삶의 태도를 바꾸어야 합니다. 절제하는 삶을 통해 사랑을 실천해야 하지요. 이것이 곧 신성한 성품을 실현하는 길입니다.

Practice **7**[1)]

S 인정하기: Type A 또는 Type B

※ 부정적 메모리 박스가 커지는 과정: 토픽 컬렉터 증후군, 실린더 이론

앞서 Practice 6에서 메모리 도서관과 메모리 박스에 대해 살펴보았습니다. 이러한 부정적 메모리 박스가 커지는 과정은 토픽 컬렉터 증후군과 실린더 이론으로 설명될 수 있습니다.[①]

성경에 미련한 자가 분노를 나타내고 슬기로운 자는 수욕을 참는다고(잠 12:16) 나옵니다. 미련한 자는 주님과 멀어진 자를 의미하며 주님과 멀어졌기에 분노합니다. 주님과 가까운 자들은 항상 기뻐하고 범사에 감사하며 살라는 주님의 말씀을 지키며 살아가지요. 그래서 슬기로운 자가 됩니다. 성경에는 분노하는 자에 대해서 여러 차례 경고하고 있습니다. "마음이 경건하지 아니한 자들은 분노를 쌓으며 하나님이 속박할지라도 도움을 구하지 아니하나니"(욥 36:13), "분노하지 않도록 조심하

---

1) 실천(Practice) 장들은 기존 TSL(김재엽, 2014; 2023)의 과제와 설명을 사용하였으며 크리스천 TSL 과제와 설명 그리고 사례를 추가하여, 재구성하였음

며"(욥 36:18), "분을 그치고 노를 버리며 불평하지 말라 오히려 악을 만들 뿐이라"(시 37:8)는 말씀들처럼 내 삶 가운데서 슬픈 일을 계속 찾고 분노하는 것은 나의 평안을 망칠 뿐 아니라 악을 만드는 행동으로 발전할 수 있기에 항상 경계해야 합니다.

분노와 우울은 부정적 메모리를 키워 부정적 메모리 박스를 가득 채우고, 결국 부정적 메모리 도서관을 형성하게 됩니다. 우리는 일상생활에서 세상 것에 집중하고 비교하고 탐닉하며 사는 경우가 많습니다. 모여서 세상일에 분노하고, 술 마시고, 시시덕거리고, 남의 험담을 일삼으며, 중독성 강한 담배를 태우며, 섭섭한 마음을 나누는 행동은 어찌 보면 참 편하고 재미있게 느껴집니다. 재밌으니 또 지속하게 하는 특성이 있지요. 오로지 나의 경제적 능력 향상, 사회에서의 성공에만 몰입된 삶은 스트레스를 불러일으키고 이러한 스트레스는 나의 정신과 신체 건강을 망치기도 합니다. 토픽 컬렉터(topic collector) 증후군이란 매일 지치고 슬픈 나의 스토리를 모으는 현상을 말합니다. 신기한 것은 기쁘고 즐거운 일은 노력해도 모으기가 어려운데 지치고 슬픈 일들은 힘들이지 않아도 쉽게 모인다는 것입니다. 부정적 사건들을 모으는 데는 일정한 패턴이 정해져 있습니다. 각자 자신의 부정적 생각을 담을 일정한 용량의 실린더를 가지고 있습니다.[2] 이 실린더를 매일 부정적 생각들로 채워 나가는 반복적 행태를 실린더 이론(cylinder theory)이라고 합니다.

[그림 7-5]와 같이, 우리는 매일 해야 할 일이 있지요. 식사와 세수, 출퇴근 이동

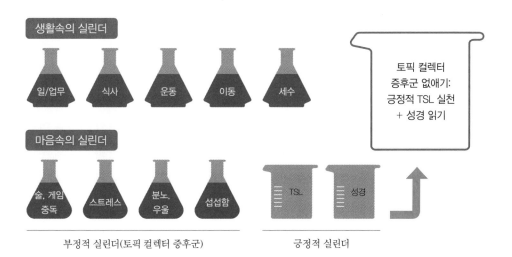

[그림 7-5] 토픽 컬렉터 증후군과 실린더 이론

등과 같이 말이지요. 이렇게 해야 할 일상 패턴이 있는 것처럼 우리의 마음속을 채우는 패턴이 있습니다.[3] 그중에는 특히 부정적인 것이 많지요. 토픽 컬렉터 증후군을 통해 부정적인 실린더를 채우는 하나의 패턴을 양산하게 되지요. 사람들은 매일 걱정과 근심으로 스트레스를 채우고, 섭섭함과 우울함을 채웁니다. 하지만 우리 크리스천은 성경 말씀 읽기로 부정적 실린더가 아닌 말씀의 실린더를 채워야 합니다. 또한 TSL 실천을 통해 긍정적 실린더를 키워서 토픽 컬렉터 증후군에서 벗어나야 합니다.

나의 실린더에 부정적인 것을 채우게 되는 이유는 나의 정욕과 탐심 때문이지요. 이를 성경적 시각에서 보면 성령님이 우리와 함께하심에도 불구하고 우리가 주님을 대적하는 행동을 지속하는 것이지요. 이러한 죄악은 주님을 기쁘시게 하지 않고 사망의 권세 잡은 자를 기쁘게 하는 행동입니다. 우리는 이처럼 부정적이고 잘못된 실린더 채우기에서 벗어나 성경 말씀을 읽고 TSL을 실천해서 신성한 성품을 가져야 합니다.

❋ 우리가 할 수 있는 일(Type A)과 할 수 없는 일(Type B)

우리는 어리석게도 '내가 열심히 노력하면' 무엇이든 세상의 것들을 성취할 수 있다고 생각하지요. 때로는 실제로 이루어지기도 합니다. 가령, 새벽을 보고 학교 가서 밤이 늦도록 공부에 몰입하면 시험 준비가 잘돼서 원하는 대학에 갈 수 있다고 생각합니다. 또는 사업에 몰두하면 많은 돈을 벌 수 있고, 남들이 우러러보는 좋은 직장에 들어가면 성공한 인생이라 여깁니다. 이 모든 일이 내가 노력하기만 하면 될 수 있다고 생각합니다.

그러나 크리스천은 "사람이 마음으로 자기의 길을 계획할지라도 그의 걸음을 인도하시는 이는 여호와이시니라"(잠 16:9)라고 고백하는 사람입니다. 사람의 걸음은 여호와께로서 말미암는다는(잠 20:24) 말씀처럼 사람이 자기의 길을 작정하고 열심히 가더라도 주님의 인도하심과 허락하심이 없다면 갈 수 없는 것이지요. 주님이 인도하신다는 것을 믿고 항상 기도하며 주의 뜻에 따라 살기를 간구하는 것이 크리스천의 삶입니다. 참새 한 마리가 땅에 떨어지는 것도 주님께서 허락하지 않으시면 일어나지 않습니다. 모든 것은 주님의 큰 뜻 안에서 이루어지게 됩니다. 단지 내가 할 수 있는 일은 주님의 인도하심을 믿으며 기도하고 주 안에서 주님이 기뻐하실 일을 실천하는 것뿐입니다. 그런 다음에 내가 원하는 것에 대해 염려하지 말고 기도로 간구하고, 우리의 구할 것을 감사함으로 하나님께 아뢰는 것입니다. 그러면 평강의 하나님께서 우리 안에 생각을 이루시게 되지요(빌 4:6-7). 우리가 어떤 일을 하든지 주님께 구하면 주님은 우리의 생각을 아시고 허락할 만한 것은 허락하시는 분 이십니다. 우리는 주님께서 어떤 것을 주시는지 혹은 안 주시는지 알 수 없습니다. 주님의 뜻을 다 헤아리는 것은 사람의 능력 밖의 일입니다. 단지 우리가 할 수 있는 일은 주님의 말씀대로 사는 것뿐이지요. 그래서 거룩한 행동을 하고, 정결하며, 사랑받을 만한 것과 거룩한 삶을 사는 것에 힘써야 합니다(빌 4:8). 주님은 우리를 향하여 "두려워하지 말라 내가 너를 구속하였고 내가 너를 지명하여 불렀나니 너는 내 것이라"(사 43:1), "너를 내 손바닥에 새겼고"(사 49:16)라고 말씀하시며 항상 우리와 함께하십니다. 주님께서 우리를 부르셨기 때문에 주님의 뜻에 따라 살고 싶은 마음이 우리 안에 생기고 또 그 뜻대로 살 힘이 우리 안에 있는 것이지요. 우리는 주님의 사랑을 받은 자로서 살아가고 있습니다.

주님께서 주신 내 능력 안에서 믿음, 소망, 사랑을 실천하는 것, 주님 보시기에 선한 일을 실천하는 것이 바로 내 능력 안에 있는 것입니다. 이것이 우리가 할 수 있는 일입니다. 따라서 우리는 우리가 할 수 없는 일에 너무 마음을 두면 안 됩니다. 성경에도 "부자 되기에 애쓰지 말고 네 사사로운 지혜를 버릴 지어다"(잠 23:4), "어찌 허무한 것에 주목하느냐 정녕히 재물은 스스로 날개를 내어 하늘을 나는 독수리처럼 날아가리라"(잠 23:5)라고 말씀하시며 우리가 할 수 없는 것에 대한 경계를 명확히 해 줍니다. 많은 재물, 무소불위의 권력, 육신의 욕망을 따르는 것은 어쩌면 허망함을 좇는 일일 수 있습니다.

세상에는 우리가 할 수 없는 일들이 너무 많습니다. 우리 능력으로 해결할 수 없는 일들이 너무 많은데 할 수 있다고 생각하는 것 자체가 허무한 생각입니다. 그래서 우리는 [그림 7-6]과 같이 우리가 할 수 있는 일(Type A)과 할 수 없는 일(Type B)을 나누어 볼 수 있습니다. 지금 삶에 만족하고 감사하고 사는 것처럼 주님 주신 능력 안에서 우리가 할 수 있는 일, 주님을 믿는 믿음, TSL 실천 등은 Type A로 내가 버려야 할 욕심과 허무한 생각 그리고 지금 내가 해결할 수 없는 일은 Type B로 구별할 수 있습니다. 단, Type A는 주님 보시기에 선한 일이지만 우리의 게으름으로

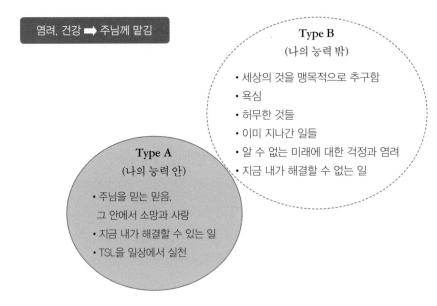

[그림 7–6] 크리스천 TSL의 Type A와 Type B

실천하지 못한 일도 포함되지요. 그래서 내 능력을 키워 선한 일을 더 많이 해야 합니다.

주께 모든 것을 맡기고 의지하면 주님께서 우리가 하고자 하는 일들을 주님의 뜻 안에서 이루어지게 하십니다. "생명의 원천이 주께 있사오니 주의 빛 안에서 우리가 빛을 보리이다"(시 36:9), "네 길을 여호와께 맡기라 그를 의지하면 그가 이루시고 네 의를 빛과 같이 나타내시며 네 공의를 정오의 빛 같이 하시리로다"(시 37:5-6)라는 말씀들과 같이 우리가 주께 맡길 때 주 안에서 모든 일은 이루어지게 됩니다. "주 예수를 믿으라 그리하면 너와 네 집이 구원을 받으리라"(행 16:31)라는 약속처럼 주님을 믿는 일은 우리 집안도 구원을 받고 새 생명을 얻게 되지요.

새 생명을 얻으면 Type A와 Type B에 대한 분별력이 생기고 쓸데없는 일에 헛된 희망을 품지 않게 되지요. 내 능력 밖의 일로 인해 고민하지 않게 되는 것입니다. Type A와 Type B로 나눌 때 가장 중요한 것은 '내가 생각하는 것이 욕심인가?' '내가 하고 싶은 일이 주님 보시기에 선한 일인가?' '주님의 말씀에 따라서 사는 것인가?' 입니다. 이를 분별하게 되면 내가 할 수 있는 일만 생각하게 됩니다. 모든 것을 주께 맡기고 내가 할 수 있는 일에 더 집중하게 됩니다. 주님께서는 "너희는 들을지어다, 귀를 기울일지어다, 교만하지 말지어다"(렘 13:15)라고 말씀하십니다. 우리가 교만하면 스스로 지혜자라 생각하고 모든 것을 알고 판단할 수 있다고 믿어버립니다. 이러한 헛된 마음을 지키기 위해 계속 자기가 옳고 정확하다고 주장하게 되는 거지요. 하지만 우리가 다 알지 못하는 세계가 있기에 주님의 뜻을 알기를 소망하며 기다려야 합니다. 만약 내가 가족이나 인간사에 일어나는 일을 다 알고 모두 해결할 수 있다는 마음이 있다면 그것은 교만입니다. 우리는 우리가 모르고 할 수 없는 일인 Type B가 있다는 것을 인정해야 하지요. 인정할 때 주님께 맡기게 되고 주님을 의지하고 주님을 믿는 믿음 안에서 우리의 삶에 구원이 있게 됩니다(롬 1:17; 갈 3:11).

크리스천에게 Type A와 Type B를 구분하는 기준은 주님께 맡기는가와 연결되는 것입니다. 세상에서 이루어지는 모든 일을 은혜로 생각하고 감사함으로 받으면 됩니다. 내가 원하는 학교에 입학하는 것도 하지 못하게 된 것도, 내가 열심히 일했는데 승진을 한 것도 못 한 것도 모두 주님께서 허락하신 삶에서 이루어진 일로 감사하게 받으면 될 것입니다. 우리는 우리가 맡은 바에 최선을 다해야 합니다. "일하기 싫어하거든 먹지도 말게 하라"(살후 3:10)는 말씀처럼 우리는 성실하게 노력하며 살아야 합니다. 일상생활의 소소한 일들, 매일 아침 출근하고 퇴근하는 일, 매달 월급이 나오는 일, 가족과 맛있는 저녁을 먹으며 즐겁게 웃는 일 등의 모든 것이 주님의 은혜 안에서 이루어지는 일들입니다. 내가 출근길에 건널목 신호를 잘 지켜서 사고 없이 무사히 집에 왔으니 다 내 힘으로 해낸 것이라 생각한다면 이 마음이 한편으로는 얼마나 피곤한 마음입니까? 모든 삶의 순간은 주님께서 허락하신 일이고 그 은혜 안에 내가 머문다는 믿음은 나를 평안하고 행복하게 합니다. 하루하루의 삶을 기적으로 여기며 감사하게 사는 것이 우리의 복입니다.

이제 첫 번째 과제로 지난 과제 때 적어 둔 AS 노트 각 항목에 Type A와 Type B로 구분하는 작업을 해 보겠습니다. 지금 내가 해결할 수 있는 일은 Type A로, 지금 내가 할 수 없는 일, 지나간 일, 허무한 일들은 Type B로 표시해 봅시다.

과제 1. Type A와 Type B 적어 보기

내가 주님께 잘못한 일		
어떤 사건	어떤 영향	Type

내가 가족에게 준 AS(상처)			
누구에게	어떤 사건	어떤 영향	Type

내가 가족에게 받은 AS(화남과 슬픔)			
누구로부터	어떤 사건	받은 영향	Type

사례 7-1 여, 42세, 회사원

내가 주님께 잘못한 일		
어떤 사건	어떤 영향	Type
회사 일을 하면서 남편과 아이 뒤치다꺼리에 집안일까지 하는 것이 매우 힘듦. 하루를 마감할 때 기도를 하고 잠들지만, 몸이 피곤하니까 감사가 줄었음	하나님께 간절히 기도해서 꾸린 가정인데도 힘들게 한다는 이유로 감사하지 않으니 부담감만 생기고 불평과 불만이 많아짐. 가족에게도 짜증이 증가함	Type A 내 마음속에 가족의 존재에 대한 하나님에 대한 감사가 줄어든 것 Type B 회사일, 육아, 가사가 한꺼번에 있는 이 상황은 내가 바꿀 수 없음

〈사례 7-1〉에서처럼, 자신에게 부과되는 많은 일로 짜증이 날 때가 있지요. 이를 해결하는 방법으로서 기도를 통해 지혜를 찾고 가족의 존재에 대해 감사하며 남편과 상의해 보는 것이 Type A일 것입니다. 감사가 많아지면 어려움을 헤쳐 나갈 힘이 생기고 가족을 바라보는 관점이 달라지고 남편과의 상의도 더 잘 될 것입니다. 따라서 〈사례 7-1〉의 참여자는 주님께서 주신 가정에 대해 감사하는 마음은 자신 스스로가 바꿀 수 있다고 하여 Type A로 두었고, 동시에 외부에서 주어지는 일들과 집안에서 해야 하는 몫에 대해서는 Type B로 분류했습니다.

〈사례 7-2〉의 경우, 잦은 야근으로 가정을 돌볼 시간이 없어서 아내가 서운해한 사건을 Type A로 구분하였습니다. 아마 참여자는 무엇이 더 중요한 것인지 고민해 본 후 가정을 지키는 일이 회사보다 우선되어야 한다는 판단에서 아내와의 관계 개선을 위해 노력해 보겠다는 마음으로 Type A로 구분하였을 것입니다. 반면에 〈사례 7-3〉은 우리가 서운했던 일 중에는 '지금' '내가' 해결할 수 없는 일들이 많습니다. 이런 것들이 바로 Type B의 사건입니다. 아마도 여러분이 작성한 분노, 화, 섭섭함의 기억 대부분은 과거의 사건일 것입니다. 즉, 내가 지금 어떻게 할 수 없고 해결하기 어려운 일들이 여러분에게 고통을 주는 것입니다. 여러분은 Type B의 사건을 어떻게 하실 건가요? Type B에 해당하는 사건을 해결하려면 능력 밖의 일임을 인정하고, 부정적 감정을 빨리 치유하기 위해 TSL의 실천이 필요합니다. 즉, 자기가

사례 7-2 남, 50세, 은행원

내가 가족에게 준 AS(상처)			
누구에게	어떤 사건	어떤 영향	Type
아내	영업 실적을 올리기 위해 퇴근 후에도 이어지는 미팅 자리에 자주 참석하고 늦게 귀가할 때가 많아져서 내가 가정일에는 전혀 신경 쓰지 않고, 대화가 부족해서 서운하다고 함	아내와 거리가 멀어졌음. 같이 보내는 시간이 줄어드니 자연히 공유하는 부분도 줄게 됨. 아내가 더 우울해 보임	Type A 회사 일을 당장 줄이는 게 쉽지는 않지만, 가정보다 소중한 것은 없다는 마음으로 일상에 변화를 줘야 할 것 같음. 승진에 대한 욕심을 주님께 더 내려놓고 아내를 돌볼 필요가 있음

사례 7-3 남, 19세, 고등학교 3학년

내가 가족에게 받은 AS(상처)			
누구에게	어떤 사건	어떤 영향	Type
아버지	고등학교 3학년이라서 대학 입학을 준비 중임. 노력을 많이 한 거 같은데 생각만큼 성적이 오르지 않아서 아버지에게 꾸지람과 잔소리를 매일 듣고 있음. 목표로 하는 대학에 입학하지 못하면 집에서 쫓아낸다 하였음	공부를 못하는 내 탓이 크지만, 그렇다고 집에서 쫓아내겠다고 하는 아버지께 말할 수 없는 섭섭함을 느낌. 공부가 더 안 됨	Type B 성적을 올리는 일은 내 능력 밖의 일임. 목표로 하는 대학에 입학하는 것도 내 능력 밖의 일임. 나는 단지 매 순간 최선을 다할 뿐이고 결과에 승복할 뿐임

화낸 것에 대해 미안함을 표현하고 빨리 해소하는 방향으로 진행해야 합니다. 이로써, 부정적 메모리가 감소하고 토픽 컬렉터 증후군에서 벗어날 수 있습니다.④

나의 모자람 인정하기: 주님께는 나의 죄를 고백하고, 사람에게는 나의 잘못을 인정하고 사과하는 삶

여러분이 주님 앞에서 그리고 가족 앞에서 모자람이 있는 존재임을 인정하십니까?

과제 2. 자신의 모자람을 인정하십니까?

주님 앞에서

☐ 네, 나의 모자람을 인정합니다. ☐ 아직 잘 모르겠습니다.

가족 앞에서

□ 네, 나의 모자람을 인정합니다.   □ 아직 잘 모르겠습니다.

나의 모자람을 인정하고 죄에 대해 고백하는 것은 매우 껄끄럽고 어려운 일입니다. 그러나 성경에서는 죄를 고백하는 것의 중요성을 다룹니다. 주님께서는 우리에게 죄가 없다고 고백하면 스스로 속이고 진리가 우리 속에 없는 것이라(요일 1:8) 하시며, 우리가 죄를 고백하면 우리 죄를 사하시며 우리를 불의에서 깨끗하게 하신다고(요일 1:9) 약속하셨습니다. 예수님은 우리 죄를 위한 화목제물이면서 우리만을 위해서가 아닌 온 세상의 죄를 위하여 오셨다고(요일 2:2) 말씀하십니다. 크리스천인 우리에게는 죄를 고백하는 것이 기본적이고 중요한 삶의 태도입니다. 무엇보다 다른 사람이 "너는 죄가 있으니 자백해라."라고 하는 것보다 먼저 나 스스로 나를 돌아보고 주님께 죄를 고백하고 회개하는 것이 더욱 중요합니다. 내가 지은 죄는 내가 가장 잘 알기에 주님 앞에서 내가 무슨 죄를 지었는지 생각해 보고 주님께 먼저 고백해야 합니다. 한편으로 우리는 알든지 모르든지 부지중에 늘 죄를 짓고 살아갑니다. 우리의 힘으로는 죄를 끊을 수 없으므로 주님께 나의 죄를 고백하고 다시는 같은 죄를 짓지 않을 수 있도록 은혜를 간구하는 것이 진정한 크리스천의 자세입니다.

주님 앞에서 죄를 고백하는 것으로 끝나는 것이 아니라 다른 사람에게 상처를 준 것이 있다면 그 사람과도 빨리 화해해야 합니다. 나의 잘못을 상대방에게 이야기함으로써 그의 상처도 줄이고 나의 잘못도 용서받아야 하지요. 이처럼 주님께는 나의 죄를 고백하고 회개하여 용서를 받고 사람에게는 사과하는 것이 크리스천으로서 겸손히 살아가는 자세입니다. 우리를 위해 화목제물로 오신 예수님을 기억할 때(요일 2:2) 주님 앞에서도 사람 앞에서도 겸손히 나의 부족함과 잘못을 고백할 수 있습니다. 내가 주변의 사람들에게 잘못한 것을 인정하고 회개하는 것이 주님이 보시기에 선한 일입니다. 내가 나의 배우자에게 분노하여 상처를 준 것에 대해 사과하는 것은 형제를 사랑하는 일이며 궁극적으로 나의 죄를 사하기 위해 십자가에 달리신 예수님을 사랑하는 일이 됩니다.

나의 잘못을 인정하는 것은 겸손함과 깊은 연관이 있습니다. 겸손해지면 나의 죄를 그리고 내가 사람에게 잘못한 것을 인정하고 사과하게 됩니다. 내가 타인에게 사과할 수 있게 되는 이유는 주님의 은혜로 겸손하게 되고 감사한 마음이 풍성해졌기 때문입니다. 감사가 넘칠 때 나의 잘못을 용서하신 주님을 생각하면서 마음의 여유가 생기고, 또 다시 주님께 은혜를 구하게 되고, 주변 사람과도 화해하고 싶은 마음이 생기게 됩니다. 이처럼 나의 잘못을 인정하고 사과하는 것은 무지한 것이 아니라 주님께서 주신 지혜로운 마음입니다. "지혜는 어디서 오며 명철이 머무는 곳은 어디인고"(욥 28:20), "주를 경외함이 지혜요 악을 떠남이 명철이니라"(욥 28:28)라는 말씀처럼 우리가 주님을 믿기 때문에 우리의 잘못을 고백할 수 있는 것입니다. 우리는 내가 받은 상처가 타인에게 준 상처보다 더 크다고 생각하기 쉬운데, 이는 우울함과 관계된 것입니다. 주관적인 상처는 계속 커질 수 있습니다. 마음의 상처를 입은 것은 사실이지만 이것을 오래 곱씹고 밤낮없이 생각한다면 받은 상처의 크기는 실제 크기보다 더 커지게 됩니다. 우울할 때 이 현상은 더 심해지며 결국 메모리 박스가 상처로 가득 찰 때 작은 상처에도 더 우울해지면서 악순환됩니다. 이런 모습은 주님 보시기에 선한 모습이 아닙니다. 화와 슬픔을 더 키우고 유지하는 토픽 컬렉터 증후군에서 벗어나는 방법은 감사를 더 많이 쌓는 것입니다. 감사가 많아지면 슬픔과 화남이 줄어들게 됩니다. 그래서 우리는 주님께 감사와 기쁜 마음으로 살아가기를 항상 간구해야 합니다.

'미안합니다' 실천계획

이번 시간의 첫 번째 과제는 Type A와 Type B로 분류하기였습니다. 이제 먼저 주님과의 AS와 가족이 나에게 받은 AS(슬픔)에 대해 '미안합니다(S)'를 실천해 보겠습니다. 주님과의 AS와 가족이 나에게 받은 AS 중 Type A로 분류한 것에는 주님이 기뻐하실 일, TSL을 적용하여 실천할 수 있는 일을 계획해 봅니다. Type B로 분류한 것에는 부질없는 것, 내가 어찌할 수 없는 것임을 인정하고, Type A, 즉 주님이 기뻐하시는 일로 변화시킬 수 있는 구체적인 실천계획을 세웁니다. 그후 가족이 여러분에게 서운하게 느끼는 점에 대해서 그것이 Type A의 사건이라면 어떻게 해결할지 계획을 세워 봅시다.

과제 3. '미안합니다' 실천계획

'미안합니다' 실천계획–주님께		
누구에게	어떤 사건	Type
주님		
Type A 실천계획 또는 TYPE B를 Type A로 변화시킬 수 있는 방법(내가 지금 할 수 있는 일)		

'미안합니다' 실천계획–가족에게		
누구에게	어떤 사건	Type
○○○		
Type A 실천계획 또는 Type B를 Type A로 변화시킬 수 있는 방법(내가 지금 할 수 있는 일)		
누구에게	어떤 사건	Type
○○○		
Type A 실천계획 또는 Type B를 Type A로 변화시킬 수 있는 방법(내가 지금 할 수 있는 일)		

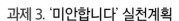

사례 7-4 남, 40대, 사무직

'미안합니다' 실천계획–주님께		
누구에게	어떤 사건	Type
하나님	주말 수당을 위해 주일에 예배보다 일을 선택하는 일들이 종종 있었음	Type A
Type A 실천계획 또는 Type B를 Type A로 변화시킬 수 있는 방법(내가 지금 할 수 있는 일)		
분명 주님 기뻐하시는 일이 아님을 알면서도 수당에 너무 욕심을 부림. 시간을 구별해서 예배 중심으로 생활하도록 노력해야겠음		
'미안합니다' 실천계획–가족에게		
누구에게	어떤 사건	Type
아내	식사 후 설거지나 뒷정리를 안 도와주고 텔레비전 보는 모습에 서운하다 함	Type A
Type A 실천계획 또는 Type B를 Type A로 변화시킬 수 있는 방법(내가 지금 할 수 있는 일)		
아내에게 미안하다고 사과하고 매 식사 후 뒷정리를 같이 하고 정리 후 함께 텔레비전을 보며 쉬기를 실천해 보기		

누구에게	어떤 사건	Type
어머니	군 복무 중 첫 휴가 때 가족과 시간을 보내지 않고 친구들과 여행 갔던 일에 대해 못내 아쉽고 서운했었다고 말씀하심	Type B
Type A 실천계획 또는 Type B를 Type A로 변화시킬 수 있는 방법(내가 지금 할 수 있는 일)		
이미 지나간 일이라 돌이킬 수 없지만, 어머니께서 느끼셨을 서운함에 대해 죄송하다 말씀드리고 오랜만에 어머니와 둘만의 시간을 계획해 보기		

사례 7-5   여, 20대, 대학생

'미안합니다' 실천계획–주님께		
누구에게	어떤 사건	Type
하나님	목회자 가정에서 태어나서 자란 것을 하나님 탓으로 돌리며 원망하였다.	Type A
Type A 실천계획 또는 Type B를 Type A로 변화시킬 수 있는 방법(내가 지금 할 수 있는 일)		
목회자 가정이라서 누릴 수 있는 은혜들이 있었던 것을 떠올리며 회개하고, 오히려 감사함으로 변화시키고자 했다.		
'미안합니다' 실천계획–가족에게		
누구에게	어떤 사건	Type
아빠	목회자인 아버지가 교회에서 설교하시는 말씀과 어머니나 자녀들에게 하시는 행동이 달라 사춘기 때부터 많이 갈등하였고, 대학생이 된 후 나의 행동을 통제하려는 아빠에게 위선적이라고 비판하였다.	Type A
Type A 실천계획 또는 Type B를 Type A로 변화시킬 수 있는 방법(내가 지금 할 수 있는 일)		
아빠도 사람이라 실수할 수 있다는 것을 이해했고, 주님과 아빠의 사랑을 많이 받은 것을 감사하게 생각하며, 나의 더 큰 잘못을 깨달았다. 아빠에게 죄송하다고 사과했다.		

〈사례 7-4〉의 경우, 주님께 죄송했던 일과 아내에게 미안했던 일은 현재의 일이기에 개선할 수 있는 사건들입니다. 주님과의 AS 사건에 대한 실천계획은 시간을 조정하고 삶의 패턴을 바꾸는 일이라 실천하는 것이 쉽지 않을 수 있지만, 자신의

변화로 인해 발생하는 기쁨이 새로운 활력이 되어 자신의 행동을 더 강화할 수 있을 것입니다. 마찬가지로 아내가 서운해 했던 일을 Type A로 분류하였습니다. 참여자는 TSL을 실천할 수 있는 영역의 일이라고 보았지요. 서운해 하는 아내에게 S를 실천할 구체적 계획도 잘 세웠습니다. 이 과정을 통해 아내가 갖고 있던 서운함의 많은 부분을 해소할 수 있습니다. 반면에 어머니께서 느끼신 서운한 사건은 과거의 일이기에 참여자가 바꿀 수 있는 영역의 일이 아닙니다. 하지만 당시의 행동에 대해 죄송하다고 말하며 용서를 구하고 새로운 즐거운 사건을 계획하고 실천함으로써 어머니의 섭섭한 마음을 풀어 드리는 것으로 Type A로 변화시키고자 하였습니다. 〈사례 7-5〉는 목회자인 아버지의 가정 내 언행이 교회에서와 너무 다르다며 사춘기 때부터 아버지와 많은 갈등을 경험한 사례이지요. TSL을 하면서 세상에 모자라지 않는 사람은 아무도 없다는 것을 참여자는 깨닫고 그동안 받은 아버지의 사랑과 아버지의 성실한 삶을 재해석하게 되면서 아버지에 대한 감사와 죄송함을 표현하게 됩니다. 이와 같이 Type A로 변화시키는 TSL 실천은 참여자의 삶을 더 풍성하게 할 것입니다. 특히 '미안합니다'의 실천은 주님과 가족과의 관계 개선이 크게 나타나는 활동으로 일상에서 발생하는 긴장과 스트레스를 감소시키는 효과를 나타냅니다. TSL 실천을 통해 적응력과 회복력이 높아지는 것이지요.

TSL 실천이 적응력과 회복력을 높일 수 있다는 것은 실제 조사 결과에서도 나타납니다. 가족에게 '미안합니다'라는 말을 할 때 우울이나 자살 생각이 감소하는 것으로 파악되었습니다. 미안하다는 말이 스트레스에 대한 면역력을 키워 주는 것이라

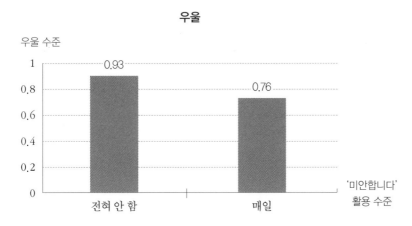

[그림 7-7] 일반 가정의 배우자에게 '미안합니다' 표현 수준과 우울 수준

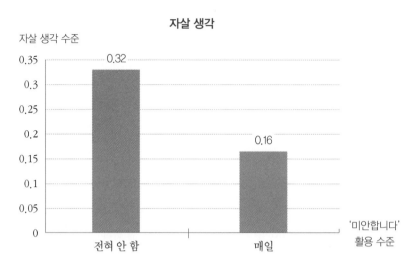

자살 생각

자살 생각 수준

[그림 7-8] 일반 가정의 배우자에게 '미안합니다'를 표현하는 수준과 자살 생각 수준

볼 수 있지요. 미안하다는 표현이 면역력과 회복력을 증가시킨다는 것은 연구 결과를 통해서도 입증되고 있습니다. [그림 7-7]의 일반인 조사에서 '미안합니다'라는 말을 많이 할 때 우울이나 자살 생각을 더 적게 하는 것으로 나타났습니다. 배우자에게 '미안합니다'라는 말을 매일 하는 사람들의 우울 수준은 0.76인 데 비하여, 전혀 하지 않는 사람들의 우울 수준은 0.93으로, 20% 이상 더 우울한 것으로 나타났지요.[5]

또한 가장 극단적인 심리상태를 의미하는 자살 생각에 있어서도 [그림 7-8]과 같이 배우자에게 '미안합니다'라는 말을 매일 하는 사람들의 자살 생각 정도는 0.16인 데 비하여 전혀 하지 않는 사람들의 자살 생각 정도는 0.32로 나타나 배우자에게 미안함을 표현하지 않는 사람들이 두 배 더 심각하게 자살을 생각하는 것을 알 수 있었습니다.[6]

이러한 연구 결과는 여러분이 미안하다는 말을 더 많이 할수록 상대방과의 관계가 좋아질 것이고 여러분 자신의 정신적 에너지도 증가하게 된다는 것을 의미합니다.

오늘의 과제

기본과제 1. 주님께서 여러분에게 이번 주 주신 성경 말씀과 이를 통해 깨달은 점은 무엇입니까?

기본과제 2 '고맙습니다' 실천하기

과제 1. Type A와 Type B 적어 보기

과제 2. 자신의 모자람을 인정하십니까?

주님 앞에서

☐ 네, 나의 모자람을 인정합니다.   ☐ 아직 잘 모르겠습니다.

가족 앞에서

☐ 네, 나의 모자람을 인정합니다.   ☐ 아직 잘 모르겠습니다.

과제 3. '미안합니다' 실천계획

이번 Practice의 목표는 여러분이 주님 앞에서 회개하고, 가족에게 상처를 준 일을 인정하고 진심으로 '미안합니다'를 실천할 수 있는 계획을 세워 보는 것입니다. 여러분이 회상한 '잘못'이나 '상처'를 인정하기 위해서 우리는 토픽 컬렉터 증후군과 실린더 이론에 대해 학습했습니다. 또 여러분을 힘들게 하는 사건들이 주님께 맡겨야 하는 일인지, TSL을 실천할 기회인지를 Type A와 Type B로 나누어 보며 살펴보았습니다. 이제 여러분이 가족에게 진심으로 '미안합니다'를 실천하는 것을 방해하고 있는 실린더에 가득 담긴 부정적 감정들을 인정하게 되었나요?[7] 부정적 감정이 줄어들고 미안한 생각이 든다면 가족에게 미안함을 전하는 것이 빠를수록 좋습니다.

다음 시간에는 실제로 '미안합니다'를 실천하고 강화해 보는 연습을 할 것입니다.

Chapter **8**

정의로운 삶

❋ 정의란 무엇인가

사람들은 정의(justice)가 무엇인지에 대해 고민을 많이 합니다. 우리 사회는 정의 (正義)를 개념적으로 정의(定義)하려고 노력하지요. 이런 노력을 하는 이유는 우리 가 사는 세상에서 진정한 정의가 무엇인지 알기 어렵고 혼란스러운 상황이라 그렇 겠지만, 세상이 정의로워지길 바라는 마음에서 시작된 노력일 수도 있습니다. 우리 사회의 지난 50년을 돌아보면, 세계 최빈국에서 풍요로운 국가로 발돋움하면서 긍 정적인 발전도 있었지만 부정적인 사회 현상들도 나타났지요. 경제의 풍요로움 이 면에 부의 불평등, 권력의 사유화와 남용, 범죄 증가, 인간 생명 경시, 집단 이기주 의와 같은 부정적 측면이 증가하였습니다. 또 법을 집행하는 조직 또는 공공기관들 이 국민의 뜻을 저버리고 사회의 무질서를 초래하였고 많은 사람이 혼란스러움을 느꼈습니다. 하버드대학교 마이클 샌델 교수의『정의란 무엇인가』가 우리나라 인문 사회 분야 최장기 베스트셀러 1위라는 기록(조선일보, 2010. 9. 16.)은 한국 사회의 혼 탁한 현실을 반영한 결과이지요. 이렇듯 사람들은 정의를 갈망하지만 어떤 책도 정 의가 무엇인지 명확한 답을 주지 못합니다. 사람들 각자가 자신의 정당함과 정의를 내세우고 근거를 내놓기 때문에 끊임없이 충돌하게 됩니다. 살인, 방화, 배임, 횡령과 같은 부정한 행동은 범죄라는 것이 명확합니다. 하지만 이러한 명확해 보이는 행위들도 서로의 이익에 따라 입장을 달리할 때가 있고, 이익단체, 노사, 정당, 국가마다 자신들의 입장만이 옳다고 주장하기도 합니다. 어떤 것이 모두를 위한 정의인지 이야기하기 힘들지요. 친구, 동료, 심지어 가족 간에 서로만 옳다고 주장하면 어떤 것이 옳은 정의인지 혼란에 빠질 수밖에 없습니다.

정의의 개념은 본래 '재판하다'라는 말에서 유래했습니다. 절대 선과 악이 아닌 관습과 법에 따라 내리는 판결이 정의의 기원이라 할 수 있지요. 기본적으로 정의는 정해놓은 윤리와 법에 따라 판단되는 것입니다. 모든 사람은 이런 판결에 따라 사회가 유지되면서 공정한 사회가 되길 바랍니다. 하지만 다양한 계층과 현장에서 발생하는 사건들을 보면 자기만이 옳다고 주장하는 경우가 많아서 정의로운 판결을 내리기 쉽지 않습니다. 법과 원칙이 제대로 서지 않고 힘으로, 악의적인 선전으로, 모략으로 사람들이 사회를 혼란하게 할 때 우리는 혼돈에 빠지게 됩니다. 인간의 정의는 자신들의 욕심에 기준을 두어서 판단할 때가 많으므로 우리는 의로운 판단을 내리기가 쉽지 않은 것이지요.

그러나 "너희는 포악과 겁탈을 제거하여 버리고 정의와 공의를 행하여 내 백성에게 속여 빼앗는 것을 그칠지니라"(겔 45:9)라는 말씀처럼 크리스천은 세상에 정의를 세우며 살아가야 합니다. 그렇다면 크리스천으로서 정의는 어떻게 규정해야 할까요? 정의는 주님의 말씀대로 행하는 것입니다. 성경은 "율법의 행위로써가 아니고 그리스도를 믿음으로써 의롭다 함을 얻으려 함이라 율법의 행위로써는 의롭다 함을 얻을 육체가 없느니라"(갈 2:16)라고 하며 정의가 주님에게서 오는 것이라 가르칩니다(잠 29:26). 즉, 행위로 의로운 자는 없으며 예수님을 믿고 주님의 말씀대로 사는 것이 정의로운 삶인 것이지요. "주권자에게 은혜를 구하는 자가 많으나 사람의 일의 작정은 여호와께로 말미암느니라"(잠 29:26)의 말씀처럼 일의 작정(justice), 곧 정의는 주님께 있는 것입니다. 성경은 주님을, "그는 반석이시니 그가 하신 일이 완전하고 그의 모든 길이 정의롭고 진실하고 거짓이 없으신 하나님이시니 공의로우시고 바르시도다"(신 32:4), "다 같은 신령한 음료를 마셨으니 이는 그들을 따르는 신령한 반석으로부터 마셨으매 그 반석은 곧 그리스도시라"(고전 10:4)라고 설명합니다. 크리스천에게 정의로운 분은 주님 한 분 외에 없지요. 스스로가 정의이신 그분이 이 땅에 오신 것이지요. 그가 곧 예수 그리스도이십니다. 신령한 반석에서 물을 마시고, 주님의 은혜를 받고, 말씀을 따라 사는 것이 우리 크리스천이 좇아야 하는 정의로운 삶입니다. 결국 크리스천의 정의는 주님이 말씀하신 것을 따라가는 것입니다.

정의 실현은 말로만 하는 것이 아니라 행동이 동반돼야 하지요. 타인을 무시하고 거짓 저울을 사용하여 거짓 증언을 하는 것은 정의롭지 못한 것입니다. 인간 존엄을 인정하는 것이 필요하지요. 따라서 TSL 실천을 하면서 정의 실천도 할 수 있습니다. 즉, 선한 삶을 사는 것이 곧 정의를 실천하는 것입니다. "너희가 내게 번제나 소제를 드릴지라도 내가 받지 아니할 것이요"(암 5:22), "오직 정의를 물 같이, 공의를 마르지 않는 강 같이 흐르게 할지어다"(암 5:24)라는 말씀과 같이, 이스라엘 백성이 형식적·가식적으로 예배하면 주님께서는 예배를 받지 않으신다고 하시며, 정의를 물 같이 흐르게 하라고 명령하십니다. 즉, 주님의 말씀인 주님을 사랑하고 이웃을 사랑함을 실천함으로써 정의로운 삶이 이루어집니다. 정의는 언뜻 보면 정해진 율법에 따라 행동하는 것이고, 사랑은 주님과 인간에게 행해야 하는 행동 같아 다른 듯 보이지만 같은 것입니다. 결국에는 주님과 인간을 사랑하는 것이 정의이지요.

[그림 8-1]과 같이, 크리스천의 정의는 사랑을 전제로 그 위에 있어야 합니다. 정의로운 삶을 살아가기 위해서는 주님을 사랑하고 또한 이웃을 사랑하라는 말씀대로 살아가야 합니다. 우리를 먼저 사랑하여 주시고, 정의가 무엇인지 보여 주신 주님을 경험했기 때문에 우리 역시 정의와 사랑을 실천할 수 있습니다. 주님을 알고 진리와 생명을 알았기 때문에 정의롭게 살 수 있고, 동시에 사랑을 실천할 수 있지요. 또한 다른 사람에게 거룩하게 행동하는 일도 중요합니다. 모든 행동의 목적을 사욕에만 두지 말고 주님께서 보시기에 아름다운 자가 되는 데 두어야 합니다(벧전 1:14-15). 아내나 남편에게 거짓말을 하지 않고, 나보다 약한 사람에게 속여 빼앗지 않으며, 사람에게 욕설하거나 비방하지 않고, 아랫사람을 모질고 거칠게 대하지 않고 사랑으로 대할 수 있는 것은 주님의 사랑을 경험했기 때문입니다. 이로써 감사하게 되고 감사함으로 주님의 정의로운 행동을 배우고 정의롭게 행동할 수 있습니다. 우리는 때로는 외모로 판단하여 다른 사람을 무시하고 차별합니다. 하지만 주님께서는 그렇지 않으시고 행위에 따라 심판하십니다. 그래서 우리는 주님의 자녀답게 살아야 합니다. 나의 삶을 주님께 맡기고 선한 일에 최선을 다해야 하지요. 정의를

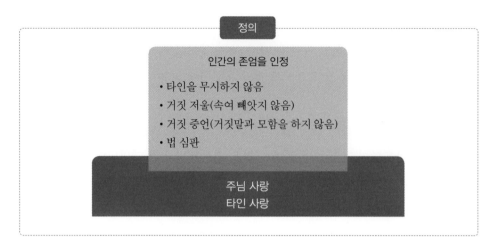

[그림 8-1] 크리스천 정의의 속성

실천하는 것이 선한 일이며, 곧 주님의 말씀을 실천하는 일이자 주님을 보고 배우고 따라가는 것입니다. 정의로운 삶을 살아가기 위해서는 주님 말씀을 실천하며 주님을 사랑하고 이웃을 사랑하며 살아가야 합니다.

선한 일

선(good)은 모든 사람이 바라는 것이며 좋은 것입니다. 정의도 선에 포함될 수 있지요. 선하게 살아가는 것은 인간에게 최고의 가치를 구현하는 것이라 말할 수 있습니다. 선하게 살기 위해서는 육체의 정욕을 제어해야 합니다(벧전 2:11). 이러한 선행으로 예수님을 믿지 않는 이방인들이 주님 오시는 날 하나님께 영광을 돌리게 하라 하셨습니다(벧전 2:12). 말로 외치는 것이 아니라 우리가 선한 행동을 할 때 이방인들이 회개한다는 말씀이지요. 오늘을 사는 우리는 어디에도 속박되어 있지 않은 자유인으로서 자유를 악용하여 방종하지 말고, 자신만을 위해 사용하지 않으며, 주님을 섬기는 일에 사용해야 합니다(벧전 2:16). 또한 주님을 사랑하며 윗사람을 공경하고 형제를 사랑하고 지도자를 존경해야 합니다(벧전 2:17). 결국 선한 일이란 사랑과 존경으로 다른 사람을 대하는 것입니다. 혹시 이렇게 대하는 가운데 부당하게 고난을 받더라도 주님을 생각하며 슬픔을 참는다면 아름다운 일이라 하였습니다(벧전 2:19). 선한 일을 행하는 가운데 부당한 일이 발생했다고 금방 분노하거나 화를 내는 것이 아니라 그럼에도 사랑과 존대를 쌓아야 하지요. 예수님께서 우리를 위해 고난을 받으셨기에 우리가 그분의 발자취를 따라 살아가는 것이지요. 이것이 크리스천의 선(善)입니다.

"사람아 주께서 선한 것이 무엇임을 네게 보이셨나니 여호와께서 네게 구하시는 것은 오직 정의를 행하며 인자를 사랑하며 겸손하게 네 하나님과 함께 행하는 것 아니냐"(미 6:8)라고 말씀하신 것처럼, 선한 일을(슥 7:9-10) 통해 주님께 영광을 돌리는 삶을 살아야 합니다. 선한 일을 하는 것이 주님이 기뻐하시는 참 정의이지요. 그뿐만 아니라 구약에서 가장 중요한 말씀인 선한 행동은 정의를 행하며 사랑하며 겸손히 행하는 것입니다.

솔로몬이 "내가 이같이 창성하여 나보다 먼저 예루살렘에 있던 모든 자들보다 더 창성하니 내 지혜도 내게 여전하도다"(전 2:9), "먹고 즐기는 일을 누가 나보다 더 해보았으랴…… 이것도 헛되어 바람을 잡는 것이로다"(전 2:25-26)라고 한탄합니다. 먹고 마시는 것보다 선을 행하는 것이 중요하다고 고백한 것이지요. 그럼에도 먹고 마시는 것도 주님의 선물(전 3:13)이라고 고백합니다. 주님을 경외하고 감사해하고 선을 행하는 것이 진정한 기쁨입니다. 우리는 각자의 주어진 재물에 대한 자신의 몫에 감사할 줄 알아야 합니다. 결국 감사와 믿음이 있어야 선을 행할 수 있습니다. 크리스천에게 예수 그리스도의 이름으로 선을 행하는 것은 주님의 믿음 안에서 소망을 가지고 겸손하게 사랑을 실천하는 것입니다. 이럴 때 크리스천이나 비크리스천이나 모두 우리의 선한 행동을 보고 주님께 영광을 돌리며 변화되어 정의로운 사회

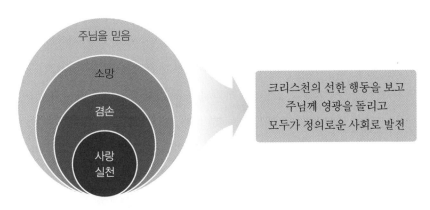

[그림 8-2] 선한 일은 주님께 속함

가 될 수 있습니다. 주님의 사랑을 입은 크리스천이 먼저 선한 행동을 해야 합니다.

주님께서는 우리를 위해 이 땅에서 고난을 당하셨기에 우리는 주님의 고난에 기쁨으로 참여하며(벧전 4:12-16) 선을 행할 수 있습니다. 선은 주님께 속한 것이기 때문에 주님이 보시기에 기쁜 일을 행해야 하며(요삼 1:11), 세상을 위해 기도해야 합니다(벧전 4:7). 이와 함께 서로 사랑하며 각자 받은 은사대로, 은혜받은 청지기 같이 서로 대접하고 봉사해야 합니다(벧전 4:10). 또한 주님이 말씀하시는 것처럼 자신의 역량 안에서 다른 사람들을 도와주며 수고해야 합니다(벧전 4:11). [그림 8−2]와 같이, 믿음, 소망, 사랑을 기반으로 다른 사람을 도와주고 사랑과 존경으로 타인을 존대하는 선한 행동은 주님께 영광을 돌리고 정의로운 사회를 만듭니다. 이를 위해 우리 크리스천이 먼저 실행해야 할 것입니다. 믿음이 있어야 사랑할 수 있고, 믿음과 사랑은 감사를 통해 나오며, 선한 행동을 통해 정의로운 사회가 된다는 것을 알 수 있지요.

거짓 선생과 지도자

우리가 바라는 선생이나 지도자는 정의에 있어서 모범이 되는 사람입니다. 주님께서는 지도자와 윗사람을 공경하라고 하셨지만, 이 시대에는 거짓 선생과 지도자가 많이 나오고 있으므로 주의해야 합니다. 구약의 분열 왕국 시대도 마찬가지였습니다. 약 340년 동안 북이스라엘과 남유다의 역사에 여러 왕이 나오지만, 하나님 보시기에 선한 왕이 거의 없었습니다. 그나마 아사 왕은 낫다고 여겨지나, 아사 왕도 나중에 우상을 숭배합니다(왕상 15:11-14). 심지어 이스라엘의 왕 아하시야는 이방 신인 바알세붑에게 자신의 병에 대하여 질문합니다(왕하 1:2-3). 물론 히스기야 왕과 요시야 왕은 산당을 제거하고(왕하 18:4, 23:8, 20), 요아스 왕은 성전을 수리하며(왕하 12:14) 주님께 가까이 가려 하지만, 대부분의 왕은 그러지 못했습니다. 이런 현상은 당시 제사장 등 영적 지도자들의 타락과 비협조의 영향도 있었지요. 타락한 모습을 통해 인간이 선함을 계속 유지하는 것이 얼마나 어려운지 보여줍니다.

거짓 선생들은 입으로는 하나님을 부르고 찬송하는 듯하지만, 그들의 마음은 주님을 멀리 떠난 사람들과 같습니다. 진실한 마음으로 하나님을 경외하지 않습니다. 거짓 선지자와 선생, 멸망한 이단들은 예수를 부인하며, 호색함과 탐심으로 이득을 취합니다(벧후 2:1-3). 오늘날 주님의 말씀을 따르는 척하며 교회의 재산과 교인들을 자신의 사적 욕심으로 약취한 자들도 거짓 지도자이지요. 말씀 중에 탐욕이 가득한 지도층이나 목회자가 개들로 비유되기까지 합니다(사 56:10-12). 현시대에도 더 많이 가지고 더 많이 배울수록 의로운 일을 더 많이 하도록 요구되지만, 대부분은 그렇게 하지 못합니다. 거짓 선생의 또 다른 특징은 알지 못하는 것을 아는 척하며 권위를 업신여기며 비방하는 것입니다(유 1:8). 세상의 거짓 지도자들은 원망하고 불만을 토로하며 정욕대로 행하며 입으로 자랑하고 이익을 위해 아첨합니다(유 1:16). 자기의 이익을 취하기 위해 어려운 사람의 재물로 이득을 취합니다. 그리고 분열을 조장하며 성령이 없는 자이지요(유 1:19). 자기를 자랑하며 감사가 없습니다. 이러한 선생을 본받지 않아야 합니다. 그리고 이런 자들로 인해 우리의 믿음과 감사가 흔들려도 안 되지요.

또 거짓 선생은 음심이 가득한 눈으로 보고 범죄하기를 그치지 않고 믿음이 약한 자를 유혹합니다(벧후 2:14). 경제적 위기, 사업의 실패, 자녀의 저조한 성적, 가족의 건강 악화, 우울 등에 처했을 경우에 거짓 선생의 말에 쉽게 현혹됩니다. 반대로 내가 너무 잘 되었을 때, 나의 수고로 모든 것이 이루어졌다고 자만하고 교만할 때도, 하나님을 버리고 거짓 선생을 따르게 되지요. 주님께서는 바른 교훈이 무엇인지를 알면서 자신의 거룩함을 저버릴 바에야 차라리 모르는 것이 낫다고 말씀하십니다(벧후 2:20-21). 우리는 올바르게 살고 이웃을 돕고 정의로운 삶과 선한 일을 하다가도 거짓 선생의 유혹에 빠질 수 있습니다. 그래서 끝까지 깨어 있도록 노력해야 합니다. 때로는 우리 스스로가 거짓 선생이 되기도 합니다.

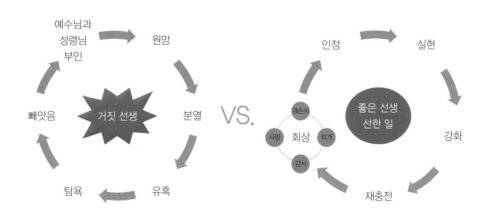

[그림 8-3] 거짓 선생과 좋은 선생의 5Re

무엇보다도 가족 안에서 부부 사이에, 부모와 자녀 사이에 거짓 선생이 되면 안 됩니다. 그러기 위해서 우리가 거짓 선생으로 전락하지 않기 위해서 말씀을 가까이 하며 묵상해야 합니다. "주 여호와께서 학자들의 혀를 내게 주사 나로 곤고한 자를 말로 어떻게 도와 줄 줄을 알게 하시고 아침마다 깨우치시되 나의 귀를 깨우치사 학자들 같이 알아듣게 하시도다"(사 50:4). 이는 하나님의 사랑으로 선생이나 학자와 같이 주님의 말씀을 더 많이 이해할 수 있다는 뜻입니다. 주님의 말씀을 더 많이 깨달은 자의 역할은 곤고한 자를 돕는 것입니다. 그래서 크리스천 TSL을 깨달은 사람은 TSL을 통해 주님의 사랑이 항상 우리와 함께하고 있음을 깨닫고 실천하게 됩니다. 결코 쉬운 일은 아니지요. 그럼에도 좋은 선생이라면 믿음과 소망 안에서 지속적으로 사랑을 실천해야 합니다. [그림 8-3]과 같이, 5Re를 통해 선한 일을 계속 내 삶에서 실천해야 하지요. "통회하고 마음이 겸손한 자와 함께 있나니 이는 겸손한 자의 영을 소생시키며 통회하는 자의 마음을 소생시키려 함이다"(사 57:15)의 말씀처럼 선생과 학자는 회개하고 겸손한 마음을 먼저 가져야 합니다. 그리고 이러한 행동을 보고 가족 구성원이나 제자가 본받게 될 것입니다.

우리 모두가 성전

성전(聖殿)은 하나님이 임하시는 곳입니다. 우리가 어려울 때 기도하는 처소이며, 하나님께서 허락하신 거룩한 곳이지요(대하 6:19-39). 다윗은 하나님을 모시는 성전을 지으려고 노력합니다. 다윗은 아브라함이 이삭을 제단에 바치려고 하였던 곳이자 다윗이 죄를 회개할 때 천사가 나타난 오르난의 타작마당에 성전을 지을 계획을 세우고(대하 3:1), 죽기 전까지 많은 준비를 하였지요(대상 22:1-5). 하지만 하나님께서는 "네가 내 앞에서 땅에 피를 많이 흘렸은즉 내 이름을 위하여 성전을 건축하지 못하리라"(대상 22:8)라고 하시며 아들인 솔로몬이 건축하도록 허락하십니다(대상 22:10). 그러나 솔로몬이 지은 성전은 이스라엘이 분열되고 북이스라엘과 남유다로 나뉘어 서로 싸우는 과정에서 파괴됩니다. 포로 시대에 다시 성전을 중축하고 재건하지만, 또 다시 성전은 파괴되지요.

고대 예루살렘 성전과 같이 하나님이 임하시는 눈에 보이는 성전은 지금까지도 없습니다. 하지만 우리에게는 예수님이 계시지요. 예수님께서는 자신이 곧 성전이

자 성전보다 더 큰이라 말씀하셨습니다(마 12:6; 요 2:21). 또한 "손으로 지은 이 성전을 내가 헐고 손으로 짓지 아니한 다른 성전을 사흘 동안에 지으리라"(막 14:58)라고 하셨지요. 또 "나는 부활이요 생명이니"(요 11:25)라고 하시며, 예수님을 믿으면 죽어도 살겠고 무릇 살아서 믿으면 영원히 죽지 아니한다고(요 11:26) 말씀하셨습니다.

더욱이 예수님을 마음에 모신 우리의 몸도 작은 성전입니다. 우리의 몸은 성령님이 거하시는 하나님의 성전이지요(고전 3:16). 구약시대 이스라엘 백성은 출애굽 후 광야에서부터 언약궤를 중심으로 기도하고 간구했습니다. 이후 성전을 짓고 그곳에서 제사를 지냈지요. 성전이 무너지자 포로 시대에도 성전을 재건하기 위해 노력했고, 식민지 시대에도 지속해서 재건축하기 위해 노력했지요. 하지만 예수님이 오신 후부터는 성전이란 건물은 큰 의미가 없어졌습니다. 예수님을 믿는 우리 안에 성령님이 계시기 때문입니다. 성경에서는 "너희 몸은 너희가 하나님께로부터 받은 바 너희 가운데 계신 성령의 전인 줄을 알지 못하느냐 너희는 너희 자신의 것이 아니라 값으로 산 것이 되었으니 그런즉 너희 몸으로 하나님께 영광을 돌리라"(고전 6:19-20)라고 말씀하시며, 우리의 몸은 우리의 것이 아님을 가르치십니다. 우리의 몸은 성령님이 임재하시는 곳이기 때문에 함부로 사용하지 말고 귀하게 써야 하지요. 음주, 중독, 음행을 멀리해야 합니다. "무엇이든지 속된 것이나 가증한 일 또는 거짓말 하는 자는 결코 그리로 들어가지 못하되 오직 어린 양의 생명책에 기록된 자들만 들어가리라"(계 21:27), "개들과 점술가들과 음행하는 자들과 살인자들과 우상 숭배자들과 및 거짓말을 좋아하며 지어내는 자는 다 성 밖에 있으리라"(계 22:15)라는 말씀처럼, 자기 몸을 성전으로 삼고 살아야 예수님 만나는 날 새로운 거룩한 성전에 들어갈 수 있게 됩니다(계 21:27). 진실하지 못하고, 속이고, 빼앗고, 정의롭지 못한 사람은 주님 말씀대로 살아가지 않는 사람입니다. 이웃과 주님을 사랑하지 않고 살아간 사람은 주님의 생명책에 기록될 수 없지요.

우리의 몸이 성전일 뿐 아니라 동시에 '타인의 몸도 성전'임을 명심해야 합니다. 그래서 아동학대나 가정폭력이 발생해서는 안 되는 것이지요. 말의 실수로, 때로는 폭력으로 다른 사람의 마음을 아프게 하는 것은 성전을 훼손하는 일입니다. 다른 사람의 존엄, 재물, 신체를 약취하면 안 되지요. 자신과 타인을 존중해야 하는 이유는 바로 '우리가 모두 성전'이기 때문입니다.

우리가 성전임에도 불구하고 일부 사람들은 힘들고 어려울 때 상담을 받는다는 이유로 접신자나 거짓 선지자들을 찾아가 자신의 안위를 물어보는 경우가 있습니다. 하나님께서는 "접신한 자와 박수무당을 음란하게 따르는 자에게는 내가 진노하여 그를 그의 백성 중에서 끊으리니"(레 20:6)라고 강하게 말씀하셨습니다. 또 "너희는 신접한 자와 박수를 믿지 말며 그들을 추종하여 스스로 더럽히지 말라 나는 너희 하나님 여호와이니라"(레 19:31)라고 단호히 말씀하시지요. 주문을 외우는 사람이나 귀신을 불러 물어보는 사람이나 박수와 혼백에게 물어보는 사람을 너희 가운데 용납지 말고, 해와 달, 별과 같은 자연의 어떤 것을 통해 점치는 행위를 하지 말라고 거듭 말씀하십니다(신 18:11-13). 주님 안에 있는 우리 크리스천에게는 미래에 어떤 일이 일어날지 다른 신에게 물어보는 것은 용납되지 않습니다(신 18:14). 이러한 행동은 정의롭지 못한 것이지요. 주님만을 믿고 의지해야 합니다. 열심히 성경 읽고 기도로 하나님의 뜻을 물으며 말씀을 실천하며 사는 삶이 성전을 거룩하게 지키는 일입니다. 크리스천 TSL 실천도 중요합니다. 만약 도움이 필요하고 힘들 때는 믿을 수 있는 크리스천 상담가를 만나는 것이 바람직합니다.

우리는 끊임없이 죄를 짓기 때문에 화목하게 하시는 예수 그리스도 안에 살아가고자 노력해야 합니다(고후 5:18). [그림 8-4]와 같이, 예수님을 통해 믿는 자에게 부활의 소망을 주셨으므로 부활의 믿음을 갖고 성전인 우리의 몸과 마음을 깨끗이 해야 합니다. 그래서 우리는 주님 앞에서 회개하고, 사람들과 '미안합니다(S)' 과정을 실천함으로써 거짓과 미움, 욕심을 버리며 성전을 청소해야 하지요.

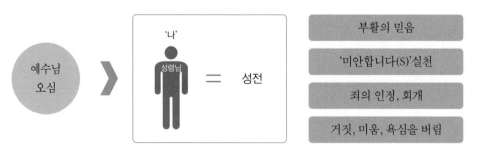

[그림 8-4] 성전을 깨끗하게 함

Practice **8**[1]

S 실현하기와 강화하기: '미안합니다'의 힘

지난 Practice 7을 통해 가족에게 '고맙습니다'를 표현하는 것과 여러분이 작성한 AS 노트의 내용이 Type A인지 Type B인지를 살펴보고 Type A의 실천계획과 Type B는 Type A로 변화시킬 실천계획을 세우는 두 가지 과제를 수행하였을 것입니다. 이번 Practice 8에서는 '미안합니다'를 주님과 가족에게 직접 실천하는 시간을 갖고자 합니다.

가족이 서운하다고 말하기 전에 여러분이 먼저 가족에게 여러분 때문에 힘든 일이 있었는지 물어보아야 합니다. 가족이 말하는 서운했던 일들에 대해 여러분이 설명할 수 있는 것이 있다면 설명하고 미안하다고 해야 합니다. 상대방이 상처받았다면 여러분은 그런 의도가 아니었더라도 미안하다고 해야 하지요.[1] 물론, 가족에게 '미안하다'를 할 수 있기 위해서는 주님 앞에 겸손해지고, 주님이 주신 은혜에 감사하며, 더 나아가 가족의 존재에 대한 '감사'의 마음이 지속되고 있어야 합니다. 이것이 '크리스천 TSL' 과정입니다. 이제 여러분은 주님께 감사하고 회개하며 가족에 대

---

1) 실천(Practice) 장들은 기존 TSL(김재엽, 2014; 2023)의 과제와 설명을 사용하였으며 크리스천 TSL 과제와 설명 그리고 사례를 추가하여, 재구성하였음

해 '감사합니다'의 마음을 갖고, '미안합니다'를 실천하게 되는 것이지요. 우리가 매 시간 첫 과제로 '고맙습니다'를 먼저 실천하는 이유이기도 합니다.

❀ 사랑의 매

우리는 흔히 '사랑의 매'를 사용하여 자녀를 훈육한다고 합니다. 부모는 자녀가 말을 잘 따르기를 기대하며 하나님께서 선물로 주신 자녀를 잘 기르기 위해 훈계하 기도 합니다. 자녀가 꾸지람을 가벼이 여기지 않고, 선생님의 말씀을 잘 듣고, 악에 빠지지 않기를 바라는 것이 부모의 마음입니다(잠 5:12-14). 또한 게을러 빈궁해질 까 염려하여(잠 6:10-11) 훈계하기도 합니다. 말씀에서도 부모가 매를 통해 훈계하 는 것을 가치 있는 훈육 방법이라 이야기합니다(잠 23:13).

자녀들은 부모님을 공경하며(신 5:16) 부모님의 훈계에 순종해야 합니다(잠 4:1). 신명기의 부모님의 말씀에 거역하고 순종하지 않는 아들은 돌로 쳐 죽이라(신 21:18-21)는 말씀과, "훈계를 받지 아니함으로 말미암아 죽겠고"(잠 5:23)라는 말씀 이 있을 정도로 부모님의 말씀을 따르는 것은 선을 베푸는 것이 아니라 자식 된 의 무라고 성경은 가르칩니다.

부모가 자녀를 바른길로 인도하는 것은 부모의 사명이요, 자녀가 부모에게 순종 하는 것도 자녀의 의무입니다. 그러나 기억해야 하는 것은 자녀의 몸이 주님의 성전 이라는 것입니다. 그래서 체벌에 대해 필요하다는 말씀도 있지만, 주님께서 주신 새 로운 말씀에는 "자녀를 노엽게 하지 말고 오직 주의 교훈과 훈계로 양육하라"(엡 6:4) 고 말씀하십니다. 훈육할 때는 주님의 사랑이 바탕이 돼야 한다는 말씀이지요. 자녀 를 양육하는 중에 우리는 감정적으로 자녀를 대하지 말고 항상 '주님은 이 상황에서 어떻게 하셨을까' 생각해야 합니다. 결국에 체벌은 가장 쓰지 말아야 할 처방전 중의 하나인 것이지요. 체벌은 독과 같습니다. 그래서 주님께서는 자녀들이 낙심할까봐 자녀를 노엽게 하지 말라고 하십니다(골 3:21). 부모는 자녀가 주님의 선물이라는 것 을 믿고 자녀 스스로 문제를 깨닫도록 오랜 시간 참고 견뎌야 합니다. 부모의 인내는 곧 사랑입니다. 자녀가 아버지와 어머니의 교훈을 깨달을 때까지 기다려야 합니다.

또한 우리는 자녀를 성경 말씀으로 교육해야 합니다. 자녀는 우리 안에 있는 노여움과 분노를 표출하는 대상이 아닙니다. 엄한 교육은 때때로 필요하지만, 감정적인 분노는 필요하지 않습니다. 노여움과 학대는 죄이기 때문입니다. 사랑의 매라는 것은 사랑으로 올바르게 훈계하라는 것입니다. 자녀 눈치를 보고, 비위를 맞춰 주라는 것이 아니라 부모의 마음이 얼마나 아픈지 알 수 있게 충분히 소통해야 합니다. 부모가 주님의 사랑 가운데 자신을 먼저 돌아봐야 함과 동시에 자녀에게 TSL을 실천해야 합니다.

※ 선택적 사고

우리의 사고(思考)는 많은 경우에 사실을 기반으로 구성되지 않습니다. 사고는 개인이 관심을 더 두는 일이나 선호하는 것에 대하여 유리한 쪽으로 기억하는 반면 자신에게 불리한 것은 무시하려는 경향을 보이는데, 이를 선택적 사고(selective thinking)라고 합니다(Gilovich, 1993). 즉, 내가 상처받은 것, 나에게 중요한 정보만 선택하는 것이지요. 내 육신이 받은 상처만 기억하고 주님께 받은 은혜와 사랑, 배우자와 자녀에게 받은 기쁨과 같은 것은 빨리 잊어버립니다. 주님과 다른 이들이 여러분에게 베푼 선한 일은 마음에 새기지 못하는 것이지요. 부정적인 기억에 대한 선

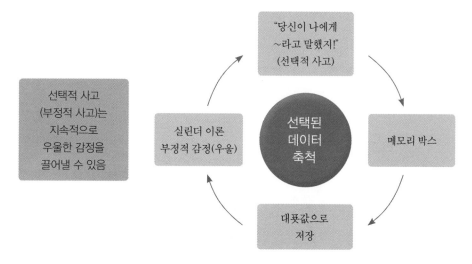

[그림 8-5] 부정적 감정의 악순환

택적 사고만 하게 되어 가슴이 답답하고 화나는 일만 생각나게 되는 것이지요.

　여러분은 하루 동안 들었던 모든 이야기를 다 기억하는 편인가요? 곰곰이 생각해 보면, 우리는 하루의 대화 중 필요하다고 생각하는 일부의 대화만 머릿속에 기억해 둡니다. 때로는 그것이 매우 부정적인 한 단어일 수도 있습니다. 많은 칭찬과 격려를 들었지만 그 이야기들은 기억에 남지 않고, "왜 그것밖에 못 했어?"라고 누군가가 툭 던진 한마디가 마음의 비수로 꽂히기도 합니다. "당신이 나에게 ~라고 말했지!(You said that~)"라고 메모리 박스에 저장되는 것이지요. 이처럼 우리 마음에 남은 부정적 말은 사실 선택적 사고의 과정을 통해 형성된 것입니다. [그림 8–5]에서처럼, 부정적 사고는 메모리 박스에 저장되고, 대푯값을 갖게 됩니다. 그리고 실린더 이론에 따라 부정적 감정을 채워 넣어 우울한 상태로 만들게 되지요. 이런 부정적 감정의 악순환을 끊는 방법은 5Re를 지속함으로 TSL의 실천을 유지하는 것입니다. 5Re를 통해 부정적 감정의 고리를 끊고 긍정적 삶의 태도를 지향할 수 있게 됩니다.[2]

　나의 상처와 아픔(AS 노트)도 실제 사건과 다를 수 있는 것처럼 타인이 마음의 상처를 입게 되는 것도 선택적 사고의 영향으로 볼 수 있습니다. 상대방도 마찬가지이지요. 나로 인한 상대의 상처가 선택적 사고에 의해 이뤄져 사실과 다소 차이가 있을 수 있지요.[3] "너는 왜 그렇게 선택적으로 사고하니?"라고 비방하는 것이 아니라 그 사람의 관점에서 이해하고 먼저 '미안합니다'를 실천하는 것이 필요합니다. 내가 먼저 변해야 하지요. 이것은 은혜와 감사를 경험하고 인정한 사람만이 할 수 있습니다. 상대방의 입장을 존중하면서 먼저 미안함을 표시하는 것은 우리 안에 TSL의 에너지가 있을 때 가능합니다. 이번 과제인 '미안합니다' 실천 이후 자신의 TSL 에너지가 더 커지는 것을 확인해 보세요.

❋ 다른 가족의 마음 인정하기

　주님께서는 우리의 몸을 성전이라 말씀하셨습니다. 자신뿐만 아니라 다른 사람들의 몸도 성전이라는 말씀입니다. 따라서 '타인의 몸도 주님을 모신 성전'임을 기억하고 그들의 마음을 이해하며 존중할 수 있도록 노력해야 합니다. 이해하기 위한 노력의 한 방법으로 AS 노트 작성을 할 수 있지요.

앞서 우리는 AS 노트의 기억과 사건들이 Type A인지, Type B인지를 살펴보았습니다. 그리고 해결되지 않는 'Type B'를 어떻게 긍정적으로 변화시킬 것인가를 생각해 보았을 것입니다. 이미 느꼈겠지만, 여러분이 가족으로부터 상처받고 힘들어하는 많은 일은 대부분 현재 여러분이 해결할 수 없는 일들일 것입니다.[④] 해결 불가능한 일들에 얽매여 에너지를 낭비하는 것이지요. 우리는 자신이 할 수 없는 부분을 온전히 주님께 맡기고 할 수 있는 것에만 집중해야 합니다.

만약 가족이 여러분에게 가지고 있는 서운함이 여러분이 해결할 수 있는 Type A의 일이라면 여러분은 바로 가족들이 원하는 행동이나 말을 하고 그 서운함을 없애려고 노력할 수 있습니다. 하지만 그 서운함이 이미 지나간 일이거나 되돌릴 수 없는 일이고 가족이 계속 서운해한다면 여러분은 어떤 것을 할 수 있을까요? 그냥 방치하나요? 아닙니다. Type B 같은 일도 일부는 Type A로 바꿀 수 있지요. 무엇보다도 여러분은 가족이 나로 인해 상처받는 것에 대해 진심으로 먼저 '미안하다'라고 사과해야 할 것입니다.[⑤] 이것이 일부 Type A로 변화한 행동입니다.

여러분의 가족이 여러분에게 서운하다고 말했던 것을 잘 생각해 보길 바랍니다. 혹시 가족 간에 나누어지지 않은 권력 때문에 서로에게 서운한 마음이 생긴 것은 아닐까요? 남편과 아내의 관계에서, 부모와 자녀의 관계에서 여러분은 자신도 모른 채 가족에게 상처를 입혔을 수 있습니다. 사람은 흔히 자신의 입장에서 먼저 생각하게 되기 때문에 상대방이 어떤 상처를 받았는지 헤아리기 어렵습니다.[⑥] '미안합니다'는 상대방의 관점에서 이해하는 것이지요. 나의 관점이 아닌 상대방의 관점에서 이해하고 상대방이 아팠다면 내가 먼저 그리고 때로는 계속 사과를 하는 것이지요. 상담을 하다 보면 여러 사례에서 "사과를 했는데도 상대방이 계속 아파하고 짜증을 낸다면 어떡하나요?"라는 질문을 많이 받습니다. 단 한 번의 사과로 모든 것이 해결된다면 참 좋겠지만 그렇지 않을 경우에 상대방을 좀 더 이해하고 기다리며 미안해하는 것이 크리스천의 'S' 과정입니다. 그리고 궁극적으로 상대방도 이런 진심의 사과를 수용하고 용서하는 것이 바람직한 태도이겠지요.

누군가는 '미안하다고 말하는 것만으로 문제가 해결될까?'라는 의구심이 들 수도 있습니다. '미안합니다'라는 말은 그 말을 상대방에게 직접 표현하는 것만으로도 문제 해결에 많은 도움이 됩니다. 2007년에 미국 신문 『월 스트리트 저널』에 의사들이 '미안하다(Sorry)'라는 말을 배우고 있다는 기사가 실린 적이 있습니다(The Wall

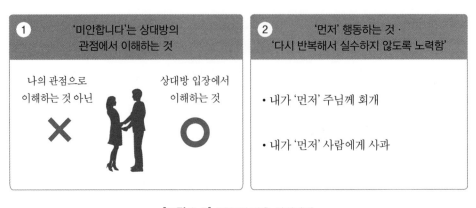

[그림 8-6] 가족의 마음 이해하기

Street Journal, 2007. 1. 24.). 의료진의 실수나 잘못으로 환자와 분쟁이 생겼을 때 의사가 먼저 사과(謝過)를 하도록 교육하는 프로그램이 미국 병원에서 확산되고 있다는 내용입니다. 물론 이것은 그만큼 의사들이 환자와 그 가족들에게 사과를 거의 하지 않았다는 뜻이기도 하지만, 이런 사과의 표현이 불필요한 의료 소송을 줄여 병원에 도움이 된다고 보고하였습니다. 사과의 효과는 놀라웠다고 합니다. 미시간 대학병원의 조사에 따르면, 262건에 이르던 의료 소송이나 분쟁 제기가 이 프로그램 도입 후 100건 미만으로 줄어들고 평균 법정 소송비용도 4만 8,000달러(약 6,200만 원)에서 2만 1,000달러로 절반 이상 줄어들었습니다. 이런 원리는 의료 분쟁에서만 볼 수 있는 것은 아닙니다. 부부 갈등도, 직장에서의 다툼도 자기 잘못을 일단 인정하지 않는 분위기 속에서 증폭되고 폭발하게 됩니다.[7] 반대로 먼저 사과하는 힘은 많은 갈등을 줄여 주고, 다툼을 최소화할 수 있지요.

미안하다는 말은 그 자체만으로도 관계를 좋게 만드는 힘이 있습니다. [그림 8-6]과 같이, 내가 먼저 미안하다고 표현하는 것이 중요합니다. 주님께도 내가 먼저 회개해야지요. 주님과의 관계에서도 우리의 죄를 스스로 고백하고 회개하며 주님 앞에 나아가야 합니다. '미안하다고 말한다고 뭐가 바뀌겠어?'라는 마음이 아닌, 진심으로 미안하다는 말을 상대방에게 먼저 전할 때 상대방도 마음의 문을 열게 되지요. 그래서 진심으로 미안함을 느끼고 그것을 표현하는 것은 매우 중요합니다. 그리고 그렇게 미안하다고 말한 사건들을 다시 반복하는 실수를 하지 않도록 노력해야 합니다.

✳ 미안하다고 말하지 못하는 이유: 부정적 메모리 박스 지우기

　주님께서는 회개의 중요성을 강조하시며, 회개하지 아니하면 어려움에 처할 수 있다고(눅 13:5) 말씀하셨지요. 우리는 매 순간 우리를 돌아보며 회개해야 합니다. 그러나 삶을 살다 보면 자신만 옳다고 생각한 채 죄를 고백하는 것이 어려울 때가 있습니다. [그림 8-7]과 같이, 이런 모습은 주님께 감사함이 없고 겸손하지 못하여 교만하므로 나타나지요. 다른 사람에게 먼저 미안하다고 사과하지 못하는 것도 마음속에 감사가 없고 왜 나만 미안해야 하냐는 불만만 가득하기 때문입니다. 상대방에 대한 이해가 부족하고 그의 아픔을 인정하지 못한 모습이지요. 또 화가 많이 나서 자신의 감정을 주체하지 못해 먼저 미안하다고 할 여유가 없는 것이기도 합니다. 이러한 모습은 사람들을 원망하고 불만을 토로하며(유 1:16), 자기변명만 한 채 감사가 없는 거짓 선생의 모습과 같습니다. 거짓 선생이 되면 세상에 선한 영향력을 행하지 못합니다. 우리는 주님께 먼저 회개하고, 사람들에게 먼저 잘못을 인정하고 사과할 때, 진정한 주님의 제자가 될 수 있습니다.

　메모리 박스는 여러분에게만 있는 것이 아니라 여러분의 가족에게도 있습니다. 메모리 박스 안에 있는 부정적 감정들은 그 사람의 재산이 되어, 화날 때 화를 낼 수 있게 하는 힘이 된다고 하였습니다. 그래서 사람들은 그 감정을 쉽사리 버리지 못하는 것이지요. 여러분의 가족에게도 여러분에게도 화를 낼 힘이 되는 부정적 감정이 메모리 박스 안에 있을 것입니다. 가족의 메모리 박스에 들어 있는 여러분에 대한 부정적 감정을 어떻게 하면 없앨 수 있을까요? 그것은 진심이 담긴 '미안합니다'와

주님께 회개를 못하는 이유	사람에게 사과를 못하는 이유
• 주님께 '감사' 부족 • '교만'으로 꽉 참	• 사람에 대한 '감사' 부족 • 타인의 상처에 대한 이해 부족 • 타인의 상처를 인정하지 않음 • '화'가 많이 나 있음

[그림 8-7] '미안합니다'를 실천하지 못하는 이유

여러분이 보여 주는 변화의 노력에서 시작됩니다. 여러분의 가족이 메모리 박스 안에 있는 부정적 감정을 없애 버릴 수 있다면 가족관계는 훨씬 좋아질 수 있습니다. 그리고 여러분 자신도 행복해질 수 있습니다.[8]

물론 미안하다는 말이 쉽게 나오지는 않을 것입니다. 미안하다고 말하려면 '내가 잘못한 일이 아닌 것 같은데' '저 사람이 더 잘못한 것 같은데.'라는 생각이 먼저 떠올라 미안하다는 말이 입 밖으로 나오지 않을 수도 있습니다. 여러분의 메모리 박스에도 상대방에 대한 부정적 메모리가 계속 만들어지고 있기 때문이지요.[9] 주님의 말씀처럼, 화를 오래 갖고 가는 것은 좋은 일이 아닙니다(엡 4:26). TSL은 화를 오래 가져가지 않기 위해서 먼저 '미안합니다'를 실천하는 것입니다. 상대방에 대한 화가 많다는 것은 충분히 가족의 존재에 감사하지 않고, 그 사람의 처지에서 생각하지 않았다는 것을 의미합니다.

상대방에 대한 부정적 감정이 생기면 가족의 존재에 감사함을 떠올리며 그 사람의 처지에서 생각해 보세요. '나도 저 처지라면 저런 요구를 할 수 있겠다.' 하고 공감하고, 인정해 보는 것입니다. 여러분에게 화가 났다고, 상처를 받았다고 이야기하는 가족에 대해 그들의 처지를 인정하고 미안하다고 표현하는 것은 다른 한편으로는 나의 부정적 감정을 재산으로 쌓아 두기를 포기하는 '의지'이기도 합니다.

❋ '미안합니다'의 힘

'미안하다'는 표현은 나의 잘못을 시인하는 것만을 의미하지는 않습니다. 주님의 은혜와 감사를 깨닫고 자신의 모자람을 인정하며 회개할 때 나의 죄를 구속하신 주님의 사랑을 더욱 느끼며 힘을 얻게 됩니다. 다른 사람에게 미안하다는 것도 잘못을 시인하는 것만이 아니고 여러분이 진심으로 미안하다고 느끼는 것은 여러분만큼 힘들었을 그 사람을 이해했기 때문에 '미안합니다'라고 할 수 있는 것입니다. 그래서 용서하는 것보다 사과하는 것이 더 어렵지요. 나만큼 힘든 그 사람을 그의 처지에서 이해하는 것이 '미안합니다'입니다. 여러분의 너무도 소중한 가족이 얼마나 상처받고 힘들었을지 마음 깊이 느끼고 미안하다고 말할 때 상대방도 그 진심을 받아들일 것입니다. 여러분이 미안하다고 말함으로써 서로의 메모리 박스의 부정적 감

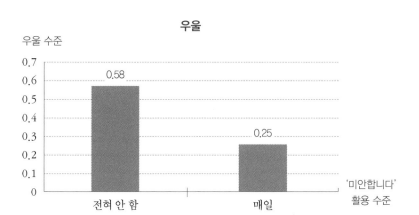

[그림 8-8] 가정 폭력 발생 가정의 배우자에게 '미안합니다'를 표현하는 수준과 우울

정들, 화를 내고 싶을 때 재산이 될 수 있는 부정적 감정들을 버릴 때 가족관계가 좋아질 수 있다는 것이지요. 이것이 바로 '미안합니다'의 힘입니다.[10] 이러한 '미안합니다'의 실천을 계속할 때 주님의 사랑을 더 느끼게 되고 '사랑합니다'를 실천할 수 있게 됩니다.

　'미안합니다'라고 말하는 것은 가정폭력과 같이 극단적으로 가족 간의 갈등이 발생하고 서로에게 상처를 준 상황에서도 이들의 회복력을 높이는 데 도움이 되는 것으로 나타났습니다. 연세대학교 가족복지 연구팀이 진행한 조사 결과에서 알 수 있

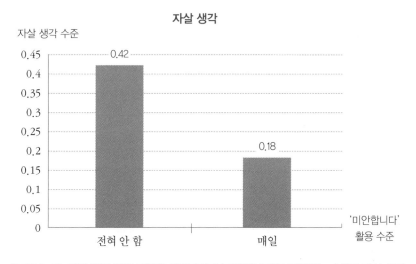

[그림 8-9] 가정 폭력 발생 가정의 배우자에게 '미안합니다'를 표현하는 수준과 자살 생각

지요. [그림 8-8]을 보면, 가정폭력 가정에서 배우자에게 '미안합니다'라는 말을 매일 하는 사람들의 우울 수준은 평균 0.25인 데 비하여, 전혀 하지 않는 사람들의 우울 수준은 평균 0.58로, 2배 이상 더 우울한 것으로 나타났습니다.[11] 가정폭력을 경험한 가족에서도 가해자가 '미안합니다'를 먼저 진심으로 표현하는 것은 가족의 상처를 회복시키는 방법입니다.

[그림 8-9]와 같이 가정폭력 피해 가정에서 배우자에게 '미안합니다'라는 말을 매일 하는 사람들의 자살 생각 정도는 평균 0.18인 데 비하여, 전혀 하지 않는 사람들의 자살 생각 정도는 평균 0.42로 나타나, 배우자에게 미안함을 표현하지 않는 사람들이 2배 이상 더 심각하게 자살을 생각하는 것을 알 수 있었습니다.[12] 이처럼 '미안합니다'의 실천은 우울과 자살을 예방하는 강력한 힘이 있습니다.

❋ '미안합니다' 실천하기

이제 '미안합니다'의 중요성을 이해하셨나요? '미안합니다'의 단계를 정리해 보면 다음과 같습니다.[13]

1. 여러분의 인식 속에서 충분히 상대방의 상처를 알아야 합니다. 그 상처가 여러분과 상대방의 관계를 건강하지 않게 만듦을 알아야 합니다. 만약, 인정이 안 된다면 어쩔 수 없는 것입니다. 거짓으로 '미안합니다'를 말하기보다는 여러분이 그 감정을 품을 수 있을 때까지 조금 더 기다리는 것이 좋습니다. 필요하다면 다시 처음 '감사함'부터 되새겨 보세요. (회상하기)

2. 지금보다 나은 미래를 생각하며, 부정적 감정을 줄이고 변화에 대한 희망을 품고 상대에게 미안한 사실을 인정하는 것입니다. 내가 과거에 가지고 있는 짐이 상대방에게 미안하다고 말하는 것을 막고 있지는 않은지 살펴보고 Type B를 버리세요. (인정하기)

3. 미안한 것에 대해 진심으로 말할 수 있을지 결정하고 그것을 상대방에게 이야기해 주어야 합니다. (실현하기)

4. 다시는 이러한 잘못을 하지 않겠다고 다짐하고 실행합니다. 이것을 유지해야

상대방이 바라는 실제적 행동을 해 줄 수 있습니다. 여러분이 이해하고, 인정한 관점을 유지하는 것이지요. 이를 통해 여러분과 여러분 가족의 부정적 메모리 박스는 서서히 비워지고 가족관계가 더 좋아질 것입니다. (강화하기)

5. '미안합니다'의 힘을 경험하고 내가 기뻐지고 행복해지는 것을 느끼며 유사한 상황에서 다시 '미안합니다'를 하겠다는 의지를 갖추게 됩니다. (재충전하기)

이번 과제는 주님께 회개하며 나아감과 동시에 가족과의 관계를 변화시킬 수 있는 '미안합니다'를 진심으로 수행해 보는 것입니다. 앞서 '미안합니다'를 말하기 위한 단계에서 살펴본 것처럼, 그저 하나의 쇼로서 '미안합니다'를 말해서는 안 됩니다. 여러분 마음에 진심으로 미안한 마음이 생겨야 하지요. 단번에 그런 마음이 생기지 않을 수 있습니다. 조급해하지 말고 가족의 존재에 고마움부터 다시 떠올려 보고, 상대방의 처지에서 이해하려고 노력해 보세요. 여러분이 진심으로 준비가 되었을 때 '미안합니다'를 실천하는 것입니다. 진심으로 미안하다는 사과를 하고, 상대방의 반응은 어떠했는지, 그것을 보는 여러분의 마음은 어떠한지, 가족관계에는 어떤 변화가 있는지를 적어 보는 것, '미안합니다'의 힘을 실천해 보는 것이 이번 시간의 과제입니다.[14]

과제 1. '미안합니다'의 힘! : '미안합니다' 실천하기

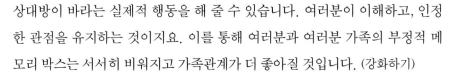

주님께 회개하며 나아가기		
회개 제목		
회개 후 나의 마음		
주님과의 관계 변화		
'미안합니다'의 힘!-가족		
어떤 사건	사과 여부	
사과 후 상대방의 반응		
상대방의 반응을 본 후 나의 마음		
가족 관계의 변화		

사례 8-1   남, 34세, 회사원

주님께 회개하며 나아가기	
회개 제목	회사 일이 바쁘다는 핑계로 예배를 제대로 드리지 못하고, 그로 인해 아내와 아이들까지 주일에 교회에 못 가게 됐음을 회개합니다.
회개 후 나의 마음	모두가 어려운 상황에서도 회사에 다닐 수 있도록 하신 것, 우리 가족을 주신 것에 새삼 감사함을 느꼈다.
주님과의 관계 변화	아직 부끄러운 마음이 많지만 앞으로 느낀 감사함으로 예배에 충실하며 주님과 더 가까워지고 싶어졌다.

사례 8-2   여, 22세, 대학생

주님께 회개하며 나아가기	
회개 제목	그동안 열심히 시험 준비를 하지 못한 나의 책임임에도 교회학교 교사 봉사로 공부 시간을 빼앗겨서라고 변명했던 모습을 회개합니다.
회개 후 나의 마음	하나님께서 주신 사명이라 생각하며 기쁜 마음으로 교회학교 교사 봉사를 시작하였는데, 어느새 의무감만 남았던 나의 모습을 돌아보며 다시 아이들과의 교제의 기쁨을 회복하여 삶에서 더 나은 크리스천이 되어야겠다고 다짐했다.
주님과의 관계 변화	시험을 미리 대비할 수 있도록 주중에 시간표를 짜서 공부하는 시간을 확보했다. 교회학교에 가서 아이들을 볼 때 더 사랑하는 마음을 가지게 되었고, 교회로 가는 발걸음이 더 가벼워졌다.

사례 8-3   여, 45세, 자영업

주님께 회개하며 나아가기	
회개 제목	친하게 지내고 있는 교회 집사님 사업이 잘되는 것을 시기 질투함
회개 후 나의 마음	나에게 주신 축복을 잃어버리고 살았던 것을 반성하고, 현재 삶에 더욱 만족해야겠다고 생각함
주님과의 관계 변화	내가 경영하고 있는 가게의 손님들에게 더 친절하고 감사해야겠다는 마음에 더 반갑게 손님을 맞이하고 있음. 기독교 방송 라디오를 들으며 시간이 될 때마다 기도하려고 노력함

사례 8-4 남, 28세, 회사원

주님께 회개하며 나아가기	
회개 제목	청년부 회장으로서 일이 계속 나에게만 몰린다고 불평하고, 교회 지체들에게 화를 냈던 것을 회개하고자 함
회개 후 나의 마음	눈물로서 무릎 꿇고 회개하니, 회사 일로 스트레스받았던 것을 교회에서 풀었던 나의 모습을 발견하고 너무나 부끄러웠음
주님과의 관계 변화	주님께서 나에게 주신 직분에 감사함과 사명감이 생겼고, 나의 모든 사역이 나의 나 됨이 아니라는 것을 매일 같이 다짐하며 주님과 더 가까워진 것 같은 느낌이 듦

사례 8-5 남, 40대, 자영업

'미안합니다'의 힘!-가족			
어떤 사건	아내는 내가 양말을 뒤집어 벗어 두는 것이 스트레스가 되어 힘들다고 이야기함	사과 여부	대수롭지 않은 일이라 생각했는데, 아내는 내가 양말을 뒤집어 벗어서 서운하다는 이야기를 꺼냈음. 나는 아내의 부탁을 만날 깜빡해서 미안하다고 하였음
사과 후 상대방의 반응	사과해 줘서 고맙고 다음부터 지켜보겠다고 함		
상대방의 반응을 본 후 나의 마음	지켜본다는 말에 조금 불편하긴 했으나, 좀 더 신경 써 봐야지 하는 생각이 듦		
가족관계의 변화	사과한 이후 양말을 벗을 때면 아내 생각이 나서 신경 쓰게 됨. 아내도 내가 신경 쓰는 모습을 보고는 고맙다고 함. 별일 아닌데 이런 걸로 부부 사이가 좋아질 수 있구나 싶음		

'미안합니다'의 힘!-가족			
어떤 사건	엄마가 처음에는 서운한 일이 없다고 하시더니, 내가 시험 기간에 바쁘다고 엄마 전화를 확 끊고 연락을 잘 안 했던 일이 서운했다고 말씀하심	사과 여부	엄마라 이해해 줄 수 있다고 생각했는데 한편으로는 서운하셨을 수도 있겠다 싶어 죄송하다고 말씀드림
사과 후 상대방의 반응	바쁜 거 이해한다며 몸 상하지 않게 늘 잘 챙겨 다니라고 해 주심		
상대방의 반응을 본 후 나의 마음	그간 엄마한테 투정만 부렸던 것 같아서 죄송한 마음이 더 크게 듦. 먼저 좀 더 연락드려야겠다고 생각하게 됨		
가족관계의 변화	엄마한테 조금 더 신경 쓰며 연락드렸더니 수다쟁이 엄마가 되심. 그동안 바쁘다고 엄마에게 소홀했다는 생각이 더 많이 들게 됨		

〈사례 8-1〉과 〈사례 8-2〉, 〈사례 8-4〉의 참여자는 주님이 주신 자신의 자리에서 주님께 충실하지 못했던 일들을 떠올리고 회개했습니다. 〈사례 8-3〉의 경우, 주님께서 주신 복이 많았음에도 시기 질투하였던 자신의 모습을 회개하였습니다. 회개를 통해 주님과의 관계만 깊어진 것이 아니라 일상의 소중함을 깨닫고 더 성실히 살아가는 변화의 모습을 보입니다. 가족 간의 '미안합니다'를 진행한 사례에서는 일상생활에서 발생할 수 있는 일들에 대해 그동안 쌓았던 '고맙습니다(T)'를 바탕으로 자신의 관점이 아닌 가족의 관점에서 보게 되면서 사건에 대한 이해가 달라지고 상대방을 진심으로 이해하게 되고 가족관계가 변화하는 모습들을 볼 수 있습니다. 〈사례 8-5〉에서는 '미안합니다'의 실천이 아내가 지속해서 이야기했던 습관을 고치는 계기가 되고, 사소한 문제 같아 보였던 이 사건이 해결되자 더 돈독해진 부부 사이를 발견하게 됩니다. 〈사례 8-6〉의 경우, 어머니의 처지에서 생각해 보니 딸이 바쁘다고 연락을 잘 안 하는 건 서운할 수 있겠다고 생각하며 '미안합니다'를 실천하였습니다. 상대방의 입장에서 왜 그랬는지 생각해 보면 진심으로 미안함을 느끼게 되고 이를 말과 행동으로 표현하게 되지요. 가족 각자가 자신의 입장이 아닌 상대방의 입장을 이해할 수 있게 됩니다. 이렇게 관점의 변화는 가족관계의 변화를

이끌기 때문에, '미안합니다'를 실천하는 것은 관계 안에서 가졌던 권력을 잃거나 상대에 대한 보상을 하는 것이 아닙니다. '미안합니다' 실천은 여러분 자신을 위한 일입니다.

사례 8-7 남, 40대, 자영업

'미안합니다'의 힘!-가족			
어떤 사건	잘못된 마음으로 아내 외 다른 여성과 한동안 사귄 적이 있다. 아내가 알게 됐고 반성하고 아내와 가정으로 돌아왔다. 그런데 어느 정도 시간이 지나도 계속 과거 사건을 거론하며 나를 괴롭혔다. 초기에는 계속 사과했지만, 요즘엔 계속 그만하라고 다툰다.	사과 여부	아내의 마음이 이해되지 않는다. 하지만 T를 하며 가정을 위해 헌신한 아내를 생각했다. 다시 미안하다고 했다.
사과 후 상대방의 반응	아직 아내는 나를 완전히 믿지 않는 것 같지만 그래도 T를 한 다음 S를 하는 나를 보며 조금 더 신뢰하는 것 같다.		
상대방의 반응을 본 후 나의 마음	고마운 사람에게 큰 상처구나 하고 생각했다. 아내를 더 이해하게 됐다.		
가족관계의 변화	가족이 더 편안해하는 것 같다. 이런 변화 가운데 내가 제일 좋은 것 같다.		

〈사례 8-7〉에서와 같이, 한때의 잘못을 자신이 사과했지만 상대방이 쉽게 받아들이지 않을 때도 있습니다. 그만큼 상처가 깊거나 때로는 이러한 실수를 반복했기 때문일 수 있지요. 앞서 논의했지만, 진심 어린 사과란 그 언행이 오랜 기간 지속되어야 합니다. 사과는 상대방의 관점을 이해하는 것이 중요하지요.

[그림 8-10]과 같이, 혹시 여러분이 미안하다고 말했는데 상대방이 같이 '미안하다'라거나 그래 "이제 다 용서해. 그리고 다시는 이것들 문제 삼지 않겠어."라는 반응을 보이지 않더라도 상처받지 않아야 한다는 것을 기억해야 합니다. 언젠가는 그 사람이 미안하다고 생각하거나 용서할 수 있겠지요. 하지만 상대방이 미안함과 용

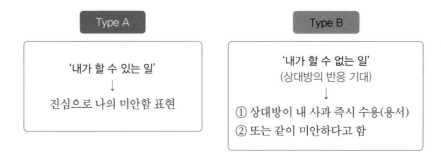

[그림 8-10] '미안합니다'실천에서의 Type A와 Type B

서를 느끼는 것은 여러분 능력 밖의 일입니다. 이것은 Type B이지요. 여러분이 할 수 있는 일은 미안하다고 말하는 것이며, 이것은 여러분을 위해서 상대방의 관점을 이해하고 사과하는 것입니다. 이것이 Type A이지요. 우리는 메모리 박스에서 부정적 감정이 증식하는 고리를 끊어야 합니다. 이것은 꾸준하고 지속적인 연습이 필요합니다. 여러분이 미안하다고 사과할 때 상대방이 같은 반응을 보이지 않더라도 상처받고, 메모리 박스에 부정적 메모리를 만들지는 마세요. 상대방도 여러분처럼 준비할 시간이 필요할 것입니다. 여러분의 변화에 따라 상대방도 변화할 것이고 이러한 작은 변화가 여러분의 가족관계를 변화시킬 것임을 잊지 마세요. 우리는 종종 문제를 해결하지 않고 미안하다고 말하는 것이 중요하냐고 생각하지만, 미안함을 표현하는 것이 중요합니다. 미안하다는 말 자체가 문제 해결의 시작이 된다는 점을 기억하세요.[6] 그리고 말한 것에 맞게 행동이 따라야 합니다.

오늘의 과제

기본과제 1. 주님께서 여러분에게 이번 주 주신 성경 말씀과 이를 통해 깨달은 점은 무엇입니까?

기본 과제 2. '고맙습니다' 실천하기

과제 1. '미안합니다'의 힘!: '미안합니다' 실천하기

이번 Practice는 우리의 죄를 인정하며 주님 앞에 회개하며 나아가는 것과 가족에게 '미안합니다'를 실천하는 것입니다. '고맙습니다(T)'를 통해 쌓은 에너지를 바탕으로 상대방의 처지에서 사건을 이해하고, 상대방이 상처받았다는 것을 인정하고, 여러분 마음속의 부정적 메모리 박스를 비움으로써 진심으로 사과할 수 있게 되는 것이지요. 여러분은 TSL의 실천을 통해 상대방의 존재에 늘 감사하고, 부정적 메모리 박스를 비움으로써 이번뿐 아니라 앞으로도 가족에게 사과할 일이 생기면 '미안합니다'를 실천할 수 있게 될 것입니다. TSL을 계속 실천하는 것이 바로 '미안합니다'를 강화하고 재충전하는 방법입니다.®

Chapter **9**

용서: 나를 위한 것 그리고 내가 할 수 있는 것

용서하는 것이 주님의 말씀이라는 것은 알지만, 그것을 실천하며 사는 것은 어려운 일입니다. 그러나 용서는 다른 사람을 위해서 하는 것이 아닌 나를 위한 일이기에 꼭 실천해야 합니다. 이번 Chapter 9에서는 용서로 가는 길에 대해서 알아보도록 하겠습니다.

❋ 고난: 은 30

우리는 살아가면서 여러 가지 어려운 일을 겪고, 그럴 때면 사람에게 실망하고 좌절하게 됩니다. 과거에 내가 받은 큰 상처는 잊기 어렵지요. 가령, 부모님과의 관계에서 어머니가 나에게 화를 냈던 일, 어릴 때 크게 혼나며 체벌을 받은 일, 부모님의 편애, 연애할 때 상대방의 부모님이 결혼을 반대했던 일 등은 세월이 지난 후에도 기억에 남습니다. 배우자와의 관계에서도 이와 마찬가지로, 일상에서 작은 거짓말을 하고 약속을 어겼던 일뿐만 아니라, 배우자가 나 외의 다른 사람에게 관심을 두었던 일은 두고두고 가슴 아픈 기억으로 남게 됩니다. 한편, 부모도 자녀에게 실망했던 일, 자녀가 거짓말했던 일, 공부하겠다던 자녀가 딴짓만 했던 일, 부모를 무시하는 언행을 일삼은 일 등을 생각하면 정말 속상합니다. 일상 속 이러한 일들은 큰 고난이라고 할 수 없지만, 우리 마음 깊은 곳에 상처로 남고 쉽게 잊히지 않는 기억입니다.

주님은 우리의 근심을 버릴 수 있는 요새이시고 반석이 되어 주십니다(시 94:22). 그래서 우리는 "내 속에 근심이 많을 때에 주의 위안이 내 영혼을 즐겁게 하시나이다"(시 94:19)라는 시인의 고백처럼 상처받을 때 주님을 찾게 됩니다. 하지만 주님을 찾아도 내 마음속 고난과 어려움이 쉽게 떠나지 않는 경험을 했을 겁니다. 이는 자신의 상처와 고난에 너무 몰입되어 살아가기 때문이지요. '나만큼 힘든 사람은 없을 것이다.' '이런 모욕은 참을 수 없다.' '이런 대접을 받는 것은 견딜 수 없다.'라고 생각하며 자신의 아픔에만 집중하게 되는 것이지요.

하지만 우리는 우리의 상처가 떠오를 때마다 예수 그리스도를 함께 떠올려야 합니다. 예수님은 하나님의 본체이시지만 보잘것없는 인간을 위해 이 땅에 오셔서 하나님의 사랑이 무엇인지 몸소 보여 주셨습니다. 그러한 주님에 대해 사람들은 눈을 가리고 때린 후 "선지자 노릇 하라 너를 친 자가 누구냐"(눅 22:64)라며 모욕했습니다. 또 사람들은 살인자 바라바를 풀어 주고 예수님을 십자가형에 처하라 외쳤지요. 십자가에 달리기 전에도 사람들은 예수님을 채찍질하고, 조롱하고, 침을 뱉고, 때리고, 희롱하였습니다(마 27:26-31). 예수님께서 십자가에 달려 숨을 거두신 후에도 로마 군인은 창으로 옆구리를 찔러 피와 물이 쏟아지게 하였지요(요 19:34). 이런 끔찍한 고통에 놓이게 된 이유는 예수님이 사랑하던 제자 하나가 예수님을 은 30에(마 26:15) 팔았기 때문입니다. 은 30은 그 당시에 노예 한 사람의 값입니다. 예수님을 노예의 가치로 보고 팔아넘겼다는 것은 굉장히 치욕적인 일입니다. 우리가 잘 알듯이 노예는 생명의 존엄성이 없고 인간으로 취급하지 않으므로 사람을 노예 취급해서는 안 됩니다. 노예의 목숨은 자신의 것이 아니기에 그에게 어떠한 일도 행할 수 있었습니다. 그래서 예수님은 당시의 노예보다 더한 최악의 대접을 받으셨던 것입니다. 받지 않아도 되는 모욕과 멸시를 받으면서 고난을 홀로 다 감당하셨던 것이지요. 이러한 예수님의 처참한 고난은 보잘것없는 우리를 위해 벌어진 것입니다. 우리의 죄를 용서해 주시기 위해 모든 고난을 감당하시고 죽으셨습니다.

이 값진 예수님의 고난을 우리 크리스천은 매일 떠올리고 묵상해야 하지요. 예수님이 처참하게 돌아가신 이유가 나의 죄를 대속하시기 위한 희생이었음을 기억해야 합니다. "그가 찔림은 우리의 허물 때문이요 그가 상함은 우리의 죄악 때문이라 그가 징계를 받으므로 우리는 평화를 누리고 그가 채찍을 맞으므로 우리는 나음을 받았도다… 우리 모두의 죄악을 그에게 담당시키셨도다"(사 53:5-6)의 말씀을 기억하여야 합니다. "하나님이 죄를 알지도 못하신 이를 우리를 대신하여 죄로 삼으신 것은 우리로 하여금 그 안에서 하나님의 의가 되게 하려 하심이라"(고후 5:21), "한 사람이 순종하지 아니함으로 많은 사람이 죄인 된 것 같이 한 사람이 순종하심으로 많은 사람이 의인이 되리라"(롬 5:19) 그리고 "예수께서 우리를 위하여 죽으사 우리로 하여금 깨어 있든지 자든지 자기와 함께 살게 하려 하셨느니라"(살전 5:10)의 말씀처럼 예수님의 고난받으심으로 우리는 죄 사함을 받고, 의인이라 칭함을 받았으며, 하나님의 자녀로 살아갈 수 있게 되었습니다. 우리는 예수님께서 우리의 죄를 위하여 죽으시고 다시 살아나신 이 사건을(고전 15:3-4) 진심으로 믿어야 합니다. 이 믿음이 곧 지혜입니다.

우리가 어려움을 겪을 때마다 예수님을 먼저 생각해야 하지요. 예수님은 이미 우리를 대신하여 더 큰 고난을 감당하셨고 죽음까지 이기심으로 우리에게 소망을 주셨습니다. 이것이 우리가 어려운 처지에 놓여 있을 때 예수님의 고난을 묵상해야 하는 이유입니다. 우리를 위하여 모든 고통을 감당하신 분이 예수 그리스도이십니다. 우리는 당장 죽는 일이 아님에도 조금이라도 우리 몸에 이상이 생기거나 가족의 건강이 나빠질 때면 노심초사합니다. 그런데 주님께서는 은 30에 팔려 노예만도 못한 취급을 당하고 죽임까지 당하셨지요. 그래서 우리가 진심으로 주님을 바라본다면, 우리 앞에 놓인 고통의 크기는 작아지고 가벼워지게 됩니다. [그림 9-1]과 같이, 우리 또는 우리의 자녀가 예수님처럼 은 30의 노예 값에 팔리며 모진 수난을 당한다면, 과연 그 고통을 견딜 수 있을까요? 주님께서 보여 주신 사랑의 크기가 얼마나 큰지, 그분이 대신 감당한 고통의 무게가 얼마나 무거운지, 부활하서서 죽음까지 이기신 영광이 얼마나 큰 기쁨인지를 돌아볼 때, 우리는 자신의 상처와 고통을 다루는 관점을 바꾸게 될 것입니다.

우리는 자신의 고통은 너무 크게 생각하면서 상대에게 주는 상처는 가볍게 여기는 경향이 있습니다. 하지만 우리가 상처받았다고 다른 사람에게 똑같이 행하면 안 됩니다. 예수님이 당하신 일이 너무나 끔찍하고 잔인한 일이라고 인정한다면, 우리

[그림 9-1] 우리의 죄를 용서받음

또한 다른 사람을 은 30의 노예 같은 취급을 해서는 안 되지요. 우리도 예수를 십자가에 못 박으라 외쳤던 잔인한 사람이 될 수도 있음을 기억해야 합니다. 내 안에 그런 악함이 존재하고 있음을 인정하고 경계해야 하지요.

또 한편, 여러분이 어려울 때 접근하여 예수님의 이름을 이용하여 자신의 사익을 구하며 다른 복음을 전하는 사람을 경계해야 합니다(갈 1:6-9). 이들은 처음에는 달콤할 수 있지만 궁극적으로 여러분을 더 고통스럽게 만듭니다.

주님을 믿는 크리스천은 때로는 예수님의 고난에 동참하게 됩니다. 주님을 따라 사는 삶은 넓은 길, 편한 길, 풍요로운 길만은 아니지요. 생명으로 인도하는 문은 좁고 길이 협착합니다(마 7:13-14). 그래서 주님을 따라 살기로 하였을 때, 살면서 얻는 고난도 삶의 일부로 받아들여야 합니다. 하지만 하나님께서는 사람에게 감당하지 못할 시험당함을 허락하지 아니하시고, 시험당할 즈음에 또한 피할 길을 내사 능히 감당하게 하시는 분이십니다(고전 10:13). 우리가 어렵고 힘들 때, 상처받았을 때, 고난 가운데 있을 때, 우리를 용서하고 사랑하신 예수님을 찾고 고난을 묵상해야 하는 이유입니다.

부활: 소망

예수님께서 고난받아 죽으심으로만 끝났다면, 우리는 고난의 길에서 믿음으로 극복할 수 있다는 확신을 갖기 어려울 것입니다. 우리가 굳건한 믿음을 지킬 수 있는 것은 예수님께서 죽으신 이후 부활하셨기 때문입니다. 예수님께서 다시 살아나셨기 때문에 직면한 고난을 묵묵히 감당할 수 있는 것입니다. "만일 우리가 그의 죽으심과 같은 모양으로 연합한 자가 되었으면 또한 그의 부활과 같은 모양으로 연합한 자도 되리라"(롬 6:5)라고 하신 것처럼, 우리 또한 주님과 같이 부활한 모습으로 다시 살아났습니다. "만일 우리가 그리스도와 함께 죽었으면 또한 그와 함께 살 줄을 믿노니, 이는 그리스도께서 죽은 자 가운데서 살아나셨으매 다시 죽지 아니하시고 사망이 다시 그를 주장하지 못할 줄을 앎이로라 그가 죽으심은 죄에 대하여 단번에 죽으심이요 그가 살아 계심은 하나님께 대하여 살아 계심이니 이와 같이 너희도 너희 자신을 죄에 대하여는 죽은 자요 그리스도 예수 안에서 하나님께 대하여는 살아 있는 자로 여길지어다"(롬 6:8-11)라고 말씀하십니다. 주님께서 부활하셨기 때문에 더는 죽음이 우리를 지배하지 못합니다. 예수님을 믿는 믿음은 우리의 죄가 주님의 죽으심으로 인해 씻기고 깨끗해지는 것을 믿는 것입니다. 죄의 대가는 죽음이지만, 하나님의 선물은 우리 주 예수 그리스도 안에 있는 영생입니다(롬 6:23). 우리는 예수님 안에서 영원한 생명을 얻었습니다. 부활한 예수님으로 인해 새로운 소망이 생기는 것이지요. 우리가 만약 그리스도 안에서 이 세상의 삶만을 바란다면 모든 사람 가운데 더 불쌍한 사람이 됩니다(고전 15:19). 우리는 예수님의 마지막 만찬을 떠올리며 주님이 다시 오실 때까지 떡을 떼고 잔을 마실 때마다 주님의 죽으심을 전하고 그의 삶을 따라 살아가야 합니다(고전 11:26).

예수님께서 십자가 고난을 받으신 것은 고난으로 그치지 않고 하나님의 용서하심을 우리에게 선물로 주시기 위함이었습니다. 고난은 아무 의미 없는 사건이 아닙니다. 고난 안에는 용서가 있고, 영원한 삶이 있고, 크리스천의 지혜가 있습니다. "십자가의 도가 멸망하는 자들에게는 미련한 것이지요. 구원을 받는 우리에게는 하나님의 능력이라"(고전 1:18)라는 말씀처럼, 우리에게는 부활의 소망이 있으므로 십자가 사건은 하나님의 능력으로 작용합니다. 죽음 이후 부활에 대한 소망이 없다면 세상 사람들처럼 슬퍼만 하겠지요(살전 4:13). 주님의 자녀는 모두 예수님 안에서 다시 깨어나고 영원히 살 것이라 약속해 주셨습니다. 예수님의 부활은 구약에서도 예정되어 있었던 일이지요(사 53:10). 우리는 낮에 속하였으니 정신을 차리고 믿음과 사랑의 호심경을 붙이고 구원의 소망의 투구(살전 5:8)를 쓰고 살아가야 합니다. 이는 우리가 예수님을 다시 만날 때까지 주께서 우리를 구원하셨다는 믿음을 가지고 소망의 투구를 쓰고 열심히 살아가야 한다는 것이지요.

그래서 우리는 주님의 고난에 동참할 수 있습니다. 징계가 당시에는 즐거워 보이지 않고 슬퍼 보이나 후에 그로 말미암아 연단받은 자들은 의와 평강의 열매를 맺게 됩니다(히 12:11). 우리는 고난받는 이들과 함께 기도할 수 있고, 즐거워하는 자와 함께 찬송할 수 있습니다(약 5:13). 우리가 믿음을 갖고 하는 기도는 병든 자를 구원하는 능력(약 5:15-16)을 갖추고 있으므로 고난 가운데 있는 이를 위해 기도할 수 있지요.

하나님을 사랑한 유다 왕 히스기야가 심한 병에 걸려 거의 죽게 되었을 때 히스기야는 하나님께 기도를 드립니다(왕하 20:1-6). "여호와여 구하오니 내가 진실과 진심으로 주 앞에 행하며 주께서 보시기에 선하게 행한 것을 기억하옵소서." 그 기도에 주님께서는 "내가 네 기도를 들었고 네 눈물을 보았노라 내가 너를 낫게 하리니"라고 응답하여 주십니다. 히스기야의 사건을 통해 우리는 어려운 일이나 불가능한 일에서도 하나님의 은혜를 입을 수 있음을 배웁니다. 그런데 이러한 은혜를 입을 수 있는 자들은 자기반성과 성찰로 준비된 자들입니다. 다윗은 밧세바 사건과 관련하여서는 하나님과 사람 모두의 앞에서 간음한 자요, 청부살인을 행한 범죄자입니다. 그런 그가 선지자 나단의 경고를 듣고 "내가 여호와께 죄를 범하였노라."라고 하나님께 철저하게 회개하고 용서를 구하자, 하나님께서 용서해 주십니다(삼하 12:13-14). 하나님께서는 외면하지 않으시고 용서의 은혜를 주시는 분이십니다. 죄를 지었더라도 주님께 간구하면 누구든 용서를 받을 수 있습니다.

또한 우리가 진리를 떠나 헤매고 있는 사람을 잘못된 길에서 다시 돌아오게 한다면, 죄인의 영혼을 사망에서 구원한 것이기에 우리의 죄도 용서받게 됩니다(약 5:19-20). 우리는 다른 사람을 용서하는 것으로 믿는 자의 삶이 무엇인지 보여 줄 수 있습니다. 용서하는 모습을 통해 사람이 옳은 길로 돌아오게 되고, 더 많은 사람을 구원받게 할 수 있는 것이지요. 우리는 부활의 소망을 가졌고, 주님께 용서받은 자이기에 주님께 기도할 수 있습니다. 기도한다는 것은 주님 앞에 나의 잘못을 회개하는 것입니다. 또한 하나님께 용서받는 것은 내가 잘해서 용서받는 것이 아님을 기억해야 합니다. 우리는 용서받을 수 없는 죄를 지었으나 주님께서 값없이 용서해 주시는 것입니다. 우리가 죄 사함을 받고 주님의 자녀가 되었기 때문에 그리스도의 소망의 투구를 쓰고 영생에 대한 희망을 품고 주님의 말씀인 용서를 실천하는 힘을 얻게

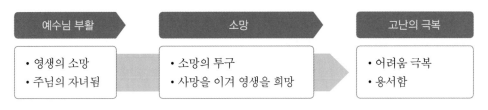

[그림 9-2] 소망: 예수님 부활

됩니다. [그림 9-2]와 같이, 주님의 자녀가 되었기 때문에 부활하신 예수님을 통해 죄를 용서받고 영생을 얻게 되는 것이지요.

우리는 주기도문을 통해 "우리가 우리에게 죄 지은 자를 사하여 준 것 같이 우리 죄를 사하여 주시옵소서."라고 매일 기도합니다. 용서하시는 하나님의 은혜를 아는 우리는 대속하신 예수님의 사랑을 믿기에 다른 사람을 용서할 수 있습니다. 그러함에도 앞서 본 것과 같이 매일 실린더에 화와 분노를 쌓으면서 살고 있습니다. 바로 이러한 화와 분노의 실린더를 비우는 것이 용서입니다. 우리의 메모리 박스에 저장된 '상처'를 방치한다면 '끝나지 않는 사건'으로 계속 커져 갑니다. 이 모든 것을 끝내기 위해서 상대방을 반드시 '용서'해야 합니다.

바울은 자신이 죄인과 같이 매이는 데까지 고난을 받았으나 하나님의 말씀은 매이지 않는다고 이야기합니다. 바울이 고난을 참을 수 있었던 것은 하나님께서 택하여 주신 사람들도 그리스도 예수 안에 있는 구원을 영원한 영광과 함께 받게 하

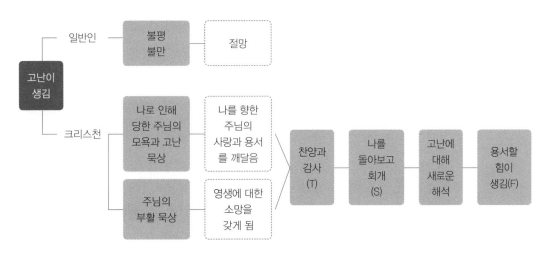

[그림 9-3] 용서할 수 있게 하는 힘: 주님의 고난과 부활

기 위함이었습니다(딤후 2:9-10). [그림 9-3]과 같이, 우리가 고난에 처했을 때 불평하며 절망하는 것이 아니라 먼저 나의 죄로 인해 고통받으신 주님을 생각해야 합니다. 그러면 우리를 향한 주님의 크신 사랑과 용서하심을 깨닫게 됩니다. 또한 주님의 부활을 믿으면 현재 상황에 매몰되지 않고 영원한 생명에 대한 소망을 갖게 되지요. 주님의 고난과 부활을 통해 우리가 누린 은혜가 큼을 고백할 때 우리는 주님을 찬양하고 감사를 고백하게 됩니다(T). 그리고 나의 죄를 돌아보고 나의 연약함과 부족함, 모자람을 주님 앞에 고백하며 회개하게 되지요(S). 이때 우리는 우리가 당한 고난을 새롭게 해석하고 고난을 극복할 힘을 갖게 됩니다. 이제 주님의 말씀을 따라 주님을 기쁘시게 하는 일을 선택하기로 결단하며 나에게 상처 준 사람들, 나를 힘들게 한 사람들을 용서할 수 있게 됩니다. 이것이 용서할 수 있게 하는 힘입니다.

❈ 은혜의 해 '용서' Type A: 내가 할 수 있는 일

크리스천은 어떠한 어려움 속에서도 믿음을 지켜야 합니다. 어려움에 놓였을 때 내 죄를 대속하신 예수님을 바라보면 고난이 지난 후 더 강해질 것이라는 믿음과 소망이 생기고 감사(T)가 많아지면서 타인을 용서할 수 있게 되지요.

이번 '용서합니다'에서는 나의 고난과 어려움만 생각하는 것이 아니라 믿음을 갖고 자신을 돌아보는 것이 중요합니다. 내가 얼마나 많은 은혜를 받은 사람인지 생각해 보면 감사하게 됩니다. 또 주님 앞에 죄를 많이 지었음을 떠올리게 되면 회개하게 되고 용서받음에 다시 감사가 생기게 되지요. 용서를 많이 받았기 때문에 감사가

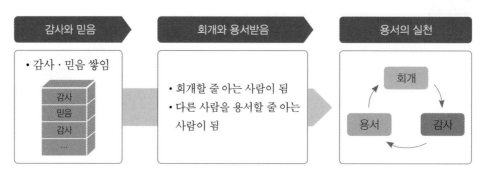

[그림 9-4] 용서의 실천

생기고 다시 용서할 힘을 얻게 됩니다. 하나님께서는 주님 앞에서 회개하고, 이웃을 용서하는 사람을 통해 믿지 않는 이들이 하나님께 돌아오는 역사를 만드십니다.

[그림 9-4]와 같이, 감사와 믿음이 쌓이고 회개할 줄 아는 사람이 다른 사람도 용서할 수 있습니다. 하나님께 용서를 많이 받았다는 것을 깨달으면 감사가 솟구쳐 올라오고, 그 기쁨에 힘입어 다른 사람을 용서할 수 있게 되는 것이지요.

우리는 날마다 나의 짐을 지시는 주님이 계시기에 구원이신 하나님을 찬송하게 됩니다(시 68:19). 주님께서 염소와 송아지의 피가 아닌 주님의 피로 영원한 속죄를 이루사 우리에게 하나님을 섬길 수 있게(히 9:12-14) 하셨습니다. 우리의 죄를 생각할 때 암담해지지만 그 큰 죄를 주님께서 용서하여 주시고 자녀로 삼아 주셨다는 것을 기억할 때면 감사와 찬양을 드리지 않을 수 없지요. 주님은 압제당하는 자의 요새이시오, 환난 때의 요새이시며(시 9:9), 우리의 반석이시며 방패이시고, 구원의 뿔이시오, 산성이시며, 나를 건지시는 이십니다(시 18:2). 우리의 산 소망이 되는 주님이 계시기에 우리는 감사와 찬양을 할 수 있지요.

감사와 찬양의 힘으로 우리는 고난을 이기고 용서까지 실천하게 됩니다. 바울과 실라가 옥에 갇혔을 때 한밤중에 기도하고 하나님을 찬송하였습니다. 이에 갑자기 큰 지진이 나서 감옥의 터전이 움직이고 문이 다 열리며 모든 사람의 매인 것이 다 벗어졌지요. 간수는 놀랐고 두려웠습니다. 그는 "선생님들이여 내가 어떻게 하여야 구원을 받으리까"라고 묻습니다. 그때 바울은 "주 예수를 믿으라 그리하면 너와 네 집이 구원을 받으리라" 하며 그 가족에게 세례까지 베풀고, 다음날 상관의 지시로 풀려나게 됩니다(행 16:22-40). 바울과 실라가 자신들의 고난에 좌절하고 슬퍼하기만 하였다면 구원의 역사는 일어나지 못하였을 것입니다. 또 간수를 배타적으로 생각하지 않고 용서하며 복음을 전했을 때 그 가족 모두가 구원받는 놀라운 역사가 일어났지요. 하나님은 모든 사람이 구원을 받으며 진리를 아는 데에 이르기를 원하십니다(딤전 2:4). 내가 미워하는 자도 주님의 귀한 자녀이기 때문에 언제나 돌아오길 원하시며 기다리고 계심을 기억해야 합니다. 우리는 그를 위해 기도하며 그가 구원받을 수 있도록 노력해야 합니다. "죄인 한 사람이 회개하면 하늘에서는 회개할 것 없는 의인 아흔아홉으로 말미암아 기뻐하는 것보다 더하리라"(눅 15:7)라는 말씀을 기억하고, 죄인을 용서하고 사랑으로 품도록 노력해야 합니다. 주기도문에서처럼 우리가 우리에게 죄지은 사람을 용서하여 주는 것은 우리가 실천할 수 있는 Type A

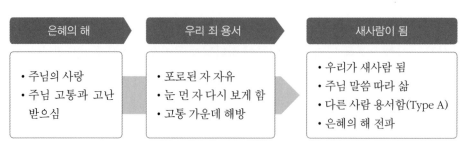

[그림 9-5] 은혜의 해: 용서

의 문제입니다.

예수님께서는 회당에서 "주의 성령이 내게 임하셨으니 이는 가난한 자에게 복음을 전하게 하시려고 내게 기름을 부으시고 나를 보내사 포로 된 자에게 자유를, 눈면 자에게 다시 보게 함을 전파하며 눌린 자를 자유롭게 하고 주의 은혜의 해를 전파하게 하려 하심이라"(눅 4:18)라고 선포하셨습니다. 주님은 이 땅에서 이 선포의 말씀을 이루셨고, 오늘 우리도 은혜의 해(the year of the Lord's favor)를 누리게 되었습니다. 주님께서는 포로 된 자를 자유롭게 하고, 고통 가운데 있는 자들을 해방시켜 자유인이 되게 하셨지요. [그림 9-5]에서 알 수 있듯이, 우리는 주님이 우리를 얼마나 사랑하셔서 그 큰 고난까지도 묵묵히 감당하시며 죄와 사망의 권세를 이기시고 우리를 새사람이 되게 하셨는지 배웠습니다. 우리는 받은 사랑에 감사하며 우리도 주님을 따라 사랑을 실천하여 다른 사람을 용서해 주어야 합니다. 용서는 나에게 좋은 것, 나를 위한 일임을 꼭 기억하고 실천해야 합니다.

주님께서는 우리에게 끝도 없이 용서해야 한다고 말씀하십니다. 베드로가 예수님께 "주여 형제가 내게 죄를 범하면 몇 번이나 용서하여 주리이까 일곱 번까지 하오리이까"라고 묻습니다. 베드로는 일곱 번도 많다고 생각하여 그렇게 물었을 것입니다. 그런데 예수님께서는 "일곱 번뿐 아니라 일곱 번을 일흔 번까지라도 할지니라"(마 18:21-22)라고 말씀하시지요. 이는 끝없이 용서하라는 말씀입니다.

부부 사이에서 남편이 일찍 온다고 약속하고는 늦게 오기를 반복하면서 말로는 미안하다고 합니다. 이럴 때 왜 약속을 안 지키느냐고 화낼 것이 아니라 미안하다고 말하는 남편을 끝까지 용서해야 하지요. 자녀가 게임을 하면서 이번 판까지만 하겠다고 말만 할 뿐 공부커녕 밥도 안 먹고 쉬지 않고 게임을 계속합니다. 컴퓨터를 버리고 싶은 심정일지라도 주님께서는 용서하라고 하시는 거지요. 아내가 이거 하나만 사면 끝이라고 이야기하면서 계속 쇼핑하면서 미안하다고 합니다. 이럴 때 미안하다는 아내를 용서해야 하는 거지요. 우리는 가족의 부족하고 연약한 부분에 대하여 채워지기를 바라는 마음으로 훈계하며 옳은 길로 인도할 수는 있지만, 그 일로 가족을 미워하면 안 됩니다. 오히려 가족을 용서해야 하지요. 우리가 할 수 있는 것은 옳은 길을 알려 주고 인도하는 것까지이고 그 사람이 바뀌는 것은 그 사람의 몫이기 때문에 우리는 다만 용서할 뿐입니다. 저주하고 비판하며, "너! 사람이면 말을 알아들어야지! 언제까지 이럴 거야!" 하고 싸워서는 안 됩니다. 분노와 화가 아닌 용서하기 위한 인내가 필요합니다. 이런 일은 모두에게 쉽지 않지만, 크리스천이라면 주님을 닮아 가는 길이 곧 회개하고 용서하는 것임을 기억하고 실천하려고 노력해야 합니다. 주님께서는 분을 쉽게 내는 자는 다툼을 일으켜도, 노하기를 더디 하는 자는 시비를 그치게 한다고 하셨고(잠 15:18), 분을 내어도 죄를 짓지 말며 해가 지도록 분을 품지 말고 마귀에게 틈을 주지 말라고(엡 4:26-27) 말씀하고 계십니다. 분이 나더라도 화를 오래 내지 말고 TSL을 실천해야 합니다.

사람들이 예수님을 시험하고자 간음하다가 잡힌 여자를 끌고 와 율법에서는 돌로 치라 명하였는데 어떻게 해야 할지 예수님께 묻습니다. 그때 예수님께서 "너희 중에 죄 없는 자가 먼저 돌로 치라"(요 8:7)라고 말씀하시자 사람들이 양심에 가책을 느껴 하나씩 그 자리를 떠났습니다. 이 말씀에서 보이듯, 사람 중에 죄를 짓지 않은 사람은 아무도 없습니다. 그 후 예수님께서는 여인에게 "나도 너를 정죄하지 아니하노니 가서 다시는 죄를 범하지 말라"(요 8:11)라고 말씀하시지요. 그 여인이 죄를 더 이상 짓지 않았는지 또 지었는지 우리는 알 수 없습니다. 그건 그 사람의 몫이지요. 우리가 할 수 있는 일은 비판하고 저주하면서 화내는 것이 아니라, 이것만 바뀌면 행복할 거라 불평하는 것이 아니라, 옳은 길을 권하고 용서하는 것입니다.

우리는 주님께서 용서해 주심으로써 은혜의 해를 살게 되었음에도 정작 은혜를 누리지 못하고 살아갑니다. 우리는 "모든 악독과 노함과 분냄과 떠드는 것과 비방하는 것을 모든 악의와 함께 버리고 서로 친절하게 하며 불쌍히 여기며 서로 용서하기를 하나님이 그리스도 안에서 너희를 용서하심과 같이 하라"(엡 4:31-32)라는 말씀을 실천해야 합니다. 용서를 실천하는 것은 나를 행복하게 하는 일입니다. 서로 시비와 원망을 줄이면 삶이 행복해집니다. 보통 내가 상대에게 화내는 것은 정당하다고 생각합니다. "모든 일에 원망과 시비가 없이 하라"(빌 2:14)라는 말씀처럼, 불평이나 다툼으로 하지 말고 따뜻함과 친절함으로 사람들을 대하는 힘은 우리가 받은 은혜가 많다는 걸 인정하고 깨달을 때 커집니다.

빛 가운데 있다고 하면서 형제를 미워하는 자는 어둠에 있는 자입니다. 형제를 사랑하는 자는 빛 가운데 거하여 자기 속에 거리낌이 없으나, 형제를 미워하는 자는 어둠에 있고 또 어둠에 행하며 갈 곳을 알지 못하나니 이는 그 어둠이 우리의 눈을 멀게 하였기 때문입니다(요일 2:7-11). 사람을 미워하는 것은 죄입니다. "형제를 미워하는 자마다 살인하는 자니 살인하는 자마다 영생이 그 속에 거하지 아니하는 것이라"(요일 3:15)라고 말씀하십니다. 비방하고 사람들을 미워하는 것은 죄이며, 사탄이 좋아할 일입니다. 하나님을 떠나는 일이기도 하지요. 그래서 우리는 용서를 해야 합니다. 용서하는 것은 다른 누군가를 위함이 아니라 나를 위하는 일입니다.

솔로몬이 왕이 된 후 하나님께 구한 것은 하나님의 뜻에 부합하는 '주의 백성을 재판하여 선악을 분별하게 하는 듣는 마음'이었습니다. 이에 하나님께서는 그의 마음을 흡족해하시고 지혜와 총명을 주셨습니다(왕상 3:9-12). 이처럼 하나님의 뜻대로 구하면 하나님께서는 사랑하는 우리에게 무엇이든지 주시는 분이십니다. 우리는 형제를 용서하는 힘도 주님께 구해야 합니다. 누구든지 형제가 사망에 이르지 아니하는 죄를 범하는 것을 보거든 하나님께 간구해야 합니다. 그러면 하나님께서 그에게 생명을 주실 것이라고 약속하셨습니다(요일 5:16). 여기서 사망에 이르는 죄는 그리스도 외에 다른 것을 전하는 자, 복음이 아닌 거짓을 전하는 자, 영원히 하나님을 부정하는 자들입니다. 주님께서도 더럽혀진 성전을 보시고 화를 내셨습니다(마 21:12-13). 하나님을 욕되게 하는 일 외에는 다 용서하셨음을 기억해야 합니다. 우리가 이들을 위해 할 수 있는 일은 기도하는 것뿐입니다.

❋ 용서받는 상대방의 태도 Type B: 내가 알 수 없는 일

가족 중에 주님을 모르고 믿지 않는 사람이 있다면, 그를 버리는 것이 아니라 우리의 선한 행실로 말미암아 주님을 알고 믿을 수 있도록 도와야 합니다. 이혼하거나 멀리하는 것이 아니라 하나님께 돌아올 수 있도록 오래 인내하며 기다려야 합니다. 징계가 당시에는 즐거워 보이지 않고 슬퍼 보이나 후에 그로 말미암아 연단을 받은 자들은 의와 평강의 열매를 맺게 됩니다(히 12:11). 믿지 않는 가족이 주님께 돌아오길 기다리는 것 그리고 크리스천이 박해를 당하는 것은 무척 힘든 일입니다. 이것은 결코 쉬운 일이 아닙니다. 어려운 일이지만 그만큼 하나님을 기쁘시게 하는 일일 것입니다. 그가 돌아오길 기다리고 실제로 돌아올 때 사랑하고 축복하는 것이 우리가 할 수 있는 일인 것입니다. 그 사람이 주님을 만나는 것은 나의 몫이 아닌 내가 할 수 없는 Type B의 일입니다. 내가 할 수 있는 일은 그를 사랑하고 용서하고 기다리는 것이지요.

탕자의 비유를 살펴보면, 부유한 아버지와 아들 둘이 살고 있었습니다. 둘째 아들이 아버지에게 재산 상속을 빨리 해 달라고 하여 아버지의 재산을 들고 세상으로 나갑니다(눅 15:11-13). 둘째 아들은 방탕한 생활로 재산을 다 탕진하고 허송세월한 다음 끝내는 자신이 돌아갈 곳이 아버지 집밖에 없음을 깨닫고 종이라도 되겠다는 심정으로 아버지 집으로 돌아옵니다(눅 15:14-19). 아버지는 그런 아들을 용서하고 큰 잔치를 베풀어 줍니다(눅 15:20-24). 결국 회개하고 돌아온 이를 용서하고 품어 준 것이지요. 이것이 Type A입니다. [그림 9-6]에서 볼 수 있듯이, Type A는 우리가 할 수 있는 일을 의미하지요. 우리는 살면서 가족에게 실망하고 낙담할 때가 있습니다. 가령, 자녀가 시험에 낙방했을 때 우리는 화를 내거나 우울해할 수 있겠지요. 하지만 이는 주님이 주신 은혜를 저버리는 행동입니다. 사도 바울이 고린도 교회에 보낸 서신서에서 마음 아프게 한 자가 있다면 그는 어느 정도 모두를 마음 아프게 하였기 때문에 많은 사람이 이미 충분한 벌을 그 사람에게 주었을 것이기에 도리어 그를 용서해주고, 위로해 주어야 한다고(고후 2:5-7) 말합니다. 나에게 고통을 준 사람이 있다 할 때, 그 사람이 어떤 벌을 받았는지, 어떤 벌을 받을지는 우리는 알지 못합니다. 우리의 역할은 다만 그를 용서하고 위로하는 것입니다. 사실 용서는 사랑 실천의 모습입니다. 돌아온 탕자인 둘째 아들을 보며 아버지는 그가 낙담한 것으로 이미 고통받았다고 생각하였고 그를 용서하였습니다. 그의 아픔을 이해하고 위로하며 용서하는 것으로 사랑을 실천한 것입니다.

성경에는 자기 종들과 셈을 가리려는 왕의 이야기가 나옵니다(마 18:23-35). 왕이 셈을 가리기 시작하니, 만 달란트 빚진 종 하나가 왕 앞에 끌려옵니다. 그 종이 빚 갚을 능력이 없어 왕에게 무릎 꿇고 빌자, 주인은 그 종을 가엾게 여겨서 놓아주고 빚을 없애 줍니다. 그러나 그 종은 나가서 자기에게 백 데나리온 빚진 동료를 만

[그림 9-6] 용서: Type A와 Type B

나자 빚을 갚으라 하며 동료를 감옥에 집어넣고 괴롭힙니다. 한 달란트는 노동자의 15년 품삯에 해당하며, 한 데나리온은 노동자의 하루 품삯에 해당합니다. 이는 백억 원 빚을 탕감받은 노동자가 백 원 빚진 노동자를 감옥에 처넣은 상황과도 같지요. 다른 종들이 이 광경을 보고 왕에게 그 일을 일러 그 종은 다시 왕에게 끌려옵니다. 그리고 왕은 종에게 "내가 너를 불쌍히 여김과 같이, 너도 네 동료를 불쌍히 여김이 마땅하지 아니하냐?"라고 이야기합니다. 예수님께서는 너희가 각각 진심으로 자기 형제자매를 용서해 주지 않으면, 나의 하늘 아버지께서도 너희에게 그처럼 하실 것이라 말씀하십니다(마 18:35). 자기의 이익을 생각하면서 용서하지 못하는 자는 크리스천의 모습을 갖지 못한 것입니다. 우리는 화를 내는 데는 다 이유가 있고, 용서하지 못하는 것에는 합당한 이유가 있다고 얘기합니다. 하지만 크리스천은 만 달란트 빚 탕감을 받은 예화와 같이 우리가 먼저 주님으로부터 빚 탕감을 받았다면 우리도 빚 탕감을 실천해야 합니다. 설령 나에게 잘못한 사람이 용서를 구하지 않았더라도 우리가 먼저 용서할 준비가 되어있어야 하지요. 우리가 나를 근심하게 만든 자를 용서하는 것은 Type A이고, 이는 나를 위한 것임을 명심해야 합니다. [그림 9-6]에서 볼 수 있듯이, Type A는 내가 용서하는 것으로서 이것은 나의 몫이고, Type B는 상대방이 주님을 만나는 것 그리고 행복해하는 것은 그 사람의 몫입니다.

❄ 더 이상 중요하지 않아: 사람이 소중함

우리는 살아가면서 중요하게 여기는 일들이 생깁니다. 우리의 생각과 의견이 너무 중요해서 우리 의견이 무시당했을 때 무시당한 사건이 상처가 됩니다. 하지만 성

'사람'이 중요 → 용서	'사건' 더 이상 중요하지 않아
• 사랑하는 가족의 존재에 감사 • 주님이 우리를 선택하심(주님의 자녀 됨) • 사랑하는 이웃	• 부정적 사건이 더 이상 내 삶에 중요하지 않음 • 원망의 정당성이 사라짐 • 화를 오래 갖고 가지 않고 용서함

[그림 9-7] 더 이상 중요하지 않은 사건

경에서는 분노, 화, 슬픔을 쌓지 말라고 이야기하고 있습니다. 그런 사건들을 더 이상 중요하지 않다고 버리는 것이 용서입니다. 우리에게 중요한 것은 나 자신뿐만 아니라 나를 존재하게 하는 내 주위의 소중한 사람들입니다. 주님 말씀 외에는 사람보다 더 중요한 것은 없습니다. 사람을 버릴 만큼 용서하지 못할 죄는 없습니다. 그러므로 [그림 9-7]에서와 같이, 우리에게 생긴 갈등을 중요하게 여기지 않고 버릴 수 있는 여유를 가져야 합니다. 가족이 소중한 사람이라고 인정한다면 그 사람과 거리를 멀리하게 하는 사건들은 한편으로는 중요하지 않은 일입니다. 중요하지 않은 일로 분을 내고 화를 내는 것은 어리석은 자입니다. 내 주위의 있는 사람들이 존재하는 것이 감사하고 소중하므로 용서하고 화해할 수 있는 것입니다.

하나님이 우리를 택하신 것은 벌하기 위함이 아니라 오직 우리 주 예수 그리스도로 말미암아 구원을 받게 하려 하심입니다(살전 5:9). 우리에게는 주님이 나를 사랑하시고 용서하셨다는 믿음과 소망이 있습니다. 그래서 사람들 간의 갈등은 우리에게 중요하지 않은 일로 여길 수 있는 여유가 있는 것이지요. 사랑하는 가족은 우리의 인생의 동반자로 보내 주신 하나님의 선물입니다. 소중한 존재들과 함께 보내는 이 시간이 우리에게는 중요한 것이지요. 때때로 우리를 아프게 하거나 슬프게 하는 사건들은 시간이 지나 돌이켜 보면 중요하지 않은 사건이었음을 많이 경험하였을 것입니다. 우리를 사랑해 주시는 주님이 계시기에, 부활의 소망이 있기에 우리는 더욱 용기를 갖고 중요하지 않은 일로 분을 내거나 힘들어하지 않고 용서하며 살아갈 수 있습니다. 주님께서는 "그리스도 안에 있으면 새로운 피조물이라 이전 것은 지나갔으니 보라 새 것이 되었도다"(고후 5:17)라고 말씀하시며 우리를 새 사람이라 일컬어 주십니다. 우리는 날마다 새로운 사람이 되어 하나님의 말씀을 실천하고 살아야 합니다. 여러분도 가족이 약속을 어기고 집에 늦게 온 일, 부모님이 다른 형제자

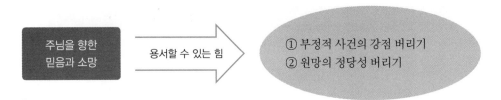

[그림 9-8] 용서할 수 있는 힘

매만 더 사랑한다고 느껴지는 일, 자녀의 성적이 좋지 못한 것 등의 일들이 사랑하는 사람을 비방하며 슬프게 할 만큼 중요한 일이 아니라는 것을 아실 것입니다. 우리가 받은 사랑을 실천하는 것, 용서를 실천하는 것이 우리에게 주어진 은혜의 해를 누리는 길입니다. 우리는 사랑하는 사람들, 소중한 존재들과 비방하고 다투며 살 필요가 없습니다.

우리는 모두 하나님의 자녀입니다. 내 배우자, 자녀 그리고 이웃들도 모두 하나님의 자녀입니다. 그래서 주님께서는 모든 일에 원망과 시비가 없게 하라고(빌 2:14) 말씀하셨습니다. 불평과 불만이 아니라 용서함으로 주님의 말씀을 실천해야 합니다. 우리가 경험한 부정적 사실들은 기억에서 지울 수는 없습니다. 그러나 그것으로 생긴 부정적 감정이나 분노, 화 등을 오래 가져가지 말아야 하지요. 우리 안에 중요하지 않은 일로 쌓여 있는 부정적 감정 쓰레기들을 버리고, 원망과 원망의 정당성을 버리는 일이 용서입니다. [그림 9-8]과 같이, 우리에게 주신 주님을 향한 믿음과 소망이 '용서할 수 있는 힘'이 됩니다. 용서는 사랑 실천의 첫걸음입니다.

❋ 용서가 안 되는 이유: 지나친 기대

많은 사람은 자신의 지나친 기대를 정당한 것으로 여깁니다. 대부분 그것을 욕심이라고 생각하지 않지요. 욕심은 소망과 다릅니다. 소망은 선한 일을 바라며 그것이 이루어지도록 열심을 내는 것인 데 비해, 욕심은 나의 사욕만을 챙기려고 하는 것입니다. 그러므로 이 욕심에는 주님이 없습니다. 사람은 대개 자신의 욕심과 바람이 이루어지지 않았을 때 괴로워하고 좌절하게 됩니다. 엄밀히 말하면, 자기가 열심히 일하지도 않고, 부당하게 많이 얻으려고 하는 것일 수도 있는 데 말입니다. 우

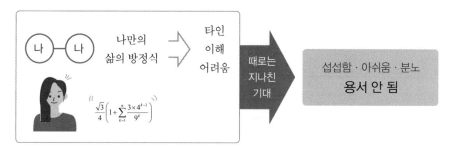

[그림 9-9] 용서가 안 되는 이유

리는 나에 대한 사람들의 객관적 판단을 주관적 판단으로 치부하고는 나는 정당하게 일했으니 응당 이 정도는 받아야 한다고 생각하는 것이지요. 사람들과 교류하면서 상대방의 적절한 대응과 보답을 나도 모르게 기대합니다. 하지만 기대한 결과물이나 피드백이 오지 않을 때 섭섭함과 좌절감을 느끼고, 때로는 스트레스가 쌓이기도 합니다. 사람들은 내가 열심히 일할 것이니 너도 너의 역할을 잘 수행해야 한다고 생각합니다. 가령, 내가 처가에 잘할 것이니 아내도 나의 본가에 잘해야 한다고 생각하는 거지요. 겉보기에는 정당한 요구인 듯 보입니다. 내가 이만큼 지출하니 너도 같은 금액을 지출하라고 합니다. 하지만 나의 삶의 계산 방정식을 꼭 타인에게 적용하는 것은 어렵다는 것을 알아야 하지요. 언뜻 볼 때는 공평하고 정당해 보이지만, 각자의 능력, 자질, 처한 상황에 따라 다른 결과가 나올 수 있기 때문입니다. 자녀가 아무리 공부를 열심히 해도 예상과 달리 성적이 나오지 않을 수도 있습니다. 처가와 시가에 서로가 잘한다고 노력하지만, 각자의 입장과 기준에서 보면 만족스럽지 않을 수도 있지요. 거기서 오는 섭섭함은 지나친 기대라고 이야기할 수 있습니다. 나의 삶의 방정식으로만 다른 사람을 이해하려고 한다면 부정적 감정이 더 많이 나올 수밖에 없지요. [그림 9-9]와 같이, 각자 자신만의 방정식으로 보면 상대방을 이해할 수 없고 지나친 기대를 하면 섭섭하기 쉽습니다.

　가령, 여러분이 생각하기에 기쁜 소식이 있어서 친구에게 SNS를 통해 연락했다고 합시다. 시간이 제법 지나도 답이 없거나 뒤늦게 연락이 올 때, 여러분은 상대로부터 무시받았다고 생각하기 쉽고, 이로 인해 사이가 소원해지거나 스트레스를 받을 수 있습니다. 나의 입장에서는 좋은 의도로 연락을 취한 것이지만 상대방의 입장에서는 일하는 중이거나, 물리적 · 정신적으로 힘든 상황이었을 수도 있습니다. 혹은 그 상대방에게는 그 소식이 기쁜 소식이 아니었을 수도 있지요. 우리는 내가 선대하면 상대방이 나에게도 선대할 것이라 기대합니다. 선대인지 비즈니스적으로 대한 것인지는 각자의 입장에서 다르게 볼 수 있는 것인데도 말이지요. 서로의 과정이 다를 수 있다는 것을 고려하지 않고 상대의 반응을 기대하는 것은 지나친 기대일 수 있습니다.

우리는 상대방에게 서운해하기 전에 내가 먼저 너무 지나친 기대를 한 것이 아닌지 자신을 먼저 돌아봐야 합니다. 지나친 기대였음을 깨닫는다면 이것을 중요하게 여기지 말고 버려야 하지요. 그런데 반대로 아무리 생각해도 이것은 지나친 기대라 생각되지 않는다면 상대가 어려운 일이 있었을 것으로 여기고 용서를 실천하여야 합니다. 우리는 상대의 입장을 다 알 수 없습니다. 그러므로 그 사람이 정상적이지 않고 어려운 상황이었기에 그럴 수밖에 없었다고 생각하여 이해하고 용서하려고 노력해야 합니다.

앞서 살펴보았듯이, 돌아온 아들을 품에 안고 용서하며 큰 잔치를 베풀어 주는 아버지의 사랑을 우리는 기억하고 따라 살아야 합니다. 속죄할 길 없는 우리의 죄를 용서하여 주신 하나님의 은혜를 기억하며 예수님을 닮은 삶을 살도록 노력해야 하지요. 용서하고 사랑하는 길은 진리와 생명이신 예수님을 따라 사는 삶입니다. 우리는 죄인의 형통을 부러워하지 말고 하나님을 경외해야 합니다(잠 23:17). 지혜는 우리의 영혼에 꿀과 같이 달콤한 것이며, 지혜를 얻으면 우리의 장래가 밝아지고, 소망이 끊어지지 않게 됩니다(잠 24:14). 이 말씀을 통해 죄인의 행동을 부러워하지 말고, 다른 사람의 행동을 다 따라 할 수 있다고 자만하지 말며, 나의 능력과 한계를 알고 욕심 부리지 않고, 자신에게 맞는 삶을 살아야 함을 알게 됩니다. 예수님을 믿는 것이 지혜를 얻는 길입니다. 이 지혜를 얻어야 우리는 참 소망을 영원히 갖게 되는 것이지요. 우리에게 중요한 것은 주님께 우리의 삶을 맡기고 주님 바라보며 살아가는 삶입니다.

우리는 하나님께 용서받은 존재입니다. 그래서 주님을 따라 우리도 사람들을 용서할 수 있지요. 내가 할 수 있는 일은 소중한 사람의 존재가 중요하다는 것을 인정하고, 주님을 향한 믿음과 소망으로 인해 덜 중요하게 여길 수 있는 사건과 부정적 감정을 버리고, 먼저 용서하는 것입니다. 이것이 Type A입니다. 아무리 생각해도 중요하지 않은 일로 여길 수 없다면, 다시 생각해 보아야 합니다. [그림 9-10]과 같이, 그 문제가 TSL적 관점으로 생각 했을 때 나의 욕심, 나의 정당성에서 시작된, 그 래서 상대방에 대한 지나친 기대인 것은 아닌지 돌아보아야 합니다. 그리고 그것이 나의 욕심, 지나친 기대라는 것이 인정된다면 그 문제를 중요하게 여기지 않고, 우 리는 다시 겸손한 마음으로 상대를 용서해야 합니다. 아무리 생각해 보아도 상대방 에게 지나친 기대를 한 것이 아니었다면 상대방이 어려운 일이 있었을 것으로 여기 거나 정상적인 행동이나 생각을 할 수 없는 상태였을 것으로 이해하고 용서를 실천 하는 것입니다. 상대방이 먼저 회개하길 바라는 것, 내게 용서를 구하길 바라는 것, 행동이 바뀌길 바라는 것은 우리가 할 수 있는 일이 아닙니다. 이것이 Type B입니 다. 이 또한 상대에 대한 지나친 기대입니다. 우리는 단지 하나님의 뜻을 실천하며 먼저 용서하는 것, 이것이 우리가 할 수 있는, 또한 우리가 해야만 하는 일이라는 것 을 알아야 합니다.

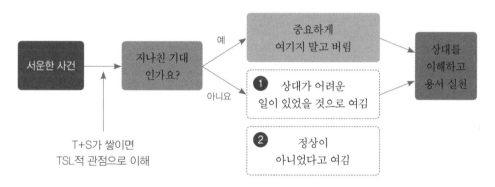

[그림 9-10] 용서하는 방법

Practice **9**

Practice **9**
S 강화하기와 재충전하기: '용서합니다'의 힘[1]

Practice 8을 통해 여러분은 다시 '고맙습니다'와 '미안합니다' 과제를 수행하였을 것입니다. 무엇보다도, 진정으로 미안하다고 말하기 위해서는 존재에 대한 고마움과 하나님께 회개함이 먼저 이루어져야 함을 기억해야겠지요. S 과정의 마지막 주제인 '용서합니다'에 앞서, 오늘도 '고맙습니다'를 먼저 실천해 보세요. '미안합니다' 실천과 마찬가지로 '용서합니다' 실천 역시 하나님께 감사와 가족 간의 감사로부터 시작합니다. 그리고 주님께 회개하고 가족 간에 '미안합니다'의 실천이 중요합니다.

❋ '미안합니다'의 중요성

상대방에게 잠재적 의도를 가지고 공격했다면 그에 대해 진심으로 사과해야 합니다. 그럴 때 비로소 우리는 새로운 관계를 형성할 수 있지요. [그림 9-11]과 같이,

---

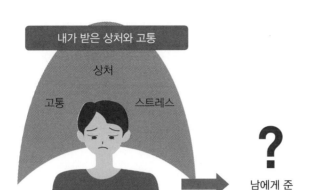

[그림 9-11] 내가 남에게 준 상처 인정하기

사람들은 자신이 받은 공격, 상처, 스트레스는 잘 기억하지만, 자신이 다른 사람에게 준 상처와 공격은 잘 기억하지 못합니다. 여러분에게는 자신의 스트레스만 보이지, 여러분이 가족의 스트레스 원인이 될 수 있다는 것은 잘 인식하지 못합니다. 이 점을 깨달아야 합니다. 우리는 모두 상대방에게 스트레스를 계속 발산하고 있지만, 정작 자신은 모르고 있습니다. 언제나 여러분의 생각만이 옳은 것은 아니지요. 여러분이 모를 수 있는 부분이 있고, 사람마다 다를 수 있음을 인정해야 합니다.[1] 그래서 우리의 행동으로 인해 준 상처와 아픔에 대해 진지하고 성의 있는 사과가 필요한 것이지요.

때로는 여러분이 화가 나는 상황도 분명히 있을 것입니다. 그런 상황에서 절대 화를 내서는 안 된다고 하는 것이 아닙니다. 누구나 화를 낼 수 있습니다. 그러나 여러분이 화를 내면 독을 발산하고 해소하는 듯 보이지만, 그것이 다른 사람에게 다시 독이 될 수 있습니다. 가족관계에서 여러분이 상대방에게 화를 내면 그것이 상대방의 화를 돋우고 상대방이 다시 독을 발산하여 다시 여러분의 정신건강에 부정적 영향을 미칠 수 있지요. 우리는 다른 사람보다 가족에게서 분노와 상처를 더 많이 받습니다. 가족과 더 가깝게 교류하기 때문이지요. 하지만 앞서 살펴보았듯이, 메모리 박스에 저장되는 것은 여러분에게 부정적 자원이 되는 고통과 불만, 불평이 많습니다.[2]

부정적 감정의 자원은 앞으로 여러분이 가족에게 화를 낼 수 있는 자원이 됩니다. 동시에 그런 감정은 메모리 박스 안에서 계속 독을 내뿜게 되지요. 그래서 Type B

의 사건으로 인한 상처는 과감히 던져 버려야 합니다. 상처받은 일들에 대해 상대방을 먼저 용서함으로 던져 버릴 수 있습니다. 여러분이 받은 상처에 대해 여러분이 원하는 방식으로 상대로부터 사과를 얻을 수는 없으므로, 여러분의 정신 건강을 위해서 먼저 용서해야 합니다.

❋ '용서합니다'의 힘

우리는 '크리스천 TSL'의 두 번째 과정인 '미안합니다(S)' 과정을 시작할 때 AS 노트를 작성하였습니다. 하나님께 잘못한 일들을 적고, 가족에게 느낀 서운함과 가족이 느끼는 서운함에 대해 Type A와 Type B로 나누어 보고, 메모리 박스에 대해 생각해 보았습니다. 여러분이 진심으로 미안하다고 말하기 위해서 그리고 가족과의 관계가 진심으로 변화하기 위해서는 메모리 박스의 부정적 감정이 비워져야 한다는 것을 알았을 것입니다. 이제 여러분이 가족 때문에 화나고 상처받은 기억을 살펴보면서 자신의 메모리 박스에도 '상처'가 저장되어 있음을 알게 되었지요. 이것을 해결하지 않고 방치한다면 '끝나지 않은 사건'으로 계속 부풀어 오르게 됩니다.[3]

이 모든 것을 끝내기 위해서는 [그림 9-12]와 같이 부정적 마음을 '클릭'해서 휴지

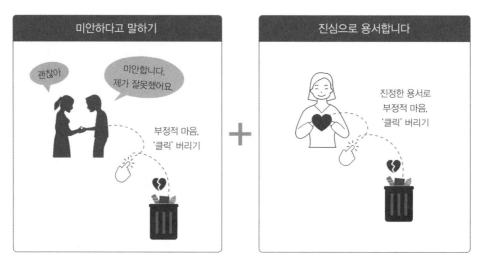

[그림 9-12] 진심으로 용서하기

통에 버려야 하지요. 잘못한 일은 먼저 미안하다고 말하고, 받은 상처는 상대방을
용서함으로써 메모리 박스의 부정적 감정을 모두 비워야 합니다. 앞서 크리스천으
로서 용서의 중요성과 용서함으로 얻을 수 있는 기쁨, 용서의 방법에 대해 깊이 있
게 다룬 것을 기억하며 실천해 봅시다.

✿ 가족에는 판사가 없다, 판단하시는 분은 오직 한 분, 주님

나에게 말을 안 했을 뿐이지 가족 또한 잊지 않고 메모리 박스에 넣어 둔 기억들
이 있습니다. 우리는 그 기억을 찾아서 미안하다고 말해야 합니다. 가족은 그 존재
자체가 하나님의 선물입니다. 소중한 선물을 잃어버리지 않기 위해 우리가 먼저 가
족에게 용서를 구해야 합니다. 시시비비를 결정하는 것은 판사의 몫입니다. 하지
만 가족에는 판사가 없지요. 많은 사람이 가족 내에서도 시시비비를 가리고 싶어 하
지만, 이는 불가능한 일입니다. 상처를 받았지만 누가 시작했는지 알 수 없는 일들
에 대해 누구에게 잘못이 있다고 판결을 내릴 수 있는 사람은 없습니다.④ 판결은 오
직 하나님 한 분만 가능하지요. 하나님은 모든 행위와 모든 은밀한 일을 선악 간에
심판하시는 분이십니다(전 12:14). 우리는 모두 하나님의 심판대 앞에 서게 될 뿐입
니다(롬 14:10). 심판받는 사람들끼리 서로를 심판하는 것만큼 우스운 일은 없습니
다. 주님께서는 비판을 받지 아니하려거든 서로 비판하지 말라고 하시며 헤아리는
사람은 헤아림을 받게 될 것이라 말씀하셨습니다(마 7:1-5). 우리는 잘잘못을 가리
지 말라는 주님의 말씀을 알면서도 우리의 메모리 박스 안에 잘잘못을 가리지 못했
던 것들을 모두 남겨 두었지요. 말을 하면 싸우게 되기 때문에 말을 하지 않고 갖고
만 있습니다. 이야기해 보라고 했을 때 말을 나누는 것 자체가 상처가 되는 일일 수
도 있지요. 이와 같은 상대방의 메모리 안에 존재하는 부정적 감정을 해소할 수 있
는 일이 우리가 먼저 미안하다고 하는 것입니다. 상대방은 미안하다는 말을 듣고 싶
어 하지요. 여러분이 변화하여 그 말을 먼저 이야기해 주는 것이 '미안합니다'의 힘
이었습니다.

'미안합니다'를 통해 먼저 자기의 잘못을 인정하며 마음을 정리하지 않으면, [그
림 9-13]과 같이 상대방에 대한 부정적 감정은 차곡차곡 쌓여 고통의 재산이 됩니

[그림 9-13] 고통이 재산이 된다

다. 우리는 내가 가진 재산에 대해 재산권을 행사하듯이 자신이 받은 고통을 상대방에게 재산권처럼 행사하려 할 것입니다. 상대방이 나에게 잘못한 것에 대해 빚진 사람에게서 돌려 받아야 하는 것처럼 재산권을 행사하는 것이지요. 오랫동안 모은 재산을 쉽게 포기하기는 어려울 것입니다. 이런 '화의 재산권'이 메모리 박스 안에 있어서, 미안하다는 말이 쉽사리 나오지 않고 상대방을 용서하기 어려운 것입니다.[5] 크리스천은 이러한 화의 재산권을 빨리 포기할수록 좋지요. 이러한 재산권 행사의 고리를 끊는 것이 TSL입니다.

또한 상대방이 여러분에게 미안하게 생각하고 있는 것이 무엇인지 물어보고, 그 마음의 짐을 해소해 주어야 합니다. 어떨 때는 상대방이 여러분에게 미안해하고 있다는 사실을 알고, 그 사건을 오랫동안 관계에서 사용하기도 하지요. 한 예로, 10년 전 남편이 회사에서 알게 된 여성과 매우 친하게 지냈다고 합시다. 지금은 남편이 반성하였고, 가족에게 매우 충실합니다. 하지만 이런 지나간 사연을 아내가 화가 날 때마다 "그 여자가 그렇게 좋았어?"라며 남편의 마음을 힘들게 할 수 있습니다. 바로 그 재산권을 없애야 비로소 상대방을 용서하는 것입니다.

'왜 내가 먼저 용서해야 하지?' 하고 생각할 수 있습니다. 그것은 상대방이 여러분에게 먼저 미안하다고 하지 않을 것이기 때문입니다. 상대방이 자신의 의지대로 움직이는 것을 우리는 어찌하지 못합니다. 단지 우리는 주님의 은혜를 기억하며 우리가 할 수 있는 일인 용서를 실천할 뿐입니다. 이것이 [그림 9-14]와 같이 주기도문에서 말하는 용서이며 Type A입니다. 물론 용서하기에 앞서 상대방에 대한 감사함과 미안함을 인정해야 합니다. 이 과정에서 상대방과의 관계에서 재산이 되어 있는

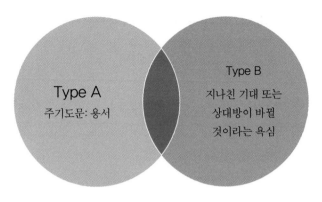

[그림 9-14] 용서의 Type A와 Type B

고통을 떠올리게 될 것입니다. 그 재산은 여러분의 정신 건강에 도움이 되지 않지요. 상대방에게 화를 낼 때는 도움이 되지만, 싸울 때나 우울할 때 외에는 쓰일 일이 없는 재산입니다.[6] 이것이 바로 [그림 9-14]와 같이 Type B로 분류되는 사건이며, 나의 욕심, 지나친 기대로 발생한 일이라고 인정하고 그 사건과 감정을 버리는 것이 '용서합니다'입니다. '미안합니다'에 대한 상대적 의미는 용서입니다. 상처를 가지고 있는 것이 여러분 자신에게 독이 되니까 버리는 것이지요. 상대방이 여러분에게 화냈을 때, 그 사람이 정상이 아니었다고 생각하고, 그 사람의 관점에서 이해해 보세요. 다른 사람에게 용서한다고 말하는 것이 중요한 게 아니라, 여러분 스스로 화(고통)의 재산권을 포기하기로 약속하는 것이 중요합니다.[7]

✻ 미친개에 물렸다? 원수까지도 사랑하라!

일상 중에 황당한 일, 답답한 일, 때로는 슬픈 일들을 당했을 때, 사람들은 삶에서 중요한 일이 아니라 생각하라고 위로의 말을 던집니다. 마치 지나가는 개에게 물렸다고 생각하라고 표현하지요. 이런 위로의 말은 부정적 감정을 잊게 하는 데 도움이 됩니다. 나를 괴롭게 한 사람이 정상이 아니었다고 생각하고 그 사람과의 관계를 단절하기도 하지요. 용서하는 방법에서도 상대방이 정상이 아니었음을 이해하는 과정이 있습니다(그림 9-10] 참조). 이와 같은 용서의 과정은 괴로움을 이기는 데 도움이 됩니다.

하지만 크리스천은 더 적극적인 용서의 과정을 거쳐야 합니다. 우리가 당한 모욕과 고난 앞에서 먼저 주님의 고난과 모욕을 떠올려야 합니다. 단지 지나가는 개에게 물린 불행한 일로 취급하는 것이 아닌 주님의 마음을 느끼고, 주님의 고통을 헤아려 보는 시간으로 삼아야 합니다. '죄 없는 주님께서 나를 위해 모진 고통 다 감내하시면서도 작은 불평도 하시지 않으셨는데 내가 이런 일로 좌절하고 화를 내는 것이 합당한가' 생각해 보는 계기로 삼아야 합니다.

"아무에게도 악을 악으로 갚지 말고 모든 사람 앞에서 선한 일을 도모하라 할 수 있거든 너희로서는 모든 사람과 더불어 화목하라 내 사랑하는 자들아 너희가 친히 원수를 갚지 말고 하나님의 진노하심에 맡기라 기록되었으되 원수 갚는 것이 내게 있으니 내가 갚으리라고 주께서 말씀하시니라 네 원수가 주리거든 먹이고 목마르거든 마시게 하라 그리함으로 네가 숯불을 그 머리에 쌓아 놓으리라 악에게 지지 말고 선으로 악을 이기라"(롬 12:17-21)

"그러나 너희 듣는 자에게 내가 이르노니 너희 원수를 사랑하며 너희를 미워하는 자를 선대하며 너희를 저주하는 자를 위하여 축복하며 너희를 모욕하는 자를 위하여 기도하라 너의 이 뺨을 치는 자에게 저 뺨도 돌려대며 네 겉옷을 빼앗는 자에게 속옷도 거절하지 말라 네게 구하는 자에게 주며 네 것을 가져가는 자에게 다시 달라 하지 말며 남에게 대접을 받고자 하는 대로 너희도 남을 대접하라 너희가 만일 너희를 사랑하는 자만을 사랑하면 칭찬 받을 것이 무엇이냐 죄인들도 사랑하는 자는 사랑하느니라 너희가 만일 선대하는 자만을 선대하면 칭찬 받을 것이 무엇이냐 죄인들도 이렇게 하느니라 너희가 받기를 바라고 사람들에게 꾸어 주면 칭찬 받을 것이 무엇이냐 죄인들도 그만큼 받고자 하여 죄인에게 꾸어 주느니라 오직 너희는 원수를 사랑하고 선대하며 아무 것도 바라지 말고 꾸어 주라 그리하면 너희 상이 클 것이요 또 지극히 높으신 이의 아들이 되리니 그는 은혜를 모르는 자와 악한 자에게도 인자하시니라 너희 아버지의 자비로우심 같이 너희도 자비로운 자가 되라"(눅 6:27-36)

앞의 성경 말씀은 사랑하는 사람만 사랑하는 것이 아닌 배은망덕한 사람이나 원수를 사랑하라고 가르치고 계시지요. 심지어 악을 선으로 이기라고 말씀하십니다. 때리면 다른 쪽도 돌려대고, 뺏으면 더 나눠 주라고 말씀하실 만큼 더 적극적으로 사랑을 실천하는 것이 크리스천의 삶이라고 알려주고 계십니다. 이와 같은 주님의 자비로우심을 직접 보여 주신 분이 바로 예수님이시지요. 그래서 어려움을 당하였을 때 예수님의 십자가를 떠올려야 합니다.

가족은 끊어 낼 수 있는 사이가 아닙니다. 그 사람이 제정신이 아니었다고 해석하는 것만으로는 가족의 이해할 수 없는 행동들을 다 용서하기 쉽지 않을 수 있습니다. 하지만 하나님 말씀 앞에 서면 크리스천인 우리는 용서하지 못할 사건이 없음을 기억해야 합니다. 주님의 말씀은 결국 어떠한 사건보다 사람이 더 중요하다는 걸 가르쳐줍니다. 그래서 주님을 묵상할 때 우리에게는 용서할 힘이 생겨납니다. 어떤 슬픔과 고난 앞에서도 '그래, 나는 크리스천이니까 주님만 바라봐야지'라는 마음으로 용서의 과정을 시작해 보시길 바랍니다.

❋ 크리스천 용서의 단계

우리는 흔히 몸에 생긴 상처를 낫게 하려고 치료합니다. 하지만 마음의 상처는 치료하지 않고 간직한 채 상처를 준 상대방을 공격할 무기로 삼고 공격 기회를 노리지요. 하지만 이런 모습은 우리의 삶에 전혀 도움이 되지 않습니다. 우울과 분노를 키울 뿐이지요. 그래서 사과와 용서의 과정이 필요합니다. 크리스천 TSL 실천에서 용서는 [그림 9-15]와 같이 설명할 수 있습니다. 우선 용서의 사전 단계로 주님의 존재에 감사하게 됩니다. 하나님이 나를 지으셨고, 나의 죄를 위하여 그리스도를 보내 주시고 십자가 사건을 통해 나를 구원하여 주시고 새 사람 만들어 주신 은혜에 감격하여 감사하게 됩니다. 그리고 우리를 위하여 선물로 주신 가족에게 감사하게 됩니다. 나의 모자람을 인정할수록 더 많이 감사하게 되지요. 우리는 감사함이 커질수록 하나님 앞에 더 많이 회개하게 되는 것처럼, 가족에게 고마울수록 우리의 모자람을 깨닫고 더 많이 미안함을 전하게 됩니다.

그 후 우리는 우리가 받은 화, 상처, 고통이 떠오릅니다. 우리의 고난이 생각날 때 우리는 예수님의 고난과 십자가 그리고 부활을 같이 떠올려야 합니다. 주님이 주신

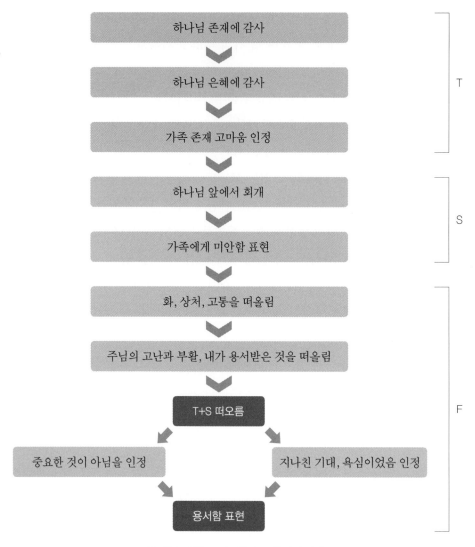

[그림 9-15] 크리스천 TSL 용서의 단계

은혜의 해를 기억할 때, 우리가 가진 고난의 사건이 중요한 사건이 아님을 시인하게 됩니다. 그리고 우리에게는 부활의 소망이 있으므로 주님을 찬양하며, 상대방을 더 이해하고 용서할 수 있게 되지요. 만약 그런데도 상처가 중요한 사건이라고 여겨질 때는 상대방에게 내가 건 기대가 너무 크지는 않았는지 돌아보며 그것이 나의 욕심이었음을 인정하고 버리기로 결단해야 합니다. 내가 상대를 변화시킬 수 없음을 인정하고 그 영역은 하나님의 영역으로 내어 드리는 것이지요. 그리고 나는 다시 상대를 용서하기로 결단합니다. 이 과정을 통해 우리는 진정한 용서를 실천할 수 있게 됩니다.

그래서 우리는 'S'의 과정에서 가족에게 감사한 마음을 가지고, 상대방의 처지에서 미안하다고 사과하는 과정을 거쳐 여러분의 마음이 진심으로 변화하고 진심으로 상대방을 용서할 수 있도록 하는 긴 단계를 거쳤습니다.

한 사례를 적용해 보면, 결혼한 지 15년 된 부부가 있습니다. 결혼 전에는 안 그러던 남편인데 신혼 때부터 술 마신 날은 종종 연락되지 않아서 걱정하게 합니다. 처음에는 걱정만 하던 아내도 새벽 서너 시까지도 연락되지 않는 일이 빈번해지자 화가 나서 싸우는 빈도도 함께 늘어납니다. 아내에게는 남편의 술 마시는 일이 고난으로 여겨집니다. 남편과의 결혼생활에 대한 불평이 늘고, 자신의 신세를 한탄하기에 이르지요. 그러다가 2년 전부터 남편은 아내와의 결혼생활을 회복하고 싶어서 술 마시게 되더라도 아내와 연락을 합니다. 하지만 아내는 여전히 언제든 남편이 다시 그럴 수 있다는 것을 '화의 재산'으로 삼고 남편과 함께하는 모든 일에 갈등을 빚습니다. 시부모님과의 만남도 갖기를 거부하고, 남편에게는 늘 화가 나 있어서 작은 일에도 일주일 동안 말도 하지 않고 냉전을 갖습니다.

부정적인 사건만 생각할 때는 해소될 수 없는 부부관계처럼 보입니다. 하지만 주님을 바라볼 때 관계를 전환할 수 있는 실마리를 찾게 됩니다. 먼저는 남편의 잘못을 묵상하는 것이 아닌 예수님의 고난을 묵상해야 합니다. 아무 잘못 없는 주님이 나를 위해 고통당하시고, 노예만도 못한 대접을 받으시고 십자가에서 처참하게 죽으셨음을 떠올려야 합니다. 주님은 내가 당한 고통에 비할 수 없이 큰 고통을 당하셨지요. 하지만 나에게 그 어떤 대가도 바라지 않으셨습니다. 더욱이 주님은 죽음을 이기시고 다시 사심으로 나에게 영원한 생명까지 선물로 주셨습니다. 주님을 생각하면 받은 은혜에 감사하고 주님을 찬양할 수밖에 없습니다(T). 나는 값없이 이 모든 것을 받았으면서도 남편의 부족한 부분만 용서하지 못할 죄로 여겼음을 인정하게 됩니다. 내가 죄인임을 고백하게 됩니다(S). 부끄러운 나의 모습들이 있음에도 묻지 않고 용서해 주신 하나님의 은혜 앞에서 나의 부족함을 돌아보게 됩니다. 남편에게 고마웠던 일들에 대해 다시 회상하고 존재에 감사하는 마음을 되새겨야 하지요(T). 남편의 변화하는 모습에도 과거의 잘못으로 비난만 하고 시댁에까지 소홀했던 나의 모자람과 남편에 대한 수많은 기대들이 사실은 나의 욕심이었음을 회개하고 먼저 남편에게 미안하다고 이야기할 여유까지 생깁니다(S). 더 이상 나의 고난이 불행으로 여겨지지 않습니다. 부부 사이에 이 문제가 작은 문제로 여겨집니다. 남편의 변화한 모습에 주목하고 감사하게 되면서(T) 남편을 용서하고 화해할 힘을 얻게 됩니다(F). 이처럼 우리는 고난 앞에서 사건을 묵상하는 것이 아닌 주님을 묵상하고, 우리의 시선을 주님께로 돌려야 고난을 극복할 힘을 갖게 됨을 기억해야 합니다.

❊ '용서합니다' 실천하기

이번 시간의 과제는 예수님을 생각하며 하나님이 나를 얼마나 많이 용서해 주셨는지를 먼저 적어 보는 것입니다. 그런 다음 가족이 여러분에게 주었던 상처에 대해서 중요하지 않은 일이었거나 지나친 기대였음을 인정하며 진심으로 '용서합니다'를 실천해 보는 것입니다. 중요한 것은 여러분이 진심으로 준비가 되었을 때 용서하는 것입니다. 진심으로 용서를 하고 상대방의 반응은 어떠했는지, 그것을 보는 여러분의 마음은 어떠했는지, 가족관계에는 어떤 변화가 있었는지를 적어 보는 것, 즉 '용서합니다'의 힘을 실천해 보는 것이 이번 시간의 과제입니다. 만약 상황이 허락한다면, 앞서 여러분의 '고맙습니다'에서 상대방 안아 주기를 실천했던 것처럼 '용서합니다'를 하면서 안아 주는 것도 도움이 됩니다.[8] [그림 9-16]과 같이, TSL의 '용서합니다(S)' 과정을 통해 여러분 자신과 타인의 상처가 치유되는 시간을 가지게 될 것입니다. 용서는 상처를 치유하는 '약'임을 기억하고 용서의 의지를 다지면 좋겠습니다.

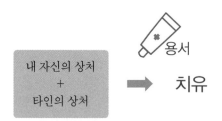

[그림 9-16] 용서: 상처 치료 약

과제 1. '용서합니다'의 힘!: '용서합니다' 실천하기

주님이 나를 얼마나 용서해 주셨나?		
'용서합니다'의 힘!-가족		
	어떤 사건	용서 여부
용서 후 상대방의 반응		
상대방의 반응을 본 후 나의 마음		
가족관계의 변화		
	어떤 사건	용서 여부
용서 후 상대방의 반응		
상대방의 반응을 본 후 나의 마음		
가족관계의 변화		

　　다음의 사례들은 참여자들이 '용서합니다'를 실천한 내용입니다. 용서하기를 어떻게 실천해야 할까 고민하시는 분도 있겠지만, 어떤 참여자는 상대방이 이전에 미안하다고 한 것에 대해 직접 용서한다고 얘기를 전하기도 하지요. 또 마음속으로 용서하겠다는 결심을 한 사례도 있습니다. 실제로 용서한다는 말은 하지 않았지만, 메모리 박스 속의 부정적 사건에 대해 버리기로 결행하는 것이지요. 또는 기도를 통해 주님께 이 사건을 용서하기로 고백하는 것입니다. 이렇게 다양한 내용과 방법으로

'용서합니다'를 실천할 수 있습니다. 크리스천은 받은 은혜를 바탕으로 진정한 용서를 함으로써 가족 간의 관계가 좋아지고, 서로 소통하며 가족 구성원의 만족감이 높아지는 것을 볼 수 있습니다.

사례 9-1　여, 40대, 교사

주님이 나를 얼마나 용서해 주셨나?		
신앙 생활한 지 20년 가까이 되었다. 대학 시절 학교 선배를 통해 하나님을 알게 되고 신나서 교회를 다녔다. 교회에서 남편도 만나고 가정도 꾸리고 주님 주시는 복으로 지금까지 살았다고 생각한다. 하나님을 몰랐다면 이런 아름다운 가정을 꾸리게 되었을까? 하나님을 만나기 전에는 죽고 싶다는 생각만 하면서 지냈다. 사는 게 지옥이지 싶었고, 내 안에 화가 가득하였다. 하나님의 사랑을 경험하고 나서 완전 다른 인생을 산다고 생각한다. 사랑하는 남편과 아들과 지금까지 건강하게 잘 지낸 게 주님 주신 복이다 싶다. 이렇게 복받을 만한 일은 하나도 안 했는데 과거 나의 모질었던 삶을 용서해 주시고 하나님은 참으로 나를 사랑하시는구나 다시 느껴졌다.		

'용서합니다'의 힘!-가족		
어떤 사건		용서 여부
중학생 아들이 입고 나가려는 옷을 빨아 놓지 않았다고 화를 내고 속상하게 하였다.		용서
용서 후 상대방의 반응	아들이 좋아하는 음식을 만들어 주면서 옷을 미리 못 챙긴 건 미안하지만, 아침에 짜증을 내고 나가서 엄마도 속상했다고 이야기하며, 그래도 다 용서했다고 표현하였다. 아들도 아침에는 죄송했다고 삐쭉삐쭉 이야기하였다.	
상대방의 반응을 본 후 나의 마음	평소 같았으면 나도 마음이 안 풀려 냉랭하게 보내는 시간이 길었을 텐데(때로는 남편을 들들 볶았을 수도 있다), 먼저 '그래, 아들이 짜증을 내는 것쯤은 주님의 고난에 비하면 아무것도 아니다.'라고 생각하고 용서하기로 마음먹었다. 아들이 삐쭉거리면서라도 죄송하다고 말하니 그걸로 충분하다 싶어졌다.	
가족관계의 변화	아들이 미안했는지 한 주 동안 심하게 부딪힐 일이 없었다. 오랜만에 평화로운 집이었다.	

사례 9-2 여, 38세, 대기업 기획팀 근무

"용서합니다"의 힘!

한국 사회의 심각한 문제인 초저출산율에 대한 대책으로 일·가정 양립 정책을 추진하고 있다지만, 나와는 거리가 먼 이야기 같다. 나는 내년에 승진심사 대상인데 시장점유율을 높여 성과도 내야 하고, 같은 연차 중에서도 높은 점수를 따야만 승진을 겨우 바라볼 수 있다. 결혼과 출산보다 더 넘기 힘든 장벽은 육아이다. 더군다나 쌍둥이를 낳았기 때문에 육아와 직장 생활을 혼자 병행할 수 없어서 지방에 거주하시는 시어머니께 부탁드릴 수밖에 없었다. 시어머니께서는 귀한 아들을 빼앗겼다며 결혼 과정에서도 내심 탐탁해 보이지 않는 얼굴이셨던 터라 함께 사는 것이 망설여지기는 했지만, 일과 가정을 모두 돌보기 위해서 내린 최선의 결정이었다.

불편한 마음을 가지고 하나님께 기도하던 중 하나님 앞에서 내세울 게 없는 나를 주님이 먼저 사랑하셨다는 마음이 강력하게 들면서 "너희 원수를 사랑하며 너희를 박해하는 자를 위하여 기도하라"(마 5:44)라는 말씀이 떠올랐다. 원수까지도 사랑하라고 하셨는데, 나의 사랑하는 남편을 낳아 주신 어머니와 계속 어색한 관계를 맺는 것은 옳지 않다는 생각이 들었다.

그래서 용기 내어 먼저 "어머님, 처음에 제가 많이 마음에 안 드셨지요?"라고 말문을 열었다. 하지만 어머니께서는 전혀 뜻밖의 반응을 보이시며 그때는 여러 가지 감정이 들었지만, 손주도 낳고 부부가 오순도순 사는 것을 보니 너무 감사하고 기쁘다고 말씀하시는 것 아닌가! 어머님은 결혼한다고 인사하러 집에 왔을 때 따뜻하게 못 대해 줘서 미안하다고 사과의 말씀을 하셨다. 나는 그때 감정을 아직도 갖고 서먹하게 대해 드려서 매우 죄송하다고 진심으로 사과드렸다. 이러한 언어가 무엇이길래! 오고 가는 따뜻한 용서의 말 속에서 마음의 짐이 내려지고 개운해지는 느낌이 들었다.

어제는 일찍 끝나서 어머님 좋아하시는 음식을 사서 고부가 함께 먹으며 TV를 보고 쉬었다. 며느리가 역량을 발휘하도록 기쁘게 도와주시는 어머니를 보며 남편에게, 아이들에게 그리고 무엇보다 어머님에게 너무 감사하다는 마음이 들었다. 어머니의 등 뒤에서도 "조금 힘은 들어도 너희들이 이렇게 화목하게 살아주어 고맙다."라고 말씀하시는 것이 느껴졌다.

이 사례에서 보듯이, 하나님께 받은 것이 많음을 느낀 참여자는 용서를 실천할 힘을 얻게 됩니다. 또 용서함으로써 자신의 마음이 편해지는 것을 볼 수 있습니다. 〈사례 9-1〉은 하나님을 알게 된 후 행복한 삶을 살게 됨과 잘한 것 없고 못난 자신을 주님이 용서하고 사랑해 주시는 데 감사해합니다. 동시에 아들의 짜증 정도는 주님의 고난에 비하면 아무것도 아니라고 생각하며 아들을 안쓰럽게 여기고 더 사랑하게 되기도 합니다. 〈사례 9–2〉에서 또한 시어머니와 며느리가 그간의 오해를 풀고 서로 고맙고 미안하다고 하는 모습을 볼 수 있습니다. 상대를 이해하려고 노력할 때 미움이 사라집니다. 이렇듯 용서는 고마움과 미안함을 다시 만들어(reinforcement) 내면서 새로운 관점 또는 의지(refreshment/return)를 갖게 합니다.

여러분이 가족으로부터 받은 상처와 화에 관해 이야기해도 섭섭함이 가셔지지 않을 때가 있습니다. 이때는 진심으로 용서가 안 되고, 표현한 후에도 여러분의 마음속에 있는 것이지요. 우리의 기억은 부정적인 사건을 오랜 시간 되새기며 잘 지워지지 않는 흔적을 만들어 놓습니다. 그 흔적은 한 번에 없어지지 않지요. 처음에는 상처받은 사건을 이야기하면 할수록 기억이 새록새록 나고 잊고 있던 섭섭함이 커질 수 있습니다. 하지만 그 섭섭함이 풀려서 여러분 자신이 상대방을 안아 줄 정도가 된다면 그 과정은 상당히 힘들었을 것입니다. 하지만 드디어 그 흔적이 사라지고 치유된 것입니다.[9]

크리스천 TSL은 [그림 9–17]과 같이 믿음에서 시작됩니다. 하나님이 나를 사랑하심을 깨닫고 주님을 믿을 때 우리는 겸손해지면서 감사(T)가 생기고 구원에 대한 소망이 커집니다. 구원에 대한 소망은 하나님 앞에서 회개할 수 있게 하며 회개(S) 후

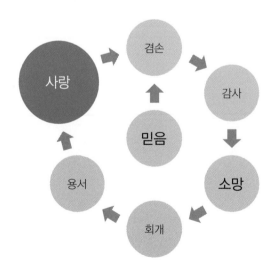

[그림 9–17] 크리스천 TSL의 순환

하나님의 자녀가 되었음을 느낄 때 우리는 삶의 풍요로움과 여유를 갖게 되지요. 그래서 우리는 용서를 실천할 수 있는 힘을 얻습니다. 그리고 하나님의 사랑(L)을 더 적극적으로 실천하게 됩니다. 이러한 순환고리에서는 믿음, 소망, 사랑이 계속 커지면서 새로운 에너지를 얻어 타인을 사랑하며 예수님을 더 닮아 가게 되는 것이지요. 그래서 크리스천은 끊임없이 5Re를 하며 TSL을 실천하여야 합니다.

※ '미안합니다(S)' 평가하기

이제 여러분은 '크리스천 TSL'의 두 번째 과정인 'S'를 마쳤습니다. 거듭 강조하지만, 이 과정은 단독적인 과정이 아니며 'T' 과정에서 연속되는 것입니다. 감사함에 대한 인식을 기반으로 관계가 형성될 때만, 그 관계를 변화시킬 수 있는 진심 어린 사과가 가능함을 잊지 말아야 합니다.[10] '미안합니다'와 '용서합니다'를 실천한 이후 주님과 어떤 변화가 있었나요? 여러분의 가족관계에는 어떤 변화가 있었나요? 한번 그것을 적어 보고, 가능하다면 가족이나 주변 사람들과 그 경험을 나누어 보세요.

과제 2-1. '미안합니다(S)' 평가하기

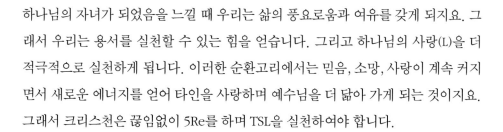

주님과의 '미안합니다(S)'

어떤 점을 느꼈나요? _____

_____

_____

_____

나의 어떤 점이 변화했나요? _____

_____

_____

_____

주님과의 관계에는 어떤 변화가 있었나요? _____

_____

_____

_____

가족과의 '미안합니다(S)'

어떤 점을 느꼈나요? _____

_____

_____

_____

나의 어떤 점이 변화했나요? _____

_____

_____

_____

가족관계에는 어떤 변화가 있었나요? _____

_____

_____

_____

다음 사례들은 '미안합니다' 과정을 실천한 후 참여자들의 변화를 기록한 내용입니다.

사례 9-3   남, 50대 중반, 육군 제대군인

주님과의 '미안합니다(S)'

어떤 점을 느꼈나: 하나님께서 나를 얼마나 많이 사랑해 주셨는지 직업 군인으로서, 가장으로서, 아버지로서, 살아온 지난 시간을 돌아보며 더 크게 느끼게 되었음

나의 변화: 그간의 신앙생활을 돌아보는 계기가 되었음. 특히 꽤 나름 성실하게 살아왔다고 생각했는데 회개에 대해 많이 묵상하다 보니 내 안의 가득했던 죄가 보이기 시작하였음. 승진을 위해 고군분투하면서 보냈던 젊은 시절, 가족을 위해서라고 생각했지만, 나의 욕심이었던 것을 깨닫게 됨. 하나님 앞에 겸손해진다는 것이 무엇인지 알게 된 것 같음

주님과의 변화: 어떻게 하면 더 잘 지낼 수 있을까를 고민하다 보니 교회 봉사도 시작하게 되고, 무엇보다 말씀 읽기를 꾸준히 하면서 주님과 더 가까워진 것 같음

가족과의 '미안합니다(S)'

어떤 점을 느꼈나: 가족에게는 매우 무심했는데 이 또한 이해해 준 고마운 아내와 아이들이 있었기에 가능했다는 사실을 이제야 비로소 깨닫게 되었음. 훈련으로 집에 못 들어올 때도 있고, 근무지 이동 때문에 여러 곳으로 이사할 수밖에 없었지만, 군인으로서 국가의 명령을 당연히 따라야 한다고 생각했고 가족의 희생도 당연하다 생각하였음. 그러나 이 모든 것은 아내와 아이들이 있었기에 가능했던 것임. 그리고 그것은 가정을 허락해 주신 하나님 은혜임

나의 변화: 이전에는 미안하다는 생각도 잘 안 들었지만, 아이들이 커 가고 가족에 헌신하는 시간보다 국가에 헌신하는 시간이 지속되면서 미안해지기 시작하였음. 하지만 차마 말로 그러한 감정을 표현하지 못했는데 '미안합니다'의 과제를 통해 가족에게 내 마음을 조금씩 표현할 수 있게 되었음. 권위 의식도, 국가를 위한 가족의 희생보다 중요한 것은 사랑하는 가족의 안전과 행복감이라는 것을 깨닫게 되었음. 이 행복을 지키기 위해 새로운 노력을 하고 싶음

가족의 변화: 전역 후, 아내에게 "내가 그간 고생시켜서 미안하다."라고 말하고 아이들에게도 따뜻한 눈빛과 말로 대화를 하고자 다가가니, 가족의 관계에 조금씩 온기가 돌기 시작함. 늠름하고 씩씩한 아버지상도 좋지만 동시에 따뜻하고 자상한 모습으로 아이들의 마음을 알아주는 아버지가 되도록 노력해야겠다는 생각이 들었음. 다 큰 자녀들과 데면데면하게 지냈는데 이번 기회로 인생 얘기도 서로 나누고 진로에 대해서도 상의하게 되었음

주님과의 '미안합니다(S)'

어떤 점을 느꼈나: 취업 준비 기간이 길어지면서 감사보다는 불만이 많았다. TSL을 배우면서 존재의 감사를 알게 되고 내 생활을 다시 돌아보게 된 거 같다. 특히 '미안합니다' 과정에서 취업이 안 되는 게 마치 하나님 때문인 거 같은 마음이었는데, 그 마음이 내 안에 감사와 겸손이 부족한 것이었음을 깨닫게 되었다. 자꾸 부정적으로 생각하는 나 자신을 회개하는 계기가 되었다.

나의 변화: 눈 떠서 독서실에 가서 이력서와 자기소개서를 준비하고 토익 강의를 듣고, 자격증 시험을 보고 사람도 안 만나고 집과 독서실만 다니던 내게 TSL을 배우는 시간은 오아시스 같았다. 특히 성경 읽기 과제는 독서실에 도착해서 제일 먼저 하는 과제인데 하나님의 마음을 깨닫고 나를 돌아보고 반성하며 마음을 다잡는 데 도움이 되었다.

주님과의 변화: 하나님에 대한 원망이 아닌 기대와 감사가 많아지게 되었다. 하나님이 나에게 주실 선물이 있다는 믿음도 생겼고, 지금 나의 이 시간도 돌이켜 보면 웃을 수 있는 시간이 될 것이라는 믿음도 생겼다. 하나님 때문에 내 꼴이 이렇다는 불평이 줄어든 게 가장 큰 변화인 것 같다.

가족과의 '미안합니다(S)'

어떤 점을 느꼈나: "우리가 아직 죄인 되었을 때에 그리스도께서 우리를 위하여 죽으심으로 하나님께서 우리에 대한 자기의 사랑을 확증 하셨느니라"(롬 5:8) 나보다 세 살 위 언니의 말괄량이보다 더한 괄괄한 행동을 생각하면 이 말씀이 떠오른다. 나이는 내가 세 살 어리지만 사실 언니답게 의젓하고, 침착하고, 가족을 생각하는 것은 동생인 내가 낫다. 언니는 너무 괄괄하고, 말도 거침없이 하고, 울그락불그락 화도 잘 내고, 웃기도 시원하게 잘 웃는 외향적인 성격이다. 이 모든 것 중 가장 경악스러운 일은 내 일기장과 핸드폰을 몰래 훔쳐본다는 것이다. 그러고는 엄마·아빠께 내 비밀을 다 말한다. 나는 언니의 미성숙함과 무례한 행동이 너무 싫었고, 그럴 때면 로마서의 말씀을 떠올린다. 그래도 속상함은 가시지 않는 일이 태반이었다. 그래서 S 과정을 배우면서 언니와의 관계를 더 많이 떠올렸다. 언니가 나에게 상처만 준다고 생각했는데, 과연 언니만 잘못하는 사람일까 다시 생각해 보게 되었다.

나의 변화: 취업 준비 중이어서 이런저런 고민이 많았다. 하지만 누구에게도 털어놓지 못하는 성격이다. 그래서 일기를 쓰거나 핸드폰에 메모한다. 그걸 언니가 몰래 보는 것이 너무 기분이 나빴다. 그런데 가끔 언니가 용돈을 준다. 언니는 학원에서 아이들을 가르치는데 제법 인기가 있는 지 꽤 오래 일하고 있다. 말괄량이 성격에 어린이들과 맞나보다 생각했는데, 언니는 가계에도 보탬이 되고 있었고, 쏠쏠치 않은 금액의 용돈을 내게 주기도 하였다. 그것도 매우 퉁명스러워서 이걸 고마워해야 하나라는 생각이 들 때도 있다. TSL을 배우며 언니가 없었다면 내 어린 시절은 너무 심심했을 것 같다는 생각이 들었다. 용돈도 어깨 처지지 말라는 응원인가 하는 생각도 슬슬 들었다. '우리가 아직 죄인 되었을 때에'의 '우리'는 언니라고 생각했는데 언니가 그간 해 온 행동들을 생각해 보니 나를 괴롭히려는 것이 아니라 나를 위한 자기만의 방식인 것 같다는 생각을 S를 배우면서 하게 되었다. 그러면 '우리'는 언니가 아니라 '나'였구나! '내가 아직 죄인 되었을 때에 그리스도께서 나의 죄를 위해 죽으심으로 하나님께서는 나에 대한 자기의 사랑을 확증하였느니라'는 말씀이 맞겠구나! 나는 언니의 진심을 알고 마음속에서 깊이 미안하고 언니를 용서하였다.

가족의 변화: 이제는 언니의 말괄량이 행동도, 일부러 일기를 훔쳐보며 내 마음 상태를 알아내려는 의도도 알게 되었다. 그래서 이제는 일기를 안 쓴다. 핸드폰에 쓸데없는 우울한 메모도 안 쓴다. 대신 언니와 진솔하게 대화하게 되었다. '용돈 줘!'라고 먼저 언니에게 이야기하기도 한다. 그럴 때면 언니도 멋쩍은지 그냥 조용히 준다. 취업준비생인 내가 기 펴고 씩씩하게 준비하라고 엄마, 아빠, 언니 모두 응원해 주고 있다는 것을 이제는 확실히 안다. 우리 가족은 서로의 진심을 알고 서로에게 의지가 되어 주며 함께 기뻐하는 날이 점점 늘어나고 있다.

〈사례 9-3〉에서 오랜 시간 육군으로 복무하다 제대한 군인이 과거를 되돌아보며, 하나님께서 용서와 사랑을 주셔서 살아온 지난 시간의 은혜를 고백하는 모습을 볼 수 있습니다. 또한 하나님께서 허락하신 가족의 사랑과 희생 덕분에 나라를 위해 충성할 수 있었던 것을 깨닫고, 가족에게 깊은 고마움과 함께 미안함도 갖게 됩니다. 이에 참여자는 가족의 마음을 생각하게 되고, 자신이 준 상처에 대해 미안하다고 말하며 용서를 구하고, 용서를 받아 가족관계에 치유가 일어났다고 보고하였습니다. 〈사례 9-4〉에서는 말괄량이 언니의 무례한 행동으로 화가 난 동생의 마음을 볼 수 있습니다. 크리스천 TSL을 하면서 주님께서 죄인 된 '우리'를 위해 돌아가신 것은 '너의 죄'가 아니라 '나의 죄'를 위한 것임을 깨달은 참여자는 언니의 진심을 알게 되었다고 고백합니다. 언니의 행동이 자신을 사랑하는 마음에서 나온 행동이라는 것을 깨닫게 된 것이지요. 그래서 동생은 언니의 무례한 행동도 용서하고, 자신의 생각이 짧았음을 사과하고 관계에 변화를 가져옵니다. 이처럼 하나님의 사랑은 우리의 관점과 마음을 변화시킵니다. 그리고 '나 자신의' TSL 에너지를 키웁니다. 타인에게 내가 준 상처에 대해 진정으로 미안하다고 먼저 얘기할 때, 내 안에 갇혀 타인의 진심을 못 알아보고 오해해서 미안하다고 먼저 사과할 때, 내 마음속에 용서의 힘도 생기는 것입니다.

'미안합니다'(S) 발달 5단계

S의 발달 단계는 [그림 9-18]과 같이 T 과정과 비슷한 발달 단계를 보입니다. 1단계 미확신, 2단계 주저함, 3단계 보상, 4단계 자연스러운 미안함, 5단계 기쁨으로 구성되지요. 먼저, 주님과의 S 발달 단계를 살펴보면 다음과 같습니다.

1단계인 미확신 단계는 주님께 내가 무엇을 잘못했는지 모르는 단계입니다. 잘못한 게 없이 잘 살아왔는데 왜 잘못했다고 해야 하는지 전혀 이해를 못 하는 단계이지요. 주님 앞에서 당당하여 자신이 얼마나 바르고 의로운 사람인지 이야기합니다.

2단계는 주저하는 단계인데, 일상에서 잘못하거나 부족했던 부분에 대한 인식이 있고 어느 정도 인정도 하나 회개할 정도라고는 생각하지 못합니다. 이 정도의 잘못과 부족함은 모든 사람에게 있는 것이라 여기며 하나님께 회개할 만한 일이라고 선뜻 결정하지 못하고 주저하는 단계입니다.

3단계 보상 단계는 하나님께 회개하고 잘못한 것들을 고백할 수 있으나 내가 회개하면 하나님께서 다른 보상을 해 주실 것이라 기대하는 단계입니다. 마치 칭찬받기 위해 회개하는 것처럼 혹은 보여 주기 위한 회개일 수 있지요. "너희는 기도할 때에 외식하는 자와 같이 하지 말라 그들은 사람에게 보이려고 회당과 큰 거리 어귀에 서서 기도하기를 좋아하느니라"(마 6:5)라는 말씀처럼 잘못을 고백할 줄은 알지만, 이 고백이 하나님 앞에 순수한 고백이 아닌 이 행위를 통해 얻고자 하는 바가 있는 단계입니다.

4단계는 자연스러운 회개의 단계로 내가 죄인임을 인식하고 고백하는 단계입니

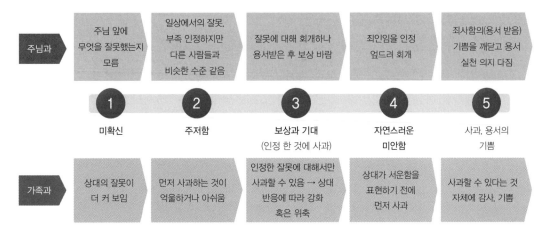

[그림 9-18] '미안합니다(T)' 발달 5단계 과정

다. 하나님 앞에 섰을 때 잘한 것이 없다는 생각이 들면서 부끄럽고 엎드려 회개하게 되는 단계입니다. 죽을 수밖에 없는 죄인임을 인식하고 고백하는 단계입니다.

　마지막 5단계는 기쁨의 단계인데, 이는 곧 용서받는 기쁨을 깨닫는 단계입니다. 나의 죄를 고백하는 것에 그치는 것이 아니라 이 죄를 사하여 주시는 주님의 사랑에 감격하여 감사하고 기뻐하는 단계입니다. 더 나아가 나의 죄를 사하여 주신 주님의 은혜에 감격하여 용서를 실천할 수 있는 의지를 다지는 단계이기도 합니다.[11]

　가족 간의 S 실천에서도 발달 과정이 있습니다. 구체적으로 살펴보면, 1단계인 미확신 단계는 상대방이 나보다 더 잘못했다고 생각하며 사과에 대한 확신이 안 생겨서 망설이는 단계입니다.

　2단계는 주저함의 단계인데, 미안한 마음은 인정하나 상대방의 잘못도 있기에 먼저 사과를 한다는 것에 억울한 마음 혹은 아쉬운 마음을 갖는 단계입니다. 또는 사과를 안 하고도 그동안 잘 지내 왔는데 과거의 일을 가지고 굳이 이제 와 사과한다는 것에 주저하는 마음을 갖는 단계라고 할 수 있습니다.

　3단계는 조금 더 발전한 단계로 자신이 인정한 잘못에 대해서는 상대방에게 사과할 수 있는 단계입니다. 하지만 상대방의 반응에 영향을 받아 행동이 강화되거나 위축될 수 있습니다. 이 단계는 내가 사과하고 상대도 자신의 잘못에 대해 사과하기를 기대하거나 쉽게 나의 사과를 수용해 주길 바라지요. 그렇지 않을 때는 더는 '미안합니다'를 실천하지 않습니다. 일반적으로 사회적 예절로서 미안한 상황에서 '미안합니다'를 표시하는 정도입니다.

'자연스러운 미안함'의 단계인 4단계는 상대방이 서운한 감정을 전달하지 않았음에도 자신의 잘못과 자신이 준 상처가 자연스럽게 떠올라 미안하다고 먼저 진정한 사과를 하는 단계입니다. 4단계는 진심으로 상대방을 이해하고 존재의 감사에서 우러나는 진심의 '미안합니다'를 실천하는 단계입니다. 진정으로 미안하기에 상대방을 위해 무언가 해 주고 싶고 다음에는 이런 일을 다시 하지 않겠다는 의사표시를 하기도 하지요.

마지막 5단계는 사과와 용서의 기쁨을 누리는 단계입니다. 즉, '미안함'을 전할 수 있다는 것 자체에 감사하고 기뻐하는 단계를 의미합니다. 또한 자신이 받은 상처에 대해 타인의 상황이 이해되고 그 상처 된 사건이 더는 중요한 일로 여겨지지 않고 용서하게 되는 단계입니다. 5단계에 들어서서야 진정으로 자신의 상처에 대해 상대방이 사과하지 않더라도 용서할 수 있는 변화가 일어나지요. 비로소 자신의 성장과 기쁨을 함께 경험하게 됩니다.

과제 2-2는 S 과정에서의 자신의 발달 단계를 표시하는 표입니다. '미안합니다' 전 과정을 거친 후 자신의 발달 단계를 체크해 보세요. 주님과의 관계, 가족과의 관계의 발달이 각각 다를 수도 있습니다. 어느 관계에서 더 높은 발달 단계를 보이나요? 왜 그런 결과가 나타나는지 자신을 돌아보며 T 과정과 마찬가지로 4 단계 이상의 발달 단계에 진입할 수 있도록 함께 더 노력해 봅시다.

과제 2-2. '미안합니다(S)' 과정에서 자신의 발달 단계 표시하기

주님께 '회개(S)'

		체크
1단계	미확신	
2단계	주저함	
3단계	보상과 기대 (인정한 것에 사과)	
4단계	자연스러운 미안함	
5단계	용서받은 기쁨과 실천 의지	

가족과의 '미안합니다(S)'

		체크
1단계	미확신	
2단계	주저함	
3단계	보상과 기대 (인정한 것에 사과)	
4단계	자연스러운 미안함	
5단계	사과, 용서의 기쁨	

오늘의 과제

기본과제 1. 주님께서 여러분에게 이번 주 주신 성경 말씀과 이를 통해 깨달은 점은 무엇입니까?

기본과제 2. '고맙습니다' 실천하기

과제 1. '용서합니다'의 힘!: '용서합니다' 실천하기

과제 2. '미안합니다' 전체 평가하기
   2-1. '미안합니다' 평가하기
   2-2. '미안합니다' 과정에서 자신의 발달 단계 표시하기

이번 Practice 9에서는 주님의 고난을 묵상하며 '미안합니다' 실천과 함께 여러분에게 상처를 준 가족에게 진심으로 '용서합니다'를 말하는 것이 목표입니다. 여러분이 가족에게 진정으로 미안하다고 사과할 수 있으려면 하나님이 용서하시는 분이라는 것을 기억하고 하나님의 뜻이 용서를 실천하는 것임을 알아야 합니다. 또 진정한 용서는 여러분의 부정적 메모리 박스를 비우는 과정임을 기억해야 합니다. '용서합니다'를 통해 상대방을 대하는 여러분의 태도가 변화하고 여기에 '미안합니다'를 병행하면서 여러분이 먼저 변화하는 것입니다. 여러분의 변화를 통해 상대방도 변화할 수 있겠지요. 이렇게 '용서합니다'는 '미안합니다'를 강화하고, '미안합니다'를 말할 수 있도록 재충전해 줄 수 있습니다.®

여러분은 이제 주님께 진정으로 감사하며 회개하며 받은 은혜의 기쁨을 누릴 수 있나요? 그리고 가족을 진정으로 용서하고, 가족에게 진심으로 사과할 수 있나요? 주님의 은혜와 가족의 존재에 대한 감사와 진심 어린 미안함을 바탕으로 사랑이 완성됩니다. 다음 Chapter 10에서는 TSL 실천의 마지막 단계인 '사랑합니다'를 시작할 것입니다. 하지만 앞서 말씀드린 것처럼, '고맙습니다(T)'와 '미안합니다(S)'는 이 과정으로 끝나는 것이 아니며, '사랑합니다(L)'를 실천하면서도 지속되어야 하는 과제입니다.

Part 3

Love

○ 사랑합니다 ○

Thank you * Sorry * Love

Chapter **10**

크리스천의 사명: 사랑

❋ 사랑은 배우고 깨닫고 나누는 것

살아가는 힘의 원천: 욕망과 사랑

우리가 살아가는 데 원동력이 되는 두 가지가 있습니다. 바로 욕망과 사랑이지요. 욕망은 내가 바라고자 하는 마음에서 일어나는 것으로 자기 삶만을 중요하게 생각합니다. 욕망을 의지하여 고난을 이겨 내기도 하고 바라는 것을 쟁취하기도 하지요. 욕망을 따라 사는 삶이 세상에서 말하는 성공한 삶처럼 보이기도 합니다. 하지만 그 결과는 자만한 자가 되거나 밀려오는 공허함으로 인해 다시 넘어질 뿐입니다. 또는 자신이 원하는 것을 갖지 못했을 때는 좌절하게 되지요. 결국 욕망의 끝은 죄와 사망입니다.

하지만 사랑은 다릅니다. 사랑은 우리의 삶에서 고난을 극복하는 힘이 될 뿐 아니라 그 이후에도 우리에게 긍정적인 영향을 미치지요. 그 이유는 사랑의 힘으로 살아가는 사람의 중심에는 주님이 계시기 때문입니다. 크리스천은 감사와 회개, 용서를 통해 참사랑을 갖게 되고 그 사랑의 힘으로 당면한 어려움을 극복하게 되는 것이지요. 주님이 바라시는 선한 삶의 모습으로 살아가는 것을 의미합니다. 크리스천도 세상에서 실패를 경험하기도 하지요. 하지만 그들은 좌절하지 않습니다. 주님이 기뻐하실 일을 하는 과정에서 맞이한 실패는 주님의 뜻을 더 깊이 헤아리는 과정이 되기 때문입니다. 그들에게는 성공 뒤에 찾아오는 공허함도 없지요. 자신의 성공에 취하는 것이 아닌 하나님의 영광만을 생각하기 때문입니다. 우리에게 무언가 이루고 싶고, 달성하고 싶은 마음이 있다면 그것이 욕망인지, 사랑인지 다시 한번 잘 생각해 보아야 합니다. 크리스천의 진정한 삶의 원동력은 욕망이 아닌 사랑이 되어야 하지요.

인간이 살면서 가장 바라는 것은 행복입니다. 그런데 사랑 없이 행복한 삶을 사는 것은 불가능하지요. 이는 공기 없이 인간이 살 수 없다는 것과 마찬가지입니다. 사랑을 연구한 프롬(Fromm)은 "사랑이란 우리가 사랑하는 것의 생명과 성장에 대한 적극적인 관심"이라고 정의하였습니다. 라이프니츠(Leibniz)는 "사랑한다는 것은 사랑받는 그 대상을 행복하게 만드는 것에서 기쁨을 얻고자 하는 경향"이라고 하였지요(정옥분 외, 2005 재인용). 예수님께서는 사랑을 새로운 계명이라고 우리에게 말씀하셨습니다. 그런데 크리스천에게는 이 사랑을 하기 위해서는 예수님을 믿는 것이 전제되어야 하지요. 믿음, 소망 없이 사랑할 수는 없습니다.

사랑하는 일은 사랑을 받아 본 사람이 할 수 있다고들 말합니다. 그래서 우리는 사랑하지 못하는 사람을 보면 사랑을 받아 본 적이 없기 때문이라고 생각하지요. 그 말이 일리는 있지만, 모든 크리스천은 기본적으로 사랑을 받았기 때문에 해당되지 않습니다. 주님의 은혜로 우리가 살아간다고 믿는다면 이미 우리는 사랑을 받은 자입니다. 그래서 우리가 앞서 믿음을 이야기한 것이지요.

요한은 믿음의 아들 가이오에게 "사랑하는 자여 네 영혼이 잘됨 같이 네가 범사에 잘되고 강건하기를 내가 간구하노라"(요삼 1:2)라고 이야기하며 축복했습니다. 현재도 이 말씀을 많이 인용하며 사랑하는 사람들을 축복합니다. 앞으로도 범사에 잘되고 강건하기를 간구하는 일도 중요하지만, 이미 많은 사랑을 받았다는 것을 먼저 깨달아야 합니다.

우리는 우리의 죄 때문에 하나님과 원수가 되었습니다. 그럼에도 우리는 그리스도께서 십자가에서 흘리신 피로 다시 평화의 길을 얻게 되었지요(롬 5:10). 예수님께서는 우리를 사랑하시기 때문에 죽으셨습니다. 이 놀라운 사실을 믿으면 영원히 구원받습니다. 그래서 우리의 믿음은 금보다 귀한 것이지요. 어떤 것도 우리를 예수 그리스도 안에 있는 하나님의 사랑에서 끊을 수 없습니다(롬 8:39). 믿음이 없고 소망이 없다면 우리가 받은 사랑을 깨달을 수도 없고, 사랑을 할 수도 없지요. 우리는 이 크고 놀라운 하나님의 사랑을 믿었기에 그리고 소망을 품었기에 크리스천이라 불리게 된 사람임을 기억해야 합니다.

하나님이 세상을 창조하시고 아담과 하와에게 아름다운 에덴동산을 누리며 살 수 있도록 허락하셨습니다. 하지만 아담과 하와는 하나님과의 약속을 어기고 선악과를 먹어 죄에 빠졌고 회개 커녕 서로 남 탓만 하지요. 이로 인해 하나님께서는 아담과 하와를 에덴동산에서 쫓아낼 수밖에 없었지만, 이들을 위하여 가죽옷을 만들어 입혀 내보내셨습니다(창 3:1-21). 이는 그들을 끝까지 보호하기 위한 하나님의 사랑이었지요. 그러나 우리는 아담의 때부터 지금까지 하나님 앞에서 계속 죄를 짓고 살아갑니다. 구약성경에는 그런 우리의 모습이 잘 나타나 있지요. 하지만 그 고리를 끊기 위해 예수님께서 이 땅에 오셔서 우리의 죄를 대신 담당해 주셨습니다. 용서받고 죄로부터 해방된 우리는 우리의 모자람을 인정하고 주님 앞에서 더 겸손해지게 됩니다. 주님 앞에 겸손해질 때 우리의 믿음은 더 굳건해지고 참된 소망을 갖게 됩니다. 이 믿음이 있어야만 우리는 사랑을 알 수 있습니다. 크리스천은 받은 은혜로부터 사랑을 느끼고 배우게 됩니다. 우리는 예수님의 사랑을 알기에 사랑을 할 수 있으며 모든 것 위에 사랑을 더 할 수 있게 됩니다(골 3:14).

이렇듯 크리스천은 예수님의 사랑을 깨닫게 되면서 동시에 사랑을 배우게 됩니다. 크리스천의 사랑은 자신의 에너지와 소중한 것을 다른 사람에게 나누어 주는 것입니다. 우리는 우리의 죄를 사하시기 위해 십자가에 달리신 예수님처럼 우리의 모든 것을 다 내어 줄 수는 없어도, 예수님을 따라 사랑하는 삶을 살고자 노력해야 하지요. "주는 것이 받는 것보다 복이 있다"(행 20:35)라는 말씀처럼 사랑은 주는 것입니다. 사랑은 가지고 있는 것을 나누는 것이고, 이것이 사랑의 본질입니다. 사랑을 나눌 수 있는 것은 인간과 동물의 차이이기도 합니다. [그림 10-1]에서 볼 수 있듯이, 동물은 신체 중심적이고 자기중심적입니다. 하지만 인간은 문명적 존재이기 때문에 경제적·사회적·신체적·정신적 에너지를 다른 사람과 나눌 수 있습니다. 예수님 또한 이처럼 우리를 다차원적으로 사랑해 주셨지요. 예수님께서 보여 주신 사랑과 같이 내가 할 수 있는 것을 상대방에게 나눠 주어야 합니다. 주님께서는 "새

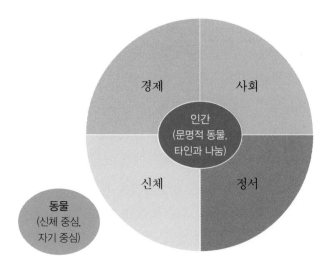

[그림 10-1] 사랑의 차원

계명을 너희에게 주노니 서로 사랑하라"(요 13:34)라고 말씀하시며, 주님을 사랑하면 새 계명을 준수하라고 하셨습니다(요 14:15). 사랑을 실천하지 못한다면 예수님의 제자가 되지 못하는 것이지요. 주님의 말씀대로 사는 것이 크리스천입니다.

사랑은 쇼(show)를 하지 않고 진심으로 모든 것을 행하는 것입니다. 진심으로 위하고 아껴 주는 것이지요. 아내를 사랑한다면 진심으로 존경해야 합니다. 아내를 위해 무엇을 해 줄 수 있을까 생각을 가져야 하지요. 이는 남편과 자녀, 부모님에게도 마찬가지입니다. 사랑한다면 그들을 위해 무엇을 해 줄 수 있을까 생각해야 합니다. 그래서 사랑의 시작은 기도와 대화입니다. 기도로 하나님과 소통하면서 하나님이 바라시는 것을 구해야 하고, 가족에게는 원하는 것을 직접 물어보며 소통해야 하지요. 또한 "하나님이 우리에게 주신 것은 두려워하는 마음이 아니요 오직 능력과 사랑과 절제하는 마음이니"(딤후 1:7)라는 말씀과 같이, 사랑은 우리의 욕심대로가 아닌 일정 부분 절제가 필요합니다. 주님의 말씀에 따라서 우리가 받은 것에 감사, 회개, 미안함, 용서가 쌓이면 욕심보다는 절제가 자연스럽게 되고 사랑할 능력이 생기게 됩니다. 반면, 교만한 자는 사랑할 수가 없습니다. 교만한 자, 자기 스스로 자랑하는 자, 부모를 거역하는 자들은 사랑하는 자들이 아니지요. 하나님께서는 이들을 미워하십니다(롬 1:30-32).

모든 사람은 사역자, 교육자, 부모, 자녀 등 각자 맡은 역할에 맞는 은사를 사모해

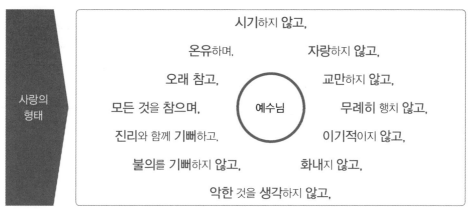

[그림 10-2] 사랑의 모습

야 합니다. 사랑이 없는 교육과 방언과 구제는 무의미하지요(고전 13:1-3). 사람에게는 각각의 역할이 있습니다. 역할 수행에 있어서 다른 사람을 교육하거나 구제할 때는 사랑으로 해야 합니다. 주님은 사랑이시기에(요일 4:8) 주님의 모습으로 다른 사람을 도와줘야 하지요. [그림 10-2]와 같이, 성경에서는 고린도전서 13장을 통해 사랑의 모습을 정리하고 있습니다. 사랑은 오래 참고 온유하며 시기하지 아니하며 자랑하지 아니하며 교만하지 아니하며 무례히 행하지 아니하며 자기의 유익을 구하지 아니하며 성내지 아니하며 악한 것을 생각하지 아니하며 불의를 기뻐하지 아니하며 진리와 함께 기뻐하고 모든 것을 참으며 모든 것을 믿으며 모든 것을 바라며 모든 것을 견디는 것입니다(고전 13:4-7). 이 말씀에 '사랑'이라는 단어 대신 '예수님'을 넣어 보면 모든 말씀이 이해됩니다. 하지만 자신의 이름을 넣으면 이해가 되지 않지요. 고린도전서 13장 4절부터 7절까지가 예수님의 모습과 마음이자 크리스천이 배우고 따라야 하는 사랑의 형태입니다.

자녀가 나의 지도나 훈계를 듣지 않는다고 금방 화를 내면 안 됩니다. 또한 다른 사람의 잘됨을 시기하지 않아야 하며, 자신이 이룬 성과로 자만하거나 타인을 비하하지 말아야 하지요. 남의 것을 속여서 빼앗고 사리사욕을 채우지 않아야 합니다. 그리고 우리는 분노하거나 슬퍼하지 않고, 진리와 함께 기뻐하며 우울에 빠지지 않아야 하지요. 이러한 삶을 살 때, 내 삶에 방해가 되는 것이 나타난다고 하더라도 참고 견딜 수 있고, 주님의 사랑을 믿으며 주님을 만날 소망을 가지고 살아갈 수 있습니다. 또한 사랑을 행할 때는 자신이 다른 사람보다 우위에서 베푼다는 식으로 교만한 마음으로 상대를 무시하면서 행하면 안 됩니다. 사람들이 내가 기대한 것보다 관심을 덜 보이더라도 금방 화를 내서는 안 되지요. 자기 이익을 구하면서 사욕을 위해 겉으로만 나눔의 모습을 흉내 내서도 안 됩니다. 아까워하거나 억지로 뺏기는 듯한 우울한 모습으로서가 아니라 진리와 함께 기뻐하고, 하나님께서 기뻐하실 거란 믿음을 가지고 사랑을 실천할 때 예수님의 참 제자가 될 수 있습니다.

　믿음, 소망, 사랑은 끝까지 남는데 "그 중의 제일은 사랑"(고전 13:13)입니다. 그리고 "너희 모든 일을 사랑으로 행하라"(고전 16:14)라고 말씀하시지요. 사랑이 없다면 행복뿐만 아니라 존재의 의미가 없습니다. 사랑은 우리의 존재의 의미이자 크리스천이 반드시 해야 할 사명입니다.

※ 사랑의 대상: 누구를 사랑해야 하는가

　[그림 10-3]에서 볼 수 있듯이, 사랑의 첫 번째 대상은 주님이십니다. 태초부터 나를 선택하셔서 지으시고, 나의 죄를 용서해 주시기 위해 돌아가시고, 부활하셨고 구원하여 주셨을 뿐 아니라 매일의 삶까지 인도해 주시는 나의 주님이 내가 사랑해야 하는 첫 번째 대상입니다. 우리는 사랑하면 다른 사람에게 사랑하는 사람을 소개하고 싶어집니다. 주님께서도 우리에게 지혜, 힘, 부유함과 같은 것을 자랑하

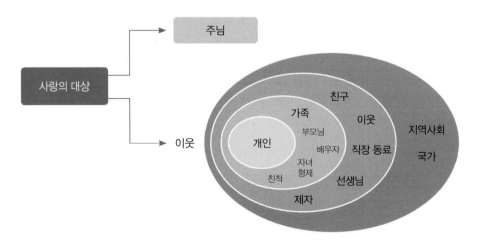

[그림 10-3] 사랑의 대상

는 것이 아닌 오직 "명철하여 나를 아는 것과 나 여호와는 사랑과 정의와 공의를 땅에 행하는 자인 줄 깨닫는 것"(렘 9:24)을 자랑하라 하셨습니다. 주님을 진정으로 사랑한다면, 주님을 자랑하는 것에서 그치는 것이 아닌 주님을 본받고자 하는(엡 5:1) 열망이 생길 것입니다. 그래서 성경은 "너희 아버지의 자비로우심 같이 너희도 자비로운 자가 되라"(눅 6:36), "내가 너희를 사랑한 것 같이 너희도 서로 사랑하라"(요 15:12)라고 말씀합니다. 그리스도께서 우리를 사랑하셔서 자기를 바쳐 향기로운 제물이 된 것과 같이(엡 5:2) 우리도 예수님의 사랑을 본받아 사랑하고 싶어지지요. 우리가 사랑한다는 것은 외롭고 힘겨운 가운데서 하는 것이 아니라 사랑을 넉넉히 받은 자로서 그 은혜를 흘러가게 하는 것을 의미합니다.

　그러면 주님은 본받고 싶은 우리가 하나님 다음으로 누구를 사랑해야 할까요? [그림 10-3]과 같이, 그 두 번째 대상은 나 자신이 아니고 나의 형제, 이웃입니다. 주님을 사랑하게 되면 주님께서 우리를 사랑하시고 또한 많은 사람을 사랑하시는 줄 깨닫게 됩니다. 사랑을 받은 자만이 사랑을 할 수 있는 것처럼, 하나님의 사랑을 받은 우리는 거짓 없이 진심으로 뜨겁게 사랑할 수 있습니다(벧전 1:22). 주님은 나만 사랑하시는 것도 아니고, 내가 무엇을 잘했기 때문에 조건적으로 사랑해 주시는 것도 아닙니다. "여호와께서 이르시되 네가 수고도 아니하였고 재배도 아니하였고 하룻밤에 났다가 하룻밤에 말라 버린 이 박넝쿨을 아꼈거든 하물며 이 큰 성읍 니느웨에는 좌우를 분변하지 못하는 자가 십이만여 명이요 가축도 많이 있나니 내가 어찌 아끼지 아니하겠느냐"(욘 4:10-11). 이 말씀처럼, 우리는 하나님께서 나만을 사랑하시는 것이 아니라 모든 생명을 사랑하신다는 것을 알 수 있습니다. 하나님께서는 이스라엘의 원수이지만 니느웨 사람들을 사랑하셔서 니느웨를 구원하기 위해 요나를 보내 그 사명을 감당하게 하셨습니다. 이처럼 하나님의 큰 사랑과 같이 멀리 있는 다른 사람, 원수까지도 사랑해야 하지만, 나의 가족, 어머니, 아버지, 남편, 아내, 형제, 자녀, 조카와 같이 가까이 있는 사람을 먼저 사랑해야 합니다. 가족도 사랑하지 못하고 어떻게 다른 이들을 사랑할 수 있겠습니까? 우리가 사랑한다고 하는 것은 아무에게도 악을 악으로 갚지 말고 모든 사람 앞에서 선한 일을 도모하는 것으로 사람과 더불어 화목하는 것(롬 12:17-18)입니다. 많은 사람과 화목하는 첫 번째가 바로 나와 같이 사는 사람, 나와 관련된 사람과 화목하는 것이지요. 멀리 수천 킬로 떨어진 다른 나라 사람이나 다른 나라 악인들에 대한 사랑도 중요합니다. 하지만 먼저

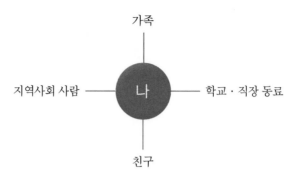

[그림 10-4] 환경 속의 '나'

내가 같이 살고 있고 내가 만나는 사람, 부모, 아내와 남편, 자녀, 형제와 자매, 직장 동료, 제자와 선생님, 내가 만나는 고객 등을 사랑해야 합니다. "온 율법은 네 이웃 사랑하기를 네 자신같이 하라 하신 말씀에서 이루어졌나니"(갈 5:14) 하나님께서 진실로 원하시는 것은 우리가 거룩하고 정결하게 말씀에 순종하며 사는 것과 하나님을 사랑하고 내 이웃을 먼저 사랑하는 것입니다. 이렇게 하나님과 내 가족과 내 이웃을 사랑하는 것이 우리의 사랑의 대상입니다.

사랑에는 거짓이 없습니다. 우리 크리스천이 거짓 없이 사랑할 수 있는 이유는 하나님의 사랑을 경험했기 때문입니다. "사랑의 빚 외에는 아무에게든지 아무 빚도 지지 말라 남을 사랑하는 자는 율법을 다 이루었느니라"(롬 13:8)라는 말씀처럼, 서로 사랑하면서 함께 베푼다면 율법을 완성하게 될 것입니다. 사랑은 결코 이웃을 해치지 않습니다. 나는 내 가족을 비판하기 전에 먼저 사랑해야 할 것입니다. [그림 10-4]처럼, 내 가족을 먼저 사랑하고 나와 연결된 친구, 학교·직장 동료, 지역사회, 즉 이웃을 사랑해야 합니다. 더 나아가 예수님은 자신을 사랑하는 자만 사랑하지 말고, 세리나 이방인과 같은 내 주위에 있는 사람들을 모두 사랑하라고 말씀하십니다(마 5:46-48). 심지어 원수를 사랑하고 너희를 핍박하는 사람을 위해 기도하라고(마 5:43-44) 하셨지요. 이는 우리가 아는 모든 사람을 사랑하라는 말씀이십니다. 특히 예수님은 가난한 자와 어려운 사람을 더 사랑해야 한다고(눅 14:12-14) 말씀하셨습니다. 우리가 사랑을 행할 때 주님은 우리의 사랑을 모두 갚아 주십니다. 그러니 아쉬움과 두려움을 품지 말고 기쁨으로 사랑해야 합니다.

❋ 기도와 사랑

　　그리스도를 믿는 우리가 사랑을 실천하기 위해 할 수 있는 첫 번째 방법은 기도하는 것입니다. 기도로 사랑하는 마음과 사랑하는 데 필요한 지혜를 구하는 것이라고 할 수 있지요. 성경에서는 유대인에게나 이방인에게나 하나님의 교회의 '거치는 자'가 되지 말라고(고전 10:32) 합니다. 거치는 자가 되지 않기 위해서는 주님과 항상 소통해야 하지요. 우리의 힘으로는 사랑을 할 수 없으므로 사랑을 실천하기 위한 첫 번째 방법은 사랑의 본체이신 하나님께 사랑하는 사람이 되기를 간구하는 것입니다. [그림 10-5]와 같이, 하나님께 기도함으로 사랑하는 마음과 지혜와 명철을 찾게 되고 그 힘으로 우리는 사랑할 수 있습니다. 기도를 통해 주님이 얼마나 우리를 사랑하셨는지 깨닫게 되고 그 은혜에 감사하여 주님을 더욱 사랑하게 되지요. "나를 사랑하는 자들이 나의 사랑을 입으며 나를 간절히 찾는 자가 나를 만날 것이니라"(잠 8:17)라는 말씀과 같이 우리는 하나님께 기도함으로 하나님의 사랑을 구하고, 하나님 보시기에 선한 행동을 할 수 있도록 간구하며, 이웃을 위해 기도할 수 있어야 합니다. 우리가 사랑하는 것은 주님께서 먼저 우리를 사랑해 주셨으므로(요일 4:19) 우리도 나의 형제, 이웃을 사랑할 수 있음을 기억하고, 기도하며 사랑을 실천하는

기도 · 사랑을 깨달음

기도

주님의 사랑과 은혜를
깨달음

사랑할 수 있는 능력을 간구함

주님께서 나의 손을 잡아 주심

이웃 사랑을 실천함

우리가 사랑함은 그가 먼저
우리를 사랑하셨음이라

(요일 4:19)

[그림 10-5] 기도와 사랑

것입니다.

진심을 다한 간절한 기도는 나의 죄를 용서하시고 살려주신 예수님의 사랑을 깨닫게 하고, 그 사랑에 더 가까이 가는 것을 간구하게 합니다. 또한 기도 중에 내가 사람들에게 하나님의 말씀을 전하는 방안도 여쭈어 보게 되지요. 기도를 통해 하나님과 대화하고 사랑하는 능력을 얻게 되므로 사랑의 시작은 기도라고 할 수 있습니다. 나를 위한 기도를 넘어 다른 사람을 위해 기도해야 합니다. 바울은 바울과 함께 사역하는 이들을 위하여 기도하여 달라고 요청합니다. 이 기도로 주님께서 축복을 주시고 그 모습에 또 많은 사람이 하나님께 감사드리게 된다고 이야기하지요(고후 1:11). 타인을 위해 기도하는 것은 그 사람을 주님께 더 가까이 가게함을 바람이요. 그리고 그 사람을 사랑하며 미워하거나 시기, 질투, 분쟁하지 않고 용서하는 마음을 간구하는 것입니다. 이처럼 우리가 타인을 위해 드리는 기도는 주님께서 기뻐하시는 일이며, 그 기도를 통해 사람들이 힘을 얻고 또 주님을 찬양하게 됩니다.

[그림 10-6]은 그리스도를 믿는 우리가 하나님의 인도하심으로 인해 자신의 욕심을 정화하여 산 소망을 갖게 되며 하나님의 마음을 본받아 사랑할 수 있게 됨을 설명하고 있습니다. 우리의 욕심으로 인한 오수와 폐수는 죄를 만들고 결국 사망에 이르게 합니다(약 1:15). 그래서 이 오수와 폐수는 반드시 정화되어야 하지요. 정화하는 방법은 기도를 통해 소망의 하나님을 믿음으로 성령의 능력으로 기쁨과 평강으로 정화할 수 있습니다(롬 15:13). 즉, 하나님께서 주시는 믿음과 소망의 정화조를 통과해야만 T와 S의 새로운 정수로 변화될 수 있지요. 우리는 욕심으로 인해 사랑

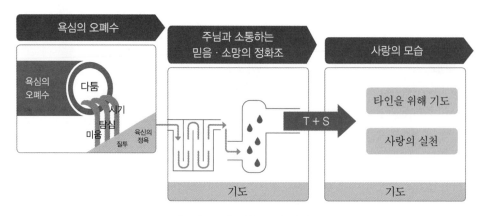

[그림 10-6] 믿음, 소망, 사랑

할 수 없으므로 하나님께 기도하여 허다한 죄를 덮을 힘을 지닌 사랑을 간구해야 합니다. 그 사랑으로 무엇보다도 뜨겁게 서로 사랑해야 하지요(벧전 4:8).

우리가 사랑을 실천할 때는 각자 받은 은사와 은혜대로 사랑해야 합니다. 청지기로서 맡은 바 임무를 다하고, 다른 사람을 위해 함께 봉사하는 것이지요. 주님께서 우리를 사랑하신 것처럼 우리도 다른 사람을 사랑하되 불평하지 말고 사랑해야 합니다(시 37:7-8). 사랑받고 사랑하는 우리는 결코 거치는 자가 될 수 없습니다. 사랑은 허다한 죄를 덮으므로 우리 주변에 있는 사람을 사랑해 주어야 합니다. 하나님께서 지금까지 우리를 사랑하신 것 같이 앞으로도 사랑하시고 인도하실 것임을 믿고 가족과 이웃을 사랑해야 하지요. 가족과 이웃에 대한 사랑은 그들이 나를 사랑할 때까지 기다리는 것이 아니라, 내가 먼저 가족과 이웃을 사랑하는 것입니다. 사랑은 새로운 힘을 주기 때문에 미운 자가 있더라도 비방하지 말고 불평하지 말고 마음속으로 용서해야 합니다. 이는 성경에서도 "서로 대접하기를 원망 없이 하고"(벧전 4:9)라고 명령하고 있습니다. 이것이 그리스도를 믿는 우리에게 중요한 삶의 태도이지요. 우리가 하나님의 말씀을 전하는 것도 다른 사람을 사랑하는 것이라고 할 수 있습니다. 즉, 하나님께서 주신 사랑의 힘을 사용하여 가족과 이웃을 사랑하고 주님의 영광이 드러나게 하는 것이 주님의 말씀을 전하는 것입니다. 이로써 사랑은 우리가 받은 사명임을 알 수 있게 되지요. 우리가 사랑을 실천하는 것은 주님께 영광을 돌리는 것입니다. 나 자신이 하나님의 사랑을 받았다고 생각하면 먼저 기도하고 사랑해야 합니다.

❋ 사랑이 안 되는 이유

우리가 사랑을 실천하려고 해도 잘 안 되는 이유는 우리가 하나님을 인정하면서도 주님이 좋아하시는 일을 하지 않기 때문입니다. 이는 그리스도의 사랑을 겸손하게 받아들이지 못하고 감사와 믿음이 적은 가운데 주님의 일에 대한 소망마저 없기 때문입니다. 지금 이 세상 각 분야의 많은 리더가 서로의 부족한 부분을 보완하고 힘을 합해 좋은 세상을 만드는 데 몰두하기보다 서로 비방하고 싸우는 데 힘을 쏟는 듯합니다. 또 많은 단체의 리더들은 자신과 단체 구성원만의 이익을 위해 본래 존재하기로 한 목적을 잊은 채, 비방으로 타인을 무너뜨리는 데 열심을 내는 것 같습니다. 그러나 이는 사익만을 탐닉한 것으로 주님 보시기에 선한 일이 아닙니다. 사회 리더들도 일반인도 상호 비방하며 온·오프라인 세상에서 사욕을 취하는 행위를 멈추어야 합니다. 하지만 매우 슬프게도 우리 사회는 이미 타인에 대한 비방과 욕설을 많이 사용하는 사회가 되어 버렸습니다. 이것은 하나님 보시기에 좋지 않습니다. 너무나 슬픈 일입니다. 가정에서도 형제자매가 상호 비방하며 서로에게 악한 사람이 되어서는 안 됩니다. 우리는 믿음이 연약해진 채 서로 비판하고 이로 인한 상처를 잊지 못해 또 서로를 헐뜯습니다. 우리는 겸손하지 못해서 사랑하지 못하고, 세상 것을 너무 사랑한 나머지 하나님을 사랑하지 못합니다. [그림 10-7]처럼 그리스도인으로서 사랑하기 힘든 이유는 겸손이 부족하고 믿음과 소망이 강건하지 못하기 때문이지요. "믿음이 연약한 자를 너희가 받되 그의 의견을 비판하지 말라"(롬 14:1)는 말씀은 가까운 사람의 행동이 맘에 안 든다고 비판하는 것 대신 겸손함으로 그를 이해하고 사랑으로 받아들이기 위해 노력해야 한다는 의미입니다. "어떤 사람은 모든 것을 먹을 만한 믿음이 있고 믿음이 연약한 자는 채소만 먹느니라"(롬 14:2)라고 말씀하시며 우리가 알지 못하는 타인의 영역을 비판하는 것은 선하지 못하다고 가르치십니다. 오히려 비판하기보다 그 사람의 입장에서 이해하고 내가 도와줄 수 있는 것을 찾아보는 일이 필요하지요. 이것이 예수님의 사랑을 전하는 방법이기도 합니다. "우리가 살아도 주를 위하여 살고 죽어도 주를 위하여 죽나니 그러므로 사나 죽으나 우리가 주의 것이로다"(롬 14:8)와 같이 우리가 할 수 있는 일은 예수님을 다시 만날 소망을 가지고 사랑을 실천하는 일입니다. 궁극적으로 크리스천 TSL은 사랑을 실천하는 것이지요. 우리가 하나님을 기쁘시게 하는 행동은 서로 사랑하는 것이며 거룩하고 정의로운 행동으로 하나님을 뵐 때까지 소망을 가지고 사는 것입니다. 혹시 주변에 시한부 종말론자나 이단자가 있다 하더라도 이들과 논쟁하기보다는 성실히 살기를 권면하되 이들과는 멀리해야 합니다. 논쟁함으로 이들을 변화시키는 것은 우리의 능력 밖의 일이지요. 주님의 영역입니다.

[그림 10-7]에서 보는 바와 같이, 사랑을 하지 못하는 이유는 내가 최고라는 생각에 교만하고 겸손함이 없어지며 하나님께서 주신 믿음과 소망을 잊어버리기 때문입니다. 이기적인 내 욕심이 내 마음을 가득 채우고 타인과 세상을 향해서는 아쉬움, 불만, 비방, 화가 부풀어 오릅니다. 겸손함이 없어진 자리에는 감사도 사라지고

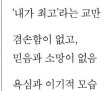

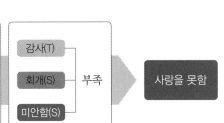

[그림 10-7] 사랑을 하지 못하는 이유

믿음과 소망을 잊은 자리에는 회개와 미안함이 부족해져서 결국 사랑을 하지 못하게 되는 것이지요.

"각각 거룩함과 존귀함으로 자기의 아내 대할 줄을 알고"(살전 4:4)라고 말씀하신 것처럼, 아내는 남편을 사랑하고 남편은 아내를 사랑하여 깨끗하고 존경하는 마음으로 부부생활을 해야 합니다. 그리고 부부는 그 사랑의 범위를 넓혀 부모, 자녀, 형제자매를 사랑해야 할 것입니다. "아무도 비방하지 말며 다투지 말며 관용하며 범사에 온유함을 모든 사람에게 나타낼 것을 기억하게 하라"(딛 3:2)는 말씀을 늘 마음속에 두고 생각해야 합니다. 이는 생각이 서로 다를 때 다툴 수 있고 이로 인해 속상함과 상처가 생기고 이 때문에 또다시 서로를 비방하고 비판하게 될 수 있기 때문입니다. 그러나 항상 내가 옳은 것이 아니고 나와 다투는 그들 또한 하나님이 사랑하는 존재임을 기억하며 참고 이해하려고 노력해야 하지요. 하나님께서는 나도 사랑하시고 나와 다투는 형제와 자매도 사랑하십니다. 우리 모두 하나님의 자녀이지요. 따라서 나와 다툰다고 그들을 비방하면 안 됩니다. 우리는 어리석게도 하나님께서 나만 사랑하신다고 착각에 빠집니다. 기도하면서도 하나님께서는 나만을 사랑하신다고 생각하지요. 그런데 누가 하나님을 더 사랑하는지는 아무도 알 수 없고, 오직 하나님만 알고 계십니다. 하나님께서 나를 사랑하시는 것은 맞지만 결코 나만 사랑하시지 않는다는 사실을 기억하세요. 하나님께서는 이방인도 사랑하시고 하나님의 원수 된 자, 나와 다투는 자도 사랑하십니다. 따라서 다른 사람이 나의 이익과 주장에 맞지 않는다는 이유로 다른 사람을 비방하고 정죄하면 안 됩니다. "네 원수가 주리거든 먹이고 목마르거든 마시게 하라 그리함으로 네가 숯불을 그 머리에 쌓아 놓으리라"(롬 12:20)라는 말씀과 같이, 나의 원수라도 먹이고 대접하는 것이 하나님의 사랑을 실천하는 것입니다. 우리는 로마서 12장 20절 말씀을 읽으면서 원수의 머리에 숯을 쌓는 것만 생각하기 쉬운데, 이보다 나의 원수에 대한 심판은 하나님의 몫이고 우리가 할 수 있는 것은 단지 그 사람을 먹이고 따뜻하게 선대하는 것이라고 이해하는 것이 옳습니다. 이런 방식으로 원수를 사랑하는 것이 주님을 닮은 사랑이지요. 남편이나 아내가 내 마음에 들지 않게 행동한다고 해서, 부모님이 나의 형제자매들을 편애하셨다고 해서, 배우자와 부모님을 비판하는 것은 옳지 않은 일입니다. 우리가 다른 사람을 사랑한다는 것은 주님에 대한 믿음과 소망으로 지금까지 받은 사랑을 실천할 수 있는 것입니다. 따라서 내가 가진 에너지를 다른 사람을 위해 먼저 사용하여 겸손하게 사랑하는 것이 크리스천의 사명입니다.

Practice **10**

L 회상하고 인정하여 실천하기:
원하는 것을 주는 것이 사랑[1)

여러분은 '크리스천 TSL'에 참여하여 지금까지 T 과정과 S 과정을 배우고 실천하였습니다. 그동안 주님과 또 가족과 어떤 변화가 있었나요? 긍정적 변화가 있었다면 그 힘으로 L 과정을 배워 보겠습니다. 지금까지 T와 S를 열심히 실천한 가장 중요한 이유는 이번 시간부터 배우는 L 과정을 실천하기 위함입니다. T와 S가 잘 쌓일수록 L을 더 잘 실천할 수 있습니다. 그러면 오늘도 '고맙습니다' '미안합니다' '용서합니다'를 사랑하는 주님과 가족에게 진심으로 실천해 보세요.

사랑의 실천은 당연한 듯 보이지만 가장 어려운 일입니다. 앞서 살펴본 것처럼, 사랑은 반드시 배워야 하고 깨달은 바를 나누는 것입니다. 나누려는 의지를 갖는 것과 나누려는 의지를 실천하는 것이 바로 사랑입니다. 여러분이 가진 것을 상대와 나누는 과정이 TSL의 과정이지요. 돈이 많거나 권력이 있을 때 그 힘으로 사랑받는 것이 아니라 그 힘을 가족과 나누고 소통할 때 서로 사랑하게 되는 것입니다. 주님이 크고 강하신 분이긴 하지만 우리가 주님을 사랑하는 이유는 주님께서 우리를 사랑

---

1) 실천(Practice) 장들은 기존 TSL(김재엽, 2014; 2023)의 과제와 설명을 사용하였으며 크리스천 TSL 과제와 설명 그리고 사례를 추가하여, 재구성하였음

하여 주사 그리스도를 통해 십자가 사랑을 보여 주셨기 때문일 것입니다. 주님의 나눔의 모습이야말로 진정한 사랑 실천의 본입니다.

❀ 원하는 것 알고 이야기 듣기: 회상하기

먼저, 나눔의 의지를 다지기 위해 무엇을 나누고 싶은지, 또 나눌 수 있는지 살펴보도록 하겠습니다. 나눔은 서로 간의 주고받음입니다. 한쪽이 일방적으로 자신의 생각대로 나누는 것은 진정한 사랑이 되기 어렵습니다. 연애할 때 "그녀를 위해 나는 모든 것을 다 주었다."라고 하면서 상대방이 원하지 않는데 일방적으로 다가가는 것은 사랑이 아니고 폭력으로 발전할 수 있지요. 사랑은 상대가 원하는 것을 나누는 것이며, 그러기 위해서 먼저 해야 할 일은 상대가 원하는 것이 무엇인지 소통하는 작업이 중요합니다. 주님께서 우리에게 보여 주신 사랑도 이와 같습니다. "여호와여 주께서 나를 살펴보셨으므로 나를 아시나이다 주께서 내가 앉고 일어섬을 아시고 멀리서도 나의 생각을 밝히 아시오며 나의 모든 길과 내가 눕는 것을 살펴보셨으므로 나의 모든 행위를 익히 아시오니 여호와여 내 혀의 말을 알지 못하시는 것이 하나도 없으시니이다"(시 139:1-4)라고 한 시편 기자의 고백처럼, 우리를 만드시고 돌보시는 주님은 우리의 모든 것을 알고 계십니다. 잘 알고 계시기에 우리의 필요도 아시고 채워 주시는 것이지요. 그 무엇보다 우리의 죄의 문제, 죽음의 문제를 해결해 주시는 것이 가장 중요하였기에 독생자 예수 그리스도를 통해 구원을 베풀어 주셨습니다. 이처럼 우리는 사랑의 나눔이 무엇인지 주님을 통해 배웠습니다.

주님은 우리가 말하지 않아도 우리의 모든 것을 낱낱이 아시지만, 우리는 주님과 같은 신이 아니기에 묻고 듣지 않는다면 상대가 원하는 것을 알 수 없습니다. 그래서 이번 시간 과제는 주님께 그리고 가족에게 내가 무엇을 하면 당신이 기쁘겠는지 묻고 또 나는 당신이 이렇게 해 주면 기쁘겠다고 이야기하는 것입니다. 즉, 주님이 기뻐하실 일을 생각해 보고, 또 언제 주님의 사랑을 느끼는지 적어 보는 것이지요. 그리고 가족 간에는 서로가 서로에게 원하는 것이 무엇인지 이야기해 보는 것입니다. 여러분 중 어떤 분은 '말하지 않아도 뭘 원하는지 알아.' '이심전심이지.' '평소에도 잘 알아서 하는 걸.'이라고 생각할 수도 있지만, 지금까지의 실천 과정에서 강조되었던 것처럼 중요한 것은 직접 묻고 표현하는 것입니다. 여러분이 가족에게 해 주고 싶은 것을 일방적으로 나누는 것이 아닌 상대가 원하는 것을 해 줌으로써 관계 변화가 시작될 수 있습니다. 상대를 위한다고 내 방식대로 하는 사랑은 상대방이 기대하는 사랑의 개념과 다를 수 있습니다. 얼마나 많은 것을 주었냐가 중요한 것이 아닌 상대가 원하는 것을 나누는 것이 중요합니다.

　다음의 사례를 잘 읽어 보고, 이어지는 과제를 수행해 보세요.

　예를 들어, 자기 자신이 상당히 로맨틱하다고 생각하는 남편과 이벤트 중심이 아니라 서로 같이 시간을 보내며 존중해 주는 것을 원하는 아내가 있습니다. 남편은 청소나 빨래 등 가사 분담도 잘합니다. 교회 출석이나 여행 시 준비물들도 먼저 챙깁니다. 아내를 위해 이동 중에 도로 상황도 미리 확인하고 이동하는 상황에 맞는 음악까지 준비하는 세심함을 갖추었지요. 그리고 기념일도 꼭 챙기며 이벤트를 준비합니다. 남편은 아내가 자기의 사랑을 칭찬하지도 않고 인정하지 않는다고 불평하지요. 그런데 아내는 남편이 자신을 진정으로 사랑한다고 생각하지 않습니다. 그 이유는 남편은 자주 늦게 귀가하며 자기 생각과 다르거나 일이 생각대로 되지 않을 때 갑작스럽게 짜증을 내거나 화를 냅니다. 아내가 생각하는 사랑은 가사 분담이나 이벤트 중심이 아니라 화를 줄이고 가족과 시간을 더 보내며 다정한 얘기를 나누는 것입니다. 이들 부부는 서로가 마음에 들지 않습니다. 과연 누구의 잘못일까요? 여러분은 이런 오해를 벗어나기 위해서 그동안 노력해 왔던 T와 S를 바탕으로 서로가 원하는 바를 확인하여야 합니다.

과제 1. 소중한 이들의 원하는 것 알아 보기

주님이 나에게 원하는 것
내가 주님께 바라는 것

가족이 나에게 원하는 것	
누구	나에게 원하는 것
○○○	
○○○	
내가 가족에게 원하는 것	
누구	내가 바라는 것
○○○	
○○○	

〈사례 10-1〉은 참여자가 작성한 것입니다. 사례에서 볼 수 있듯이, 주님이 기뻐하실 일, 가족이 여러분에게 원하는 것 그리고 여러분이 가족에게 원하는 것은 실제로 큰 것이 아닙니다. 물어보기 전에는 좀 어색하고 어려울 수 있지만, 한번 서로의 마음속에 있는 것들을 확인해 보세요. 자주 소통하면 자연스러운 기쁨이 생기게 됩니다.

사례 10-1 | 여, 30대 초반, 비영리단체 근무 |

주님이 나에게 원하는 것	
기뻐하며 감사하며 지내는 것, 약자를 사랑하는 것	
내가 주님께 바라는 것	
항상 사랑해 주시는 것, 용서해 주시는 것	
가족이 나에게 원하는 것	
누구	나에게 원하는 것
부모님	아프지 말고 일찍 다니는 것
동생	참견 좀 안 하는 것
내가 가족에게 원하는 것	
누구	내가 바라는 것
부모님	건강하게 즐겁게 지내시는 것
동생	돈 좀 아껴 쓰는 것

❋ 의지 만들기: 인정하기

첫 번째 과제의 결과를 확인해 보니 서로에게 원하는 것이 같았나요? 가족이 바라는 것은 예상했던 것들인가요? 어떤 분은 자신이 생각하지도 못했던 것이 가족이 진심으로 원하는 것임을 알고 당황했을지도 모릅니다. 이렇게 서로가 원하는 것을 깨닫고 상대방의 상황을 이해하고 인정할 때 내가 가진 것을 나누려는 의지를 가질 수 있게 됩니다. 앞에서 사람들은 경제적·사회적·신체적·정신적 에너지를 가지고 있으며, 이러한 에너지를 나누고자 하는 의지가 곧 사랑이라고 살펴보았습니다. 이제 여러분은 진심으로 소중한 주님과 가족에게 여러분이 가진 것 중 상대방이 원하는 것을 나누어 줄 의지가 생겼나요? 여러분은 애정이나 스킨십 등 감정을 표현할 줄 알고, 시간을 갖고 있으며, 경제력·사회적 관계망, 체력 등 많은 자원이 있습니다. 두 번째 과제는 여러분이 가진 것을 주님과 그리고 가족과 어떻게 얼마나 나눌지 한번 생각해 보고 적어 보는 것입니다.

만약 아직 나누고자 하는 의지가 잘 안 생긴다면 조급하게 생각하지 마세요. TSL 실천은 진심으로 실천하는 것이 가장 중요합니다. 진심으로 나누려고 할 때 상대방도 진심으로 여러분의 사랑을 느낄 수 있습니다. 이런 경우 처음부터 다시 T 과정을 통해 주님 앞에 겸손하여지고 감사를 떠올려 보면 좋겠습니다. 나의 부족함과 연약함에도 나의 곁에 있어 주는 존재인 가족을 떠올려 보고 고마움과 미안한 마음을 전하는 것입니다. 또 아직 메모리 박스에 해결되지 않은 부정적 감정이 있다면 용서하는 과정을 거쳐야 합니다. 크리스천은 주님과 관계가 회복될 때 가족과의 관계도 회복됩니다. 가족에게 진심으로 고마움과 미안함, 용서함을 실천하게 된다면 분명 관계에 변화가 생길 것입니다. 변화가 있다면 여러분은 진심으로 가족과 모든 것을 나누고 싶어질 것입니다. 여러분은 '고맙습니다'를 실천하기 위해 시간 공유를 하고 있습니다. 이 시간 공유도 사랑 실천의 한 형태입니다. 하지만 시간 이외에도 다른 에너지 자원을 주님과 가족과 나누어야 합니다. 특히 앞서 알아본 것처럼 상대가 원하는 것을 나누려는 의지를 다져야 합니다.

과제 2. '사랑합니다' 의지 만들기

'사랑합니다' 의지 만들기-주님께		
가지고 있는 자원의 종류	얼마나 많은가?	주님이 기뻐하실 일, 원하시는 것 어떻게 나눌 것인가?
예: 기뻐하는 마음		예: 항상 기뻐하라는 말씀을 따라 매일 기쁘게 살겠다.
'사랑합니다' 의지 만들기-가족에게		
가지고 있는 자원의 종류	얼마나 많은가?	누구에게, 얼마나, 어떻게 나눌 것인가?
예: 시간		예: 일주일에 30분, 아들에게, 함께 축구를 하겠다.

〈사례 10-2〉를 보면 여러분이 생각하는 것보다 더 다양한 자원이 있으며, 이미 여러분도 상당수의 자원을 가지고 있다는 것을 알게 될 것입니다. 크리스천은 이러한 사랑의 나눔의 행동이 주님이 보시기에 선한 일이어야 합니다.

사례 10-2 남, 20대 후반, 기술직

'사랑합니다' 의지 만들기-주님께		
가지고 있는 자원의 종류	얼마나 많은가?	주님이 기뻐하실 일, 원하시는 것 어떻게 나눌 것인가?
돈	늘 경제적 여유가 없다고 생각했는데 그렇게 생각해서는 영원히 나누지 못할 것 같음. 수입의 1/10을 떼어야겠음	이웃 사랑 실천을 위해 주위의 어려운 사람들과 빈곤 아동 후원에 경제적 자원을 사용해야겠음
'사랑합니다' 의지 만들기-가족		
가지고 있는 자원의 종류	얼마나 많은가?	누구에게, 얼마나, 어떻게 나눌 것인가?
노동력	힘들다는 핑계로 집에 오면 쉬기만 했는데, 부모님보다는 내 체력이 더 좋은 것 같음	저녁을 집에서 먹는 경우 저녁 설거지는 내가 함으로써 부모님의 일을 덜어 드리기
시간	시간은 늘 부족한 것 같지만 그렇게 생각하면 부모님과 보내는 시간이 없음	일주일에 한 번은 부모님과 이야기하는 시간을 확보하기
컴퓨터 사용 능력	기기 만지는 것 좋아하고 잘함	부모님이 IT 기기를 만지실 때 어려워하여 도움 구하실 때가 종종 있는데 귀찮아하지 않고 도와드리기

사례에서 보듯이, 자신에게 나눌 것이 있다고 느낀 참여자는 사랑 실천을 위해 가지고 있는 자원을 나누기로 마음을 먹습니다. 〈사례 10-2〉에서는 자신이 일해서 번 돈이 평소에는 적다고 느끼다가 TSL 실천 과정을 통해 깨달음을 얻고 현재 가진 돈을 나누기로 합니다. 20대 후반의 기술직에 종사 중인 참여자는 자신의 급여가 사랑을 나누기에 부족하지 않다고 새롭게 생각하고 어려운 이웃과 빈곤 아동을 후원하는 것으로 '사랑합니다' 의지를 만들었습니다. 물론 하나님의 사랑을 깨닫고 감사와 믿음을 통해 사랑의 결실을 맺은 것이지요. 한편, 가족에게 돈 이외에도 자신이 가진 자원이 많다고 깨달은 참여자는 체력, 시간, 컴퓨터 사용 능력을 활용해서 가족을 사랑하기로 의지를 다집니다. 이제 이 의지를 실천하는 과정으로 넘어가겠습니다.

✵ '사랑합니다' 말하기: 실천계획

TSL 실천하면서 말과 행동을 통해 진심을 표현하는 것이 얼마나 중요한지 잘 아셨을 것입니다. '사랑합니다' 과정도 생각으로만 사랑의 마음을 갖는 것이 아니라 몸소 실천으로 그 사랑을 표현해야 합니다. 직접 소중한 이들의 필요를 확인하고 원하는 것을 나누면서 사랑한다고 이야기해 주는 것이 '사랑합니다'의 실천입니다. 처음에는 쑥스럽고 어색하겠지만, '사랑합니다'를 실천하면 여러분 자신이 먼저 행복해지는 것을 경험하게 될 것입니다. 또 가족이 행복해하는 모습을 보면서 더 기뻐질 수 있지요. 이번 과제는 '사랑합니다'를 주님께 그리고 가족에게 표현하는 것입니다. 사랑의 마음을 말로 표현해 본 적이 적다면 말로, 스킨십이 적었다면 스킨십으로, 말과 스킨십은 있으나 다른 방법의 표현이 적었다면 다른 방법으로, 부족했던 부분을 돌아보고 잘하지 못했던 방법으로 사랑을 표현함으로 TSL을 실천해 보세요. 이것이 세 번째 과제입니다. 먼저 구체적인 계획을 세우고, 계획을 실행해 보세요. 계획을 구체적으로 세울 때 계획을 성취할 확률이 더 높아집니다.

과제 3. '사랑합니다' 실천계획과 실천하기

'사랑합니다' 실천계획–주님께		
누구에게	언제, 어떻게	
주님		
'사랑합니다' 실천하기		
누구에게	주님	실행 여부
언제, 어떻게 표현했나?		
실행 후 느낌		
'사랑합니다' 실천계획–가족에게		
누구에게	언제, 어떻게	

'사랑합니다' 실천하기			
누구에게		실행 여부	
언제, 어떻게 표현했나?			
상대방의 반응			
나의 반응			

〈사례 10-3〉은 '사랑합니다'를 실천한 참여자의 사례입니다.

사례 10-3 여, 36세, 번역가

'사랑합니다' 실천계획-주님께	
누구에게	언제, 어떻게
하나님	주님의 사랑을 생각해 보고, 진심으로 주님께 '사랑합니다' 고백하기

'사랑합니다' 실천하기			
누구에게	하나님	실행 여부	○
언제, 어떻게 표현했나?	기독교 집안에서 자란 나는 하나님의 존재를 당연히 믿는다고 생각하였다. 하지만 하나님께서 기뻐하시는 삶은 살지 못했다. 성경책을 펼쳐 읽을 때만 하나님께서 하신 많은 일과 믿음의 조상들을 인도하신 모습에 감사하였다. 성경책을 덮으면 세상의 삶으로 돌아가기 일쑤였다. 신앙의 열매를 현실 생활에서 맺기도 어려웠고 미움, 다툼, 시기, 질투는 늘 내 마음속에 있었다. 그러던 어느 날 그간 쌓였던 가족 간의 문제가 터지게 되었다. 서로 갈등이 있어도 없는 척하며 살아오던 문제들이 일제히 터지기 시작한 것이다. 업무에 집중하기도 힘들었고 스트레스로 인한 건강 이상도 동시에 찾아왔다. 하루하루 버티기도 힘든 시간이었는데 TSL 과제를 하면서 말씀을 읽고 기도하기 시작했다. 내가 무엇을 기도했는지도 모르겠지만 계속 기도했다. 이번 주에는 특히 지금까지 과정을 돌아보며 하나님께 감사하고, 사랑한다고 고백하는 기도를 드렸다. 아무것도 기대할 수 없는 시간 속에서 하나님은 내가 기도하기를 바라셨고 주님께서 사랑하는 자에게 주시는 평안을 내게 주셨다.		

실행 후 느낌	지금 나는 '외양간 송아지가 없어도 난 여호와로 즐거워하리'라는 말씀을 사모하며 주께서 세상의 무엇을 허락해 주셔도 혹은 허락해 주지 않으셔도 하나님 한 분만으로 기뻐하는 삶을 살게 해 달라고 기도하고 있다. 그리고 나의 사랑을 고백할 때면 하나님께서도 알고 계신다는 확신이 든다.
'사랑합니다' 실천계획-가족에게	
누구에게	언제, 어떻게
남편	남편에게 내가 어떨 때 사랑을 느끼는지 확인하고 사랑을 실천해 보기
'사랑합니다' 실천하기	

누구에게	남편	실행 여부	○
언제, 어떻게 표현했나?	과제를 받자마자 남편에게 언제 사랑을 느끼는지 물어보니 아침을 차려 주면 그렇게 기쁘고 사랑받는 느낌이라 이야기했다. 그래서 다음날부터 아침 식탁을 차리고 함께 먹었다. 그리고 사랑한다고 말했다.		
상대방의 반응	남편은 진짜 신나서 매일 잘 챙겨 먹고 나갔다. 나가는 길에 고맙고, 사랑한다고 이야기해 주었다.		
나의 반응	우울하던 시간에 남편이 나에게 많은 힘이 되어 주었다. 못 참고 싸우기도 많이 싸웠는데 지나고 보니 '그 또한 참아 주었지.' 싶다. 남편과 아침을 챙겨 먹는 건 프리랜서인 내가 할 수 있는 일이었다. 남편이 즐거워하니 나도 기뻤고 서로 더 건강한 하루를 시작하는 느낌이었다.		

〈사례 10-3〉에서 볼 수 있듯이, 감사함을 생각할 때 '사랑합니다'를 더 진심으로 표현하게 됩니다. 하루하루 버티기 힘든 시간에 TSL 과제를 하면서 매일 기도하기 시작했던 참여자는 기도 시간 동안 새로운 하나님의 사랑을 깨닫게 되었습니다. 참여자는 힘든 시기에 기도하며 주님을 찾았을 때 주님이 평안을 주셨음을 인정하고 감하게 되었지요. 또 남편이 원하는 것이 무엇인지 먼저 묻고 그 바람을 실천함으로써 남편도 행복해지고 참여자도 행복해지는 변화를 보였습니다. 생각하기에 따라 그리 어렵지 않은 일이지요. 사랑한다고 말하며 아침 식탁을 차리고 함께 먹는 것과 같은 작은 일상의 변화가 사랑하는 사람에게는 큰 사랑의 에너지로 전달되었네요. '사랑합니다' 실천은 이처럼 상대의 존재에 감사하고, 상대방이 원하는 것을 나누어 줄 때 진정으로 실천될 수 있습니다.

❋ TSL 실천: 행복 동행의 길

여러분은 인생의 길을 혼자 가고 계십니까? 혹은 누군가와 동행하고 있다고 생각하시나요? 인생을 혼자 사는 것은 홀가분할 때도 있지만 항상 외롭습니다. 인생을 길에 비유할 때, [그림 10-8]처럼 길을 걸어가는 사람을 옆에서 지켜보면 마치 혼자 걸어가는 것처럼 보이지요. 하지만 위에서 바라본다고 하였을 때는 두 가지 모습을 상상해 볼 수 있습니다. 실제로 혼자 길을 걸어가는 사람과 타인과 동행하며 걸어가는 사람으로 나눌 수 있겠지요. 혼자 걸어가는 사람은 인생의 길에서 마주하는 아픔과 상처들을 치유받지 못하고 섭섭함과 화로 변하게 되고 더 외롭게 길을 걸어가게 될 것입니다.[1] 반면에 [그림 10-9]에서와 같이 사랑하는 사람과 함께 걸어가는 사람은 아픔과 상처 역시 서로 나누고 감싸주는 과정을 통해 사랑으로 승화되고 힘을 얻게 되겠지요. 이 누군가는 바로 주님입니다. 주님과 함께 걸어가는 길이 곧 행복으로 가는 길이요, 행복 동행의 길이지요. 행복 동행의 길을 인식하고 꾸준히 걸어가는 방법은 바로 TSL 실천을 통해서 이룰 수 있습니다. TSL 실천을 통해 주님과 건강한 관계를 맺고, 그 관계를 통해 나의 상처와 아픔을 치유하게 됩니다. 그럴 때 우리는 소중한 누군가와도 함께 걸어갈 수 있습니다. 소중한 사람들과 함께 걸어가며 교류할 때 사랑을 더 깊게 경험하게 되는 것이지요. TSL 실천은 혼자 살아가는 인생이 아님을 깨닫는 과정이며, 주님을 의지하고 겸손하게 소중한 사람들과 함께 사랑하며 살아가는 삶을 만들게 됩니다. 결국 우리의 삶은 TSL 실천을 통해 더욱 풍요롭게 됩니다.

옆에서
보는 모습

나만의 길

[그림 10-8] 옆에서 본 행복 동행의 길[2]

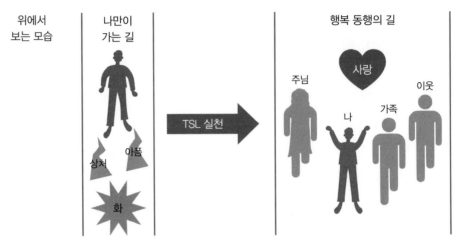

위에서
보는 모습

나만이
가는 길

TSL 실천

행복 동행의 길

주님   사랑   이웃

나   가족

상처   아픔

화

나만이 가는 길에 익숙해져 버릴 경우,
아픔은 화로 변하게 되고 결국 외로운 길을 걷게 됨

TSL 실천으로 주님과 가족과 동행할 경우,
아픔과 상처 역시 사랑으로 승화되고,
행복 동행의 길을 걷게 됨

[그림 10-9] TSL 실천을 통한 행복 동행의 길

오늘의 과제

기본과제 1. 주님께서 여러분에게 이번 주 주신 성경 말씀과 이를 통해 깨달은 점은 무엇입니까?

기본과제 2. '고맙습니다' 실천하기

기본과제 3. '미안합니다' 실천하기

과제 1. 소중한 이들의 원하는 것 알아 보기

과제 2. '사랑합니다' 의지 만들기

과제 3. '사랑합니다' 실천계획과 실천하기

이번 Practice 10에서는 예수님의 모습을 통해 사랑의 모습을 배우게 되었습니다. 우리는 사랑을 많이 받은 존재입니다. 온유하고 겸손한 예수님의 모습을 통해서 우리는 사랑의 모습을 배웠습니다. 우리는 이 배운 사랑을 주님과 가족, 이웃에게 나누어야 하는 이유에 관해 확인하였고, 실천을 다짐하였습니다. 실천의 시작은 항상 성경 말씀을 읽고 기도로 시작해야 합니다. 우리가 이렇게 하지 못하는 이유는 내가 최고라 생각하는 교만과 욕심 때문입니다. 이러한 마음 때문에 상대방에 대한 아쉬움, 불만, 화가 생기고 사랑을 실천하지 못합니다. 우리 크리스천은 주님으로부터 받은 사랑에 감사하고 내 옆에 소중한 사람들에 대한 감사를 깨달아야 합니다. 또 회개와 미안함을 쌓아서 사랑을 실천할 수 있도록 해야 합니다. 우리 크리스천은 믿음, 소망을 가지고 겸손한 자세로 나의 욕심을 버리고 주님 보시기에 선한 행동을 하는 것이 곧 사랑입니다. 이 사랑을 할 때는 힘이 소멸하는 것이 아니라 사랑을 통해서 우리가 더 성장하고 새로운 힘이 생겨납니다.

Chapter **11**
사랑의 실천

누구도 혼자서 살아갈 수 없으므로 우리는 끊임없이 누군가와 이야기를 하고 생각과 감정을 나누고 싶어 합니다. 우리는 '의사소통'을 통해서 다른 사람과 상호작용을 하게 되지요. 의사소통은 언어뿐 아니라 몸짓, 표정, 눈빛 등 비언어적 표현도 포함합니다. 의사소통은 우리 생활과 분리할 수 없는 행위입니다. 우리는 매일 누군가와 만나고 대화를 나누고 있지요. 최근에는 얼굴도 못 보고 목소리도 듣지 못하는 상태에서 인터넷을 통해 의사소통합니다. 우리는 의사소통을 통해 상대방과 정보를 교환하고, 생각을 표현하고, 감정을 나눕니다. 사랑은 누군가와 소통하고 싶은 것으로 타인을 존중하는 의사소통은 사랑의 실천이라 할 수 있지요. [그림 11-1]과 같이, 사랑은 나의 존재만으로 만족하지 않고, 나만 사랑하는 것이 아닌, 다른 누군가를 존중하며 소통하는 것입니다.

사랑은 사랑할 존재가 있어야만 성립합니다. 주님께서 나를 사랑하시고 내가 주님을 사랑하는 것 그리고 사람들이 서로 사랑하는 것이 사랑의 실천이고 의사소통입니다. 예수님께서 우리를 대속해 주셨기에 우리는 죄로부터 벗어날 수 있었습니다. 우리를 용서해 주신 주님께 감사하고 다른 사람에 대해 관대해지고, 사람들에게 고마워하고 용서를 실천하는 것이 곧 주님의 사랑을 실천하는 것이며, 주님의 삶을

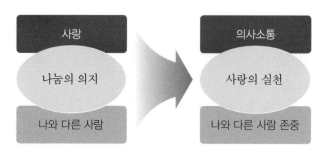

[그림 11-1] 사랑과 의사소통의 관계

따라 살아가는 것입니다. 크리스천들은 주님을 믿고 감사와 은혜를 깨닫고 점점 새롭게 변해 갑니다. 우리는 배운 대로, 깨달은 대로 사랑을 실천해야 합니다. 사랑의 실천은 우리의 삶에서 굉장히 중요한 핵심 사항입니다.

✳ 사랑: 내 양을 먹이라

주님의 말씀을 따라 사는 삶에서 실천이 중요하지요. 주님께서는 우리에게 내 양을 먹이라 말씀하시며 실천해야 함을 강조하셨습니다. 십자가 위에서 우리를 위해 피 흘리시기 전날 제자들과 마지막 만찬 자리에서 주님께서는 자기가 당할 고난을 미리 말씀하셨습니다. 그때 베드로는 확신에 찬 목소리로 "다 버릴지라도 나는 그리하지 않겠나이다"(막 14:29)라고 이야기하며, 언제나 주님과 함께할 것이라 굳게 맹세합니다. 그런 베드로를 보시며 주님께서는 "네가 세 번 나를 부인하리라"(막 14:30) 말씀하십니다. 이 말씀은 곧 이루어지지요. 베드로는 주님이 잡히신 후 주님 말씀대로 세 번 부인하게 됩니다. 예수님은 주님을 부인한 베드로에게도 그리고 주님을 두고 도망간 다른 제자들에게도 화를 내지 않으셨습니다. 부활 후에 그 제자들을 만나고자 먼저 찾아가시고, 그들에게 "평강이 있을지어다"(요 20:19)라고 인사하셨지요. 예수님께서는 제자들과 사랑의 나눔인 조반을 먹은 후 베드로에게 "이 사람들보다 나를 더 사랑하느냐"라고 물으십니다. 베드로의 진정성을 세 번 묻고 확인하시지요. 베드로가 "주님 그러하나이다"라고 대답할 때마다 주님께서는 내 양을 먹이라 말씀하십니다(요 21:15-19).

과연 주님께서는 왜 세 번씩이나 베드로에게 나를 사랑하느냐 물어보셨을까요? 베드로가 세 번 주님을 부인하였기 때문에 상징적으로 세 번 사랑을 고백할 기회를 주셨을 수도 있습니다. 또는 예수님께서 진짜 그런 의도로 물으셨을 것 같지 않습니다만, 베드로가 나를 진짜 사랑하는지 못 믿겠으니 세 번 다짐을 받아야겠다는 심정으로 세 번 물으셨을 수도 있겠지요. 왜 세 번 물으셨는지 정확한 이유는 우리가 알 수 없습니다. 하지만 분명한 것은 예수님께서 내 양을 먹이라, 내 자녀들을 사랑하라 강조하신 것만큼은 확실합니다. 주님을 사랑한다면 주님의 양을 먹여야 하지요. 우리가 지금까지 주님을 사랑한다고 고백했다면 주님의 말씀에 따라 주님의 양을 먹여야 합니다.

그렇다면 여기서 말하는 주님의 양은 누구일까요? 성경에서 "네 양을 먹이라" 말씀하지 않으시고 "내 양을 먹이라" 말씀하십니다. 베드로의 양이 아닌, 주님의 양인 것이지요. 우리는 '양'이라고 하면 불쌍한 사람들, 나를 필요로 하는 사람들을 떠올리는 경향이 있습니다. 하지만 여기서 양은 주님의 자녀입니다. 주님께서 맡겨 주신 소중한 존재들을 떠올려야 하지요. 목회자에게는 성도일 수 있고, 부모에게는 자녀일 수 있고, 가족일 수 있지요. 직장 상사에게는 직원일 수도 있고, 교사에게는 제자일 수도 있습니다. 이 모든 사람을 포함하여 양이란 주님의 자녀들로 나 외에 다른 이웃을 의미합니다.

"너희가 진리를 순종함으로 너희 영혼을 깨끗하게 하여 거짓이 없이 형제를 사랑하기에 이르렀으니 마음으로 뜨겁게 서로 사랑하라 너희가 거듭난 것은 썩어질 씨로 된 것이 아니요 썩지 아니할 씨로 된 것이니 살아 있고 항상 있는 하나님의 말씀으로 되었느니라 그러므로 모든 육체는 풀과 같고 그 모든 영광은 풀의 꽃과 같으니 풀은 마르고 꽃은 떨어지되 오직 주의 말씀은 세세토록 있도다 하였으니 너희에게 전한 복음이 곧 이 말씀이니라"(벧전 1:22-25). 우리는 진리에 순종하여 거짓 없이 형제를 사랑해야 합니다. 이것이 곧 복음의 말씀입니다. 우리는 썩어질 것에 마음을 두는 것이 아닌 서로 사랑하라는 주님의 말씀에 마음을 두고 말씀을 실천해야 하지요. 주님의 사랑을 깨달은 베드로에게는 주님의 양을 먹이는 것이 가장 중요한 일입니다. 우리도 주님의 말씀에 따라 순종한다면 마음을 깨끗하게 하고 서로 더 사랑해야 합니다.

나에게 가까운 사람을 사랑해야 합니다. 하지만 더 나아가 나를 선대하지 않는 사람까지도 사랑할 수 있어야 합니다. 예수님께서는 "너희가 만일 선대하는 자만을 선대하면 칭찬 받을 것이 무엇이냐 죄인들도 이렇게 하느니라"(눅 6:33)라고 말씀하고 계십니다. 사람들과 의견이 다르고, 때로는 다툴 때도 있지만, 내가 먼저 관용을 베풀 수 있어야 합니다. 베드로가 세 번 부인한 것에 대해 통곡한 적은 있지만, 예수님께 나아와 잘못을 고백하고 회개한 기록은 없습니다. 하지만 예수님은 한결같이 베드로를 너무나 사랑하셨습니다. 제자들은 자신들을 끝까지 사랑하신 예수님의 모습 속에서 더 감동하였고, 주님의 사랑을 전하기 위해 목숨까지 바치게 되었습니다. 우리는 이 제자들의 변화에 주목하여 이 변화를 일으킨 주님의 사랑을 배워야 합니다. 우리는 성경에 대해서도 알 만큼 안다고 생각하고, 많은 것을 배웠다고 생각하기 쉽습니다. 또 주님께서 서로 사랑하라고 하셨다는 말씀도 알고 실천해야 한다고도 이야기합니다. 하지만 원수를 사랑하라는 말씀은 거의 실천하지 못할 뿐 아니라 소중한 내 가족과도 서로 사랑하지 못할 때가 있습니다.

　우리는 생각이 다르다고 다투고, 화를 내고 화가 풀리기 전까지는 말도 하지 않는 모습을 보이기도 합니다. 이것은 크리스천의 모습이 아니지요. "분을 내어도 죄를 짓지 말며 해가 지도록 분을 품지 말고"(엡 4:26)라고 말씀하십니다. [그림 11-2]와 같이, 사랑하는 아내와 남편, 또는 가족과 다툼이 있더라도 해가 지고 하루가 가기 전에 모든 분을 풀고 화해해야 합니다. 사랑을 먼저 실천하는 사람이 더 사랑하는 사람입니다. T와 S를 실천했기 때문에 여러분은 L도 먼저 실천할 수 있습니다. 사랑은 같이하고자 하는 것이 아니라 먼저 실천하는 것입니다.

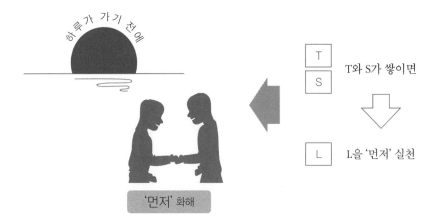

[그림 11-2] 하루가 가기 전에 '먼저' 화해하기

사랑의 실천 방법은 의사소통하는 것입니다. 화가 났을 때 말을 안 하는 것은 자랑이 아닙니다. 무지함의 증거이지요. 화를 내고 오랜 시간 서로 말을 안 하고 다투는 모습은 크리스천의 모습이 아닙니다. "너희가 다 마음을 같이하여 동정하며 형제를 사랑하며 불쌍히 여기며 겸손하며"(벧전 3:8)의 말씀처럼 우리는 겸손하게 서로를 불쌍히 여기며 사랑해야 합니다. 겸손(謙遜, humility)이란 자신이 가진 부나 지식이 실제 있는 것보다 적은 것처럼 행동하는 것이 아니라, 자신에게 '모자람'이 많다는 사실을 깨닫는 것이라고 앞서 논의했습니다. 자신이 화냄, 불평, 실수, 죄 등 모자람을 많이 가지고 있음을 인식하는 것이지요. 또한 우리가 살아가는 데 있어 타인이 없으면 내가 존재하기 어렵다는 것을 인정하고 타인의 소중함을 인식하는 것입니다. 자신의 의견만 옳다고 고집을 부리며 다른 사람과 소통하지 않으려는 모습에서 '고집이 세다'라는 평가를 받는다면 그것은 결코 좋은 평가가 아닐 것입니다. 우리가 주위의 사람들과 겸손한 마음을 가지고 TSL로 의사소통하면 그것이 또 다른 힘이 되어 그 힘으로 다른 이웃에게 그리고 더 나아가 원수에게도 사랑을 실천할 수 있게 될 것입니다.

✳ 베풂: 과부의 헌금

우리 크리스천은 다른 사람을 많이 섬기고 베풀어야 한다고 배우고 있습니다. 우리는 베풀어야 한다는 말씀을 들을 때면 많이 가진 자만이 베풀 수 있다고 생각하기 쉽습니다. '내가 돈이 더 있다면 아내에게 이런 것을 사줄 텐데.' '성적을 더 잘 받았으면 부모님께 기쁨을 드릴 수 있었을 텐데.' '내가 교수, 변호사, 의사, 사업가로 성공해서 번듯한 자리에 올라간다면 효도할 수 있을 텐데.'라고 생각하지요. 돈이 없어서, 사회적 능력이 없어서, 체력이 없어서, 정신적으로 여력이 없어서 도와줄 수 없다고 생각하기 쉽습니다. 사람들은 자신이 강하고 부해야 사랑을 나눌 수 있다고 조건을 달지요. 부족하고 약한 사람은 사랑을 받는 사람이지 주는 사람이라고 생각하지 않습니다.

하지만 예수님께서는 다른 말씀을 하시지요. 예수님께서 성전에서 부자들이 헌금함에 헌금 넣는 것을 보셨습니다. 곧이어 어떤 가난한 과부가 두 렙돈(동전)을 넣는 모습도 보셨지요. 그러고는 "이 가난한 과부가 다른 모든 사람보다 많이 넣었도다 저들은 그 풍족한 중에서 헌금을 넣었거니와 이 과부는 그 가난한 중에서 자기가 가지고 있는 생활비 전부를 넣었느니라"(눅 21:3-4)라고 말씀하셨습니다. 과부의 두 렙돈 헌금은 누구나 사랑할 수 있음을 의미합니다. 신체가 약하더라도, 장애를 가졌더라도, 경제적으로 어렵더라도, 지식이 많지 않아도, 나이가 어리더라도, 또는 나이가 많더라도 사랑을 나누는 데는 제약이 되지 않습니다. 사랑은 그 누구든 나눌 수 있지요.

예수님께서는 또 먼저 본을 보여 주셨습니다. 저녁을 잡수시던 자리에서 일어나 겉옷을 벗고 수건을 가져다가 허리에 두르시고 대야에 물을 떠서 제자들의 발을 씻어 주셨습니다. 그러면서 "내가 주와 또는 선생이 되어 너희 발을 씻었으니 너희도 서로 발을 씻어 주는 것이 옳으니라 내가 너희에게 행한 것 같이 너희도 행하게 하려 하여 본을 보였노라"(요 13:14-15)라고 말씀하시며, 또 "너희가 이것을 알고 행하면 복이 있으리라"(요 13:17)라고 말씀하셨습니다. 주님께서는 먼저 발을 씻어 주시는 모습을 보여 주심으로써 가장 높은 자가 가장 낮은 자를 씻어 줄 수 있음을 보여 주셨습니다. 당시에 발을 씻어 주는 일은 종의 일이었습니다. [그림 11-3]과 같이, 주님이 먼저 보이신 사랑의 실천을 보면 우리는 사랑이 무엇인지 깨닫게 됩니다. 우리는 우리에게 베풀어 주신 주님의 사랑에 감격하여 우리 또한 주님을 기쁘시게 하고 싶어지지요. 그래서 주님 기뻐하시는 일이 무엇일지 우리의 그릇에 맞게 고민하게 됩니다. 그리고 주님의 말씀을 실천하게 되는 것이지요. 실천은 힘이 드는 일처럼 보이지만 오히려 실천을 통해 행복을 느끼게 되고, 에너지를 충전하게 됩니다.

예수님을 보고   기뻐하실 일이   각자 그릇에   행복 배터리
깨달음   무엇일까?   맞게 실천   채워짐

[그림 11-3] 베풂의 실천

즉, 주님을 뵙고 사랑과 은혜를 깨달으면 주님께서 기뻐하실 일이 무엇일까를 생각하고 기뻐하실 일을 실천하게 되지요. 그러면 나의 행복 배터리도 충전됩니다.

　가난한 과부가 헌금을 했을 때 그녀는 슬프고 괴로웠을까요? 아까워하는 마음으로 헌금하였을까요? 주님에 대한 간절한 소망을 가지고 헌금하면서 사랑을 실천하였기 때문에 이 헌금을 통해 주님을 기쁘시게 하고, 또 다른 사람도 도울 수 있었습니다. 사람들은 자신이 적게 받았다고 생각합니다. 하지만 가난한 자의 대표적 예인 가난한 과부도 이렇게 주님을 섬길 수 있었음을 우리는 기억해야 합니다. 우리는 능력을 많이 갖추고 싶어 합니다. 주님은 성공하지 말라고 말씀하신 적이 없으십니다. 성실하게 일하며 성공하는 것도 우리 삶에 필요합니다. 그것은 좋은 일이지요. 하지만 "무릇 많이 받은 자에게는 많이 요구할 것이요 많이 맡은 자에게는 많이 달라 할 것이니라"(눅 12:48)라는 말씀처럼 더 많은 능력을 갖추게 된다면 그만큼 더 많은 능력을 사용하여 사랑을 베풀고 소통하기를 주님께서는 원하실 것입니다. "그리스도의 은혜를 너희가 알거니와 부요하신 이로서 너희를 위하여 가난하게 되심은 그의 가난함으로 말미암아 너희를 부요하게 하려 하심이라"(고후 8:9)의 말씀처럼, 우리의 부요함은 주님의 고통을 통해 채워졌습니다. 그러므로 우리는 주님께서 베풀어 주신 은혜를 기억해야 합니다. 우리는 누구나 각자의 그릇에 맞게 사랑할 수 있어야 합니다.

※ 거친 사랑은 없다: 거친 말 삼가기

　자녀나 학생, 아랫사람 등 가까운 사람들을 교육하다 보면 말을 듣지 않는 아랫사람에게 화가 날 때가 있습니다. 우리는 사랑하기 때문에 그들에게 화가 났다고 말을 하기도 하지요. 화가 나면 때로는 아랫사람에게 욕설을 하기도 합니다. 타인을 교육하면서 내뱉은 거친 말은 더러운 말입니다. "무릇 더러운 말은 너희 입 밖에도 내지 말고 오직 덕을 세우는 데 소용되는 대로 선한 말을 하여 듣는 자들에게 은혜를 끼치게 하라"(엡 4:29)는 말씀처럼 삼가야 하는 말입니다. 가까운 사람들과는 보내는 시간이 많고 서로에 대한 기대가 높아서 말실수도 많고 사소한 일로 싸우게도 됩니다. "칼로 찌름 같이 함부로 말하는 자가 있거니와 지혜로운 자의 혀는 양약과 같

으니라"(잠 12:18), "온순한 혀는 곧 생명 나무이지만 패역한 혀는 마음을 상하게 하
느니라"(잠 15:4)라는 말씀처럼 비방하는 말은 듣는 이에게 상처를 줍니다. 더욱이
우리는 가까운 사람을 더 많이 비방하고 상처를 받은 만큼 상대에게 상처를 주려고
도 합니다. 이 모습은 크리스천으로서 선한 일이 아닙니다. 가까운 사람으로부터
격려와 위로를 받기도 하지만 가장 힘든 말들도 많이 듣게 되는 것이지요. 가령, 직
장 또는 학교에서 갈등이나 상처받은 일로 가족이나 가까운 사람에게 짜증을 내고
욕설을 하는 사람이 있습니다. 대부분은 함께 이야기를 나누면서 위로받고 싶어 하
지요. 하지만 지속해서 지나치게 심한 욕설을 계속한다면 본의 아니게 그것을 듣는
가까운 사람이 지칠 수 있지요. 우리가 가까운 사람에게 직접 거친 말을 하지 않더
라도 그들이 힘들 수 있습니다. 따라서 우리는 화내는 시간을 줄이고 거친 말을 삼
가야 합니다.

"내 형제들아 너희는 선생 된 우리가 더 큰 심판을 받을 줄 알고 선생이 많이 되지
말라"(약 3:1)라는 말씀을 명심해야 합니다. 많이 배운 사람, 지도자가 되려는 사람,
가장과 같이 책임 맡은 사람은 그만큼 더 큰 심판을 받게 됩니다. 어른일수록 더 말
을 조심해야 합니다. "이와 같이 혀도 작은 지체로되 큰 것을 자랑하도다 보라 얼마
나 작은 불이 얼마나 많은 나무를 태우는가"(약 3:5)라는 말씀처럼 욕설, 저주 등 우
리가 내뱉는 부정적이고 거친 말들이 다른 사람들에게는 깊은 상처가 될 수 있습니
다. "우리가 주 아버지를 찬송하고 또 이것으로 하나님의 형상대로 지음을 받은 사
람을 저주하나니 한 입에서 찬송과 저주가 나오는도다 내 형제들아 이것이 마땅하
지 아니하니라"(약 3:9-10)라는 말씀처럼 혀를 다스리는 일은 매우 어렵습니다. 주
님을 믿는다고 찬송하면서 뒤돌아서서 가족을 비방하고, 형제자매를 비방하고, 교
인을 비방하고, 이 비방하는 일이 사회까지 번져 나가 윗사람과 동료들을 비방하고,
이권 단체들끼리 비방하고 시기하고 다툼이 끊이지 않게 되지요. 직접 대면하지 않
는다고 인터넷상에서 입에 담기도 힘든 말로 다른 사람을 찌르는 일들도 비일비재
합니다. 이와 같은 모습은 주님 보시기에 좋은 일이 아닙니다. 이것은 분명한 폭력
입니다.

[그림 11-4]와 같이, 자신이 솔직하다며 거친 말을 내뱉는 사람은 땅의 지식만을
가진 자입니다. 정욕을 쫓고 육신의 욕심에 따라 사는 사람들이지요. 상대방을 존
중하며 솔직히 자신의 의견을 전하는 것과 상대 배려 없이 자신이 솔직하다며 거칠

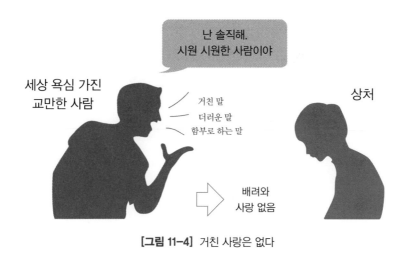

[그림 11-4] 거친 사랑은 없다

게 함부로 말을 하는 것은 솔직함의 차원이 다릅니다. 후자는 교만의 솔직함이지요. "교만이 오면 욕도 오거니와 겸손한 자에게는 지혜가 있느니라"(잠 11:2), 즉 지혜가 없기에 이웃을 멸시하는 겁니다. 이웃을 멸시하고 다른 사람들을 시기하고 질투하는 것이지요. 그래서 사람들은 평안한 그리고 온유한 마음을 가질 수 없습니다. 교만한 사람은 혀를 길들일 수 없고, 교만한 자의 지혜는 하늘의 속한 것이 아닌 땅에 속한 것입니다.

❋ 지나친 비교: 시기

비교는 하향 비교(downward comparison)와 상향 비교(upward comparison)가 있습니다(Taylor & Lobel, 1989). 하향 비교는 자신보다 불행한 처지에 있는 사람과 자신을 비교하는 것을 말하며, 상향 비교는 자신보다 우월한 처지에 있는 사람과 자신을 비교하는 것을 말합니다. 하향 비교는 잘못된 우월의식을 낳을 수 있고 상향 비교는 특히 열등감과 우울함 등과 같은 부정적 정서를 유발하게 됩니다.[1] 지나친 비교는 시기와 다툼을 만들지요. "그러나 너희 마음속에 독한 시기와 다툼이 있으면 자랑하지 말라 진리를 거슬러 거짓말하지 말라"(약 3:14), "평온한 마음은 육신의 생명이나 시기는 뼈를 썩게 하느니라"(잠 14:30)는 말씀이 있습니다. 우리는 욕심 때문

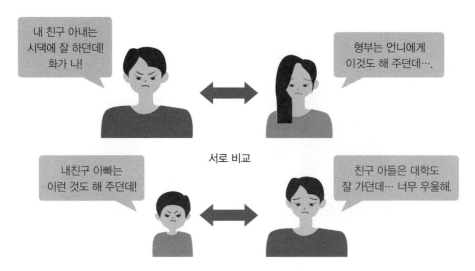

[그림 11-5] 비교의 저주

에 항상 비교합니다. [그림 11-5]와 같이, '내 친구 아내는 시댁에 잘하던데.' '내 친구 엄마는 이것도 해 주던데.' '부자 친구는 이렇게 살던데.' '친구 아들은 명문대가던데, 내 아이는 왜 못할까?' 하는 마음은 시기와 질투입니다.

행복한 삶을 살기 위해서는 시기하지 말아야 합니다. 시기와 질투가 우리 마음을 채우고 있으면 좋은 말이 나오지 않습니다. 그래서 우리는 가족 간 의사소통의 어려움이 생기는 것이지요. 결국 비교는 나와 상대 모두를 다치게 만드는 저주입니다. 이와 같은 비교는 자신의 욕심과 교만에서 나오는 것입니다. 비방하고 시기하므로 평온한 마음을 해치게 됩니다. 그래서 자녀에게, 배우자에게 거칠게 대하게 되지요. 타인이 나를 비판하기 때문에 나도 상대를 비판해도 된다고도 생각합니다. "또한 사람들이 하는 모든 말에 네 마음을 두지 말라 그리하면 네 종이 너를 저주하는 것을 듣지 아니하리라 너도 가끔 사람을 저주하였다는 것을 네 마음도 알고 있느니라"(전 7:21-22)라고 말씀하십니다. 비판하는 일은 멈추기가 참 어렵습니다. 하지만 상대를 비난하고 비판하는 일은 결국 나를 해롭게 하는 일이므로 자신이 먼저 끊어 내야 합니다. 누군가 잘못하거나 모자람이 있다 할지라도 "선한 말은 꿀송이 같아서 마음에 달고 뼈에 양약이 되느니라"(잠 16:24)라는 말씀을 기억하며 선한 말로 소통해야 합니다. 사랑으로 다가가는 방법이 곧 TSL을 실천하는 것입니다.

앞에서 우리는 죄 사함과 용서에 대해 배웠습니다. 용서는 겸손한 사람만이 할 수 있습니다. 자신의 모자람을 알고 죄인임을 고백하는 사람만이 하나님 앞에서 겸손해집니다. 주님의 사랑이 얼마나 큰지 알기 때문에 겸손해질 수 있지요. "에브라임의 말이 내가 다시 우상과 무슨 상관이 있으리요 할지라 내가 그를 돌아보아 대답하기를 나는 푸른 잣나무 같으니 네가 나로 말미암아 열매를 얻으리라 하리라"(호 14:8) 이 말씀은 우리가 어떤 죄를 지었을지라도 하나님께서 에브라임을 사랑하셔서 다시 돌아보아 열매 맺게 해 주신다는 것으로 주님께서는 회개하는 자를 다시 품어주신다는 의미이지요. 화가 나지 않는 사람은 없습니다. 하지만 [그림 11-6]처럼, 크리스천 TSL은 화가 날지라도 화를 오래 유지하지 않고 주님이 우리를 용서하고 사랑해 주신 것처럼 우리도 상대를 용서하고 사랑하는 방법입니다.

스스로 옳다고 생각하고 교만해지면 결국 그 길은 패망의 길입니다. "지나치게 의인이 되지도 말며 지나치게 지혜자도 되지 말라 어찌하여 스스로 패망하게 하겠느냐"(전 7:16) 우리는 겸손히 주님과 동행하고 성령님과 소통해야만 우리의 혀를 다스릴 수 있습니다. 소중한 사람을 거칠게 대하지 않을 수 있는 길이기도 합니다. 우리는 생명을 사랑하고 혀를 금하여 악한 말을 그치며 그 입술로 거짓을 말하지 말아야 합니다(벧전 3:10).

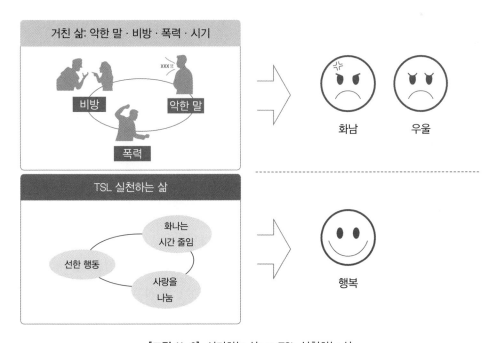

[그림 11-6] 시기하는 삶 vs. TSL 실천하는 삶

우리가 주님의 계명을 안다고 얘기하면서 그 계명을 지키지 않는다면 우리는 거짓말에 속한 자들입니다. 진리가 우리 속에 없는 것이지요. 주님 안에 산다고 하는 자는 반드시 주님이 행한 대로 행하는 자여야 합니다(요일 2:3-6). 우리가 우리의 형제를 사랑한다면 우리는 빛 가운데 거하게 되지만 형제를 미워한다면 어둠에 있는 자요, 눈이 멀게 됩니다(요일 2:10-11). 우리가 S의 실천이 어렵다면 그것은 우리 안에 미워하는 게 많아서이며, 사람을 미워하는 자는 영생이 없다고 하신 말씀처럼(요일 3:15) 세상 것을 너무 사랑하기 때문에 상대를 미워하고 시기하고 질투하게 되는 것이지요(요일 2:15-16). 세상 것만 사랑하면 형제를 사랑할 수 없고 하나님께 속한 자가 될 수 없습니다. 의를 행하라 하는 말씀은 곧 서로 사랑하라는 말씀입니다(요일 2:29, 3:11). 우리는 사랑의 실천을 통해 사망에서 생명으로 옮기게 됩니다(요일 3:14). 그리고 우리가 이 땅에서도 사랑의 실천을 통해 행복한 삶을 살게 되지요. 하지만 사랑을 실천하지 않는 거친 자는 죽음에 그대로 머물러 있게 됩니다.

※ 가정 폭력은 사랑이 아니다

일반적인 관계에서의 폭력과 가정 폭력은 차이점이 있습니다. 사회에서 상대방과 폭력적으로 다퉜다면 그 사람을 다시 만나지 않을 것입니다. 하지만 가정 폭력은 서로 사랑하는 사람들, 같이 거주하는 사람들이 싸우고 다퉜기 때문에 사랑과 폭력이 교차하게 됩니다. 따라서 미움과 상처가 깊고 더 오래갈 수 있습니다.

가정 내 폭력의 원인은 다양합니다. [그림 11-7]과 같이, 술과 폭력에 대한 경험, 폭력을 용인하는 학습된 효과와 태도, 갈등이 일어났을 때 폭력으로 해결하려는 마음, 고정된 성역할 개념, 사회에서 받은 높은 스트레스가 폭력을 유발한다고 합니다. 하지만 가장 중요한 폭력의 원인은 상대방을 자신만큼 중요하게 생각하지 않는 것입니다.[2] 가정 폭력의 많은 가해자는 자신이 상대방을 너무 사랑한다는 이유를 들어 폭력의 정당성을 설명하려고 합니다. 그러나 가정 폭력의 핵심은 상대방을 나만큼 존중하지 않는다는 것입니다. 상대방의 존엄성을 무시하는 것이 가정폭력이지요. 너무도 중요한 사람이라면 직장 사장이나 선생님에게는 왜 폭력적으로 대하지 않을까요? 폭력을 행사하기 어려운 사람으로 규정했기 때문입니다. 크리스천 가

정에서 말과 행동으로 이어지는 폭력은 주님이 보시기에 선한 행동이 아니며 근절
되어야 합니다.

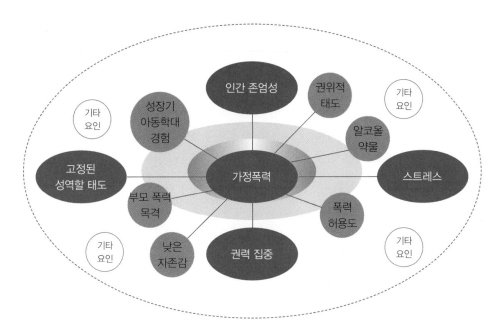

[그림 11-7] 폭력 유발 요인들

- 네 심령을 삼가 지켜 어려서 맞이한 아내에게 거짓을 행하지 말지니라 이스라엘의 하나님 여호
와가 이르노니 나는 이혼하는 것과 옷으로 학대를 가리는 자를 미워하노라(말 2:15-16)
- 또 아비들아 너희 자녀를 노엽게 하지 말고 오직 주의 교훈과 훈계로 양육하라(엡 6:4)
- 이와 같이 남편들도 자기 아내 사랑하기를 자기 자신과 같이 할지니 자기 아내를 사랑하는 자
는 자기를 사랑하는 것이라(엡 5:28)
- 남편들아 아내를 사랑하며 괴롭게 하지 말라(골 3:19)
- 아비들아 너희 자녀를 노엽게 하지 말지니 낙심할까 함이라(골 3:21)

성경 곳곳에는 가족을 학대하거나 괴롭히지 말라는 말씀이 나옵니다. 성경에서 이처럼 가족을 힘들게 하지 말라고 당부하는 것은 나의 배우자, 나의 자녀를 가장 사랑한다고 말하면서 실제로는 가장 함부로 대하는 관계가 되기 쉽기 때문입니다. 우리가 살아가면서 돈과 권력이 많아질수록, 사회생활을 하면서 인정받을수록 탐심은 커지고 이로 인해 지치고 스트레스를 많이 받을 수 있습니다. 또는 반대로 경제 사회적으로 어려워질 때 스트레스가 많이 생길수도 있습니다. 자신의 힘듦을 가족에게 풀어 자녀나 배우자를 학대하는 경우가 발생하는 것이지요. 하지만 이것은 올바른 사랑이 아닙니다. 가족 구성원도 존중받아야 할 사람이기에 어떠한 경우라도 폭력을 행사해서는 안 되며, 만일 그런 일이 발생했다면 사과해야 합니다. 폭력을 행하므로 엄청난 상처를 준 것을 인정하고 사과해야 하지요. 사과는 꼭 필요합니다. 진정한 반성과 사과가 있어야 사랑의 실천과 의사소통이 제대로 될 수 있습니다. 우리는 앞서 가족이 소중하고 감사한 존재라는 것(T)을 알기 때문에 우리가 진정으로 반성할 수 있고(S), 사랑을 실천할 수 있는 것입니다(L).

Pracitce **11**

L 실현하기와 강화하기: 사랑의 척도[1]

여러분은 지난주에 여러 가지 과제를 수행하였습니다. '고맙습니다' '미안합니다' '용서합니다'를 지속해서 실천하였지요. 이제는 주님과 TSL, 가족과 TSL이 몸에 배었나요? 5Re를 통해 반복함으로써 TSL이 매일의 일부가 될 수 있게 훈련해야 합니다. 지난 시간 과제 중 주님과 가족이 여러분에게 원하는 것이 무엇인지 확인하고, 여러분이 원하는 것도 전달한 후 그 내용을 작성하는 과제가 있었습니다. 또 여러분이 가지고 있는 것들을 나누려는 의지를 만들어 보고, 계획을 세워 보았을 것입니다. 여러분은 자신이 해 주고 싶은 것이 아니라 상대방이 원하는 것을 주기 위해 노력할 것입니다. 이제 '사랑합니다'를 실현하고 강화하는 구체적인 과정에 대해 배워 보겠습니다.

---

1) 실천(Practice) 장들은 기존 TSL(김재엽, 2014; 2023)의 과제와 설명을 사용하였으며 크리스천 TSL 과제와 설명 그리고 사례를 추가하여, 재구성하였음

✳ 잘못된 길

우리는 사소한 일로 서로에게 매우 화를 내고 다투기도 합니다. 이러한 다툼 속에서 우리는 사랑을 잃어버리지요. 여기 한 사례가 있습니다. 한 부부가 운전하다가 심하게 다투게 되었습니다. 남편은 한 주간 일이 많아 쉬지 못하고 피곤했지만, 아내의 부탁으로 주말에 아내의 사촌 동생 결혼식에 가기로 했습니다. 처음 가는 길이라 내비게이션 앱에 의존해서 운전하였지만, 초행길에 제대로 길을 찾아가기는 쉽지 않았습니다. 자주 헷갈리는 상황 속에 교차로가 나왔습니다. 남편은 아내에게 "왼쪽 길이 맞나? 오른쪽 길이 맞나?" 하고 물었고 아내는 잠시 고민하다가 "오른쪽 길 맞을 거 같은데?"라고 말했습니다. 차는 아내의 대답대로 오른쪽으로 올라갔지요. 하지만 그 방향은 목적지 방향이 아닌 엉뚱한 고속도로로 이어지는 '잘못된 길'이었습니다. 주말이라 꽉 막힌 고속도로 위에서 부부는 이러지도 저러지도 못하고 갇히게 되었습니다. 이대로라면 결혼식장에 도착할 때쯤 이미 식은 다 끝나게 될 상황이었습니다. 꽉 막힌 고속도로 교통체증으로 인해 남편은 짜증이 나기 시작했고, 남편과 아내는 결국 말다툼을 시작합니다. 남편은 아내 때문에 이 고속도로를 타게

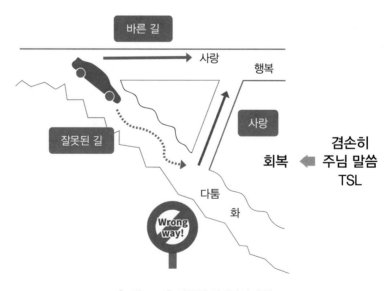

[그림 11-8] 잘못된 길에서의 대화

됐다며 불평하고, 아내는 "운전은 당신이 했으면서 당신 탓이지 왜 내 탓이야!" 하고 따지기 시작했지요. 상대방을 탓하는 와중에 자동차는 계속 잘못된 길로 가게 되었습니다. 남편은 주말이라 쉬고 싶은 마음을 꾹 누르고 아내의 부탁을 들어주느라 큰 맘 먹고 나온 건데 아내의 다그치는 말에 섭섭하고, 아내는 모처럼 생긴 친정 일에 억지로 따라오는 남편이 못마땅했지요. 그런데 그 마음이 결국 '잘못된 길'에서 폭발하였고, 남편과 아내는 잘못된 대화를 하는 상황이 되었습니다. 서로에 대한 비난은 서로에게 상처를 주게 되고, 누구의 잘잘못을 따질 수 없는 상황에서 갈등만 중폭시킵니다. 이 부부의 의사소통도 그리고 이들이 가는 길도 모두 '잘못된 길'인 것입니다. 우리 가족의 삶도 이처럼 잘못된 대화로 인한 잘못된 길로 가지 않도록 해야 합니다.

[그림 11-8]처럼, 사소한 일로 상대방을 탓하며 화내고 다투는 일은 같이 바른길로 운전하다가 잘못된 길로 들어선 것과 같습니다. 이러한 잘못된 길로 가는 것을 바로잡는 방법은 주님의 말씀을 듣고 TSL을 실천하는 것입니다. '주님 보시기에 내가 바른말을 하고 있는가?' '올바른 행동인가?'를 생각하며 자기를 돌아보는 것이 중요하지요. 그럴 때 우리는 겸손하게 자기의 화를 누그러뜨리고 올바른 길을 다시 찾을 수 있습니다. 화를 낸다고 해서 더 길을 잘 찾을 수 있는 것도 아니고, 갈등이 해결되는 것도 아니고, 상대방으로부터 미안하다는 말을 들을 수 있는 것도 아닙니다. 의사소통에서 갈등을 해결할 수 있는 것은 '나의 말과 행동이 주님 보시기에 선한가?'라는 기준을 갖고 각자가 자신의 행동을 크리스천으로서 돌아보는 것입니다. [그림 11-9]처럼 크리스천 사랑 실천 기준과 적용 방법을 정리할 수 있습니다.

- 실천 기준: 주님 보시기에 좋은 일인가 아닌가 생각해 보기
- 적용 방법: 각자 나에게 적용, 상대를 평가하는 것이 아님

[그림 11-9] 잘못된 길 진입 시 크리스천 사랑 실천 기준 및 방법

크리스천 사랑 실천의 기준과 적용 방법을 이 사례에 대입해 보며 실천 연습을 해 보겠습니다. 먼저, 남편과 아내는 각자 자신의 모습을 돌아보며 주님이 보시기에 좋은 일을 하였는지 생각해 보아야 합니다.

- 남편: 화를 내면서 먼저 짜증을 냄 → 주님이 보시기에 좋지 않음 → 아내에게 사과해야 함
- 아내: 남편이 짜증을 내게 된 상황을 이해하지 못하고 같이 화를 냄 → 주님이 보시기에 좋지 않음 → 남편에게 사과해야 함
- 각자 상대방의 잘못을 먼저 용서하기: 주님이 보시기에 선한 행동은 용서하는 것임. 상대방이 잘못을 사과하고 용서를 구하면 더 좋지만, 용서를 구하지 않더라도 먼저 용서해야 함
- 각자 상대방이 원하는 것을 물어보고 해 줌(사랑 실천): 상대방이 원하는 것을 해 주는 것이 주님이 보시기에 선한 일이라면 자신의 능력 안에서 상대방을 위해 자신의 에너지를 나누어 사랑해야 함
  - 남편은 짜증 내지 않고 책임 전가하지 않기
  - 아내는 남편의 힘든 상황을 이해해 주기

이렇게 각자의 상황을 돌아보면 먼저 사과해야 한다는 결론이 나게 됩니다. 이후 용서하고 상대방이 원하는 것을 해 주는 것이지요. 이를 실천하는 것이 사랑의 실천입니다. 즉, T와 S를 실천하는 것은 사랑을 실천하기 위함임을 기억해야 합니다. 이렇게 실천할 때 '잘못된 길'이 아닌 바른길을 찾아갈 수 있습니다. 서로를 비난하고, 서로의 잘못된 행동이 주님이 보시기에 좋지 않다고 지적하는 것이 아니라 먼저 나의 행동을 돌아보고 사과하고 용서하는 것이 중요합니다. 갈등 상황을 풀 수 있는 것은 크리스천 TSL을 먼저 아는 사람이 먼저 행하는 것입니다. 주님의 말씀을 믿고 따라 사는 사람이 먼저 TSL을 실천하는 것이고, 그래야 올바른 길을 찾을 수 있습니다. 사랑의 힘을 의지하여 올바른 길로 갈 때 우리는 행복해지게 됩니다.

❋ 의사소통에서의 태도 변화

소통하는 것이 곧 사랑의 실천임을 배웠습니다. 하지만 우리가 소통하기 위해 대화하는 과정에서는 매우 많은 장애 요인을 마주하게 됩니다. 부부의 원만한 의사소통을 방해하는 장애요인으로 문화적 차이, 남녀 이해 부족, 간접 의사소통, 자기중

심적 대화, 혼자 말하기, 대화 거부 등이 있습니다(Stinnett, Walters, & Kaye, 1984). 이를 종합해 보면, 의사소통 장애요인의 핵심은 상대방을 이해하지 않고 자신의 의사 전달에만 관심을 두는 태도입니다. 즉, 배려하지 않고 너무 자신만 표현하여 대화의 절제를 잃은 태도이지요. 이러한 태도는 결국 욕심에서 비롯됩니다. 내 중심적으로 생각하고, 손해 보려고 하지 않고, 교만하여서 각자의 부정적 의사소통 유형을 만들어 가게 되는 것이지요.

대화를 나누는 방법은 타고난 특성이라 못 고치는 건데 왜 그것을 탓하느냐고 생각하는 사람도 있을지 모릅니다. 하지만 대화 방식도 결국 각자의 경험을 통해 습득된 것으로서 일종의 생존방식으로 굳어진 것입니다. 따라서 더 좋은 대화 방식을 배우고 훈련하고 실천하면 변화할 수 있습니다. 여러분이 그대로 방치한 대화 방식이 결국 부부관계와 가족관계 모두를 병들게 할 수 있으므로 이를 바꾸는 데 힘을 쏟아야 하지요. 여러분이 변화한 의사소통으로 상대방과 교류해야 상대방도 변화할 수 있습니다.[1] 이를 통해 가족 간의 의사소통이 긍정적이고 생산적으로 이루어질 수 있겠지요. 긍정적 의사소통을 통해야만 사랑이 전달됩니다. 사랑하는 마음이 있어도 부정적 의사소통으로는 그 사랑이 전해질 수 없지요. 가령, 주님께서 우리를 사랑하신다고 말씀하시면서 사랑의 모습은 보여 주시지 않고, 심판과 징벌만 하시거나 의무만 요구하신다면, 우리는 그런 주님을 사랑의 주님이라고 느끼지 못할 것입니다. 하지만 주님께서는 주님의 사랑을 우리에게 전하기 위해 긍정적인 말과 행동으로 끊임없이 소통하시지요. 우리도 이처럼 사랑의 마음을 잘 전하기 위해서는 긍정적 의사소통을 하려고 노력해야 합니다.

이를 위해 결혼하기 전까지 서로 다르게 살아온 배우자와의 차이를 먼저 인정하고, 남녀 차이를 강조하기보다는 하나 된 파트너임을 기억하고 서로 존중해야 합니다. 의사소통은 분명하게 전달하는 것이 도움이 됩니다. 또 선입견을 버리고 솔직하게 배우자를 존중하면서 대화를 나누기 위해서는 무엇보다 주님 앞에서 겸손해져야 합니다. 나를 위해 모든 것을 감내하신 주님의 사랑을 동일하게 입은 주님의 자녀이자 소중한 선물인 나의 배우자, 자녀, 부모, 형제에게 먼저 다가가야 합니다. 그리고 존중하는 태도의 대화를 이어간다면 갈등과 어려움은 줄어들 것입니다.

[그림 11-10]은 원활한 의사소통을 위한 태도 변화의 필요성을 보여 주고 있습니다. 의사소통이 안 되는 가정을 보면, 나는 잘하려고 하는데 상대방이 내 얘기를 들

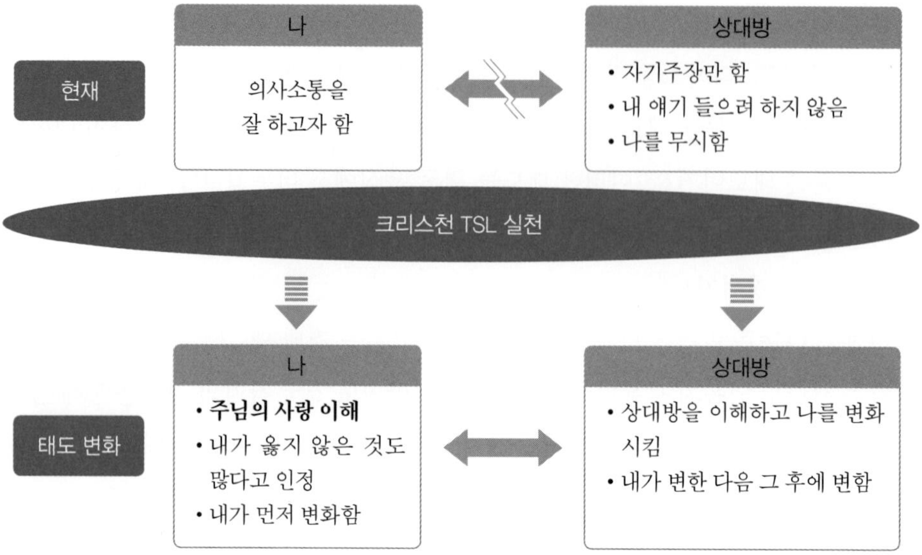

[그림 11-10] 원활한 의사소통을 위한 태도 변화와 TSL

으려 하지 않고 자기주장만 하면서 나를 무시한다고 생각하는 경우가 많습니다.② 하지만 TSL을 통해 내가 먼저 변화하고자 한다면, 주님의 사랑을 먼저 생각하고 나의 잘못을 인정하는 태도를 먼저 보이게 됩니다. 그리고 상대방을 이해하고자 노력하게 되고 이로써 나의 변화뿐만 아니라 상대방의 변화도 자연스럽게 이루어지게 되지요.

의사소통 유형을 바꾸거나 의사소통 기술을 습득하는 것도 중요하지만 이보다 더 중요한 것은 상대방에 대한 태도를 바꾸어야 합니다. 태도의 변화는 상대방의 처지에서 생각하고 배려가 바탕이 된 대화가 가능하게 됩니다. TSL은 바로 이 태도 변화의 중요성을 강조합니다.

사랑의 척도

이번 시간에는 '사랑의 척도'를 작성해 볼 것입니다[2]. 먼저 주님과 사랑의 관계를

2) 이것은 가트만의 부부관계 척도(Gottman, J. M., & Krokoff, L. J., 1989)를 참고하여 한국 실정에 맞게 대폭

점검할 때의 기준은 성경 읽기입니다. 말씀을 얼마나 가까이하면서 지냈는가를 통해 우리가 주님께 우리의 에너지를 얼마나 쏟고 있는지 확인하게 됩니다.

가족과의 관계 점검에서 사랑의 척도 작성 방법은 먼저 여러분이 배우자나 가족에 관련된 질문에 정답을 적은 후에 상대방의 확인을 거치는 것입니다. 전체 20개 중 16개 이상(80점 이상) 맞아야 서로 간에 사랑의 교감이 일정 부분 통하고 있다고 이야기할 수 있으며, 18개 이상(90점 이상) 맞아야 서로가 공유하는 부분이 많이 있다고 이야기할 수 있습니다. 어떤 문항의 경우 해당이 안 되는 내용이 있을 수 있습니다. 그런 경우 해당 안 되는 것에 대해 '없다'라고 응답한 것은 맞는 답으로 인정하시면 됩니다. 예를 들어, 인터넷을 사용하지 않는 사람도 있는데 가장 많이 사용하는 인터넷 사이트에 대해 '사용하지 않음'이라고 적었다면 그것도 정답입니다. 자녀, 부모님, 형제와의 사랑의 척도도 작성해 보고 다음의 빈칸에 점수를 적어 보세요.[3] 먼저 주님과의 사랑의 관계를 점검할 때 기준은 성경읽기와 진심으로 기도하기입니다.

과제 1. 사랑의 척도 작성하기

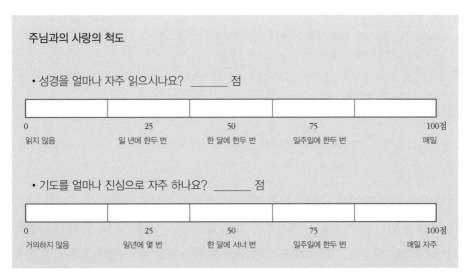

수정한 것입니다.

가족과의 사랑의 척도

1) 남편(아내)이 요즘 가장 친하게 지내는 두 사람은? _____

2) 남편(아내)이 요즘 가장 좋아하는 말씀은? _____

3) 양가 친척 중 남편(아내)이 가장 좋아하는 사람은? _____

4) 남편(아내)이 요즘 가장 걱정하는 일은? _____

5) 지난 1년간 남편(아내)이 가장 기뻐했던 일은? _____

6) 지난 1년간 남편(아내)이 가장 슬퍼했던 일은? _____

7) 남편(아내)이 좋아하는 스포츠나 스포츠 선수는? _____

8) 남편(아내)이 가장 좋아하는 최근의 영화나 드라마는? _____

9) 남편(아내)이 갔었던 최고의 여행지는? _____

10) 남편(아내)이 가고 싶어 하는 여행지는? _____

11) 남편(아내)이 가장 싫어하는 음식은? _____

12) 남편(아내)이 가장 좋아하는 음식은? _____

13) 남편(아내)의 주거래 은행과 가장 많이 투자한 금융상품은? _____

14) 남편(아내)이 가장 사고 싶어 하는 자동차는? _____

15) 남편(아내)이 가장 이사 가고 싶은 지역이나 살고 싶은 아파트는? _____

16) 남편(아내)이 생각할 때 주님이 가장 기뻐하시는 일은? _____

17) 남편(아내)의 신발 사이즈는? _____

18) 남편(아내)이 가장 많이 방문하는 인터넷 사이트는? _____

19) 남편(아내)이 문자나 SNS 메신저를 가장 많이 주고받는 사람은? _____

20) 남편(아내)이 가장 좋아하는 음악은? _____

말씀 읽기로 확인한 주님과의 관계는 몇 점이 나왔나요? "말씀에 주의하는 자는 좋은 것을 얻나니 여호와를 의지하는 자는 복이 있느니라"(잠 16:20)라고 말씀하십니다. 우리가 말씀을 가까이하고 성경을 자주 읽는 것은 주님과의 관계를 더 돈독하게 하는 길일 뿐 아니라 주님에 관해 깊이 알수록 우리의 삶도 더 겸손해지고, 감사가 넘치고, 회개와 미안함, 용서를 실천하며 사랑을 나누게 됩니다. 성경 읽기가 익숙하지 않은 분에게는 예수님의 삶이 담긴 사복음서부터 읽어 보길 권해드립니다. 그런 다음 예수님의 제자들이 복음을 전한 나머지 신약을 읽고, 구약을 읽어 보십시오. 성경은 한번 읽은 것으로 접어두는 책이 아닙니다. 읽고 또 읽어도 매일 새롭게 다가오는 하나님의 말씀입니다.

그리고 기도는 우리가 주님의 삶을 따라가는 데 지혜를 구하는 하나님과의 대화이지요. 또 한편 크리스천으로서 하나님의 사랑을 깨닫게 되는 통로입니다. [그림 11-11]처럼, 사랑의 척도를 작성해 보았나요? 주님과 사랑의 척도 점수는 성경 읽기와 기도하기를 합한 점수를 2로 나누어 적습니다. 이 점수는 우리가 크리스천으로서 몇 점이다기보다는 얼마나 내가 주님과 가까이하려는 태도의 점수를 약식으로 표현한 것으로 이해하는 것이 좋겠습니다. 그 결과는 어떠한가요? 여러분은 배우자에 대해 얼마나 잘 알고 있으며, 얼마나 잘 일치하던가요? 아무리 사랑한다고 생각해도 교류하지 않으면 서로에 대해 알 수 없다는 것을 느꼈을 것입니다. 우리는

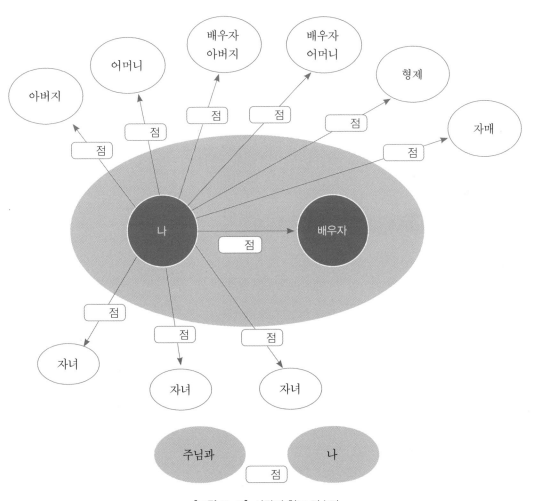

[그림 11-11] 사랑의 척도 점수판

앞서 의사소통에 대해 다루었습니다. 우리는 일상적으로 가족과 대화한다고 생각했지만, 실제로 서로 교류하고 이해하는 의사소통이 이루어지고 있었는지 생각해 보아야 합니다. 때로 우리는 열심히 의사소통했지만, 오히려 장애가 되는 의사소통을 하고 있었는지도 모릅니다. 여러분은 배우자에 대해 잘 알고 있다고 생각했지만, '사랑의 척도' 작성을 통해 그렇지 않음을 알 수 있었을 것입니다. 우리는 가족과 자신이 이심전심일 것으로 생각하지만, '사랑의 척도'를 작성한 결과에서도 알 수 있듯이 우리가 상대방에 대해 모르고 있거나 잘못 알고 있는 부분도 많습니다. 그래서 상대방에게 직접 물어보고, 상대방의 이야기를 들어야 합니다. 현대 사회에서 사람들은 다양한 정보를 접하고 많은 사람과 교류하면서 선호하는 것이나 생각들이 계속 변화합니다. 그러므로 이심전심을 바라지 말고 직접 물어보는 것, 즉 상호작용하고 의사소통을 지속하는 것이 필요합니다.[④]

참여자들 역시 여러분과 비슷한 경험을 했습니다. 주님을 믿고 사랑한다고 말하면서도 성경 읽기에는 소홀했던 자신을 발견하기도 하고, 가족에 대해 잘 알고 있을 것으로 생각했는데 사랑의 척도를 작성 후 가족에 대해 몰랐던 부분을 깨닫고 가족에게 좀 더 관심을 가지고 교류해야겠다고 생각하게 되었지요. 다음 사례들은 참여자들이 사랑의 척도를 작성한 후 소감을 적은 내용입니다.

사례 11-1 | 여, 21세, 대학생

주님과 25점, 아버지와 10개, 어머니와 12개

교회는 매주 다니지만, 막상 시간을 내어 성경 읽는 시간은 새해에 계획 세울 때 정도였던 것 같다. 과제를 하면서 억지로라도 더 말씀을 읽어 보려고 노력하였으나 스스로 성경 읽기가 잘 안 된다는 것을 새삼 더 느꼈고, 하나님과의 관계를 더 돈독히 하기 위해서라도 말씀을 더 자주 읽어야겠다고 생각했다. 기도도 일상이 기도라며 안일하게 생각하고 지냈다는 것을 깨닫게 되었다. 시간을 내어 기도해야지라고 생각은 하지만 늘 쉽지가 않다.

사랑의 척도를 작성하면서 청소년 시절에는 어려서 부모님을 몰랐고, 대학에 가서는 기숙사 생활하면서 또 부모님의 일상에 대해 아는 바가 없다는 것을 깨달았다. 10개 남짓 맞춘 것도 확신 없이 찍은 것도 있어서 정확히 알고 있던 건 더 적었다. 부모님에 대해 이렇게도 관심을 안 가졌다는 것을 알게 되었고, 더 적극적으로 부모님과 시간을 보내고 대화해야겠다 생각했다.

사례 11-2　남, 50대, 직장인

주님과 75점, 아내와 15개, 딸과 4개

　　매일 성경 읽기를 하지는 못해도 출근하여 책상 앞에서의 첫 업무는 짧게라도 성경을 읽고 하루를 시작하는 것이라 자신 있게 응답하였다. 성경을 읽는 시간을 만들다 보니 자연스럽게 기도하는 시간도 확보하게 되었다. 조금 더 노력한다면 조금 더 일찍 일어나서 하루를 시작하기 전에 기도 시간을 확보하고 싶다.

　　사랑의 척도를 작성하면서는 아내에 대해서는 그나마 자신 있게 적어 나갔는데, 딸에 대해서는 아는 바가 별로 없었다. 나는 나대로 바쁘고, 아이는 아이대로 커 가면서 함께하는 시간이 매우 부족했다는 생각이 들었다. 아장아장 품 안의 자식이었던 아이가 이제는 잘 모르는 아이로 쑥 자랐다는 생각도 들고 만감이 교차하는 시간이었다.

　　〈사례 11-1〉의 경우 스스로 성경 읽기가 어렵다고 합니다. 또한 부모님과 함께하는 시간이 부족하여 부모님에 대해 더 몰랐던 것 같이 느껴진다고 하였습니다. 〈사례 11-2〉에서는 성경 읽기는 잘 되고 아내와도 어느 정도 대화를 하고 있지만, 자녀와는 대화가 단절되어 있음을 깨닫기도 합니다. 여러분도 사랑의 척도를 작성하면서 가족과 교류하고 그 가운데 소소한 기쁨을 찾아보세요. 소중한 사람들과는 사소한 것이 없습니다. 모든 순간이 소중하지요.

　　앞서 언급한 것처럼, 사랑은 사랑하는 것으로 끝나는 것이 아니라, 서로 알고, 나누려고 노력할 때 지속해서 완성되어 가는 것입니다. 사랑을 하는 데 있어서 현재 나의 에너지를 상대와 나누는 것이 중요합니다. 부부(가족) 간의 교류는 자발적이어야 하며, '사랑'을 기반으로 한 것이어야 합니다. 자발적이고 의도적인 '사랑'의 말과 교류가 이루어진다면 여러분 가족관계의 상호 교류는 궤도에 오른 것이지요. 말의 소통이 원활히 이루어진다면 상호 교류가 원활히 잘 이루어지는 것이지요.[5] 그러면 서로 원하고 부족한 부분을 채워 나가면서 사랑이 더욱 커질 것입니다.

❋ '사랑합니다'를 위한 소중한 것 나누기

이번 시간의 과제는 주님께서 기뻐하실 일이 무엇인지 고민해 보고 작성해 봅니다. 그리고 가족과는 가족이 여러분에게 원했던 것을 실천해 보는 것입니다. 여러분은 가족과의 의사소통을 통해 가족이 원하는 것을 알았을 것입니다. 그것을 실천하고 가족에게 반드시 '사랑합니다'라는 것을 말로 표현해 보세요.⑥ 그리고 이때 자신의 소감과 가족의 반응이 어떠한지 작성해 보세요.

사랑은 곧 소통이며, 주님이 먼저 보여 주신 사랑을 좇아 주님의 말씀대로 사는 것이라 하였습니다. "피차 사랑의 빚 외에는 아무에게든지 아무 빚도 지지 말라 남을 사랑하는 자는 율법을 다 이루었느니라"(롬 13:8)라는 말씀처럼, 사랑의 실천은 주님이 기뻐하시는 일이라 배웠습니다. 우리가 사랑의 빚을 계속 진다면 사랑의 빚 때문에 감사가 커지게 됩니다. 서로가 사랑의 빚을 진다면 서로 감사를 느끼고 서로에게 사랑을 보답하려고 하게 되겠지요. 이로써 사랑이 돌고 돌아 순환하게 되지요. 사랑은 계속 사랑을 낳기에 사랑을 율법의 완성(롬 13:10)이라 하였습니다.

[그림 11-12]와 같이, 크리스천에게 사랑의 실천 기준은 주님께서 기뻐하시는 일인지, 주님을 기쁘시게 하는 일인지입니다. 물론 상대가 기뻐할 일도 포함되지만, 주님이 기뻐하실 일이 우선되지요. "우리가 아직 죄인 되었을 때에 그리스도께서 우리를 위하여 죽으심으로 하나님께서 우리에 대한 자기의 사랑을 확증하셨느니라"(롬 5:8), "곧 우리가 원수 되었을 때에 그의 아들의 죽으심으로 말미암아 하나님과 화목하게 되었은즉 화목하게 된 자로서는 더욱 그의 살아나심으로 말미암아 구원을 받을 것이니라"(롬 5:10)라는 말씀을 통해 우리는 주님의 사랑을 다시 확인할 수 있습니다. 주님께 사랑받은 자답게 빛의 자녀로 사랑을 실천하며 살아야 하지요. 주님과 소통하며, 주님이 기뻐하실 일이 무엇인지 고민하며, 그 일을 실천하는 것이 주님의 자녀 된 우리가 보여야 하는 사랑입니다.

한 사례가 있습니다. 저녁에 일찍 귀가하기로 한 남편이 늦게 왔을 때, 아내는 왜 늦었냐고 묻고 남편은 제대로 답을 안 하고 피곤하다며 누워 버립니다. 만약 남편이 이유를 설명했다 해도 늦게 온 남편에게 아내는 몹시 화가 나게 될 수도 있지요. 아내는 상대방에게 몹시 화를 내고, 남편은 더는 말을 하지 않게 됩니다. '크리스천 사랑 실천' 기준과 적용 방법에 따라 주님 보시기에 선한 일인가를 생각해 봅시다. 나의 분노가 정당한지, 주님 보시기에 선한 일인지 아닌지를 생각해 보는 것이 중요합니다.

- 남편: 약속을 어기고 늦게 들어온 것 → 주님 보시기에 좋지 않음 → 아내에게 사과해야 함
- 아내: 남편이 늦은 이유도 모른 채 화를 낸 것 → 주님 보시기에 좋지 않음 → 남편에게 사과해야 함 → 남편이 늦은 이유를 설명했다면 수용하고 용서해야 함
- 각자 용서해야 함
- 늦게 들어오지 않기, 먼저 화내지 않기 등 자신의 잘못된 것을 반복하지 않아야 함

분석해 보면, 주님 앞에서 봤을 때 먼저 미안하다고 고백하게 되고 또 먼저 용서하게 됩니다. 그리고 상대방이 원하는 것을 하게 되지요. 약속을 지키기 위해 늦게 오지 않는 것, 먼저 화내지 않는 것이 사랑을 실천하는 것입니다. 결국 화내는 시간을 줄이고 사랑하는 시간을 늘리게 되는 것이지요. 주님께 T와 S를 많이 하는 사람이 사람들과도 T와 S를 많이 할 수 있고, 이로써 L을 실천하게 됩니다.

이번 시간에는 주님이 기뻐하실 일인 사랑의 실천을 구체적으로 적어 볼 것입니다. 막연히 주님이 기뻐하실 일을 '서로 사랑하기' '용서하기'라고 적는 것이 아니라

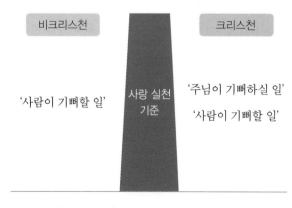

[그림 11-12] 크리스천 사랑의 실천 기준

'엄마 말에 퉁명스럽게 대꾸하지 않고, 좀 더 귀 기울여 듣기' '빈곤 아동 후원 기관에 후원금 보내기' '일주일 동안 거친 말(욕설) 안 하기' 등 행동을 수반한 구체적인 일들을 찾아보는 것입니다. 처음부터 주님이 기뻐하실 일을 적는 것이 어렵다면, 사랑하기, 용서하기, 도와주기 등 큰 주제를 적어 보고 그 속에서 나의 삶에서 실천할 수 있는 작은 실천과제들이 무엇이 있는지 찾아보아도 좋습니다. 구체적으로 적을수록 작은 실천이라도 몸소 실천할 수 있고, 이를 통해 주님을 기쁘시게 할 수 있습니다.

과제 2. 주님 기쁘시게 할 일 실천계획과 실천하기

주님 기쁘시게 할 일 실천계획	
실천계획	
주님 기쁘시게 할 일 실천하기	
실제 실천 방법	
실천 후 느낌	

〈사례 11-3〉의 경우, 과제를 통해 주님을 기쁘시게 하는 일이 나를 행복하게 하는 일임을 느꼈다고 이야기합니다. 주님을 기쁘시게 하는 일이 우리를 힘들게 하거나 고통 가운데 밀어 넣는 일이 아니라 사실은 우리를 더 풍요롭게 하고 행복하게 하는 일인 것이지요. "주께서 인생으로 고생하게 하시며 근심하게 하심은 본심이 아니시로다"(애 3:33)라는 말씀처럼, 주님은 우리가 행복하길 원하시고 그 행복의 길이 주님을 따라 사는 삶이라고 말씀하십니다.

또 지난 시간에 여러분은 자신이 가지고 있는 것들을 가족과 얼마나, 어떻게 나눌 것인지 생각해 보았습니다. 이번 시간의 과제는 그것을 실천해 보는 것입니다. 즉, '사랑한다'라는 것을 말로 표현하고 그와 더불어 여러분의 것을 나누는, 사랑을 공유하는 행동을 하는 것이지요. 가족에게 사랑한다고 말하고, 여러분이 가진 것을 나누어 보세요. 여러분이 나누는 것은 큰 것이 아니어도 괜찮습니다.[7] 가족 여행 계획을 같이 세워도 좋고, 경제적인 것을 나누어도 되고, 서로 안아 주거나 시간을 나누

사례 11-3　여, 35세, 공무원

주님 기쁘시게 할 일 실천계획	
실천계획	• 범사에 감사하는 것: 매일 아침 10 감사를 작성해 보기 • 항상 기뻐하는 것: 화가 나거나 짜증이 날 때 의식적으로 기록해 두어 그 횟수를 줄여 보기 • 용서하기: 남편과 아이가 잘못하거나 속상하게 했을 때 이번 주만큼은 먼저 용서해 보기
주님 기쁘시게 할 일 실천하기	
실제 실천 방법	하나님이 기뻐하실 일을 찾아 적으면서도 너무 많아서 골라 적는 게 힘들었다. 꼭 한 주 동안 실천하고 싶었고, 그래서 할 수 있을 것 같은 계획들을 중심으로 적었다. 가장 어려웠던 거는 화가 나거나 짜증이 날 때 의식해서 적어 보는 것이었는데, 생각보다 순간순간 욱하는 경우가 많았고, 그때마다 그걸 의식해서 적는 일이 보통 일이 아니었다. 하지만 이번에 언제 욱하는지 생각하고 기록해 보니 내가 무엇 때문에 욱하는지도 좀 더 명확해지고 계속 의식하려고 노력하니 참고 넘어가자 싶은 순간들도 많았다. 매일 출근길에 '10 감사'를 적어 보았는데, 매일 새로운 감사를 찾는 게 어려웠지만, 하루의 시작을 감사로 하니 힘이 되었다. 남편과 아이를 용서하는 한 주로 보내겠다고 마음먹으니 신기하게 화날 일이 적은 한 주라 크게 용서할 일도 없었던 것 같다.
실천 후 느낌	과제는 분명 하나님이 기뻐하실 일을 실천하는 거였는데, 막상 한 주를 돌아보니 나를 행복하게 하는 시간이었다는 생각이 든다.

어도 되고, 스킨십을 나누어도 됩니다.

　특히 경제적인 것과 가정 내에서의 권력이나 의사결정을 나누려고 노력해 보세요. 우리는 흔히 사랑은 정신적인 것이라고 말합니다. 하지만 잘 생각해 보세요. 여러분의 일상생활에서 가장 큰 스트레스는 바로 경제적 스트레스일 것입니다. 따라서 경제적인 면에서 서로 이야기하고 나누는 것이 중요하지요. 물론 네 가지 자원영역인 경제, 사회, 신체, 정신 분야 모두 고루 의사소통하면 더욱 좋습니다.

　여러분이 세웠던 계획대로 이번 일주일간 실천해 보고, 가족의 반응을 적어 보세요.

과제 3. '사랑합니다'를 위한 소중한 것 나누기 실천계획과 실천하기

'사랑합니다'를 위한 소중한 것 나누기 실천계획-주님께	
누구에게	언제, 어떻게
주님	
'사랑합니다'를 위한 소중한 것 나누기 실천하기	
누구에게	실행 여부
언제, 어떻게 실천했나요?	
실행 후 느낌	
'사랑합니다'를 위한 소중한 것 나누기 실천계획-가족에게	
누구에게	무엇을, 어떻게
주님	
'사랑합니다'를 위한 소중한 것 나누기 실천하기	
누구에게	실행 여부
언제, 어떻게 실천했나요?	
상대방의 반응	
실행 후 느낌	

　　다음은 '사랑합니다'를 실천하기 위해 소중한 것을 나누기를 계획하고 실행한 참여자의 사례입니다.

　　〈사례 11-4〉에서 참여자는 자신이 가진 여러 가지 에너지 중 시간과 체력을 남편과 함께 나누었습니다. 이를 통해 남편은 기쁨을 느끼고, 참여자에게 긍정적인 에너지를 돌려주는 것을 볼 수 있습니다. 참여자가 가진 에너지를 나눔으로써 가족관계가 좋아지는 것은 물론 건강도 회복됨을 느끼게 됩니다. 이렇게 사랑은 여유가 있거나 남아서 에너지를 나누는 것이 아니라, 자신이 가진 것을 나누려는 의지를 갖추고 행할 때 이루어짐을 알 수 있습니다.[8]

사례 11-4 여, 54세, 전업주부

'사랑합니다'를 위한 소중한 것 나누기 실천계획-가족에게	
누구에게	무엇을, 어떻게
남편	시간과 체력: 남편과 저녁 식사 후 산책 다녀오기

'사랑합니다'를 위한 소중한 것 나누기 실천하기			
누구에게	남편	실행 여부	○
언제, 어떻게 실천했나요?	남편과는 선배의 소개로 만났는데 착하고 성실함이 느껴져 잠깐 연애하고 곧 결혼 하였다. 남편은 직장과 가정생활에 성실하였지만, 몸을 보살피지 않고 일한 탓에 당뇨를 앓기 시작했다. 이제야 몸을 챙기기 시작한 남편은 매일 저녁을 가볍게 먹고 동네 한 바퀴를 도는 것을 운동 삼아 하였다. 혼자 내보내기 미안했지만, 집안 뒷정리로 같이 나갈 엄두도 못 냈는데 이번을 기회 삼아 함께 걸으면 좋을 것 같기도 해서 남편 나가는 길 동행 하겠다고 하였다. 걷는 동안 안 하던 이야기도 나누고 손도 잡으며 그동안 든든한 버팀목이 되어줘서 고맙고, 사랑한다고 이야기하였다.		
상대방의 반응	나이도 들고 당뇨도 앓기 시작하며 어깨가 축 처진 남편은 내심 혼자 나가서 걷는 것에 미적미적하는 편이었다. 그렇다고 나에게 같이 가자는 말도 못 하는 것 같아 남편 손을 덥석 잡고 함께 가자고 했더니 남편이 너무 좋아했다. 오고 가는 길에 나눈 이야기에서 남편의 즐거움이 느껴졌다.		
실행 후 느낌	이렇게 행복한 시간을 왜 미루고 함께하지 못 했나 후회가 되었다. 남편과 앞으로도 쭉 함께 손잡고 건강하게 걸으며 행복하면 좋겠다는 작은 소망이 생겼다.		

오늘의 과제

기본과제 1. 주님께서 여러분에게 이번 주 주신 성경 말씀과 이를 통해 깨달은 점은 무엇입니까?

기본과제 2. '고맙습니다' 실천하기

기본과제 3. '미안합니다' 실천하기

과제 1. 사랑의 척도 작성하기

과제 2. 주님 기쁘시게 할 일 실천계획과 실천하기

과제 3. '사랑합니다'를 위한 소중한 것 나누기 실천계획과 실천하기

　이번 Practice 11은 '사랑합니다'를 실행하고 강화하기 위해 주님과, 가족과 자신의 소중한 것을 나누고 사랑을 표현해 보는 것이 목표입니다. 성경 읽기 점수와 사랑의 척도를 작성하면서 여러분이 잘 알고 있고 사랑한다고 생각해 온 주님과, 가족과 얼마만큼 교류하고 있는지 파악하셨나요? 의사소통에서 다룬 것처럼 긍정적이고 생산적인 의사소통은 가족관계에서 매우 중요합니다. 이러한 의사소통을 통해서 여러분과 가족이 '사랑합니다'를 실천하고 완성해 나갈 수 있지요.[9]

　다음 시간에서는 여러분의 가족에 대한 사랑의 등급을 높이며, '사랑합니다'를 재충전하는 연습을 할 예정입니다.

Chapter **12**

사랑은 행복

많은 사람이 행복해지고 싶다고 이야기합니다. 하지만 행복을 찾으려고 해도 행복이 어디 있는지 몰라 방황하기도 하지요. 행복으로 가는 길에는 사랑이 매우 중요합니다. 그러나 사랑하는 방법을 몰라 다시 헤매기도 합니다. 하지만 크리스천에게는 행복이 무엇인지, 사랑이 무엇인지 명확합니다. 행복은 주님이 우리에게 주신 사랑 안에서만 찾을 수 있지요.

❋ 가족: 행복의 통로

우리는 하나님께서 우리를 택하셨다고 믿고 있습니다. 그런데 우리를 택하신 것은 우리의 행위로 인해서 택하신 것이 아닙니다. "하나님이 세상을 이처럼 사랑하사 독생자를 주셨으니 이는 그를 믿는 자마다 멸망하지 않고 영생을 얻게 하려 하심이라 하나님이 그 아들을 세상에 보내신 것은 세상을 심판하려 하심이 아니요 그로 말미암아 세상이 구원을 받게 하려 하심이라"(요 3:16-17), "이미 믿는 우리들은 저 안식에 들어가는도다"(히 4:3)라는 말씀처럼 하나님이 우리를 선택하시고 예수님을 믿는 자에게 구원을 주셨습니다. 백부장의 믿음을 보시고 그 하인을 고쳐 주셨던(마 8:13) 예수님께서는 믿음을 통해 병이 고쳐지는 축복도 허락하셨지요.

예수님은 선지자, 천사, 모세, 여호수아보다 더 뛰어나신 분이십니다(히 1:1-4:16). 예수님은 아론, 레위인보다 뛰어난 제사장 직분을 감당하시는 분이시지요(히 5:1-8:5). 창조주 하나님께서는 예수님을 통해 우리를 얼마나 사랑하셨는지 보여 주셨고, 우리는 예수님의 십자가와 부활을 통해 주님의 사랑을 경험하였습니다. 우리의 삶이 얼마나 주님의 축복으로 가득한지 깨닫게 되었지요. 그래서 우리는 그리스도의 고난에 동참하며 그분의 발자취를 따라 살아가야 합니다. "이를 위하여 너희가 부르심을 받았으니 그리스도도 너희를 위하여 고난을 받으사 너희에게 본을 끼쳐 그 자취를 따라오게 하려 하셨느니라"(벧전 2:21) 우리가 그분의 발자취를 따라 살아갈 수 있다면 그것은 우리에게 큰 축복입니다. 우리가 예수님이 오시기 전까지는 방황하고 길을 잃었지만, 예수님을 알게 된 다음에는 더는 방황하지 않고 어떻게 살아가야 하는지 이정표가 생긴 것이지요. 따라가야 하는 길이 확실해졌기 때문에 기쁠 수 있습니다. 먼저 사랑을 받았기 때문에, 우리의 죄로부터도 자유로워지게 되었지요. 하지만 매일 또 새로운 죄를 짓고 살아갑니다. 그래서 주님의 사랑을, 은혜를, 기도와 간구로 매일 찾아야 하지요. 주님을 알게 되고 주님의 사랑을 매일 느낀다면 스스로가 얼마나 축복받은 사람인지 깨닫게 될 것입니다.

우리는 "서로 돌아보아 사랑과 선행을 격려하며"(히 10:24)라는 말씀과 같이 사랑을 계속 실천하고 선행을 하는 게 우리가 해야 할 일입니다. 사랑을 받았다고 끝나는 것이 아니라 주님을 사랑하고 나의 이웃을 사랑해야 합니다. 그래서 우리에게 하나님을 항상 사랑해야 한다고 말씀하셨고, 나 외의 다른 사람을 사랑할 수 있도록 축복해 주셨습니다. 그 축복의 열매가 가족입니다. 주님이 우리에게 주신 최고의 선물이 가족입니다. 주님이 우리에게 주신 첫 번째 축복이 사랑하는 사람을 만나 가

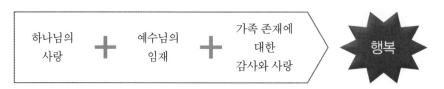

[**그림 12-1**] 행복으로 들어가는 길

족을 이루게 하신 것이지요. "사람이 혼자 사는 것이 좋지 아니하니 내가 그를 위하여 돕는 배필을 지으리라"(창 2:18) 주님은 우리를 사랑하셔서 혼자가 아닌 둘이 되게 하셨습니다. 우리에게 사랑할 수 있는 존재를 주신 것이지요. [그림 12-1]과 같이, 주님의 사랑을 깨닫고, 예수 그리스도의 임재를 경험할 때 그리고 가족이 주님 주신 축복이요 선물임을 알고 감사하고 사랑할 때, 우리는 진정으로 행복해질 수 있습니다.

❋ 부부

결혼

"창조 때로부터 사람을 남자와 여자로 지으셨으니 이러므로 사람이 그 부모를 떠나서 그 둘이 한 몸이 될지니라 이러한즉 이제 둘이 아니요 한 몸이니 그러므로 하나님이 짝지어 주신 것을 사람이 나누지 못할지니라 하시더라"(막 10:6-9) 말씀을 통해 우리의 배우자는 하나님이 짝지어 주셨다는 것을 알 수 있습니다. "모든 사람은 자기가 만난 사랑하는 사람을 귀히 여기고 결혼을 귀히 여기며 침소를 더럽히지 않게 하라 음행하는 자들과 간음하는 자들을 하나님이 심판하시리라"(히 13:4)라는 말씀을 새기며 부부생활을 더럽혀서는 안 됩니다. 음란한 사람과 간음하는 사람을 하나님께서는 매우 싫어하십니다. 부질없는 인간의 욕심으로 인해 우리는 때때로 죄를 짓지요. 잠시의 쾌락이 있을 수 있으나 이러한 것은 사랑을 실천하는 기준인 주님이 기뻐하시는 일이 아니고, 궁극적으로 우리 자신도 행복해지지 않습니다. 서로에게 가장 좋은 배우자를 주셨음을 믿고 서로 사랑해야 합니다. "나는 내 사랑하는 자에게 속하였고 내 사랑하는 자는 내게 속하였으며 그가 백합화 가운데에서 그 양 떼를 먹이는도다"(아 6:3)라는 말씀처럼 사랑하는 사람들은 한 몸이기에 서로에게서 자신의 존재를 확인하고 서로에게 감사하고 사랑하고 서로를 축복할 수 있습니다. 남자와 여자가 만나서 결혼하는 것은 하나님이 짝지어 주신 소중한 존재라고 서로 인정하고, 이것이 곧 축복의 삶이라 생각해야 합니다. 서로가 죄에 빠지지 않고 기쁘게 세상을 살아갈 수 있는 길이 곧 행복이지요. 성경에서는 "남편은 그 아내에 대한 의무를 다하고 아내도 그 남편에게 그렇게 할지라"(고전 7:3)라고 말씀하시며 서로가 서로에게 의무를 다해야 한다고 말씀하고 있습니다.

결혼은 이처럼 신성한 축복입니다. 청년들을 만나 보면 어떤 배우자를 만나야 하는지 많이 고민하고 또 물어봅니다. 크리스천에게 가장 중요한 덕목은 주님이 나를 선택해 주신 것 같이 주님이 나에게 가장 좋은 배우자를 선택해 주신다는 믿음을 가지고, 주님이 기뻐하실 배우자를 볼 수 있는 눈과 지혜를 구해야 합니다. 배우자를 만나는 것은 굉장히 중요한 사랑의 과정입니다. 그것은 어렵거나 곤란하거나 괴로운 과정이 아닙니다. 또 성경 말씀에는 혼자 사는 데 절제할 수 있다면 독신으로 지내는 것이 좋다고 말씀하셨습니다. "내가 결혼하지 아니한 자들과 과부들에게 이르노니 나와 같이 그냥 지내는 것이 좋으니라. 만일 절제할 수 없거든 결혼하라 정욕이 불같이 타는 것보다 결혼하는 것이 나으니라"(고전 7:8-9)라는 말씀과 같이 절제되지 않으면 결혼하라고 권하셨지요. 독신도 결혼도 다 의미가 있습니다. 하지만 "아내를 얻는 자는 복을 얻고 여호와께 은총을 받는 자니라"(잠 18:22)고 말씀하시는 것처럼, 가능하면 좋은 사람을 만나서 주님이 주시는 복을 누리는 것이 좋습니다. "나는 모든 사람이 나와 같기를 원하노라 그러나 각각 하나님께 받은 자기의 은사가 있으니 이 사람은 이러하고 저 사람은 저러하니라"(고전 7:7) 이처럼 하나님께 받은 은혜의 선물이 다 다릅니다. 누군가는 결혼하여 사는 삶이, 또 누군가는 독신으로 사는 삶이 주님 주신 은혜요, 선물일 것입니다. 우리가 우리의 정욕으로 인해 방탕하게 살아 자신을 망가뜨리는 것보다는 배우자와 함께 아름다운 가정을 세워 가는 것이 낫습니다.

이혼

배우자는 하나님의 축복이지만, 배우자와 함께 사는 것이 늘 즐겁고 좋은 것만은 아니지요. 서로 생각이 달라서 섭섭하고 다툴 때가 있습니다. 다투는 상황이 생길 때면 주님이 여러분을 사랑하신 것 같이 배우자를 생각해야 합니다. "서로 분방하지 말라"(고전 7:5)라는 말씀은 서로 멀리하지 말라는 의미이지요. 갈등이 생기거나 다툴 때 이혼을 제일 먼저 고려해서는 안 됩니다. "누구든지 음행한 이유 없이 아내를 버리면 이는 그로 간음하게 함이요"(마 5:32)라는 말씀처럼, 매우 극단적 상황 외에는 이혼을 고려해서는 안 됩니다. 2017년 인구동향조사(통계청, 2018)에 따르면, 이혼 사유로 43%가 성격 차이라고 응답했습니다. 많은 사람이 성격 차이를 이혼 사유로 삼지만, 크리스천은 그러면 안 됩니다. 아내나 남편이 잘못한 것이 있으면 서로 용서하는 것이 크리스천 사랑의 실천이지요. "사랑은 허다한 죄를 덮느니라"(벧전 4:8)라고 하였습니다. 가정은 사랑의 공동체이기 때문에 나와 가장 많은 시간을 보내고 기쁨도 슬픔도 나눌 수 있는 관계이기에 우리는 배우자를 가장 많이 용서해야 합니다. "나는 이혼하는 것과 옷으로 학대를 가리는 자를 미워하노라"(말 2:16) 주님은 이혼하는 것과 학대하는 것을 미워하십니다. "하나님이 짝지어 주신 것을 사람이 나누지 못할지니라"(마 19:6) 하나님이 맺어 주신 것을 사람이 쉽게 나누면 안 되지요. 섭섭한 것을 버리고 화해하려고 노력해야 합니다. 한 아내와 한 남편이 평생 함께 살아야 한다고 이야기하는 종교는 거의 없습니다. 한 배우자만을 섬겨야 함을 강조하는 것은 기독교의 독특한 결혼관입니다. "네가 젊어서 취한 아내를 즐거워하라"(잠 5:18), "그 아내를 버리고 다른 데에 장가드는 자는 본처에게 간음을 행함이요 또 아내가 남편을 버리고 다른 데로 시집가면 간음을 행함이니라"(막 10:11-12)라는 말씀에서 보듯이 성경에서는 아내와 남편이 서로에게 신실할 것을 강조합니다. 이와 같은 결혼관은 당시에 굉장히 파격적인 것이었습니다. 이런 전통이 수천 년 동안 이어져 온 것이지요. 상대방이 자기 잘못을 얘기한다면 언제든지 용서해 주어야 합니다. 먼저 용서하고 손을 내미는 사람이 곧 주님의 말씀을 실천하는 자입니다. 사랑을 할 수 있는 것은 축복입니다. 사랑을 나눌 수 있는 배우자가 있다는 것 또한 축복이지요. 섭섭하게 하는 일, 아쉬운 일이 있다고 해서 말을 하지 않고 관계를 단절하는 것은 주님이 보시기에 온당치 않습니다. 자신이 수용할 능력이 된다면 배우자의 잘못과 부족한 부분들을 수용하고 사랑으로 품어야 합니다. 자신의 수용력은 주님 앞에서 자신만이 판단할 수 있을 것입니다.

"어떤 여자에게 믿지 아니하는 남편이 있어 아내와 함께 살기를 좋아하거든 그 남편을 버리지 말라 믿지 아니하는 남편이 아내로 말미암아 거룩하게 되고 믿지 아니하는 아내가 남편으로 말미암아 거룩하게 되나니 그렇지 아니하면 너희 자녀도 깨끗하지 못하니라 그러니 이제 거룩하니라"(고전 7:13-14) 말씀에서 믿지 않는 배우자가 함께 살기를 원한다면 버리지 말라고 하십니다. 믿지 않는 자는 하나님 말씀대로 살지 않는 사람입니다. 방탕하고 방황하는 사람일 수 있습니다. 이런 사람과 함

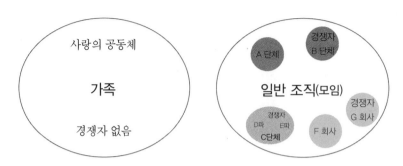

[그림 12-2] 경쟁자가 없는 유일한 집단, 가족: 사랑의 공동체

께 사는 일이 녹록하지 않고 많은 갈등이 있을 수 있습니다. 하지만 그런데도 주님께서는 버리지 말라고 하셨습니다. 믿음의 배우자를 통해 오히려 믿지 않는 배우자가 하나님을 만나고 구원받게 하시려는 주님의 계획일 수 있지요. 주님을 믿지 않는 배우자가 여러분의 사랑을 통해 회개하고 돌아오게 할 수 있는 것입니다. 이 과정이 절대 쉽지 않고 굉장히 어렵습니다.

하지만 주님께서 부어 주신 사랑을 기억하며 나의 배우자가 있음을 감사하고 그를 나보다 낫게 여겨야 합니다. 어느 것이 부족하다고 이야기할 것이 아니라 감사하고, 감사를 많이 표현하고, 나의 잘못에 대해 미안하다 이야기하고, 배우자를 용서하고, 내가 나눌 수 있는 에너지를 배우자를 위해 사용할 때 그것이 주님이 기뻐하시는 사랑의 실천입니다. 우리가 매사 정죄하거나 따지고 비난하면 결론을 내기 쉽지 않습니다. [그림 12-2]에서 볼 수 있듯이, 인간의 모든 조직은 조직 안팎의 경쟁자를 가지고 있지만, 가정은 경쟁자와 다투는 자가 없는 유일한 조직입니다. 서로가 더 위로받고 사랑을 확인하고 품어 줄 수 있는 유일한 공동체인 것이지요. 이혼하지 않고 함께 살아갈 수 있는 것은 내가 먼저 사랑을 실천하기 때문임을 기억해야 합니다.

사랑의 공동체

그래서 주님께서는 부부간의 살아가야 하는 방식에 관해 설명해 주십니다. 아내는 남편에게 순종하여야 합니다. "아내들아 이와 같이 자기 남편에게 순종하라 이는 혹 말씀을 순종하지 않는 자라도 말로 말미암지 않고 그 아내의 행실로 말미암아 구원을 받게 하려 함이니"(벧전 3:1)라는 말씀은 아내의 순종의 열매는 믿지 않는 사람까지도 주님을 만나게 할 만큼 강력한 힘을 갖고 있다는 의미입니다. 실제로 많은 여성 크리스천의 열정과 숭고한 희생으로 이 땅에 교회가 세워졌습니다. 열두제자는 남자였지만 예수님을 믿고 헌신하며 끝까지 따랐던 이들 중에는 많은 여성이 있었습니다. 선한 마음을 가진 여성이 가정을 축복의 장으로 변화시키고 그 힘으로 오늘의 대한민국이 되기도 하였습니다. 구한말 전도 부인을 통해 전국 곳곳에 복음이 전해졌고, 생명까지도 내어놓고 선교에 뛰어든 해리엇 깁슨, 애니 앨러즈, 릴리어스 호튼 등 외국 여성 선교사의 헌신으로 복음이 뿌리내리고 자라게 되었습니다. "아내들이여 자기 남편에게 복종하기를 주께 하듯 하라"(엡 5:22) 이 말씀은 여성이 부족하여 남편에게 순종하고 복종하라는 것이 아닙니다. 주님을 사랑하듯 남편을 존중하고 사랑하라는 말씀이지요. 언뜻 보기에는 남녀의 서열이 있는 것 같지만, 남과 여에는 서열이 없습니다. 그것이 주님께서 우리에게 주시고자 하는 메시지입니다.

남편은 아내 사랑하기를 예수님께서 자신을 내어 십자가에 달려 돌아가신 듯 사랑하라 하였습니다. 이보다 더 큰 헌신과 사랑이 있을 수 없지요. "남편들아 아내 사랑하기를 그리스도께서 교회를 사랑하시고 그 교회를 위하여 자신을 주심 같이 하라"(엡 5:25), "남편들아 아내를 사랑하며 괴롭게 하지 말라"(골 3:19), "각각 거룩함과 존귀함으로 자기의 아내 대할 줄을 알고"(살전 4:4)라는 말씀과 같이 남편은 자신의 목숨까지 걸고 사랑할 뿐 아니라 거룩하고 존귀함으로 아내를 대해야 하지요. 이는 내 몸을 성전 같이 거룩하게 하라는 것으로 곧 외도나 음행을 삼가고 아내에게 신실하라는 말씀입니다. 신약시대 유대교는 회당 예배에 여성이 참여하여도 뒤에 앉아만 있는 존재로 계수 대상에서 제외되었습니다. 그만큼 여성은 미약한 존재로 여겼지요. 하지만 성경에서는 여성을 존중하라는 메시지를 계속 강조하는 것이지요. 그만큼 여성의 존재를 인정할 뿐 아니라 부부관계에서도 남녀의 서열을 매기기보다 서로 존중하고 사랑하라는 의미이지요. 우리가 이 땅에서 세상 것만을 사랑하는 자, 음란한 자를 만나지 않고 구별되게 살 수만은 없을 것입니다. 그러나 믿는 크리스천이라면 그들처럼 행동할 수 없지요. 부부는 서로 절제하고 사랑하면서 살아가야 합니다.

부부가 서로에게 "내가 널 사랑하는 것만큼 당신도 나를 사랑해 줘."라고 이야기할 수 있지요. 이처럼 우리는 부부가 동등하게 사랑을 실천하는 것이 정당하고 합리적이라고 생각합니다. 하지만 동등한 권력 행사보다 더 중요한 것은 존재 자체로 서로가 소중하게 인식되고 존중받는 것입니다. 사랑의 실천에 있어서는 일대일로 주

[그림 12-3] 남녀 우열 없이 서로 존중하고 사랑

고받기가 어렵습니다. 하나님께서는 우리가 드린 만큼 우리를 사랑해 주시지 않습니다. 우리가 하나님을 사랑하는 크기는 하나님의 사랑의 크기에 비하면 보잘것없지요. 하지만 하나님께서는 괘의치 않고 끝까지 우리를 사랑해 주십니다. 남편과 아내도 마찬가지입니다. "일대일의 관계로 사랑하자."라고 하면 행복은 찾아오지 않습니다. 내가 먼저 더 사랑하고 내가 먼저 용서할 때 큰 기쁨이 찾아오지요. 주님의 사랑에 진정으로 감사하게 되면, 가족의 존재에 감사하며 우리는 먼저 사랑할 수 있습니다. "당신은 왜 시댁에 하는 것만큼 친정에 안 해?"하며 아내가 남편에게 섭섭함을 토로할 수는 있지만, 이걸로 분노하거나 화내는 것은 옳지 않습니다. 여러분이 시가 혹은 처가를 사랑하는 모습을 보고 배우자가 깨우치고 변화하게 될 것입니다. 단지 시간이 걸릴 뿐이지요.

[그림 12-3]과 같이 아내는 남편의 뜻을 따르고, 남편은 아내를 위해 십자가에 죽을 수 있다면 상대방에게 무엇을 더 못 해 주겠습니까? 이는 아내나 남편 중 누구의 뜻이 더 중요하다기보다는 사랑을 먼저 행하는 것이 더 중요하다는 의미입니다. 상대방의 사랑을 확인하려 하거나 시험하지 말고 말씀을 깨닫고 먼저 실천하는 사람이 복 있는 사람이지요. 이렇게 부부가 서로를 위하며 지낸다면 힘든 시기를 만났을 때 함께 극복할 수 있습니다. 어려울 때 가정 밖에서 다른 누군가를 의지하는 것이 아니라, 가정 안에서 서로를 의지하며 회복할 수 있게 되는 것이지요.

결국 주님께서 기뻐하시는 부부의 모습은 서로 예수님을 대하듯 존중하고, 서로를 향해 신실하며, 예수님이 우리를 위해 죽으신 것처럼 사랑하는 것입니다. 그렇다면 우리의 가정은 사랑이 실천되는 장이요, 주님이 부어 주시는 축복이 가득하고 행복을 누리는 장이 될 것입니다.

❊ 자녀

자녀는 하나님이 주신 새 생명이자 축복입니다. 많은 부부가 새 생명을 갖고자 하나님께 기도합니다. 아브라함과 사라도 자녀가 생기지 않아 포기한 상황이었습니다. 하지만 주님의 은혜로 이삭을 갖게 되었지요. 그 후 "네 자손을 하늘의 별과 같이 번성하게 하며 이 모든 땅을 네 자손에게 주리니 네 자손으로 말미암아 천하 만민이 복을 받으리라"(창 26:4)라는 말씀이 이루어져 자손이 번성하게 됩니다. 자녀는 하나님이 주신 고귀한 생명입니다. 많은 사람이 자녀를 통해 사랑을 느끼고 행복해집니다. 하지만 양육하는 과정에서 우리는 자녀와 늘 즐겁고 기쁘게만 지내지 않지요. 주님께서는 "너희 자녀를 노엽게 하지 말고 오직 주의 교훈과 훈계로 양육하라"(엡 6:4)라고 가르치고 계십니다. 자녀의 존재만으로 감사하고 사랑해야 하지요.

자녀가 어떤 대학을 가야만 내가 기뻐지는 것이 아닙니다. 자녀를 기르면서 내가 욕심을 내어 자녀를 괴롭게 하는 것이 아닌지 잘 생각하고 판단하여야 하지요. 우리가 자녀에게 해 줄 수 있는 것이 무엇인지 잘 생각해야 합니다. 자녀와 함께 시간과 에너지를 많이 보내는 것이 중요하지요. 많은 부모가 자녀의 대학 진학을 위해 엄청난 에너지를 쏟지만, 그 열정이 때로는 지나칠 때가 많습니다. 사교육에 들어가는 열정과 비용이 우리의 삶을 힘들게 합니다. 자녀에게 무엇이 필요한지 먼저 잘 보고 올바른 길을 보여 주는 것이 부모의 역할이지요. 좋은 학원에 다닌다고 성적이 무조건 향상되는 것이 아니고 심성이 바르고 신체가 건강하게 자라는 것도 아닙니다. 자녀에게 지나친 기대를 하는 것은 아닌지 늘 자신을 돌아봐야 하지요. 바른 교육과 훈계는 부모의 의무이지만 그 전제에는 반드시 사랑이 있어야 합니다. 앞서 언급한 "사랑은 오래 참고 사랑은 온유하며 시기하지 아니하며 사랑은 자랑하지 아니하며 교만하지 아니하며 무례히 행하지 아니하며 자기의 유익을 구하지 아니하며 성내지 아니하며 악한 것을 생각하지 아니하며 불의를 기뻐하지 아니하며 진리와 함께 기뻐하고 모든 것을 참으며 모든 것을 믿으며 모든 것을 바라며 모든 것을 견디느니라"(고전 13:4-7)로 설명된 사랑을 바탕으로 자녀를 양육해야 하지요. 이 사랑이 전제된다면 자녀를 심하게 질책하거나 학대할 수 없습니다. 자녀를 양육하면서 기억해야 할 것은 자녀가 주님을 알고 믿으며 살아가도록 도와야 한다는 것이지요. "네 자녀에게 부지런히 가르치며 집에 앉았을 때에든지 길을 갈 때에든지 누워 있을 때에든지 일어날 때에든지 이 말씀을 강론할 것"(신 6:7)이라는 말씀처럼, 부모는 자녀에게 부지런히 주님의 말씀을 가르쳐야 하지요. 부모의 사랑의 행실을 통해 자녀는 주님을 더 배우게 됩니다. 자녀의 존재에 감사해야 하지요. 또 자녀와 같이 있는 시간이 무한하지 않다는 것을 유념하여 시간을 소중하게 여기며 오늘 나에게 주어진 자녀와 함께하는 행복을 누려야 합니다.

✳ 청년

우리 모두에게 가장 젊은 날은 오늘입니다. 평생 오늘이 가장 젊은 날이자 내일보다 오늘이 더 청년이지요. 성경에서는 청년의 때를 "청년이여 네 어린 때를 즐거워하며 네 청년의 날들을 마음에 기뻐하여 마음에 원하는 길들과 네 눈이 보는 대로 행하라 그러나 하나님이 이 모든 일로 말미암아 너를 심판하실 줄 알라 그런즉 근심이 네 마음에서 떠나게 하며 악이 네 몸에서 물러가게 하라 어릴 때와 검은 머리의 시절이 다 헛되니라"(전 11:9-10)라고 해석합니다. 이 젊은 날, 젊을 때 우리는 좋은 것도 먹고 또 잘 즐겨야 합니다. 하지만 그 책임도 오롯이 우리의 것임을 기억하고 신중하게 행동을 해야 합니다. 책임 있는 행동을 하기 위해서는 그 선택이 주님 보시기에 선한 일인지 생각하고 기도하며 움직여야 하지요. 하나님이 가장 기뻐하실 일 중 한 가지는 내 가족을 사랑하는 일, 특히 우리의 가족의 근원인 부모님을 공경하는 일입니다.

> • 네 부모를 공경하라 그리하면 네 하나님 여호와가 네게 준 땅에서 네 생명이 길리라(출 20:12)
> • 내 아들아 네 아비의 훈계를 들으며 네 어미의 법을 떠나지 말라 이는 네 머리의 아름다운 관이요 네 목의 금 사슬이니라(잠 1:8-9)
> • 너를 낳은 아비에게 청종하고 네 늙은 어미를 경히 여기지 말지니라(잠 23:22)

성경 곳곳에는 부모를 공경해야 함을 강조하는 말씀이 많습니다. 부모의 사랑의 훈계를 잔소리라 여기지 말고 금목걸이와 같이 가치 있는 것이라 여겨야 하지요. 부모님이 계시고 사랑할 수 있음이 우리에게 축복이지만 많은 사람이 부모 공경을 힘들어하기도 합니다. 부모 공경을 하지 않는 정당성을 확보하기 위해 어린 시절 부모가 자신을 힘들게 했던 일이나 내 형제자매와 편애했던 일과 같은 나쁜 기억을 자주 언급합니다. 일부 상처받았던 일들이 사실일 수 있습니다. 하지만 오늘날 내가 있기까지 부모의 희생과 사랑 없이는 불가능하였다는 것을 기억해야 합니다. 부모 밑에서 자랐다는 것만으로도 축복입니다. 부모를 통해 많은 축복을 받았지요. 그래서 하나님께서는 인간 간의 첫 번째 계명으로 부모를 공경하라고 말씀하셨습니다. 부모님도 인간이기에 모자람이 있고, 섭섭해하고 다툼이 있기도 합니다. 그럼에도 우리는 부모님께 감사하고, 죄송한 마음을 표현하고, 부모의 부족한 면을 용서하고 부모님을 사랑해야 합니다. 이처럼 크리스천은 행복으로 가는 길이 가족과 함께하는 삶임을 기억하여 아내와 남편을 존중하고 배려하며, 자녀들과의 시간을 소중히 생각하고 사랑하며, 부모를 공경해야 합니다. 이것이 곧 주님 기뻐하시는 삶이고 우리에게는 행복입니다.

✳ 이웃 사랑: 지혜로운 삶

대인관계

우리는 지혜롭게 살기를 바랍니다. 지혜로운 삶은 주를 경외하며 주와 함께 사는 삶입니다. 하지만 하나님을 알되 영광스럽게도 생각하지 않고, 감사하게도 생각하지 않는 경우가 많습니다. 많이 배우고 뭔가 알수록 우리는 스스로 지혜 있는 척하며 살아갑니다. 성경은 "스스로 지혜 있다 하나 어리석게 되어 썩어지지 아니하는 하나님의 영광을 썩어질 사람과 새와 짐승과 기어 다니는 동물 모양의 우상으로 바꾸었느니라"(롬 1:22-23), "네가 스스로 지혜롭게 여기는 자를 보느냐 그보다 미련한 자에게 오히려 희망이 있느니라"(잠 26:12)의 말씀에서 지혜 없는 자의 모습을 보여 줍니다. 그럼에도 우리는 공부를 많이 할수록, 부자일수록 하나님을 멀리하고, 하나님이 필요 없다고까지 생각하기도 합니다. "너희 중에 누구든지 이 세상에서 지혜 있는 줄로 생각하거든 어리석은 자가 되라 그리하여야 지혜로운 자가 되리라"(고전 3:18) 하나님께서는 세상의 지혜를 자랑하지 말라고 말씀하시고 계시지요. 세상 지혜는 우리를 교만하게 하지만, 사랑은 덕을 세우고 겸손하게 합니다. "지혜가 많으면 번뇌도 많으니 지식을 더하는 자는 근심을 더하느니라"(전 1:18)라는 말씀처럼, 세상의 지혜와 지식이 우리의 모든 삶을 지배해서는 안 됩니다. "내 아들아 또 이것들로부터 경계를 받으라 많은 책들을 짓는 것은 끝이 없고 많이 공부하는 것은 몸을 피곤하게 하느니라"(전 12:12)라는 말씀에서 알 수 있듯이, 우리가 몸을 혹사해 가며 세상 지식을 알기 위해 공부한다 하더라도 다 알 수는 없습니다. 세상 지식을 통해서 대인관계가 좋아지는 것도 아니지요. 대인관계에는 지혜가 필요합니다.

참 지혜를 갖는 것은 의외로 단순합니다. 그것은 하나님을 경외하고 주님을 믿는 것입니다. 우리는 사도신경을 통해 믿음을 고백합니다.

> "나는 전능하신 아버지 하나님, 천지의 창조주를 믿습니다. 나는 그의 유일하신 아들, 우리 주 예수 그리스도를 믿습니다. …… 나는 성령을 믿으며, 거룩한 공교회와 성도의 교제와 죄를 용서받는 것과 몸의 부활과 영생을 믿습니다. 아멘."

이 믿음의 고백이 나의 참 고백이 될 때 우리는 지혜를 갖게 됩니다. 다시 오시는 예수님에 대한 소망을 갖고 서로 사랑하는 것이 지혜입니다. 세상의 지식을 많이 연구하고 공부하는 것이 모두 다 무의미하다는 것은 아닙니다. 하지만 거기에 참 지혜가 있는 것이 아니라 주님의 말씀을 본받아 행하는 것이 참 지혜임을 기억해야 합니다. 우리의 길이요 진리요 생명 되시는 주님을 믿고 그 뜻을 따라 다른 사람을 사랑하는 것이 지혜인 것이지요. 주님을 사랑하지 않는다면 크리스천에게서 인간의 지혜와 지식은 무의미해질 수 있습니다. 우리는 주님 안에서 생명을 찾고 진리를 구해야 합니다.

우리는 주님께 받은 사랑이 얼마나 큰지 알 때 겸손해질 수 있습니다. "같은 사랑을 가지고 뜻을 합하며 한마음을 품어 아무 일에든지 다툼이나 허영으로 하지 말고 오직 겸손한 마음으로 각각 자기보다 남을 낮게 여기고 각각 자기 일을 돌볼뿐더러 또한 각각 다른 사람들의 일을 돌보아 나의 기쁨을 충만하게 하라 너희 안에 이 마

[그림 12-4] 크리스천 TSL 실천: 지혜로운 삶

음을 품으라 곧 그리스도 예수의 마음이니"(빌 2:2-5)의 말씀처럼, 우리는 주님의 사랑을 품을 때 겸손해지며 세상을 두려워하지 않게 됩니다. "두려워하지 말라 내가 너와 함께 함이라 놀라지 말라 나는 네 하나님이 됨이라 내가 너를 굳세게 하리라 참으로 너를 도와주리라 참으로 나의 의로운 오른손으로 너를 붙들리라"(사 41:10)의 말씀에서 알 수 있듯이, 주님께서는 겸손한 자와 함께하신다고 약속하셨기에 우리는 두려워하지 않을 수 있습니다. "마음이 겸손한 자와 함께 있나니 이는 겸손한 자의 영을 소생시키며 통회하는 자의 마음을 소생시키려 함이라"(사 57:15) 겸손은 우리가 철학적으로 얘기하는 겸양과는 다릅니다. 가진 것이 많지만 가진 것이 없는 것처럼 행동하는 것도 겸손의 모양의 일부일 수 있지만, 크리스천의 겸손은 주님의 사랑을 알기 때문에 낮은 자로 살아가는 겸손을 의미합니다. [그림 12-4]와 같이, 주님의 사랑을 아는 우리는 주님 앞에 겸손해집니다. 그러면 주님이 주신 능력으로 사랑을 실천할 수 있게 되고 이것이 바로 크리스천 TSL을 실천하는 것이지요. TSL을 실천하면서 나의 모자람을 채워 주는 당신의 존재에 감사하고 주님의 사랑을 알게 되는 우리는 더욱 겸손하게 됩니다. 그러면 더 사랑할 수 있게 되고 그 사랑을 하나님과 내 가족, 이웃과 나누게 되는 것이지요. 이와 같은 삶이 곧 지혜로운 삶이고, 행복한 삶인 것입니다.

우리가 주님을 알고 겸손해지며 지혜로운 삶을 산다는 것은 거룩하게 사는 삶을 의미합니다. 주님이 기뻐하시는 선행을 하고, 근면하고 성실하게 게으르지 않게 살게 되는 것이지요. "조용히 자기 일을 하고 너희 손으로 일하기를 힘쓰라"(살전 4:11), "조용히 일하여 자기 양식을 먹으라"(살후 3:12)라는 말씀처럼, 크리스천은 부지런히 일할 것을 권면받습니다. "게으른 자여 네가 어느 때까지 누워 있겠느냐 네가 어느 때에 잠이 깨어 일어나겠느냐 좀 더 자자, 좀 더 졸자, 손을 모으고 좀 더 누위 있자 하면 네 빈궁이 강도 같이 오며 네 곤핍이 군사같이 이르리라"(잠 6:9-11) 주님께서는 게으름에 대해 경계하시며 주님 보시기에 근면하고 성실히 살아가는 것을 기뻐하십니다. 다른 사람에게 모범이 되고, 자기 맡은 바 일을 충실히 해야 하지요. 관공서에서 행정 업무를 수행한다면 공정한 태도로 일해야 하며, 가게를 운영하는 사람이라면 성실히 판매해야 하고, 운전하는 사람이라면 최선을 다해 안전하게 운행해야 할 것입니다. 학생은 학업을 충실히 해나가야 하겠지요. 각자 자기의 역할에 충실한 것이 중요합니다.

주께 하듯 하라: 사람에게 하듯 하지 말고

하지만 살다 보면 자신의 역할에 충실하지 못한 사람을 만나기도 합니다. 내 맘에 들지 않는다고 하여 그들을 비난하면 안 됩니다. 그들도 권면하고 악으로 대하지 말아야 합니다. "형제들아 너희를 권면하노니 게으른 자들을 권계하며 마음이 약한 자들을 격려하고 힘이 없는 자들을 붙들어 주며 모든 사람에게 오래 참으라 삼가 누가 누구에게든지 악으로 악을 갚지 말게 하고 서로 대하든지 모든 사람을 대하든지 항상 선을 따르라"(살전 5:14-15)의 말씀처럼, 사랑 안에서 서로 이해하고 배려하며 화목하게 지내야 하지요. "종들아 모든 일에 육신의 상전들에게 순종하되 사람을 기쁘게 하는 자와 같이 눈가림만 하지 말고 오직 주를 두려워하여 성실한 마음으로 하라 무슨 일을 하든지 마음을 다하여 주께 하듯 하고 사람에게 하듯 하지 말라"(골 3:22-23), "상전들아 의와 공평을 종들에게 베풀지니 너희에게도 하늘에 상전이 계심을 알지어다"(골 4:1)의 말씀에서 볼 수 있듯이, 수직적 관계라 할지라도 교사가 학생에게, 상사가 직원에게 주님께 하듯 서로 사랑하고 성실한 마음으로 살펴야 한다는 것을 알 수 있습니다. 윗사람은 하늘도 자기 주인이 계시다는 것을 알고 의와 공평을 베풀라고 말씀하십니다. 이렇게 대할 수 있는 것은 겸손한 자만이 가능합니다. 주님의 사랑으로 인해 겸손해진 자는 높아지려고 하지 않고 다른 사람들을 높이며, 부족한 사람들을 품고 참고 인내할 수 있지요. 눈가림으로 사람을 기쁘게 하는 것은 의미가 없습니다. 지위 고하와 관계없이 우리는 서로 진심으로 그리스도께 하듯 기쁨으로 서로를 대해야 합니다. 사랑은 나에게 국한된 것이 아닌 나 외에 다른 사람들을 주님께 하듯 대할 수 있도록 하는 힘을 줍니다. 나만 생각할 때는 권력을 행사하기 위해서 아랫사람과 윗사람이 다투게 되고, 노사 간의 분쟁이 생기며, 지역 간의 다툼이 발생합니다. 이해가 충돌되었을 때 협박하고 다투는 것이지요. 하지만 이런 모습은 크리스천에게 기대되는 모습이 아닙니다. 겸손하게 사랑으로 대하는 지혜가 필요한 것이지요.

가난한 이웃 구제

더 나아가 지혜로운 삶은 어렵고 가난한 이웃을 구제하며 선을 행하는 삶입니다. 주님께서는 "사람을 학대하지 아니하며 빚진 자의 저당물을 돌려주며 강탈하지 아니하며 주린 자에게 음식물을 주며 벗은 자에게 옷을 입히며"(겔 18:7) 살아가야 한다고 말씀하고 계십니다. "사람이 선을 행할 줄 알고도 행하지 아니하면 죄니라(약 4:17)"라고 강조하시듯, 사랑을 표현하며 나누는 것은 반드시 실천해야 하는 사명입니다. "자유롭게 하는 온전한 율법을 들여다보고 있는 자는 듣고 잊어버리는 자가 아니요 실천하는 자니 이 사람은 그 행하는 일에 복을 받으리라"(약 1:25)와 같은 사랑을 실천하라는 말씀을 기억하고 실천하는 사람은 행복해집니다.

주님께 드리는 헌금은 주님의 일과 가난한 사람을 돕는 데 쓰여야 합니다. 어려운 사람을 돕는데 교회와 성당이 쓰임을 받아야 하지요. 하지만 오늘날 이 부분이 소홀할 때가 많아 안타깝습니다. 외형으로 드러나는 모습이나 큰 건물보다는 어려운 사람을 돕는 것이 사랑을 진정으로 실천하는 길입니다. 가난하거나 어려움에 부닥친 이웃을 도울 수 있어야 합니다. "하나님이 능히 모든 은혜를 너희에게 넘치게 하시나니 이는 너희로 모든 일에 항상 모든 것이 넉넉하여 모든 착한 일을 넘치게 하게 하려 하심이라 기록된 바 그가 흩어 가난한 자들에게 주었으니 그의 의가 영원토록 있느니라 함과 같으니라"(고후 9:8-9) 어려운 사람을 돕는 일은 주님께서 주신 은혜로 인해 착한 일을 하는 것입니다. 구제는 우리가 잊고 있는 중요한 사명이지요. 오늘날 우리는 가난한 사람들 돕는 일을 잊고 나를 위해 또는 내 가족만을 위해 살아갈 때가 많습니다. 초대교회의 사람들은 그리스도에 대한 갈망이 매우 높았고, 어려운 이웃들과 나누며 서로 사랑하고 살았습니다. 그러나 오늘날 우리 크리스천이 이렇게 살고 있는지 되돌아보아야 합니다. 크리스천이 사랑을 제대로 실천하지 않는다면, 주님의 이름을 빙자하여 사리사욕만을 채우는 이단이나 사이비가 많아지게 될 것입니다. 하지만 우리 사회에 아직 좋은 크리스천들이 많이 있습니다. 우리는 어려운 사람을 도와주는 것이 곧 우리의 사명임을 다시 한번 기억해야 합니다.

"하나님 아버지 앞에서 정결하고 더러움이 없는 경건은 곧 고아와 과부를 그 환난 중에 돌보고 또 자기를 지켜 세속에 물들지 아니하는 그것이니라"(약 1:27)라는 말씀처럼, 하나님 앞에서 깨끗하고 순수한 신앙은 고아와 과부 등 어려운 사람들을 돌보고 세속에 물들지 않는 것입니다. 우리는 복지를 생각할 때 성경 말씀처럼 어려운 사람들의 복지를 먼저 고려해야 합니다. 빈부 차이와 상관없이 모든 사람이 똑같이 나눠 갖는 사회복지는 정작 도움이 절실한 사람에게 사용되어야 하는 재원을 축소시킬 수 있지요. 어려운 처지에 있는 사람들을 먼저 선별하여 돌보는 것이 하나님 앞에 깨끗하고 순수한 삶입니다.

에스더서에 나오는 부림절은 유대인이 학살당할 위기를 면한 것에 감사하는 날입니다. 이 부림절에는 전통적으로 구제를 해 왔지요. "이 달 이 날에 유다인들이 대적에게서 벗어나서 평안함을 얻어 슬픔이 변하여 기쁨이 되고 애통이 변하여 길한 날이 되었으니 이 두 날을 지켜 잔치를 베풀고 즐기며 서로 예물을 주며 가난한 자를 구제하라 하매"(에 9:22)라는 말씀에서 시작된 전통입니다. 이 말씀은 곧 기쁜 일이 생길 때 자신의 주위 사람을 더 생각하고 어려운 사람을 더 도와주라는 말씀이지요. 우리는 내가 취한 성공이 나의 능력이 아닌 주님 주신 복임을 기억하고 더 베풀고 더 나눠야 교만이 아닌 겸손의 삶을 살 수 있습니다.

우리는 때때로 사람들을 차별합니다. 야고보서에서도 교회 내 사람들을 차별하였던 이야기가 나옵니다. "내 형제들아 영광의 주 곧 우리 주 예수 그리스도에 대한 믿음을 너희가 가졌으니 사람을 차별하여 대하지 말라 만일 너희 회당에 금가락지를 끼고 아름다운 옷을 입은 사람이 들어오고 또 남루한 옷을 입은 가난한 사람이 들어올 때에 너희가 아름다운 옷을 입은 자를 눈여겨보고 말하되 여기 좋은 자리에 앉으소서 하고 또 가난한 자에게 말하되 너는 거기 서 있든지 내 발등상 아래에 앉으라 하면 너희끼리 서로 차별하며 악한 생각으로 판단하는 자가 되는 것이 아니냐"(약 2:1-4) 이 말씀에서 나오는 바와 같이, 오늘날도 외모에 따라 차별받는 경우가 있지요. 우리는 외형으로 차별받지 않기 위해 소득 수준을 넘어서는 과소비를 하기도 합니다. 고가의 물건을 구매함으로써 자신의 능력을 과시하려고 하지요. 하지만 우리가 타인의 시선과 평가를 의식하고 차별받지 않기 위해 겉치레에 집착한다면 우

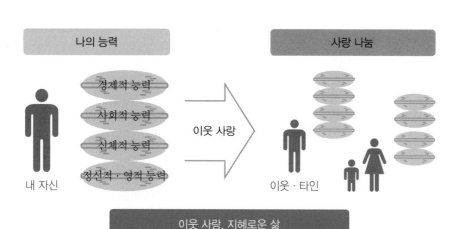

[그림 12-5] 이웃 사랑: 지혜로운 삶

리 또한 타인을 같은 기준으로 평가하고 차별할 경향이 높지요. 차별은 말씀에 어긋나는 행동이며, 주님을 믿는 사람들의 행동이 아닙니다. "우리는 예수로 말미암아 항상 찬송의 제사를 하나님께 드리자 이는 그 이름을 증언하는 입술의 열매니라 오직 선을 행함과 서로 나누어 주기를 잊지 말라 하나님은 이같은 제사를 기뻐하시느니라"(히 13:15-16) 이 말씀과 같이 우리는 외모로 사람을 차별할 것이 아니라 감사를 고백하며 사랑의 실천으로 선행(善行)을 해야 합니다.

감사가 있으면 주님을 찬양하게 되고, 이것이 곧 주님 기뻐하시는 참 제사입니다. 어려운 사람을 도와주면 그것이 곧 선교입니다. 참사랑의 실천이지요. 지금 한번 떠올려 봅시다. 나의 주변에 누가 도움이 필요한지, 어떤 어려움으로 힘겨워하는 사람이 있는지 생각해 보고 사랑을 실천해 보세요. 크리스천은 헌금, 기부, 봉사 등을 통해서 나의 능력을 다른 사람과 나눌 수 있습니다. 그리고 교회와 성당을 통해 경제적으로 힘든 사람, 관계가 어려운 사람, 몸이 아픈 사람, 마음이 외로운 사람 등 여러 가지 어려움을 겪고 있는 사람들을 도와주어야 합니다. 이것이 곧 주님 사랑의 실천이자 지혜로운 삶의 모습입니다. 우리 각자가 가진 능력은 다 다를 수 있습니다. 능력의 양이 다르다고 사랑을 실천할 수 있는 양이 다른 것은 아닙니다. 각자의 그릇의 크기대로 주님께서 채워 주셨습니다. 모든 사람은 하나님이 창조하신 소중한 존재입니다. 모두가 하나님의 자녀이지요. 그릇의 크기 때문에 사랑을 나누지 못한다고 주저할 것이 아니라 나의 그릇에 맞는 능력을 주셨음에 감사하고, [그림

12-5]처럼 나의 능력대로 경제적·사회적·신체적·정신적·영적 능력을 가족 및 이웃과 나누어야 합니다.

한편, 도움을 받는 사람은 그것을 당연하게 여기면 안 됩니다. 믿는 자들은 나누고 받은 자들은 준 자들을 위해 기도해야 합니다. 바울이 연보한 자들을 위해 축복 기도를 했던 것처럼(고후 9:11-15) 받은 이들은 베풀어 준 이들을 생각하며 그들을 위해 기도해야 합니다. 서로 존중하고 자신의 상황에서 사랑해야 하지요. 사랑을 베풀면 서로가 감사하게 되고 또 다시 베풀게 됩니다. 사랑을 하면 할수록 겸손, 감사, 소망, 회개, 미안함, 용서가 커지고 또 다시 사랑이 커지고 강해집니다. "가난한 자를 불쌍히 여기는 것은 여호와께 꾸어 드리는 것이니 그의 선행을 그에게 갚아 주시리라"(잠 19:17), "어떤 자는 종일토록 탐하기만 하나 의인은 아끼지 아니하고 베푸느니라"(잠 21:26)의 말씀처럼, 하나님의 자녀라면 어려운 사람을 불쌍히 여기고 사랑을 베풀어야 합니다. 그래야 참 기쁨을 얻고 행복해질 수 있습니다. 하지만 사랑하는 마음 없이 우리가 가진 능력을 어려운 사람에게 나눠 주고 돕는다면 그 선행은 주님 앞에서 다 헛된 일이 되지요. "자녀들아 우리가 말과 혀로만 사랑하지 말고 행함과 진실함으로 하자"(요일 3:18)는 말씀을 기억해야 합니다. 우리는 받은 것을 기억하며 기쁘고 감사(T)한 마음으로 사랑(L)을 나누어야 합니다.

사람에게 주어진 24시간은 누구에게나 같습니다. 부자라고 25시간이 주어지고 가난하다고 23시간을 가지고 있는 것이 아닙니다. 우리에게 주어진 같은 시간 안에 사랑을 실천해야 합니다. 아내나 남편이나 성실하게 24시간 동안 서로를 사랑할 수 있지요. 구제의 시간도 마찬가지입니다. 우리가 이웃을 돕고 실천할 수 있는 시간은 모두에게 같습니다. "내일 일을 위하여 염려하지 말라 내일 일은 내일이 염려할 것이요 한 날의 괴로움은 그 날로 족하니라"(마 6:34)의 말씀처럼, 고민과 걱정은 그날로 족합니다. 우리가 걱정하고 고민하는 시간을 줄여서 몸소 사랑을 실천하는 시간으로 늘려 나가야 합니다.

가난하고 어려운 사람을 도와준다면 그들도 넉넉할 때 베풀 것입니다. "이제 너희의 넉넉한 것으로 그들의 부족한 것을 보충함은 후에 그들의 넉넉한 것으로 너희의 부족한 것을 보충하여 균등하게 하려 함이라"(고후 8:14)와 같이 서로 도움이 되는 것이지요. 이것이 주님이 기뻐하시는 선한 지역사회의 모습입니다. 우리가 이렇게 하나님의 사랑을 나눌 때 주님께서도 더 큰 축복으로 함께 하십니다. 우리가 가지고 있는 능력은 다른 사람과 나누기 위함임을 기억하고 나눔을 실천하며 살아가야 합니다. 주님께서 우리에게 경제적·사회적·신체적·정신적· 영적 능력을 주셨으므로, 우리가 누군가에게 도움을 주려고 한다면 여러 가지 방법이 있는 것이지요. 우리를 나누게 하고 움직이게 하는 힘, 그것이 사랑입니다. 그 사랑을 만드는 과정이 크리스천 TSL이며, 그 시작은 주님에 대한 믿음과 주님께 받은 은혜를 돌아보며 겸손해지는 것입니다. 믿음과 겸손으로 인해 시작되는 TSL 여정은 우리를 더 행복하게 하고 다시 사랑을 실천할 힘을 모으게 하고 주님 앞에, 세상 앞에 더욱 겸손해지게 합니다. 이것이 곧 지혜로운 삶입니다.

❋ 성령: 언제나 우리와 함께하심

크리스천은 하나님의 자녀입니다. "사랑하는 자들아 우리가 지금은 하나님의 자녀라 장래에 어떻게 될지는 아직 나타나지 아니하였으나 그가 나타나시면 우리가 그와 같을 줄을 아는 것은 그의 참모습 그대로 볼 것이기 때문이니 주를 향하여 이 소망을 가진 자마다 그의 깨끗하심과 같이 자기를 깨끗하게 하느니라"(요일 3:2-3). 예수님을 다시 만날 때까지 우리는 거룩하고 기쁘게 살아야 합니다. 그리고 "내가 아버지께 구하겠으니 그가 또 다른 보혜사를 너희에게 주사 영원토록 너희와 함께 있게 하리니"(요 14:16)라는 말씀과 같이, 예수님이 강림하시는 그날까지 주님께서는 우리에게 성령님을 보내 주셔서 항상 함께하게 하신다고 약속하셨습니다. 우리는 우리와 함께 계시는 성령님과 항상 소통해야 합니다. 그래야 행복이 유지되고 사랑을 실천할 수 있습니다.

주님이 오실 날이 막연히 먼 미래처럼 여겨지지만, 지금도 우리는 은혜로 받은 날을 살고 있습니다. "이르시되 내가 은혜 베풀 때에 너에게 듣고 구원의 날에 너를 도왔다 하셨으니 보라 지금은 은혜 받을 만한 때요 보라 지금은 구원의 날이로다"(고후 6:2)의 말씀에 나와 있듯이, 은혜 받은 날이 오늘이라는 것을 기억해야 하지요. "깨끗함과 지식과 오래 참음과 자비함과 성령의 감화와 거짓이 없는 사랑과 진리의 말씀과 하나님의 능력으로 의의 무기를 좌우에 가지고 …… 근심하는 자 같으나 항상 기뻐하고 가난한 자 같으나 많은 사람을 부요하게 하고 아무 것도 없는 자 같으나 모든 것을 가진 자로다"(고후 6:6-10) 삼위일체 하나님을 경험하고 주님과 항상 소통하며, 주신 축복을 깨달아 겸손히 사랑을 실천해야 합니다. 우리는 성령님과 소통함으로 하나님과 예수님을 더 깊이 느끼게 됩니다. 우리가 바울의 고백처럼 살아갈 수 있는 것은 성령님이 항상 함께하신다는 것을 믿고 주님과 소통하며 살아갈 때 가능한 것이지요.

"하나님이 처음부터 너희를 택하사 성령의 거룩하게 하심과 진리를 믿음으로 구원을 받게 하심이니"(살후 2:13)라는 말씀처럼 하나님께서 우리를 먼저 선택하여 성령님으로 우리를 깨끗하게 하셨습니다. 이것은 우리에게 은혜이지요. 이 성령님과 소통할 수 있는 것은 우리가 말씀에 거할 때입니다. "그의 성령을 우리에게 주시므로 우리가 그 안에 거하고 그가 우리 안에 거하시는 줄을 아느니라"(요일 4:13)에서 알 수 있듯이, 만약 우리가 성령님을 멀리하게 된다면 그 이유는 나의 욕심, 탐심으로 어두워져 지혜를 거부하는 마음 때문입니다. "자기의 육체를 위하여 심는 자는 육체로부터 썩어질 것을 거두고 성령을 위하여 심는 자는 성령으로부터 영생을 거두리라"(갈 6:8) 육체의 썩어질 것에 너무 관심을 두지 말고 성령으로 영생을 거두라는 주님의 말씀을 마음에 두고 살아가야 합니다. "우리가 선을 행하되 낙심하지 말지니 포기하지 아니하면 때가 이르매 거두리라 그러므로 우리는 기회 있는 대로 모든 이에게 착한 일을 하되 더욱 믿음의 가정들에게 할지니라"(갈 6:9-10) 기회 있을 때마다 선을 행하되 내 가족과 성도에게 더 사랑을 베풀고, 더 나아가 내 이웃에게까지 사랑을 전해야 합니다. 이처럼 선을 행하며 성령님과 함께 살아가기 위해서는 "항상 기뻐하라 쉬지 말고 기도하라 범사에 감사하라 성령을 소멸하지 말며 예언을 멸시하지 말고 범사에 헤아려 좋은 것을 취하고 악은 어떤 모양이라도 버리라"(살전 5:16-22)라는 말씀을 따라 살아야 하지요.

크리스천 TSL의 실천을 통해서도 우리는 성령님이 우리와 함께하심을 알게 됩니다. TSL 실천을 통해 우리를 향하신 주님의 뜻을 알게 되고, 그 뜻을 실천하게 되면 악을 멀리하게 되고, 믿음과 소망을 유지하게 되며, 다시 TSL을 실천할 힘을 얻게 되는 것이지요. "사랑 안에 두려움이 없고 온전한 사랑이 두려움을 내쫓나니 두려움에는 형벌이 있음이라 두려워하는 자는 사랑 안에서 온전히 이루지 못하였느니라"(요일 4:18)에서 보듯이, 두려워하는 마음은 사랑을 증거하지 못합니다. 스트레스, 우울, 슬픔은 우리가 버려야 하는 것들입니다. "하나님이 우리에게 주신 것은 두려워하는 마음이 아니요 오직 능력과 사랑과 절제하는 마음이니"(딤후 1:7)라는 말씀처럼, 사랑은 능력이기 때문에 두려움을 내쫓을 수 있지요. "사랑하는 자들아 너희는 너희의 지극히 거룩한 믿음 위에 자신을 세우며 성령으로 기도하며 하나님의 사랑 안에서 자신을 지키며 영생에 이르도록 우리 주 예수 그리스도의 긍휼을 기다리라"(유 1:20-21)의 말씀을 붙잡고 우리는 은혜의 날인 오늘 그리고 주님이 오시는 그날까지도 영생을 믿고 성령으로 기도해야 합니다. 또 받은 은혜를 나누는 실천을 꾸준히 해야 하는데, 그 실천의 행동 중 하나가 바로 크리스천 TSL이지요.

요한계시록에는 일곱 교회가 나옵니다. 각 교회는 칭찬받을 만한 일도 하였고, 책망받을 만한 일도 하였지요. 그에 따른 축복도 다 다릅니다. 우리도 이처럼 우리가 행한 대로 심판을 받게 됩니다. 그래서 우리는 항상 회개하고 성령님의 말씀을 들어야 하지요. 크리스천의 삶은 책상에 앉아 교리 연구만 하는 것이 주목적이 아닙니다. 죽으나 사나 말씀을 읽고 기도하고 사랑을 몸소 실천해야 합니다. 핵심은 믿음을 기반한 실천이지요. "어린 양의 혼인 잔치에 청함을 받은 자들은 복이 있도다"(계 19:9)라는 말씀처럼, 크리스천 TSL을 실천하는 것은 마지막 때에 선택받기 위함입니다. 모든 눈물을 그 눈에서 닦아 주시니 다시는 사망이 없고 애통하는 것이나 곡하는 것이나 아픈 것이 다시 있지 아니하리니 처음 것들이 다 지나갔음이러라"(계 21:4)와 같이 새 하늘과 새 땅에 참여하기 위함이지요. 우리는 이 소망을 갖고 살아갑니다. 그래서 오늘도 TSL을 실천하면서 주님을 사랑하고 말씀을 실천하고자 노력하는 것이지요.

일상에서 내 부모에게, 배우자에게, 자녀에게 섭섭하다고 화를 낼 때 그 자리에 성령님이 함께하고 계심을 기억해야 합니다. 우리가 어디에 있든 무슨 일을 하든지 성령님이 함께하십니다. 우리의 모든 것을 아시는 주님께 진심으로 회개하고 감사하고 또 사랑하며, 사람들에게 고마움을 전하고 미안함을 구하고 용서하며 사랑하며 살아가야 하지요. 가족뿐 아니라 직장 동료, 친구, 내가 매일 만나는 모든 사람에게 주님을 대하듯 선한 일을 행해야 합니다.

우리는 지금까지 행복해지는 길을 찾았습니다. 그런데 그 행복의 길은 사실 참 단순하고 명확했지요. 바로 주님의 말씀대로 사는 것이었습니다. 행복은 멀리 있는 것이 아니라 우리 안에 주님이 계시면 생겨나는 것입니다. 주님과 동행하는 삶은 은혜로운 삶인 것이지요. 크리스천 TSL은 먼저 주님과의 관계가 중요하고 나의 행동

이 중요합니다. 주님의 말씀을 매일 꾸준히 읽고, 주님께 기도하며, 나의 삶을 돌아
보되, 겸손함이 선행되어야 합니다. 그리고 크리스천 TSL은 그 말씀을 실천하는 방
법 중 하나이지요. 크리스천 TSL 실천을 통해 말씀을 더 가까이함으로써 주님의 생
명수를 받아 많은 사람이 더 행복한 삶을 누릴 수 있습니다.

Practice **12**

L 강화하기와 재충전하기: 사랑의 등급[1]

우리는 지금까지 '고맙습니다'와 '미안합니다' 그리고 '용서합니다' 실천 방법을 배우고 실습하였습니다. 이 과정이 잘돼야 이를 바탕으로 '사랑합니다'를 진심으로 실천할 수 있게 되지요. 이번에도 주님과 가족에게 고마움과 미안함, 진심 어린 이해를 바탕으로 사랑을 실천해 보길 바랍니다. 지난 시간 과제를 통해 가족이 원하는 것을 여러분이 실천하고 '사랑합니다'를 말로 표현했을 때 여러분 가족의 반응은 어땠나요? 또한 여러분이 가진 소중한 것을 가족과 나누었을 때 그들의 반응은 어떠했으며, 여러분은 무엇을 느꼈나요? 말뿐인 '사랑합니다'에 비해 자발적인 나눔을 먼저 실천하였을 때 여러분의 가족뿐 아니라 여러분 자신에게도 기쁨이 되었을 것입니다.① 이번 시간은 '사랑합니다' 강화와 재충전하는 방법에 대해 배워 보겠습니다.

---

1) 실천(Practice) 장들은 기존 TSL(김재엽, 2014; 2023)의 과제와 설명을 사용하였으며 크리스천 TSL 과제와 설명 그리고 사례를 추가하여, 재구성하였음

❋ 사랑의 등급

사랑은 에너지의 교류입니다. 자신의 에너지를 상대방과 나눔으로써 사랑이 이루어지는 것이지요. 하지만 여러분 자신이 가진 에너지를 얼마나 나눌 것인가는 상대방에 따라 달라질 수 있습니다. [그림 12-6]과 같이, 에너지를 어느 정도로 나누는가에 따라 사랑을 다섯 등급으로 나눌 수 있습니다. 에너지소비효율 등급과 같이 가장 낮은 차원의 사랑은 5등급이며 가장 높은 차원의 사랑이 1등급이지요.[②]

5등급의 사랑은 받은 에너지보다 적은 에너지를 주는 것입니다. 보통 사람들은 자신이 타인에게 주는 것보다 더 많은 것을 받고 싶어 하지요. 4등급의 사랑은 1:1의 교환 원칙에 의해 에너지를 주고받는 것입니다. 일반적으로 사회에서의 인간관계는 1:1의 에너지 교환만 잘 지켜져도 어느 정도 유지됩니다. 자신이 받은 만큼 돌려주는 사람은 이미 '신사'라고 할 수 있습니다. 하지만 주고받은 양이 주관적이라 자주

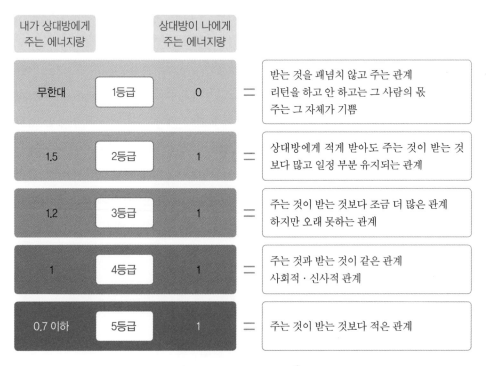

[그림 12-6] 사랑의 등급[③]

상대방이 자신이 주는 것보다 더 적게 주고 있다고 느끼게 될 때가 많이 있지요. 3등급의 사랑은 내가 어느 정도 손해를 봐도 좋다는 생각이 듭니다. 상대방으로부터 에너지를 1만큼 받는데 상대방에게 1.2만큼 주는 관계이지요. 이것은 우리가 일반적으로 말하는 친한 친구 관계에서 가능합니다. 하지만 이것도 한시적일 수밖에 없습니다. 3등급의 사랑에서는 자신이 일방적으로 계속 더 많은 에너지를 상대방에게 주게 되면 그 관계는 오래 유지되기 어렵습니다. 2등급의 사랑은 받은 에너지에 비해 상대방에게 1.5를 주든 그 이상이든 에너지를 더 많이 주면서 그 관계가 어느 정도 더 오래 유지되는 것입니다. 일상생활에서 흔히 사이가 좋은 형제자매가 이러한 관계라고 볼 수 있지요. 하지만 2등급까지도 상대방의 태도가 '나' 자신의 등급에 영향을 미치게 됩니다. 하지만 1등급의 사랑은 자신이 받는 에너지가 없을 때도 1만큼, 아니 그 이상을 기쁜 마음으로 줄 수 있는 관계입니다. 이것이 바로 최상의 '사랑하는 관계'이지요.④

그렇다면 우리 주님이 주시는 사랑은 몇 등급의 사랑일까요? 주님께서 우리에게 주시는 사랑은 바라는 것 없이 다 내어주시는 1등급의 사랑이라는 것에 모든 크리스천이 동의할 것입니다. "너희가 사랑 가운데서 뿌리가 박히고 터가 굳어져서 능히 모든 성도와 함께 지식에 넘치는 그리스도의 사랑을 알고 그 너비와 길이와 높이와 깊이가 어떠함을 깨달아 하나님의 모든 충만하신 것으로 너희에게 충만하게 하시기를 구하노라"(엡 3:17-19)라는 말씀처럼, 우리는 하나님의 사랑으로 충만해졌습니다. 그래서 우리는 1등급의 사랑이 무엇인지 알고 1등급의 사랑을 실천할 수 있지요. 주님과 같이 매일 24시간 모든 사람에게 1등급의 사랑을 실천하기란 여간 어려운 일이 아닐 것입니다. 하지만 사랑하는 가족에게만이라도 먼저 이렇게 1등급 사랑을 실천해 보길 권면합니다. 크리스천은 할 수만 있다면 4, 5등급의 사랑에서 벗어나 2, 3등급이라도 더 베푸는 사람이 되어야 합니다.

❋ 셋 모드의 전환

사람들은 기본적으로 사람을 대할 때 정해진 셋 모드(set mode)가 있습니다. '이 사람한테는 이렇게 대하겠다.'라고 결심하는 것과 같은 특정 행동 방식이라 할 수

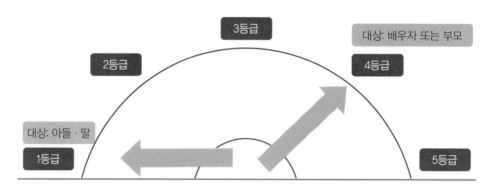

[그림 12-7] 사람에 대한 고정된 셋 모드

있지요. 예를 들어, 이 사람은 1등급, 이 사람은 3등급으로 대하겠다는 식으로, 마치 제품에 에너지소비효율 등급 라벨을 붙이는 것과 같이 결정하는 것이지요. [그림 12-7]처럼, 우리 마음속에는 어떤 사람은 어떤 등급이라는 셋 모드가 정해져 있습니다.

사람은 누구나 상대방에 대해서 '이 사람은 이것밖에 안 돼.' '나는 이 사람에게 이만큼만 해야지.' 하는 식의 고정관념이나 편견이 있습니다. 이런 주관적 평가에 맞춰서 자기의 에너지 투입량을 결정하게 되지요. 일반적으로는 내게 돌아오는 것이 별로 없을 것 같은 사람에게 필요 이상의 에너지를 주려고 하지 않습니다. 하지만 크리스천 TSL은 이와 같은 '태도'를 바꾸도록 돕습니다. 셋 모드의 전환이 곧 사랑 실천 과정이지요. 4등급이나 5등급으로 설정된 사랑의 모드를 1등급으로 바꾸는 것이 TSL 실천에서 하려는 것입니다. 모드를 바꾸기 위해서는 '태도'를 바꾸는 것이 중요합니다. 그동안에 쌓았던 감사(T)와 미안(S)함을 바탕으로 가족에 대한 '태도'의 변화가 가족에 대해 가지고 있는 자신의 모드에 대한 변화로 이어집니다. 예를 들어, 배우자를 4등급에 셋 모드해 놓고 상대방이 하는 것을 봐서 내가 잘하겠다(4등급)고 하는 것에서 그 사람 반응과 상관없이 내가 먼저 배우자를 더 많이 사랑해야겠다(1등급)로 셋 모드를 먼저 전환하는 것이지요. 자신의 모드를 바꾸어서 가족을 대하면 언젠가는 다른 가족 구성원도 '태도'의 변화를 보일 수 있지요.

크리스천이 다른 사람들보다 이 셋 모드 전환이 더 쉬운 이유는 주님이 주신 1등급 사랑을 경험하였기 때문입니다. 또 주님 앞에서 겸손해지는 것이 무엇인지 알기 때문에 우리는 사람들에게 더 나눠 주고 때로는 지는 듯 보이고, 손해보는 듯 보이는 행동을 먼저 선택하고 실천할 수 있지요. 주님의 갚아 주시고 채워 주시는 사랑과 은혜를 몰랐다면 그리고 나의 힘으로만 이 세상을 살아가야 한다고 생각했다면 결코 쉽게 셋 모드를 전환할 수 없을 것입니다. 셋 모드를 전환하는 것은 믿음의 행동으로 주님이 계시기 때문에, 주님을 믿기 때문에 선택할 수 있지요.

모드를 전환하고 자신의 에너지를 기쁜 마음으로 나누기 위해서는 부정적 메모리 박스를 비워야 합니다. 자신의 에너지를 기쁜 마음으로 나누기 위한 첫걸음은 겉치레가 아닌 진심으로 상대방에 대한 자세를 바꾸는 것입니다. 사랑은 그 존재에 대한 감사입니다. 감사하고, 사과와 용서를 하고, 그런 이후에 사랑한다는 말과 행동을 하게 되면 더 잘 진심을 전달할 수 있습니다. 가족의 소중함을 알고, 그 소중한 사람을 위해 미움을 버리고 진정으로 사과하고 용서한 후, 기쁜 마음으로 자신의 에너지를 나눌 때 사랑은 완성되는 것입니다.[5]

❊ 사랑 강화하기

여러분은 '고맙습니다(T)' '미안합니다(S)' 과정을 거쳐, 여러분이 가진 소중한 것을 나누는 '사랑합니다(L)'를 실천하고 있습니다. 'L 과정'의 마지막 과제는 '사랑합니다'를 표현하고 사랑을 확인하는 것입니다.

우리는 주님으로부터 1등급 사랑을 받았습니다. 하지만 앞서 이야기한 것처럼, 우리는 주님께 4, 5등급의 사랑을 드리고 있음을 느끼실 것입니다. 때때로 우리는 자신이 너무 중요해서 주님도 우리를 위해 존재한다고 생각합니다. 우리가 원하는 것을 주님이 주시지 않는다고 생각하면 쉽게 주님을 부정하고 부인하기도 합니다. 또는 다윗과 솔로몬과 같은 부귀영화가 자신에게는 없다며, 하나님의 사랑이 최고의 사랑이 아닌 것 같다고 비교하며 불만을 표하기도 하지요. 주님과의 사랑의 등급을 작성할 때는 누군가와 비교하여 평가하는 것이 아니라 나와 주님과의 관계에서만 바라보아야 합니다. 나를 위해 목숨을 내어주신 그 사랑보다 더 큰 사랑은 없습니다. 보잘것없는 우리를 죽기까지 사랑해 주신 주님의 사랑은 그 무엇과도 비교할 수 없는 1등급의 사랑입니다. 여러분은 주님과 어떤 사랑을 주고받는다고 생각하나요? 주님과의 사랑의 등급 작성하기를 해 봅시다.

과제 1-1. 사랑의 등급 작성하기-주님과

	주님이 내게 주시는 사랑의 등급	내가 주님에게 드리는 사랑의 등급
주님		

다음 사례는 참여자들이 주님과의 사랑의 등급을 적고 등급을 결정하게 된 이유를 정리한 것입니다.

사례 12-1 여, 50대, 주부

	주님이 내게 주시는 사랑의 등급	내가 주님에게 드리는 사랑의 등급
주님	1등급	5등급

주님이 나를 사랑하시는 건 내가 무엇을 했기 때문이 아님을 느낀다. 나를 창조하셨던 그 순간부터 나를 사랑하기로 작정하신 것처럼 사랑해 주신다고 생각한다. 하지만 주님께서 주시는 것이 1이라면 나는 1을 돌려드릴 길이 없다. 무엇을 한들 주님의 사랑에 비견할 수 있을까 싶다.

사례 12-2 남, 20대, 학생

	주님이 내게 주시는 사랑의 등급	내가 주님에게 드리는 사랑의 등급
주님	4등급	4등급

하나님은 조건부 하나님 같음. 무언가 계속해 드려야 할 거 같고, 그렇게 안 하면 내게 불행이 찾아올 거 같음. 그래서 부단히 열심히 살려고 노력하지만, 힘에 부치는 느낌임. 아직 하나님의 1등급 사랑이 잘 이해되지 않음

〈사례 12-1〉은 주님과의 사랑의 등급을 작성하면서 주님이 주시는 사랑을 1등급, 내가 주님께는 5등급의 사랑을 드리고 있다고 적었습니다. 이 참여자는 예수 그리스도의 십자가 보혈이 나를 위한 것이라는 믿음에서 주님과의 관계가 시작되고 있습니다. 그래서 주님의 사랑이 더 크다고 확신합니다. 하지만 〈사례 12-2〉의 경우, 하나님 사랑에 대한 확신이 부족해 보입니다. 그래서 하나님을 사랑하는 일이 힘이

들게 느껴지고, 무언가 잘못한 것이 있지는 않을까 노심초사하는 모습을 보입니다.

두 사례 모두 우리의 모습일 수 있습니다. 우리는 입시를 위해 열심히 기도하던 부모나 그 자녀가 원하는 대학에 못 들어가면 쉽게 낙담하고 섭섭해하며 주님과 멀어지는 일을 자주 접합니다. 또 주일에 교회에 가서 예배하지 않았더니 그날 하루가 엉망이 되었다고 이야기하며 우리의 행실에 따라 주님의 사랑이 쉽게 변하는 것처럼 이야기하기도 하지요. 이러한 모습은 인간적인 눈으로 주님을 이해하였기 때문에 나타나는 모습입니다. 우리는 주고받는 사랑도 겨우 하는 처지라 1등급 사랑을 이해하지 못하는 것이지요. "나도 주님한테 드릴 테니 주님도 나에게 주세요."라는 조건적 사랑인 5등급 차원에 머물러 있는 모습이라 할 수 있습니다. 주님이 보여 주신 십자가 사랑을 이해한다면, 우리는 그 큰 사랑에 감동하여 주님의 말씀대로 살아가겠다고 고백하게 됩니다. 그 모습이 우리가 주님께 보일 수 있는 1등급의 사랑입니다. 우리가 주님이 보여 주신 1등급의 사랑으로 주님을 사랑하는 것은 불가능하지만, 최소한 4, 5등급에서 벗어나 주님의 말씀에 따라 살려고 노력해야 합니다. 주님에게 1등급 셋 모드로 설정하고, 성경 말씀을 읽고 기도하며 주님이 기뻐하실 일을 실천하도록 노력해야 합니다. 그중 하나가 크리스천 TSL 실천입니다. 주님께 TSL을 실천하고, 내 가족, 주위 사람, 이웃에게 TSL을 실천하는 것이 더 높은 등급의 셋 모드로 바꾸어 가는 길입니다. 〈사례 12-2〉와 같이, 만약 아직도 주님의 사랑이 4등급으로 여겨진다면, 말씀을 읽고 처음으로 돌아가 자신이 죄인임을 고백하고 감사(T)를 다시 깊이 생각해 보고 계속 실천하세요. 변화가 있을 것입니다.

이제 자신이 가족을 어떻게 생각하고 있었는지 평가해 보는 사랑의 등급 작성하기를 해 봅시다. 우리의 관계는 몇 등급이었을지 평가해 보는 것입니다. 지금 내가 가장 소중하게 생각하는 가족 구성원을 쓰고, 여러분이 그 사람에게 몇 등급의 사랑을 주고 있는지 써 보세요. 이것은 혼자서만 해 보는 것이 아닙니다. 상대방에게 여러분이 그 사람에게 몇 등급의 사랑을 주고 있는 것 같은지 물은 후 상대방의 대답도 써 보세요. 흔히 사람들은 자기가 상대에게 주는 것에 비해서 상대가 자신에게 애정과 관심을 덜 둔다고 생각합니다. 내가 상대에게 가지고 있고 표현하는 애정은 몇 등급이라고 느끼는지도 상대에게 물어봐야 합니다. 내가 상대방에게 주고 있다고 생각하는 사랑의 등급과 상대방이 느끼는 등급은 일치하나요?[6] 이런 확인 과정을 통해 자신의 사랑의 등급을 올릴 수 있는 태도의 변화가 필요합니다.

과제 1-2. 사랑의 등급 작성하기-가족과

가족 구성원	내가 상대방에게 주는 사랑의 등급	상대방이 생각하는 내가 상대방에게 주는 사랑의 등급
○○○		
○○○		
○○○		
○○○		
○○○		

다음 사례는 참여자가 가족 구성원에게 주는 사랑의 등급과 가족 구성원이 생각하는 사랑의 등급을 묻고 적은 내용입니다.

사례 12-3   여, 42세, 회사원

가족 구성원	내가 상대방에게 주는 사랑의 등급	상대방이 생각하는 내가 상대방에게 주는 사랑의 등급
남편	2등급	4~3등급
딸	2등급	1등급
아들	2등급	1등급

직장 생활을 하면서 아무리 애를 써도 1등급의 사랑을 가족에게 나누는 것이 어려운 느낌이다. 노력은 하면서도 가족도 같이 노력을 해 주면 좋겠다는 마음이 들기도 하고, 힘에 부친다 싶을 때는 서운한 마음도 계속 든다. 그런 나에게 남편은 거의 동일한 관계, 1:1의 관계를 요구하는 느낌이 들 때가 많다고 이야기했다. 사실 그런 마음이 커서 찔렸고, 먼저 더 사랑하는 자세가 부족하다 싶었다. 하지만 자녀들은 "엄마는 나에게 늘 1등급 사랑을 주신다."며 사랑한다고 이야기해 주었고, 부족한 엄마일 텐데 그렇게 이야기해 주어 무척 고마웠다. 한없이 더 사랑해주는 사람이 되고 싶다.

TSL 프로그램에 참여했던 사람들은 〈사례 12-3〉처럼 사랑의 등급을 매겨 보며 자신이 상대방에게 주고 있다고 생각한 사랑의 등급과 상대방이 느끼는 정도가 다르다는 것을 알고 많은 생각들을 했다고 합니다. 자신이 더 높은 등급의 사랑을 주었던 것 같은데 남편은 그렇게 느끼지 않아 반성하기도 하고, 1등급의 사랑을 못 준 거 같은데 자녀가 1등급의 사랑이라고 표현하여 고마움을 느끼기도 하였습니다. 여러분도 가족과 사랑의 등급을 매겨 보세요.

사랑의 등급을 작성해 보고, 가족의 이야기를 들으면서 여러분은 무엇을 느끼셨나요? 가족이 모두 나처럼 생각하지 않고 있다는 것을, 내가 주고 있다고 생각한 사랑과 에너지가 상대방에게는 그렇게 느껴지고 있지 않았음을 알게 된 분도 있을 것입니다. 우리가 사랑을 표현하는 것은 나 자신이 사랑을 표현했다는 것을 알기 위해서가 아니라, 상대방이 알 수 있도록 하는 것이 중요합니다. 그러므로 여러분의 관점에서 어떤 것을 나누고, 어떤 등급의 사랑을 주고 있다는 것에 앞서 상대방의 입장에서 어떤 것을 원하며 어떻게 해야 1등급의 사랑을 받는다고 느끼는지 검토해 볼 필요가 있겠지요.⑦

상대방이 자신에게 에너지를 주지 않는다고 생각하거나, 주고 있어도 느끼지 못한다면 상대방에게 분노하게 되고 힘들어질 수밖에 없습니다. 이것은 대개 4등급의 관계입니다. 이는 시장의 법칙이라고 할 수 있는데, 등가교환의 법칙입니다. 하지만 가족은 시장의 법칙으로 설명할 수 없는, 말하자면 비합리적인 결합체이며, 그래서 시장의 원칙인 1:1의 교환 관계가 아닙니다.⑧ 만약 이것을 억울해한다면 가족이 유지되기는 어렵습니다. 하나님의 사랑을 먼저 경험하고 감사한다고 고백한다면, 4등급이 아닌 1, 2등급의 사랑으로 전환하기 위해 더 노력해야 합니다. 최소 가족 간의 사랑은 1, 2등급은 되어야 합니다. 그런데 대개는 3등급과 4등급 사이에서 부부관계나 가족관계가 형성됩니다. 좋은 관계가 되려면 1등급으로 발전할 수 있도록 셋 모드를 전환해야 합니다.

사랑 재충전하기

사랑은 지속해서 표현함으로 기쁨을 얻는 것입니다. 재충전하기 위해 다시 사랑을 표현하고 확인하세요. 오늘의 과제는 여러분의 사랑을 표현하기 위한 계획을 세워 보고 실행해 보는 것입니다. 이때 반드시 먼저 사랑한다는 말과 함께 행동으로 표현해야 합니다. 그리고 가족에게도 여러분을 사랑하는지 물어보세요. 가족이 여러분에게 사랑한다고 말한다면, 고맙다고 인정하고 여러분도 상대방을 사랑하고

있음을 알려주세요.[9]

이것이 TSL의 최종 단계인 사랑을 확인하는 것이고, '사랑합니다'의 마지막 과제입니다. 이러한 과정을 통해 진심으로 자신의 성장에 기뻐하는 시간이 되길 바라고 또 이 기쁨을 유지하기 위하여 지속적으로 TSL을 해야 합니다.

과제 2. 사랑 표현하기 & 사랑 확인하기 실천계획과 실천하기

'사랑합니다'를 위한 실천계획 – 주님께	
누구에게	사랑 표현 계획
주님	
'사랑합니다' 실천하기	
누구에게	실행 여부
실제 표현 방법	
실행 후 느낌	
'사랑합니다'를 위한 실천계획 – 가족에게	
누구에게	사랑 표현 계획
'사랑합니다' 실천하기	
누구에게	실행 여부
실제 표현 방법	
상대방의 반응	
사랑 확인하기	
나의 반응	

다음은 참여자들이 '사랑합니다' 실천을 위한 계획을 세우고 주님과 가족에게 몸소 전달한 사례입니다. 사례를 통해 '사랑합니다'의 힘을 경험해 보세요.

〈사례 12-4〉에서 볼 수 있듯이, 주님의 말씀을 읽다 보니 가족에게도 사랑을 실천해야겠다는 마음이 생기고 가족과 '사랑합니다'를 표현할 때 상대방은 때로 놀라고 쑥스러워할 수도 있지만 기뻐하는 것을 알 수 있습니다. 또한 사랑한다고 말한 본인 자신도 행복감을 느낄 수 있지요. 그리고 〈사례 12-5〉의 경우 새벽기도를 통해 주님께 '사랑합니다'를 실천하면서 행복해지고 좋은 경험을 갖게 되었습니다. 또

사례 12-4 여, 30대 초반, 은행원

'사랑합니다'를 위한 실천계획 – 주님께	
누구에게	**사랑 표현 계획**
하나님	매일 짧게라도 성경 읽고 사랑합니다 고백하며 기도하기

'사랑합니다' 실천하기			
누구에게	하나님	**실행 여부**	○
실제 표현 방법	출근길에 지하철에서 성경을 읽고 기도하였다. 다짐한 첫날을 포함하여 3번 정도밖에 하지 못했다. 매일 하기 어려웠다.		
실행 후 느낌	TSL을 배우면서 마태복음부터 시작해서 4복음서를 읽고 있었는데 이번 주는 요한복음을 읽었다. "영접하는 자 곧 그 이름을 믿는 자들에게는 하나님의 자녀가 되는 권세를 주셨으니 이는 혈통으로나 육정으로나 사람의 뜻으로 나지 아니하고 오직 하나님께로부터 난 자들이니라"(요 1:12-13) 말씀이 마음에 남았다. 하나님께로부터 난 자가 나라는 생각이 강하게 들었다. 하나님의 사람이라고 생각하니 나의 삶이 너무 부끄러워졌고, 이런 나를 사랑하신다는 하나님의 말씀이 감격스러웠다. 비록 매일 말씀 읽기를 실천하지는 못했지만 말씀을 통해 하나님의 사랑을 깨닫게 되고, 감사하는 마음으로 하나님께 부족하지만 저도 하나님을 사랑한다고 말씀드릴 수 있어서 기뻤다. TSL에서 말한 겸손이 이런 것이 아닌가 생각하게 되었고, 진심으로 가족에게도 이런 하나님의 사랑을 나눠 주고 싶어졌다.		

'사랑합니다'를 위한 실천계획 – 가족에게	
누구에게	**사랑 표현 계획**
부모님	직접 안아드리며 '사랑합니다'라고 말씀드리기

'사랑합니다' 실천하기			
누구에게	부모님	**실행 여부**	○
실제 표현 방법	토요일 오후 부모님께서 좋아하시는 바싹불고기를 요리해 드리고 사과도 깎아 드렸다. 그리고 부모님을 살짝 안아드리며 사랑한다고 말씀드렸다.		
상대방의 반응	아버지는 나의 요리와 '사랑한다'는 말을 너무 좋아하셨다. 어머니는 '나두~!'라고 하시며 더 꼭 안아 주셨다.		
사랑 확인하기	아버지가 좋아하셔서 나도 좋았다. 엄마가 안아 줄 때는 엄마의 사랑이 나보다 훨~씬 더 크다는 게 느껴졌다.		
나의 반응	부모님께서 살아계셔서 감사하고 낳아 주셔서 감사하고 요리할 수 있도록 키워 주셔서 감사하고 사랑한다고 말씀드리니까 더 사랑한다고 말씀해 주셔서 감사하다.		

사례 12-5 | 남, 30대 초반, 대학원생

'사랑합니다'를 위한 실천계획 – 주님께	
누구에게	사랑 표현 계획
하나님	한 주 동안 새벽기도에 나가 기도하며 사랑 표현하기

'사랑합니다' 실천하기			
누구에게	하나님	실행 여부	○
실제 표현 방법	계획한 대로 매일 아침 5시 새벽기도 후 바로 도서관에 가서 논문을 씀		
실행 후 느낌	바쁘다는 핑계로 교회 가서 예배드리는 것으로 충분하다 싶었는데, 과제를 핑계 삼아 한 주 동안 새벽기도를 갔음. 조용한 예배실에 앉아 기도하면서 하나님께 받은 것이 많고 감사하고 사랑한다고 고백하였음. 내 안에 기쁨이 차오르는 느낌이었음. 보통 때보다 잠이 부족해서 피곤할 법도 한데 또 다른 힘이 솟는 기분이었음		

'사랑합니다'를 위한 실천계획 – 가족에게	
누구에게	사랑 표현 계획
아버지	생신맞이 저녁 식사 때 사랑한다고 말씀드리기
아내	집에 갈 때 장미꽃 한 송이를 사서 사랑한다고 말하며 주기

'사랑합니다' 실천하기			
누구에게	아버지	실행 여부	○
실제 표현 방법	처음에는 사랑한다고 말씀드리기를 주저했지만 낳아 주시고 길러 주셔서 감사드린다는 마음을 담아 "생신을 축하드리고 사랑합니다."라고 말씀드림		
상대방의 반응	아버지께서는 껄껄 웃으심. 장성한 아들의 수줍은 사랑 고백에 좋아하시는 것을 보면 아버지도 연세가 드셨나보다 하는 생각이 들었음		
사랑 확인하기	아버지께서는 고맙다고 말씀하시고 축복의 말씀을 해 주심		
나의 반응	아버지의 생신날과 같이 의미 있는 날뿐 아니라 일상에서 더 마음을 표현해 보는 것이 좋겠다는 생각이 들었음. 무엇보다 내가 사랑한다고 말씀드렸을 때 아버지께서 웃으시며 축복해 주시는 것이 마치 야곱의 축복과 같아서 감사하였음		

'사랑합니다' 실천하기			
누구에게	아내	실행 여부	○
실제 표현 방법	공부하느라 바쁜데 늘 옆에 있어 주고 힘이 되어 주어 고맙고, 사랑한다고 이야기하고 한 송이 장미를 살포시 손에 쥐어 줌		
상대방의 반응	아내는 장미 한 송이에 정말 좋아하였고, 사랑한다는 이야기에 볼이 빨개졌음		
사랑 확인하기	아내는 공부하느라 힘든 거 다 안다며 그래도 불쑥 이렇게 마음을 표현해 주어 고맙다고 하며, 나에게 더 사랑한다고 말해 주었음		
나의 반응	말로 사랑을 표현하고 수줍게 내민 한 송이 장미는 우리 부부의 마음을 따뜻하게 하는 데 너무 충분하였음. 기쁜 에너지가 충만해지자 정신도 맑아져서 공부도 더 잘 되는 것 같음. 사랑하는 아내의 존재에 감사함		

가족에게 사랑의 고백과 에너지 교환을 통해 새로운 에너지를 얻고 다시 이런 행동을 해야겠다는 다짐과 재충전의 모습이 나타납니다. 이렇게 TSL 실천은 나와 상대방을 기쁘고 행복하게 하고, 이를 통해 가족관계를 회복시켜 줍니다.

※ '사랑합니다(L)' 평가하기

이제 여러분은 '크리스천 TSL'의 세 번째 과정인 '사랑합니다(L)' 과정을 마쳤습니다. 거듭 강조하지만, L 과정은 단독적인 과정이 아니며 T 과정과 S 과정으로부터 연속되는 과정입니다. 주님 앞에서 겸손함을 느낄 때 감사를 시작할 수 있고, 주님과의 관계에서 감사와 회개함이 있어야 가족 간의 TSL 실천이 가능함을 경험하였을 것입니다. 가족 간에는 감사함에 대한 인식을 기반으로 관계가 형성될 때만 그 관계를 변화시킬 수 있는 진심 어린 사과와 용서를 실천할 수 있으며, 이를 통해서만 진심으로 상대방을 사랑할 수 있음을 배웠습니다. 이 배움을 기억하고 꾸준히 실천해 나가길 바랍니다. 여러분의 소중한 것을 나누는 '사랑합니다'를 실천한 이후 가족관계에는 어떤 변화가 있었나요? 한번 그것을 적어 보고, 가능하다면 가족을 비롯한 주변 사람들과 그 경험을 나누어 보세요.[12]

과제 3-1. '사랑합니다(L)' 평가하기

주님과의 '사랑합니다(L)'

어떤 점을 느꼈나요? _____
_____
_____
_____

나의 어떤 점이 변화했나요? _____
_____
_____
_____

주님과의 관계에는 어떤 변화가 있었나요? _____
_____
_____
_____

가족과의 '사랑합니다(L)'

어떤 점을 느꼈나요? _____
_____
_____
_____

나의 어떤 점이 변화했나요? _____
_____
_____
_____

가족관계에는 어떤 변화가 있었나요? _____
_____
_____
_____

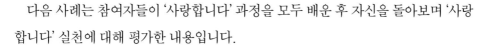

　　다음 사례는 참여자들이 '사랑합니다' 과정을 모두 배운 후 자신을 돌아보며 '사랑합니다' 실천에 대해 평가한 내용입니다.

　　대부분의 사례들이 사랑을 실천하면서 자신이 행복하다고 말하고 있지요. 〈사례 12-6〉은 주님께 사랑을 표현하고 가족과 사랑한다고 말하므로 자신이 기뻐질 뿐 아니라 가족의 기쁨이 쌓여서 자신의 에너지도 상승한다고 고백하고 있습니다. 여성 기업인으로 치열한 경쟁을 뚫느라 냉정해진 마음에 하나님께서 한결같이 부어 주셨던 사랑을 깨닫자 새로운 에너지를 느끼는 참여자를 보실 수 있습니다. 또한

사례 12-6 여, 50대, 기업인

　　어떤 점을 느꼈나요: 하나님과의 사랑의 관계는 이전에는 당연하고, 나도 그만큼 사랑하고 있다고 생각했지만, 막상 과제를 하고 구체적으로 내가 하나님께 사랑의 표현을 어떻게 할 수 있나 적을 때는 막막했다. 하지만 하나님의 사랑을 더 많이 인식하고 실천하려고 노력할 때 삶의 기쁨이 생기는 것을 느꼈다. 가족끼리 사랑의 표현을 할 때 진심을 담는다는 것은 정말 마음을 담는 것이다. 그것은 사고의 변화와 행동의 변화를 가져온다. 크리스천 TSL을 시작한 후 지금까지 진심을 담아 사랑한다고 말하고 이를 실천하기 위한 노력은 나와 가족의 삶을 점차 변화시키고 있음을 느꼈다.

　　나의 변화: 하나님에 대한 사랑이 더 확실해졌고, 그 기쁨이 무엇과도 바꿀 수 없는 기쁨임을 알게 되었다. 나는 기업인이라 항상 긴장되어 있고 냉정하게 사고하기 위해 노력한다. 그래서인지 사랑한다는 표현과 감정은 서툴렀다. 그래도 아이들은 너무 예뻐서 사랑한다고 말이 저절로 나오지만, 크리스천 TSL을 통해 진심으로 말하고 행동하는 것을 배우기 전과 후는 다른 것 같다. 하루하루 사랑한다고 말할 수 있는 가족이 있어서 감사하고 말과 행동을 일치시키기 위해 노력하는 나의 변화가 스스로 새롭다.

　　가족의 변화: 남편에게 사랑한다고 말하며 안아 주었는데, 남편도 쓱 같이 안아 주었다. TSL을 처음 배울 때만 해도 고맙다는 말에도 퉁명스럽게 대답해서 기운 빠지는 일이 많았는데, 어느새 남편의 변화가 내게도 느껴졌다. 퇴근 후 아이들과 하는 대화와 저녁 식사는 마음에 큰 기쁨을 준다. 과거에는 잔소리하기 바쁜 시간이었는데, 이제는 아이들의 눈높이에서 이런저런 이야기를 나누는 시간으로 변화된 것 같다. 되도록 정성을 다해 진심으로 사랑한다고 말하고 있다. 아이들도 알 것이다.

사례 12-7   남, 40대 후반, 자영업

어떤 점을 느꼈나: 하나님한테 사랑을 표현하는 데 망설여지고 힘들었다. 모태신앙이지만 뜨거움을 잃은 지 오래되었다. 그러나 TSL을 배우면서 다시 청년 시절 뜨거웠던 신앙이 떠올랐다. 주일이면 온종일 교회에서 찬양하고 예배드리던 그때, 여름 · 겨울 방학이면 친구들과 목사님과 함께 나갔던 수련회와 전도 활동 등 모두 그리웠다. 아마 하나님이 그리웠던 거 같다. TSL을 통해 하나님께서 내 인생을 태어난 순간부터 지금까지 이끄신 것을 안다. 내 힘으로 아등바등 살려고 하지 말고, 나를 하나님께 다시 맡기며, 하나님의 사랑에 의지해야겠다는 생각이 들었다.

나의 변화: L 과정을 배우며 내가 얼마나 마음껏 사랑하지 못하고 사랑받지 못하는 사람이었나를 생각하게 되었다. 아마 가족도 그렇게 느꼈겠지. 나는 아이들이 좋은 대학에 가야 한다는 목적으로 성적 향상에만 신경을 썼지 맘껏 공차며 놀아 준 적이 언제였던가 하고 후회가 되었다. 아내가 백화점 가서 매대에 누워 있는 세일 상품 말고 제대로 진열된 좋은 상품 한번 골라 입고 싶다고 했는데 그게 뭐가 어렵다고 한 번도 들어주지 않았나 하는 자책이 밀려왔다. 나는 돈 버는 데 급급하고 아이들에게 세상의 성공을 가르치는 데만 집중했다. 나는 진정으로 중요한 것을 붙잡기로 하였다. 그것은 하나님의 사랑과 가족 사랑이다.

가족의 변화: 나는 청년 시절의 감동을 회복하고 기도를 통해 하나님의 사랑을 간구하며 아내와 아이들에게도 사랑을 실천하기로 하였다. 그래서 진심을 담아 사랑한다고 말하고 아이들을 사랑으로 지도하고 아내에게도 제대로 옷걸이에 걸려 있는 백화점 옷도 사주며 내 마음을 전하였다. 기대도 안 했는데 놀랍게도 아이들도 나에게 한 발 더 가까이 다가오는 거 같고, 아내도 이제는 좀 더 내게 기대는 거 같다. 집에서 보내는 시간이 즐거워졌다.

사례 12-8 남, 40대, 프리랜서

어떤 점을 느꼈나: 평소에 언행일치가 중요하다고 글을 쓰고 강연을 하지만 과연 나의 삶은 어떠한가 생각하게 되었다. 뒤돌아보면 하나님과 가족을 사랑하기 위해 노력했던 것은 진심인 것 같은데 표현은 어떠했나. 나의 진심이 내 표정과 언어로 표현될 수 있도록 좀 더 자상한 아버지로 남편으로 아들로 사위로 다가가도록 노력했었던가 돌아보게 되었다. 겨울이 지나고 봄에 돋아나는 새싹은 매우 부드럽다. 하지만 새싹은 거친 흙을 뚫고 나온다. 사랑은 아마도 그 새싹처럼 강렬한 힘을 가지는 것 같다. 그 힘을 경험하는 시간이었다.

나의 변화: 하나님께도 더 적극적으로 사랑을 표현하게 되었다. 예를 들어 일을 시작하기 전에 말씀을 읽고 하루의 시작에 앞서 기도문을 작성하였다. 벌써 꽤 쌓였다. 가족과의 관계에서는 일부러 작은 일을 콕 집어서 감사하다고 말하기도 하고 눈이 마주치면 딱히 이유가 없어서 사랑한다 말하며 안아 주기도 하였다. 두 살배기 막내가 자신이 먹던 과자를 나의 입에도 넣어 주자 나는 웃으며 고맙다고 했다. 녀석은 알까? 아버지의 마음을. 아내와 주말에 장을 보러 갈 때 꼭 같이 가서 이것저것 옆에서 도와준다. 아내가 내가 좋아하는 반찬을 준비하길래 고맙다고 하였다. 고마움을 전하고 사랑을 표현하는 일이 참 즐겁고 기쁘다.

가족의 변화: 가족이 웃는 횟수가 많아졌다. 아내가 날 보고 짓는 환한 미소가 아름다워 글을 쓰다가 피곤할 때면 늘 생각이 난다. 웃는 아내를 위해서라도 힘을 내야지. 짬이 나면 막내 아들과 영상통화를 하며 '아기상어'를 불러 준다. 율동까지 곁들여서. 아들은 좋아하다가 이내 전화기를 내동댕이치고 가 버리지만, 나도 아내도 이제 행복이라 공감하는 것 같다. 우리 가족은 매일매일 행복의 크레딧을 쌓고 있다.

〈사례 12-7〉에서 청년 시절의 뜨거웠던 신앙 열정을 회복하면서 가족을 대하는 마음의 변화를 일으킨 가장을 만나게 됩니다. 참여자는 자녀에 대한 엄격한 훈육과 아내에 대한 경제적 인색함으로 가족을 힘들게 했던 자신을 발견하고 뉘우치게 됩니다. 이후 자신의 노력으로 가족과 관계의 변화를 맛보고 기뻐하지요. 사랑의 회복은 하나님의 사랑에서 시작한다는 것을 알 수 있습니다. 끝으로, 〈사례 12-8〉에서는 '사랑합니다'의 실천을 통해 아내를 미소 짓게 하고 어린 자녀에게도 '사랑합니다'를 심으려는 아버지의 사랑을 발견할 수 있습니다. 이 또한 하나님께서 사랑하신다는 것을 느낀 참여자의 변화된 심정에서 흘러나오는 가족에 대한 사랑임을 알 수 있습니다. 이러한 사례들을 보면서 L 과정을 통해 참여자들은 주님과의 사랑이 더 깊어질 때 겸손하여지고 그 힘으로 더 적극적으로 사랑을 실천할 수 있다는 것을 알 수 있습니다.

'사랑합니다(L)' 발달 5단계

L의 발달 5단계는 [그림 12-8]처럼 1단계 미확신, 2단계 주는 것이 조금 높음, 3단계 주는 것이 많지만 반응을 살핌, 4단계 받는 것을 괘념치 않고 주는 관계로 기쁨과 편안함을 느낌, 5단계 겸손의 단계로 이루어져 있습니다.[⑩]

T와 S의 발달 단계와 마찬가지로 주님과의 관계, 가족과의 관계에서의 발달 단계를 구분할 수 있습니다. 먼저, 주님과의 L 발달 5단계는 다음과 같습니다.

1단계는 미확신 단계로, 주님이 나에게 주신 사랑에 대한 확신이 없습니다. 믿음이 없거나 연약한 단계이지요. 또는 사랑의 주님보다는 심판자의 이미지가 너무 커서 주님께 사랑을 돌려드려야겠다는 생각보다는 숨고 싶어 하는 단계입니다.

2단계는 주님께 사랑을 조금은 돌려드릴 수 있는, 반응을 하는 단계로, 주님을 따라야겠다는 마음이 들기 시작합니다. 하지만 아직은 세상이 더 좋고, 세상의 즐거움이 우선됩니다.

3단계는 조금 더 성장하여 세상도 좋지만, 주님의 말씀을 좇아 살아야 한다고 인

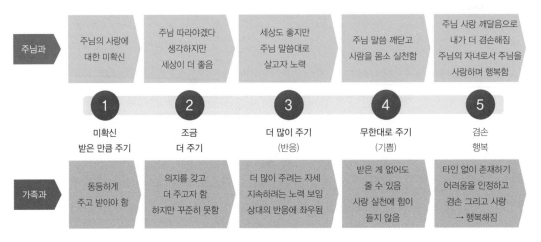

[그림 12-8] '사랑합니다(L)' 발달 5단계 과정

식하고 더 노력하는 단계입니다. 주님이 기뻐하실 일을 알고 싶어 하고 그 일을 실천해 보려고 하지만 시련과 좌절이 올 때면 휩쓸리는 단계입니다. 선을 베풀었는데 어려움에 봉착하면, '역시 이것 봐.'하며 실망하고 주저하게 되지요.

4단계는 주님 말씀을 깨닫고 몸소 실천하는 단계입니다. 사랑을 나누는 기쁨을 깨달아 알게 된 단계이기도 하지요.

마지막 5단계는 주님의 사랑에 대한 이해가 깊어져서 바울의 고백처럼, "속이는 자 같으나 참되고 무명한 자 같으나 유명한 자요 죽은 자 같으나 보라 우리가 살아 있고 징계를 받는 자 같으나 죽임을 당하지 아니하고 근심하는 자 같으나 항상 기뻐하고 가난한 자 같으나 많은 사람을 부요하게 하고 아무 것도 없는 자 같으나 모든 것을 가진 자로다"(고후 6:8-10)라고 고백할 수 있는 단계입니다. 세상의 것을 기준 삼지 않고 주님 앞에 그리고 사람들 앞에 더 겸손하여지며 사랑을 꾸준히 실천하는 단계입니다. 이 단계를 경험할 때 우리는 행복해집니다.

가족 안에서 L의 발달 5단계는 다음과 같습니다.[11] 1단계는 동등하게 주고받는 관계로, 자신은 언제나 공정하게 행동한다고 여기며 내가 할 일만큼은 하고 상대도 거기에 동등하게 주고받아야 한다고 생각하고 행동합니다. 이를 사랑의 미확신 단계라 하지요. 사랑의 등급에서 4, 5등급과 유사합니다.

2단계는 의지를 갖고 더 주고자 하는 단계로, 상대보다 더 줄 수 있다는 마음의 여유를 갖고 있습니다. 내가 조금 더 자원을 줄 수 있다고 생각하며 상대에게는 관대하지만, 꾸준히 이런 자세를 갖는다는 것을 망설입니다. 그래서 이런 관계는 그리 오래가지 않지요. 사랑의 등급에서 3등급과 유사합니다.

3단계는 상대방에게 더 많이 주려는 자세로 관계를 지속하려는 노력도 보이는 단계입니다. 나의 관대함을 되도록 유지하려고 합니다. 하지만 여기서는 상대방이 나에게 어떻게 하느냐에 달려 있지요. 사랑의 등급에서 2등급과 유사합니다.

4단계는 자신이 받은 게 없더라도 자신이 줄 수 있다는 의지를 보이는 단계로, 4단계부터는 사랑을 실천할 때 힘이 들지 않고 기쁨과 평안을 누리는 성장의 모습을 보입니다. 사랑의 등급에서 1등급처럼 상대의 반응에 따라 내가 움직이는 것이 아니라 내가 사랑을 나누는 것 자체에 대하여 기뻐합니다. 그래서 상대가 나에게 주는 것은 크게 중요하지 않게 되지요. 상대의 존재가 고맙고 그동안에 미안함이 있고 늘 사랑하고 싶어 합니다.

마지막 5단계는 4단계까지 경험하면서 자신이 타인 없이 존재하기 어렵다는 것, 즉 타인의 소중함과 자신은 완전체가 아니라는 것을 깨달음으로 스스로 겸손해짐으로써 더 행복해지는 단계입니다. 사랑하기에 겸손해지는 단계로 자신의 모자람을 인정하고 부족함을 채우기 위해 노력하는 단계입니다. 스스로 존재하는 것이 아니라 상대가 있기에 자신이 존재함을 깨닫고 겸손해지는 과정이기도 합니다. 겸손하기에 TSL을 더 반복해야겠다고 다짐하게 됩니다. 따라서 감사와 미안함, 용서 그리고 사랑을 말과 행동으로 실천합니다. 이렇게 겸손한 자세로 행복을 실천할 때 우리는 행복해지는 것입니다. 〈과제 3-2〉는 L 과정에서 자신의 발달 단계를 표시하는 표입니다. 주님과의 관계에서 자신의 발달 수준을 체크하고, 가족과의 관계를 돌아보며 발달 수준을 체크해 보세요. 가족관계의 경우, 대상에 따라 발달 수준이 다르다면 대상별로 발달 수준을 체크해 보아도 좋습니다.

과제 3-2. '사랑합니다(L)' 과정에서 자신의 발달 단계 표시하기

여러분은 L 과정에서 자신의 발달 단계를 표시하셨습니다. 다음으로는 하나님에 대한 감사와 미안함, 가족에 대한 감사와 미안함을 포함하며 종합적인 TSL점수를 매겨 보도록 하겠습니다.

과제 4. TSL 종합 평가하기

주님과의 'TSL'

구분	내용	점수 (각 구간 1점)
'T' (고맙습니다)	미확신(망설임)	1
	어색함, 머쓱함	2
	보상과 기대 (받은 것에 감사)	3
	존재에 대한 진정한 감사	4
	기쁨(감사 자체)	5
	소계	
'S' (미안합니다)	미확신	1
	주저함	2
	보상과 기대 (인정한 것에 사과)	3
	자연스러운 미안함	4
	용서받은 기쁨과 실천의지	5
	소계	
'L' (사랑합니다)	미확신	1
	조금 더 주기	2
	더 많이 주기(반응)	3
	무한대로 주기(기쁨)	4
	겸손, 행복	5
	소계	
합계		

가족과의 'TSL'

구분	내용	점수 (각 구간 1점)
'T' (고맙습니다)	미확신(망설임)	1
	어색함, 머쓱함	2
	보상과 기대 (받은 것에 감사)	3
	존재에 대한 진정한 감사	4
	기쁨(감사 자체)	5
	소계	
'S' (미안합니다)	미확신	1
	주저함	2
	보상과 기대 (인정한 것에 사과)	3
	자연스러운 미안함	4
	사과, 용서의 기쁨	5
	소계	
'L' (사랑합니다)	받은 만큼 주기	1
	조금 더 주기	2
	더 많이 주기(반응)	3
	무한대로 주기(기쁨)	4
	겸손, 행복	5
	소계	
합계		

　TSL 종합 평가하는 방법은 T, S, L 각 과정에 발달 단계별 점수는 1점씩으로 계산합니다. 현재 자신이 주님과의 T 과정의 1단계인 망설임을 지나 2단계 어색함의 단계에 머물러 있다면, 각 1점씩 2점입니다. S에서는 1단계인 미확신, 2단계 주저함을 지나 3단계 보상 단계에 있다면 3점인 거지요. 마지막 L 과정에서는 아직 1단계인 받은 만큼 주기 상태라면 1점입니다. 이 T, S, L의 점수를 다 모으면 주님과의 TSL 점수가 나오는 것이지요. 예를 들어, T에서 2점, S에서 3점, L에서 1점임으로 총 주님과의 TSL 점수는 6점입니다. 동일한 방법으로 가족과의 TSL 점수도 확인하면 됩니다.

　다음은 크리스천 TSL을 다 마친 참여자의 총평입니다.

사례 12-9 여, 20대, 대학생

　처음 TSL 프로그램에 참여할 때는 나의 삶이 원만하다고 생각하였다. 하나님과의 관계도 괜찮고, 가족과의 관계도 괜찮다고 생각하였다. 하지만 TSL을 배울수록 하나님과 적당히 지냈고, 가족에게도 갈등이 없으면 좋은 관계라고, 서로 피해를 안 주면 괜찮은 관계라고 생각하며 지냈다는 것을 깨닫게 되었다. TSL 점수를 보니 하나님과 TSL의 경우 T 4점, S 3점, L 2점으로 총 9점, 가족과는 T 5점, S 4점, L 3점으로 12점 정도로 나타났다. 아마 시작했을 시점에는 이 점수도 유지하지 못했을 것 같다.

　TSL을 통해 가족에게 고마움을 표현하는 일이 자연스러워졌고, 먼저 사과하는 일도 일상이 되었다. 학교 생활이 바쁘더라도 가족과 차를 마시거나, 같이 산책을 하며 시간을 보내는 여유도 갖게 되었다. 하나님과 큰 관계 변화는 말씀 읽기가 습관처럼 굳어졌다는 것이다. TSL 프로그램 참여하면서 매일 정해진 시간에 말씀 읽기를 하려고 노력하였고, 이제는 그 시간만큼은 확실히 확보하게 되었다.

　나를 중심으로 살 때는 뭘 해도 더 분주하고 바쁜 것 같았는데, 지금은 오히려 그 전 일상보다 더 많은 일을 하고 있음에도 더 마음의 여유가 있고, 기쁨이 생겼음을 느낀다.

　앞으로도 TSL을 기억하고 실천을 유지하도록 노력해야겠다고 마음을 먹으며 마무리하고자 한다.

　〈사례 12-9〉의 참여자는 TSL 프로그램에 참여하기 전에도 자신의 삶에 만족하였던 듯 보입니다. 하지만 TSL을 배우고 실천하면서 자신의 삶을 더 행복하게 만드는 법을 찾게 되었지요. 주님과의 TSL은 9점, 가족과의 TSL은 12점으로 나타납니다. 참여자는 앞으로도 TSL을 실천하고자 다짐하였습니다.

　여러분은 주님과 그리고 가족과의 TSL에서 몇 점 정도를 획득하셨나요? 주님과 가족과의 TSL 최고점인 15점을 각각 다 얻기는 쉽지 않습니다. 하지만 15점이 되도록 노력해야 합니다. 어렵고 힘들 때라도 크리스천 TSL을 꾸준히 실천하여 12점 미만이 되지 않도록 노력해야 합니다. 주님과 그리고 가족과의 관계에서 TSL 12점을 최소한 유지한다면, 여러분은 행복한 삶을 누리며 살 수 있을 것입니다. TSL을 완벽하게 완성하는 것은 매우 어렵습니다. 하지만 주님을 따라 사는 삶, 주님을 기쁘시게 하는 삶 가운데에는 기쁨과 행복이 있습니다.

우리는 죄인입니다. 죄인인 우리를 위한 그리스도의 사랑을 깨달을 때 크리스천은 감사가 생깁니다. 감사를 통해서 미안함과 용서를 이루게 되고 사랑을 실천할 수 있습니다. 사랑을 실천하면 더 겸손해지고 행복해집니다. 크리스천은 주님의 사랑을 느낄 때 행복해지고, 이를 가족에게 실천할 때 더 행복해집니다. TSL을 통해 자신이 행복해질 뿐 아니라 사랑하는 가족도 힘이 나고 행복해질 것입니다. 이것으로 TSL 에너지 교환 이론이 검증되는 것이지요. 성경을 읽고 기도하며 크리스천 TSL을 실천하여 "주 예수의 은혜가 모든 자들에게 있을지어다"(계 22:21)라는 말씀같이 믿음과 소망과 사랑 안에서 행복하시길 바랍니다.

오늘의 과제

기본과제 1. 주님께서 여러분에게 이번 주 주신 성경 말씀과 이를 통해 깨달은 점은 무엇입니까?

기본과제 2. '고맙습니다' 실천하기

기본과제 3. '미안합니다' 실천하기

과제 1. 사랑의 등급 작성하기
　　1-1. 사랑의 등급 작성하기—주님과
　　1-2. 사랑의 등급 작성하기—가족과

과제 2. 사랑 표현하기 & 사랑 확인하기 실천계획과 실천하기

과제 3. '사랑합니다' 전체 평가하기
　　3-1. '사랑합니다' 평가하기
　　3-2. '사랑합니다' 과정에서 자신의 발달 단계 표시하기

과제 4. TSL 종합 평가하기

　이것으로 크리스천 TSL의 긴 여정을 마쳤습니다. 하지만 TSL은 한번 실천하고 끝나는 것이 아닌 5Re를 통해 계속 반복하는 것이 중요한 것을 기억하실 것입니다. 꾸준한 크리스천 TSL 실천을 통해 주님 사랑을 더 깊이 경험하고 가족과, 내 이웃과 더 행복한 삶을 모두가 누리시길 바랍니다.

👥 주요 용어

👥 참고문헌

Chapter 1

국민일보(2020. 9. 25.). 기독 가정도 10곳 중 3곳 이상 가정폭력. http://m.kmib.co.kr/view. asp?arcid=0924157891

연합뉴스(2010. 9. 9.). '여보 사랑해' 매일 말하면 암 예방 효과. https://www.yna.co.kr/ view/AKR20100909185600004

조선일보(1998. 3. 2.). 국내 夫婦폭력 미국의 2배.

Barna Group (2017. 2. 9.). The trends redefining romance today. Articlesin Family & Kids. https://www.barna.com/research/trends-redefining-romance-today/

Enright, R. D. (1991). The moral development of forgiveness. In W. M. Kurtines & J. L. Gewirtz (Eds.), *Handbook of moral behavior and development, Vol. 1. Theory; Vol. 2. Research; Vol. 3. Application* (pp. 123-152). Lawrence Erlbaum Associates, Inc.

Enright, R. D. (2001). *Forgiveness is a choice: A step-by-step process for resolving anger and restoring hope.* American Psychological Association.

Faith and Christianity (2017. 4. 6.). Meet the Spiritual but Not Religious.

Murdock, G. P. (1949). *Social structure.* Macmillan.

Worthington, E. L. (1998). An empathy-humility-commitment model of forgiveness applied within family dyads. *Journal of Family Therapy, 20*(1), 59-76. https://doi. org/10.1111/1467-6427.00068

Chapter 2

김재엽(2007). 한국의 가정폭력. 학지사.

여성가족부(2019). 2019년 가정폭력 실태조사 연구.

문화체육관광부(2019). 해외여행지수. https://www.index.go.kr/potal/main/EachDtlPage Detail.do?idx_cd=1655

통계청(2020). 2020년 사망원인통계 결과.

통계청(2021). 2021년 혼인 · 이혼 통계.

통계청(2022. 10. 5.). 인구동태 및 밀도(OECD). https://kosis.kr/statHtml/statHtml.do?orgId=101&tblId=DT_2KAA205_OECD

한국무역협회(2022). 국가별 수출입. http://stat.kita.net/stat/world/trade/CtrImpExpList.screen

Barna Group (2017. 2. 9.). The trends redefining romance today. Articlesin Family & Kids. https://www.barna.com/research/trends-redefining-romance-today/

IMF (2021). *Gross Domestic Product*. https://data.imf.org/?sk=388dfa60-1d26-4ade-b505-a05a558d9a42&sId=1479331931186

OECD (2021). *Health at a Glance 2021*. https://www.oecd-ilibrary.org/social-issues-migration-health/health-at-a-glance-2021_ae3016b9-en

OECD (2021). *Suicide rates*. https://data.oecd.org/healthstat/suicide-rates.htm

Sardinha, L., Maheu-Giroux, M., Stöckl, H., Meyer, S. R., & García-Moreno, C. (2022). Global, regional, and national prevalence estimates of physical or sexual, or both, intimate partner violence against women in 2018. *The Lancet, 399*(10327), 803-813.

Chapter 3

Block, J. H., Block, J., & Gjerde, P. F. (1986). The Personality of Children Prior to Divorce: A Prospective Study. *Child Development, 57*(4), 827-840.

Gitterman, A., & Germain, C. B. (2008). *The Life Model of Social Work Practice: Advances in Theory and Practice* (3rd ed.). Columbia University Press.

Practice 4

성신명(2021). TSL 가족치료 집단상담 프로그램 참여자의 변화과정에 관한 연구: 질적사례연구를 중심으로. 연세대학교 대학원 박사학위논문.

Chapter 5

국민일보(2020. 9. 25.). 기독 가정도 10곳 중 3곳 이상 가정폭력. http://m.kmib.co.kr/view.asp?arcid=0924157891

신원하(2001). 교회가 꼭 대답해야 할 윤리 문제들. 예영커뮤니케이션.

여성가족부(2019). 2019년 가정폭력 실태조사 연구.

여성가족부(2021). 2020년 가족실태조사 분석 연구.

크리스천월드리뷰(2000. 12. 11.). 기독교 가정내 폭력 발생비율 일반가정과 다르지 않다. http://www.christianwr.com/news/articleView.html?idxno=360

통계청(2020). **출산율**. https://www.index.go.kr/potal/main/EachDtlPageDetail.do?idx_cd=1428

통계청(2021). **2021년 혼인 · 이혼 통계**.

홍승아, 성민정, 최진희, 김진욱, 김수진(2018). 1인가구 증가에 따른 가족정책 대응방안 연구. 한국여성정책연구원 연구보고.

<code>Practice 5</code>

EBS 지식채널e(2006). 인류를 지켜 온 방탄조끼. https://jisike.ebs.co.kr/jisike/vodReplayView?siteCd=JE&prodId=352&courseId=BP0PAPB0000000009&stepId=01BP0PAPB0000000009&lectId=1177782

동아일보(1998. 12. 7.). [웃음의 건강학] 웃는 동안에 고통−스트레스 줄어든다. https://www.donga.com/news/It/article/all/19991207/7490677/1

`Chapter 8`

조선일보(2010. 9. 16.). '정의란 무엇인가', 올 최장기 베스트셀러 1위 기염. https://www.chosun.com/site/data/html_dir/2010/09/16/2010091600408.html

`Practice 8`

Gilovich, T. (1993). How We Know What Isn't So: The Fallibility of Human Reason in Everyday Life. The Free Press.

The Wall Street Journal (2007. 1. 24.). Doctors Learn to Say 'I'm Sorry'. https://www.wsj.com/articles/SB116960074741385710

`Chapter 10`

정옥분, 정순화, 홍계옥(2005). 결혼과 가족의 이해. 시그마프레스.

`Chapter 11`

Taylor, S. E., & Lobel, M. (1989). Social comparison activity under threat: Downward evaluation and upward contacts. *Psychological Review, 96*(4), 569-575. https://doi.org/10.1037/0033-295X.96.4.569

Practice 11

Gottman, J. M., & Krokoff, L. J. (1989). Marital interaction and satisfaction: A longitudinal view. *Journal of Consulting and Clinical Psychology, 57*(1), 47–52. https://doi.org/10.1037/0022-006X.57.1.47

Stinnett, N., Walters, J., & Kaye, E. (1984). *Relationships in marriage and the family*. Macmillan.

Chapter 12

통계청(2018). 2017년 인구동향조사 출생·사망통계 잠정 결과. 2018년 2월 28일 보도자료.

👥 후주

『TSL 가족치료와 가족복지』(김재엽 저, 학지사) 인용

Chapter 1

① 2014: 14.

② 2014: 14-15.

③ 2014: 21.

④ 2014: 21-22.

⑤ 2014: 22.

⑥ 2014: 22.

⑦ 2014: 19-20.

⑧ 2023: 27.

⑨ 2014: 23.

⑩ 2023: 26-27.

⑪ 2014: 24.

⑫ 2014: 25.

⑬ 2023: 30.

⑭ 2014: 31.

⑮ 2014: 31-37.

⑯ 2023: 38.

Practice 1

① 2014: 39.

② 2014: 42.

Chapter 2

① 2014: 340.

② 2014: 341.

Practice 2

① 2014: 55.

② 2014: 58.

③ 2014: 59.

④ 2014: 60.

⑤ 2014: 61-62.

⑥ 2014: 62.

⑦ 2014: 64.

⑧ 2014: 67.

⑨ 2014: 67.

Chapter 3

① 2014: 71.

② 2014: 73-74.

③ 2014: 76.

④ 2014: 76.

Practice 3

① 2014: 86.

② 2014: 86.

③ 2014: 87.

④ 2014: 91.

Chapter 4

① 2023: 112.

② 2023: 112.

③ 2023: 113.

Practice 4

① 2014: 101.

② 2014: 102.

③ 2014: 103.

④ 2014: 130.

⑤ 2023: 135-136.

⑥ 2023: 136.

⑦ 2023: 137.

⑧ 2023: 137-139.

⑨ 2023: 139.

Chapter 5

① 2014: 134.

② 2014: 135.

③ 2014: 135.

④ 2014: 136.

⑤ 2014: 119.

⑥ 2014: 119.

⑦ 2014: 120.

⑧ 2014: 120.

Practice 5

① 2014: 142.

② 2014: 142.

③ 2014: 142.

④ 2014: 143.

⑤ 2014: 143-144.

⑥ 2014: 145.

⑦ 2014: 146.

⑧ 2014: 147.

⑨ 2023: 155.

⑩ 2014: 154.

Practice 6

① 2014: 171-172.

② 2014: 172.

③ 2014: 172.

④ 2014: 173.

⑤ 2014: 174.

⑥ 2023: 181.

⑦ 2014: 176.

⑧ 2014: 177.

⑨ 2014: 178.

⑩ 2014: 178-179.

⑪ 2014: 179.

⑫ 2014: 180.

⑬ 2014: 180-181.

⑭ 2014: 181.

⑮ 2023: 189.

⑯ 2023: 190.

⑰ 2023: 190.

Chapter 7

① 2023: 208.

Practice 7

① 2014: 198.

② 2023: 208.

③ 2014: 199.

④ 2014: 206.

⑤ 2014: 195.

⑥ 2014: 195.

⑦ 2014: 208.

Practice 8

① 2014: 219.

② 2023: 228-229.

③ 2023: 229.

④ 2014: 219.

⑤ 2014: 219.

⑥ 2014: 219-220.

⑦ 2014: 220.

⑧ 2014: 221.

⑨ 2014: 221.

⑩ 2014: 222.

⑪ 2014: 222.

⑫ 2014: 223.

⑬ 2014: 223.

⑭ 2014, 224.

⑮ 2014: 228.

⑯ 2014: 229.

Practice 9

① 2014: 241.

② 2014: 242.

③ 2014: 242.

④ 2014: 244.

⑤ 2014: 244.

⑥ 2014: 245.

⑦ 2014: 245.

⑧ 2014: 249.

⑨ 2014: 253.

⑩ 2014: 253.

⑪ 2023: 262.

⑫ 2014: 257.

Practice 10

① 2023: 286.

② 2023: 286.

Chapter 11

① 2023: 299.

② 2014: 238.

Practice 11

① 2014: 289.

② 2014: 291.

③ 2014: 294.

④ 2014: 296-297.

⑤ 2014: 298.

⑥ 2014: 298.

⑦ 2014: 298.

⑧ 2014: 299.

⑨ 2014: 301.

Practice 12

① 2014: 315.

② 2014: 315-316.

③ 2014: 315.

④ 2014: 316.

⑤ 2014: 318.

⑥ 2014: 319.

⑦ 2014: 322.

⑧ 2014: 322.

⑨ 2014: 322.

⑩ 2023: 348.

⑪ 2023: 348-349.

⑫ 2014: 325.

저자 소개

김재엽(Kim, Jae Yop)

연세대학교 사회복지학과 학사

University of Connecticut 사회복지학 석사(M.S.W.)

University of Chicago 사회복지학 박사(Ph.D.)

언더우드 특훈교수 역임

연세대학교 사회복지대학원장 역임

연세대학교 사회과학대학장 역임

현 연세대학교 사회복지학과 교수

크리스천 TSL

우리가 행복해지는 길
Christian TSL

2023년 10월 25일 1판 1쇄 인쇄
2023년 10월 30일 1판 1쇄 발행

지은이 • 김재엽
펴낸이 • 김진환
펴낸곳 • ㈜ **학지사**

　　　　　04031 서울특별시 마포구 양화로 15길 20 마인드월드빌딩
대표전화 • 02-330-5114　　팩스 • 02-324-2345
등록번호 • 제313-2006-000265호

홈페이지 • http://www.hakjisa.co.kr
인스타그램 • https://www.instagram.com/hakjisabook

ISBN 978-89-997-3007-8　93330

정가 23,000원

출판미디어기업 **학지사**

간호보건의학출판 **학지사메디컬** www.hakjisamd.co.kr
심리검사연구소 **인싸이트** www.inpsyt.co.kr
학술논문서비스 **뉴논문** www.newnonmun.com
교육연수원 **카운피아** www.counpia.com